유언부터
상속의 마무리 까지

著 한 준 섭

법률정보센터

머 리 말

"유언과 상속"은 일상생활에서 많이 들어서 익숙해진 말이지만, 막상 상황에 직면하게 되면 어떻게 해야 좋을지 구체적 방법을 몰라서 당황스럽기도 하지만, 재산상속에 대하여 자칫 잘못 대처하게 되면, 후일 엉뚱한 결과가 초래되어 곤혹스럽게 될 수도 있습니다.

이러한 상황에 대비하여 이 책은 유언의 방법과 절차는 물론, 상속에 관하여 고인의 재산정보 조회방법 및 상속예금의 지급청구, 재산상속 순위와 상속재산 분할방법, 상속의 포기와 한정승인, 상속재산의 분리와 파산, 상속부동산 이전 등기, 고인의 영업자 지위승계, 자동차 등록 이전 및 사망관련 각종 해지대상 목록, 상속세 계산관련 요약정보 등 "상속에 관한 각종절차 전반"을 유형별로 간략하게 요약 정리하여, 누구나 쉽게 이해할 수 있도록 하였습니다.

특히 이 책은 각 장의 주요부분에 대하여 유형별 서식을 가상의 사례를 곁들여서 견본으로 함께 수록함으로써, 구체적 상황에서 실무자는 물론 일반인들도 어렵지 않게 쉽게 찾아보고 응용할 수 있도록 안내하는 한편, 상속 절차 등에 관한 궁금증 해소를 위하여 "단답식 형태의 요약문답 설명자료"를 각 장별 말미에 추가 첨부, 수록 하였습니다.

끝으로 이 책이 출간되기까지 많은 자료를 직접 찾아서 갖다 주시고, 적극적으로 협조하여 주신 법률정보센타 안재회 사장님과 출판사 직원 등 주위의 여러분들께 이 기회를 빌려 감사의 말씀을 드립니다.

2012. 1.

한 준 섭

주요 참고 자료

법원행정처	▸ 법원실무제요 (가사 Ⅰ, Ⅱ) ▸ 법원실무제요 (부동산등기 Ⅰ, Ⅱ, Ⅲ) ▸ 등기선례요지집 ▸ 외국인 및 재외국민의 부동산 등기신청
대법원 홈페이지	▸ 홈페이지 전자 민원쎈타 - 소송절차 및 양식모음
인터넷등기소	▸ 홈페이지 자료센타 - 등기선례, 예규 - 파일양식
법원공무원 교육원	▸ 2010도산실무교재 (개인파산, 개인회생)
서울가정법원	▸ 홈페이지 - 가사소송 및 절차(가사 조정 첨부서류) - 알림마당 (우리법원 주요판결)
서울중앙지방법원	▸ 홈페이지 - 재판서류 양식
부산가정법원	▸ 홈페이지 - 알림마당 (우리법원 주요판결)
국세청	▸ 홈페이지 - 상속세 (상세정보 및 서식 작성요령)
법제처 국가법령정보쎈타	▸ 홈페이지 - 각종 법령 정보
금융감독원	▸ 홈페이지 - 금융민원(상속인조회서비스)
대한법무사협회	▸ 법무연구(제2집) ▸ 홈페이지 - 자료실 (법무사 지)
대한변호사협회	▸ 홈페이지 - 자료실 (인권과 정의)

총 괄 목 차

세 부 목 차

제1장 유언 및 유류분

제2장 재산정보 조회 및 금융자산 상속

제3장 재산 상속의 순위와 방법

제4장 상속재산의 분할

제5장 상속의 포기와 한정승인

제6장 상속재산의 분리 및 파산

제7장 상속부동산 이전등기

제8장 영업자 승계 및 자동차 이전등

제9장 상속세 계산 요약정보

[부록] 상속관련 법규 및 판례

제1장

유언 및 유류분

1. 유　　언

가. 유언의 의미와 한계

일반적으로 유언은 사람이 임종 시에 남기는 최후의 말이지만, 법률상 유언은 자신의 사후(死後) 법률관계, 특히 재산관계를 생전에 미리 정해 두는 유언자의 의사표시로써, 그 효력은 유언자가 사망함과 동시에 발생 한다 (민법제1073조 유언의 효력발생시기)

경제성장과 더불어 지역개발이 활발한 오늘 날에는 토지의 가격 등이 천정부지로 치솟고, 이로 인하여 자녀들 사이에 재산의 상속문제로 분쟁이 많이 발생하고 있는데, 이러한 분쟁을 줄이는 가장 좋은 방법은 자신이 죽기 전에 미리 유언을 남기는 것이다.

그런데, 유언서는 자신이 언제 죽을지 알 수가 없으므로. 50, 60대부터 작성하되, 재산내역이 변동될 수 있고, 자녀나 배우자 등 상속 대상자들의 상황도 달라질 수 있으므로 10년, 혹은 5년의 단위로 재작성하는 것이 바람직하다

특히 유언서에는 자신의 재산뿐만 아니라, 빚에 관해서도 꼼꼼하게 밝혀야 한다. 자신이 죽고 난 뒤, 뒤늦게 채권자가 나타날 경우, 자녀들에게는 큰 부담이 되고, 어려워질 수 있기 때문이다.

그러나 유언은 민법이 정하는 방식으로만 해야만 되고, 이에 위반하는 유언은 무효다.

나. 민법상 유언으로 할 수 있는 것의 범위

(1) 유언으로만 할수 있는 것

- 신분상 행위 : ① 후견인 지정 ②친족회원 지정(판례)

- **재산상 행위 :** ① 상속재산의 분할방법 지정 또는 위탁
② 유언집행자 지정 및 지정의 위탁

(2) 유언으로도 할 수 있고, 생전행위로도 할 수 있는 것

- **신분상 행위 :** ① 친생부인, ② 인지(認知)
- **재산상 행위 :** ① 재단법인 설립을 위한 재산 출연
② 유증, ③ 신탁의 설정 (신탁법)

다. 유언의 효력과 재산상속

유언에서 재산상속에 관하여 지정 또는 분할을 하였을 경우, 유류분을 침해하지 않는 한, 법정상속분의 비율에 구애받지 않고 유언에서 피상속인이 지정한 대로 상속하며, 피상속인이 유언 없이 사망하였을 경우에는 민법이 정한 상속비율(법정상속분) 또는 상속인들이 별도 협의한 분할의 방법에 의하여 상속재산을 나누게 된다

위와 같이 유언의 방법에 의하여 피상속인의 재산을 무상 양도하는 것을 유증이라고 하는데, 이는 피상속인의 단독행위로 하는 것이지만 무제한으로 인정되는 것은 아니고, 사후에 유류분 제도에 의해서 일정부분 제한을 받을 수 있다

그런데 이러한 유증은 수증자가 유증을 받지 않고 포기를 하게 되면 그 유증은 소급적으로 실효되고, 유증의 목적이던 재산은 상속인들의 상속재산으로 귀속하게 된다 (민법 제1090조)

라. 유언의 종류와 방식 (민법 제65조 내지 제1070조)

민법이 정한 유언에는 '①자필증서 유언' '②녹음 유언' '③공정증서 유언' '④ 비밀증서 유언' '⑤구수증서 유언' 등 5가지 방식이 있는데 앞부분의 4가지는 보통방식의 유언이고 뒤의 구수증서 유언은 보통방식의 유언이 불가능한 경우에 한해서만 허용되는 특별방식의 유언이다

(1) 자필증서에 의한 유언

①유언의 내용과 ②작성연월일, ③주소, ④성명 등 모든 사항을 자신이 ⑤자필로 직접 쓰고, ⑥날인(무인도 유효)함으로써, 성립하는 유언으로 증인이 불필요한 유일한 유언방법이다.

또한 유언을 쓰다가 ⑦문자를 삭제·변경 또는 추가 할 때도 이를 자서하고 날인을 하여야 한다 (타이핑, 전자문서로 작성 또는 타인이 대신 써준 유언서는 효력이 없다. 순수 자필이어야 한다)

※ 자필 유언서 작성의 예 (볼펜 등 쉽게 지워지지 않는 필기구로 작성)

유 언 서
유언자 김갑돌 (1945년 7월 8일생) 본인은 다음과 같이 유언한다. 1. 다음의 부동산을 본인의 배우자 홍숙희 (1947년 4월 15일생)에게 상속한다. - 안양시 동안구 시민대로 23길 56소재, 스라브 주택 1동 (대지 230㎡, 건평 84㎡) 2. 서울 강남구 일원동 32번지 밭 240㎡는 장남 김일남이 상속한다 3. ㅇㅇ은행ㅇㅇ지점에 예치한 정기예금(계좌번호267-03-34567) 5,000만원은 차남 김이남에 상속한다 4. 경기도 화성시 마도면 금당리 27번지 답 5,600㎡는 출가한 장녀 김삼순에 상속 한다 5. 유언의 집행자로 경기, 안양시 동안구 광평로 333, 105동 504호(비산동ㅇㅇ아파트)에 거주하는 동생 ~~김병돌~~ 김을돌을 지명 한다 <u>삼자 삭제(인)</u> <u>작성일자</u> : 2011년 2월 5일 <u>유언자 주소</u> : 경기도 안양시 동안구 시민대로 23길 56 (호계동) <u>성명</u> : 김 갑 돌 <u>(인)</u>

그런데 위와 같은 자필유언서는 글만 쓸줄알면 누구나 간편하게 할 수 있는 유언의 방식으로서 다른 사람에 비밀로 할 수 있다는 장점이 있으나, 위 요건에 철저하지 못하면 【작성일자·주소·성명 및 도장의 날인(무인도 가능) 중 어느 것 한 가지만 누락해도 않된다】 무효 될 위험성이 있고, 작성된 유언서를 비밀로 관리하다 보니, 유언서의 존재가 사후에도 밝혀지지 않는 경우가 발생할 수 있다

(2) 녹음에 의한 유언

유언자가 녹음기를 이용해서 ①유언의 취지 및 ②성명, ③녹음 연월일 등을 모두 육성 녹음하고, 유언자가 선정해서 참여한 ④증인이 '유언자 본인의 유언이 틀림없고 정확하다'는 증언을 하고 ⑤증언한 자신의 이름도 함께 구술하여 함께 녹음하여야 한다

그런데 이러한 녹음에 의한 유언방식은 글자는 모르더라도 말만 할 수 있고 간단한 녹음기만 있으면 언제든지 이용할 수 있는 방식이며, 육성이 보존된다는 장점이 있으나, 녹음의 위·변조 가능성과 더불어 녹음기록이 쉽게 손상되어 버릴 가능성이 있다는 단점이 있다.

※ 유언 녹음의 예문 (녹음시 영상 녹음녹화 바람직)

(가) 유언자의 육성녹음 (최대한 조용한 장소에서 녹음하는 것이 좋다)

유언자 본인은 안양시 동안구 시민대로 23길 56에 거주하는 1945년 7월 6일생, 김갑돌로써, 서울 강남구 ㅇㅇ동 소재 ㅇㅇ 병원에서 친척 △△△을 증인으로 참여시키고 다음과 같이 유언한다

첫째 본인소유 부동산중 다음의 부동산은 지금까지 평생을 함께 살아온 배우자 홍숙희여사에게 유증한다.

(1) 안양시 동안구 시민대로 23길 56 (대 230㎡)

(2) 위 지상 철근콘크리트조 스라브 주택 1동

둘째 서울 강남구 일원동 32번지 대 240㎡는 장남 김일남에게 유증한다

셋째 ㅇㅇ은행ㅇㅇ지점에 예치된 정기예금(계좌번호267-03-34567) 5,000만원은 2남 김이남에게 유증한다

넷째 경기도 화성시 마도면 금당리 27번지 답 5,600㎡는 출가한 장녀 김삼순에게 유증 한다

다섯째 유언의 집행자로 안양시 동안구 광평로 333, 204동 501호(비산동 ㅇㅇ아파트)에 거주하는 본인의 막내동생 김을돌을 지명 한다.

유언자 김갑돌 본인은 2011년 7월 5일, 서울 강남구 ㅇㅇ동 소재 ㅇㅇ병원에서 친척 △△△이 증인으로 지켜보는 가운데 이상과 같이 유언을 직접 구술하였다

(나) 유언자의 구술이 종료되면, 곧 이어서 증인의 확인증언의 녹음을 시작 한다

경기도 안양시 동안구 관양로 243, 302동 707호(관양동 ㅇㅇ아파트)에 거주하는 증인△△△은 서울 강남구 ○○동 소재 ○○병원 김갑돌의 유언현장에서 2011년 7월 5일 오전10시 30분부터 시작된 김갑돌의 녹음에 의한 유언과정을 시종 참여한 증인으로서, 이건 녹음유언의 내용은 유언자 김갑돌 본인이 직접 구술한 것이 틀림없고, 정확함을 증언합니다. 2011년 7월 5일, 증언자 △△△.입니다

(다) 녹음이 끝난 녹음테잎은 손상되지 않도록 잘 보관, 보존하였다가 유언자 사망 후, 유언녹음 검인신청시 법원에 제출해야 한다

(3) 공정증서에 의한 유언

유언자가 증인 2명을 참여시킨 상태에서, 공증인 면전에서 유언의 취지를 말하고, 공증인이 이를 필기 낭독하여, 유언자와 증인이 그 정확함을 승인한 후, 각자 서명 또는 기명날인함으로써 성립하는 유언의 방식으로서, 공증인을 공증사무실이 아닌 자택이나, 병상으로 불러서 할 수도 있다.

공정증서에 의한 유언은 공증인의 참여로 비용이 소요되고, 유언의 비밀이 보장되지 않는다는 단점이 있으나, 다른 방식에 비하여 유언의 존재가 명확하여 위·변조 위험도 거의 없고, 법원의 검인절차도 필요 없이 유언을 곧바로 집행할 수 있다는 장점이 있다

(4) 비밀증서에 의한 유언

유언의 존재는 명확히 하되, 유언의 내용에 대해서는 자기 생전(사망하기 전까지)에는 비밀로 하려 할 때 이용하는 방법으로서, 유언자가 자신의 유언취지와 성명을 기입한 유언서를 봉투에 넣어서 ①엄봉 날인하고, 이를 2명이상의 증인 면전에 제출하여, ② 봉서표면에 자신의 유언서임을 표시한 후, ③제출 연월일을 기재하고, ④유언자와 증인이 각자 서명하거나, 날인을 한 다음, 봉서표면에 기재된 제출일자로 부터 5일 이내에 공증인 또는 법원 및 등기소에 제출하여 ⑤그 봉인상에 확정일자를 받아야 한다. (확정일자 청구시 수수료 600원 법원에 납부)

그런데 비밀증서의 유언은 봉서(봉투)에 대해서는 위와 같이 여러 유효요건이 있으나, 봉서안에 넣는 유언서에 대해서는 필자성명 기입외, 별다른 요건이 없어서 자필유언서와는 다르게 타이핑, 컴퓨터 출력, 대필 등이 가능하다

특히, 유언내용이 엄봉된 봉서안에 보이지 않게 존재함으로서, 유언자 사망시 까지 유언내용을 비밀로 할 수 있다는 장점이 있다.

또한 유언서 작성과정에서 엄봉을 하지 않는 등의 흠결이 있을 경우, 비밀증서의 유언으로는 무효가 되나, 그 것이 자필유언서의 요건에 적합한 때에는 자필유언서로써 유효하게 된다

봉함한 곳에 유언자 날인 후, 증인 면전에 제출한 비밀증서 유언봉서의 표면 기재례

홍길동의 유언서

증인면전 제출일 : 2011. 7. 15.

유언자 : 홍길동 (인)

증 인 : 이 ○○ (인)

증 인 : 김 ○○ (인)

※ 법원·등기소 등에서 확정일자 받는 기한 : 위 기재 제출일로 부터 5일 이내

(5) 구수증서에 의한 유언

구수증서에 의한 유언은 질병 등 급박한 사유로 인하여 앞의 4가지 방식에 의할 수 없을 때 한하여, 유언자가 ①2명이상의 증인을 참여시키고, ②그 중 1명에게 유언을 받아 적게 한 후, ③각자 서명하거나 날인을 하게 한 다음, 급박한 사유가 종료된 날로부터 ④7일 이내에 법원에 검인을 신청해야 한다.

그런데 급박한 사정이 없고, 앞의 4가지 유언이 가능함에도, 구수증서에 의한 유언을 하였다면, 이 같은 유언은 효력이 없을 뿐만 아니라, 급박한 사유 종료 후 7일 이내 검인을 필하지 아니한 경우에도 그 구수증서의 유언은 무효가 된다

구수증서의 유언서 예

유 언 증 서

경기도 안양시 동안구 시민대로 23길 56(호계동)에 거주하는 유언자 김갑돌은 2011년 7월 5일 본인의 자택에서 다음과 같이 유언을 구술하다

1. 안양시 동안구 광평로 333, 104동 505호(비산동 ㅇㅇ아파트)는 장남 김일남이 상속한다.
2. 화성시 마도면 금당리 45번지 소재 전 2,780㎡는 2남 김이남 상속한다.
3. ㅇㅇ은행 예금 2억 5,000만원은 처 홍숙희가 상속한다.
4. 유언집행자로서 유언자의 막내동생인 김을돌을 지정한다.

위 취지의 유언자 구수를 증인 △△△이 필기한 후, 유언자 및 다른 증인에게 낭독해 준 바 모두 필기가 정확함을 승인하였다.

2011년 7월 5일

유언자 김 갑 돌 (인)

필기자 증인 △ △ △ (인)
주소 : 군포시 금산로 37, (금정동, 201호)
주민등록번호 : 000000-0000000

입회자 증인 □ □ □ (인)
주소 서울 강남구 대치로4길 29, 105동 702호 (대치동, ㅇㅇ아파트)
주민등록번호 : 000000-0000000

마. 각종 유언의 증인 선정시 유의사항

미성년자, 금친산자 및 한정치산자 (피성년후견인과 피한정후견인), 유언으로 인하여 이익을 받을 자 및 그 배우자와 직계혈족 등은 위 (2), (3), (4), (5)항의 4가지 유언과정에서 증인이 될 수 없다.(민법 제1072조)

바. 유언의 검인 방법과 절차

(1) 유언에 관한 검인의 의의

자필유언, 녹음 및 비밀증서에 따른 유언의 검인은 유언검인조서로 하고, 구수증서에 따른 유언검인은 심판으로 하며, 공정증서에 의한 유언은 검인의 절차가 필요하지 않다.

특히 유언의 검인은 유언집행을 위한 절차의 하나로서, 검인결과는 나중에 유언에 기한 등기절차에서 등기원인서류로 제출될 수 있다

(2) 자필유언서, 비밀유언서, 녹음유언 등의 검인

자필유언서나, 비밀유언증서 또는 녹음유언을 보관한 자 및 이를 발견한 자는 유언자 사망 후 바로 가정법원에 제출하여 그 유언의 검인을 받아야 한다(민법 제1091조 제1항)

또한 봉인(封印)된 유언증서는 개봉을 해서 검인해야 되는바, 그 것의 개봉은 언제나 가정법원에서 유언자의 상속인, 그 대리인, 그 밖의 이해관계인의 참여하에 해야 한다 (민법 제1092조).

특히, 엄봉날인(嚴封捺印)된 비밀증서의 유언은 물론, 그 밖의 유언서라도 봉인되어 있는 한, 이를 개봉하는 것은 반드시 가정법원에서 하여야 한다.

i) 유언증서 및 녹음대 등의 검인청구와 관할

유언증서나 녹음을 보관하고 있는자 또는 이를 발견한 자가 청구권자인데 이들은 청구권자인 동시에 청구 의무자가 되기도 한다.

따라서 이들이 의무를 게을리 한 때에는 상속인에 대한 불법행위가 성립할 수 있고, 유언서의 은닉에 해당하여 상속결격의 사유가 될 수도 있다(민법 제1004조 제5호).

또한 유언증서의 검인 관할법원은 상속개시지(피상속인의 최후 주소지)의 가정법원이 된다. 다만 피상속인의 마지막 주소지가 외국인 경우에는 대법원이 있는 곳의 가정법원이 관할한다

ii) 유언증서 또는 녹음대 등의 제출 및 첨부서류

검인 청구서에는 유언자의 가족관계증명서·기본증명서 및 말소된 주민등록표등본, 청구권자의 가족관계증명서·기본증명서 및 주민등록표등본 등을 첨부하여야 한다.

또한 검인 청구시에 제출하는 유언의 증서나 녹음대(錄音帶, 녹음테이프 등)에 관하여 법원의 실무례는 이를 검인기일에 직접 제출하도록 하고 있다

특히, 봉인이 되어있는 유언서나 녹음테잎 등은 임의로 개봉할 수 없으며, 반드시 봉인된 상태로 법원에 제출해야 한다

iii) 검인기일 지정 및 상속인 등 소환

보통 봉인된 유언증서의 개봉기일과 검인기일을 같은 날로 지정한다

또한, 봉인된 유언증서나 녹음을 개봉하고자 경우에는 기일을 정하여 상속인 또는 그 대리인을 소환하고, 그 밖의 이해관계인에게 통지를 하여야 한다 (가사소송규칙 제86조 2항).

ⅳ) 검인 실시 방법 및 조서의 작성

유언의 증서의 검인방법은 지질(紙質), 형상, 문언, 자체(字體), 가필(加筆)·삭제·정정의 유무와 내용, 일자(日字), 서명, 인영 등의 외적 상태를 육안으로 확인하고, 유언녹음에 대하여는 그 형상을 확인하고 이를 재생하여 녹취하는 방법으로 조사를 하며, 기일에 출석·참여한 상속인 또는 그 대리인 및 이해관계인을 심문하는 등의 방법으로 조사한다.

또한 유언서나 녹음의 개봉 및 검인시는 법원에서 조서를 작성하는데, 그 조서에는 대부분 유언서 사본이나 녹취서를 첨부하고 있다.

특히 유언검인조서에는 검인기일에 출석한 상속인들이 유언증서의 진위여부에 관하여 다투지 않겠다("이의없다"고 해야 한다)는 뜻이 명확히 표시되어야 한다.

만약 유언검인조서에 "유언 내용의 진위를 어떻게 믿는냐"는 등의 상속인 진술이 기재되었다면, 이는 "유언내용에 다툼 없었다"는 것이 불명확하게 되므로, 부동산 상속등기 신청시 유언검인조시등본 외에 "유언내용에 따른 등기신청에 이의가 없다"는 상속인 동의서(인감증명 첨부)를 추가로 첨부하는 사태가 오게 된다.

그리고 유언증서의 개봉과 검인시 불출석한 상속인 등에 대하여 법원에서는 검인조서의 등본을 송달하는 방법으로 그 사실을 고지하고 있다.

ⅴ) 검인의 효과

검인은 유언의 증서나 녹음의 방식과 내용을 객관적으로 확인하여 두는 것일 뿐 그 효력 유무를 판단하는 것이 아니다.

또한 검인은 유언의 성립요건이나 효력의 발생요건도 아니어서 검인이 있더라도 그 유언에 대하여 무효를 주장할 수도 있다.

(3) 구수증서 유언의 검인

공정증서에 의한 유언은 검인절차가 필요하지 않는 반면(민법 제1091조 제2항), 구수증서에 의한 유언의 검인은 심판으로 한다.

특히 구수증서에 의한 유언은 이해관계인 등이 위작(僞作)을 하거나, 유언자의 진의가 왜곡될 가능성이 있으므로 가정법원의 검인을 받도록 하고 있는 것이다.

이러한 구수증서는 검인을 받기까지는 유언의 유·무효가 확정되지 않아 유동적인 상태에 있지만, 검인은 받음으로서 그 구수증서가 작성된 때에 소급하여 유효하게 된다

ⅰ) 구수증서의 검인 청구권자 및 검인신청 첨부서류

구수증서의 검인을 청구할 자는 증인 또는 이해관계인이다(민법 제1070조 제2항).

증인은 구수증서 작성에 참여한 증인을 의미하고, 이해관계인은 추정상속인, 수유자(受遺者), 유언집행자 등 법률상 이해관계인을 가리킨다.

검인청구시 첨부 서류로는 유언자의 가족관계증명서 및 기본증명서, 제적등본, 말소된 주민등록표등본, 상속인 및 수증자의 가족관계증명서, 기본증명서, 주민등록표등본, 기타 이해관계인 증명자료 등이다.

ⅱ) 구수증서 유언의 검인 관할 및 청구기한

유언자가 생존 중에는 그의 주소지 가정법원이, 유언자가 사망한 후에는 피상속인의 최후 주소지 가정법원이 관할한다.

또한 검인은 구수증서로 유언을 하게 된 급박한 사유가 종료한 날로부터 7일내에 청구하여야 한다 (민법 제1070조 2항).

그런데 대법원 판례는 특별한 사정이 없는 한 유언이 있은 날에 급박한 사유는 종료되었다고 보아야 한다고 판시하고 있다 (대법원 94스16 결정 등).

iii) 검인기일 지정 및 조사내용

필요한 서류가 갖추어지면 검인기일을 지정하고, 이를 청구인과 상속인, 구수증서에 기재된 증인, 그 밖의 이해관계인에게 기일을 통지한다

또한 구수증서에 대한 심리 시의 조상대상과 내용은 유언자가 생존하고 있을 때에는 유언자를, 유언자가 사망한 때에는 유언에 참여한 증인·의사·유언자 친족 등을 대상으로 하여 유언자의 유언당시 병위급상태, 정신상황, 평소 성격, 언행, 그 밖의 유언서 작성 당시상황 등을 조사한다

iv) 심 판

구수증서의 검인청구에 대해서는 심판으로 하는데, 유언의 검인청구가 부적법하면 각하를 하고, 유언이 명백히 무효인 경우 등에는 청구를 기각한다. 또한 진의에 따른 것임이 확인되면 확인심판을 한다.

사. 유언의 검인 청구서 작성 예시

유언증서의 개봉 및 검인청구 (예시)

청구인 (상속인) : 홍숙희 (주민등록번호: 000000-2000000)
등록기준지 경기도 안양시 동안구 관양동 125
주소 : 경기도 안양시 동안구 시민대로 23길 56 (호계동)
연락처 : 010-0000-0000(Email :bdw@hanmail.net)

사건본인 (유언자) : 김갑돌 (주민등록번호: 450000-0000000)
등록기준지 경기도 안양시 동안구 관양동 125
최후 주소 : 경기도 안양시 동안구 시민대로 23길 56 (호계동)

청 구 취 지

유언자 망 김갑돌이 2011년 2월 20일자 작성한 자필증서에 의한 별지 유언서의 개봉 및 검인을 청구합니다

청 구 원 인

1. 청구인은 망 김갑돌이 작성한 별지 자필유언증서의 보관자이며, 유언자 망 김갑돌의 배우자입니다

2. 청구인은 2011년 2월 20일 유언자 망 김갑돌이 작성, 밀봉한 김갑돌의 유언서를 김갑돌로부터 보관을 의뢰받아 보관하고 있던 중, 2011년 4월 20일 유언자 김갑돌이 사망하였음으로, 민법 1091조 제1항의 규정에 의하여 이건 유언증서의 개봉 및 검인을 청구합니다

입 증 방 법

1. 갑 제 1호증의 1내지 2 가족관계증명서 (청구인, 피상속인)
2. 갑 제 2호증의 1내지 2 기본증명서 (청구인, 피상속인)
3. 갑 제 3호증의 1내지 2 제적등본 및 말소자주민등록등본 (피상속인)
4. 갑 제 4호증 주민등록등본(상속인)
5. 갑 제 5호증 봉인된 유언서

첨 부 서 류

1. 위 입증방법 각 1부
2. 납부서 1부

2011. 5. .
위 청구인 홍숙희 (인)

수원지방법원 안양지원귀중

유언녹음 검인청구 (예시)

청구인(상속인) : 김일남 (주민등록번호: 000000-0000000)
등록기준지 경기도 안양시 동안구 관양동 125
주소 : 경기도 안양시 동안구 시민대로 23길 56 (호계동)
연락처 : 010-0000-0000(Email :bdw@hanmail.net)

사건본인 (유언자) : 김갑돌 (주민등록번호: 450000-0000000)
등록기준지 경기도 안양시 동안구 관양동 125
최후 주소 : 경기도 안양시 동안구 시민대로 23길 56 (호계동)

청 구 취 지

유언자 망 김갑돌이 2011년 2월 20일자 녹음에 의한 별첨유언을 검인한다
라는 심판을 구합니다

청 구 원 인

1. 피상속인 망 김갑돌은 배우자와 사별한 후 혼자서 3남매를 키우면서 지내오던 중 3년전 뜻하지 않은 작업중 사고로 인하여 부상을 당한 후 병원에 입원, 치료를 받아 왔으나, 합병증으로 거동을 할 수 없는등 증세가 악화되자 친척ㅇㅇㅇ을 증인으로 불러놓고 유언을 하게 되었습니다
2. 유언은 2011년 2월 20일 오전10시 40분경 ㅇㅇ동 소재 ○○병원에서 유언자의 친척 ㅇㅇㅇ이 증인으로 입회한 가운데 망인이 직접 유언의 취지와 년월일 등을 말하여 녹음을 하고, 이어서 현장에 참석중인 증인 ㅇㅇㅇ이 유언의 정확함과 증인 자신의 성명 등을 구술하여 녹음하였습니다
3. 그 후 유언자는 2011년 4월 20일 사망하였으므로 이건 유언녹음의 검인을 구하고자 이건 청구에 이르게 된 것입니다

입 증 방 법

1. 갑 제 1호증의 1내지 2 가족관계증명서 (청구인, 피상속인)
2. 갑 제 2호증의 1내지 2 기본증명서 (청구인, 피상속인)
3. 갑 제 3호증의 1내지 2 제적등본 및 말소자주민등록등본 (피상속인)
4. 갑 제 4호증 주민등록등본(상속인)
5. 갑 제 5호증 유언의 녹음테이프

첨 부 서 류

1. 위 입증방법 각 1부
2. 납부서 1부

2011. 5. 2

위 청구인 김일남 (인)

수원지방법원 안양지원 귀중

아. 유언의 철회와 효력 순위

유언자는 생존 중(유언의 효력이 발생 하기 전, 즉 사망하기 이전)에는 언제든지 자신의 유언의 전부나 일부를 수정하거나, 철회를 할 수 있다.

이는 유언자의 최종의사를 존중하려는 것으로서 서로 다른 내용의 유언이 여러 개 있다면 최종의 것, 최후의 것이 유효하다.

(1) 유언의 철회방법(임의철회)

유언을 철회하려면 유언으로 하여야 하지만 철회대상의 종전 유언 방식과 동일한 방식으로 할 필요는 없다. 공정증서유언을 자필증서유언으로 철회할 수 있고, 반대로 자필증서유언을 공정증서유언으로 철회할 수도 있다

(2) 유언의 법정 철회(자동철회)

ⅰ)전후의 유언이 저촉되거나, 유언 후의 생전행위가 유언과 저촉되는 경우에는 그 저촉된 부분의 전(前)유언은 철회한 것으로 본다.(민법제1109조)

ⅱ) 유언자가 고의로 유언증서 또는 유증의 목적물을 파훼한 때에도 그 파훼한 부분에 관한 유언은 철회한 것으로 본다 (민법 제1110조)

(3) 철회의 효과

유언이 철회되면 그 유언은 처음부터 없었던 것과 같아진다

자. 유언 내용의 실현 (집행)

(1) 유언집행의 개념

유언의 집행은 유언자 사망 후(유언의 효력이 발생한 후), 유언의 내용을 유언자 의사(뜻)대로 실현하는 행위이다

(2) 유언집행자의 종류

i) 유언자 지정 유언집행자

유언자는 생전에 유언으로 한명 또는 여러 명을 유언의 집행자로 지정할 수 있고, 그 지정을 제3자에게 위탁할 수도 있다 (민법 제1093조)

ii) 법정(法定) 유언집행자 (상속인)

유언집행자가 없을 때에는 상속인이 법정 유언집행자가 된다 (민법제 1095조)

iii) 선임(選任)유언 집행자

처음부터 유언집행자가 없거나, 유언집행자의 사퇴, 해임, 결격 등 사유로 유언집행자가 없게 된 때에는 유언집행자를 이해관계인의 청구로 법원이 선임 한다

(3) 유언의 집행 비용

유언의 집행에 관한 비용(상속재산 관리비용, 집행관련 소송비용, 재산목록 작성비용, 검인신청비용, 유언집행자 보수 등)은 상속재산에서 지급한다 (민법 제1107조)

(4) 유언집행자의 권리와 의무

유언집행자는 유증의 목적인 재산의 관리와 유언의 집행에 필요한 다음의 행위를 할 권리와 의무가 있다

i) 상속재산 목록을 작성하여 상속인에 교부하는 일

ii) 유언집행자는 그의 사무처리로 받은 금전, 과실, 기타 물건을 상속인에게 인도하여야 하고, 상속인을 위하여 자기명의로 취득한 권리를 상속인에게 이전할 의무가 있으며, 필요한 경우에는 상속재산의 매각 또는 환가처분도 할 수 있다

iii) 유언집행자는 선량한 관리자 주의의무를 다하여야 하며, 집행과정에서 상속인들에게 손해를 끼치게 되면 그 손해를 배상할 책임이 있다

차. 유언집행자 선임 청구의 예시

유인집행자 선임청구 (예시)

청 구 인 홍길동 (1954년 6월 2일생)
주소 : 안양시 동안구 관평로 333, 105동 507호(관양동, ㅇㅇ아파트)
전화 031-431-5678 (휴대폰 010-5790-5431)

유 언 자(망) 김갑돌 (1953년 7월 26일생)
등록기준지 : 안양시 동안구 호계동 24
최후주소 : 안양시 동안구 시민대로 23길 56 (호계동)

청 구 취 지

유언자 망 김갑돌의 유언집행자로 안양시 동안구 시민대로 23길 25(호계동)에

거주하는 이임순을 선임한다.
라는 심판을 구합니다.

청 구 원 인

1. 청구인은 유언자인 망 김갑돌의 친구로서 유언자 망 김갑돌은 배우자나 자식들이 없는 상태에서 2011년 4월 20일 최후주소지인 안양시 동안구 시민대로 23길 56(호계동)에서 지병으로 사망하였습니다.

2. 유언자의 사망 이후 청구인은 유언자의 장례를 치르는 과정에서 유언자가 생전에 그 소유의 재산을 가까운 이웃들과 사회단체에 유증할 것이라고 자필로 유언서를 작성해 놓았음을 발견하고, 그 즉시 수원지방법원 안양지원에 검인신청을 하여 2011년 5월 6일 검인을 받았습니다.

3. 그러나, 그 유언증서에는 유언집행자가 지정되어 있지가 않아 유언자의 유언에 대한 집행자로 유언자의 생전에 유언자와 오랜기간 친숙하게 지내던 "안양시 동안구 시민대로 23길 25(호계동)에 거주하는 이임순"을 선임하고자 본 청구에 이른 것입니다.

첨 부 서 류

1. 기본증명서(유언자) 1통
1. 상속관계를 확인할 수 있는 제적등본 1통
1. 말소된 주민등록등본 1통
1. 유언증서 1통
1. 주민등록등본 (청구인 및 피선임자) 각 1통

2011년 7월 1일

위 청구인 홍 길 동 (인)

수원지방법원 안양지원 귀중

2. 유증의 종류와 포기시 유증재산의 처리

유증은 "단순유증" 과 "부담 부유증", "포괄적 유증" 과 "특정유증" 으로 나눌 수 있는데,

포괄유증은 "나의 재산의 전부" 또는 "나의 재산 중 1/2"을 "홍○○에게 준다"라는 형태의 일정 비율의 유증이고,

특정유증은 "○○아파트는 홍○○에게 주고, ○○시 ○○동 소재 논 300㎡는 김○○에게 준다"라는 형태로 특정의 재산상 이익을 구체적으로 특정해서 하는 유증이다

가. 포괄적 유증

포괄적 유증이란 적극재산은 물론 소극재산(채무)까지도 포괄하는 상속재산의 전부 또는 일부의 유증을 말하는 것으로, 포괄적 유증을 받은 수증인은 상속인과 동일한 권리 의무가 있다 (민법 제1078조)

이러한 포괄적 유증의 수증자도 유증에 대하여 이를 승인하거나, 포기할 수가 있는데, 이 경우 포괄유증의 수증자는 일반유증의 수증자와는 다르게 유증의 승인포기 규정이(민법제1074조)적용되지 않고, 상속의 승인 및 포기규정 (민법제1019조 내지 제1044조)이 적용된다.

이는 포괄적 수증자가 민법제1078조에 의해 상속인과 동일한 권리 의무 관계에 있기 때문이다

나. 특정적 유증

개개의 재산상 이익을 구체적으로 특정하여 유증하는 것으로써 단순유증의 경우에는 유증자가 사망한 때에 효력이 발생하고, 정지조건이 있는 유증의 경우에는 그 정지조건이 성취된 때로부터 유언의 효력이 생긴다

이러한 특정적 유증에 대해서 수증자는 유언자의 사망 후 언제든지 유증을 승인 또는 포기할 수가 있다(민법제1074조)

다. 단순유증과 부담부 유증

(1) 단순유증과 부담부 유증의 구별

단순유증은 부담을 일체 주지 않는 순수유증임에 반하여 부담부유증은 의무이행에 따른 유증으로서 유언자가 수유자에게 이익을 주면서, 동시에 유언자 본인이나 제3자를 위한 법률상 의무를 부담시키는 유증이다

이러한 부담부 유증은 유언을 하면서 일정한 부담(의무)을 지웠을 뿐이므로 유증의 효력은 수유자의 부담 이행여부와는 관계없이 발생한다.

(2) 부담 있는 유언의 취소 (민법 제1111조)

부담 있는 유증을 받은 자는 유증의 목적의 가액을 초과하지 아니한 한도에서 부담한 의무를 이행할 책임이 있고, 상속의 한정승인

이나 재산분리로 유증의 목적의 가액이 감소된 때에는 그 감소된 한도에서 부담할 의무를 면한다 (민법 제1088조)

그런데, 부담 있는 유증을 받은 자가 그 부담의무를 이행하지 아니한 때에는 상속인 또는 유언집행자는 상당한 기간을 정하여 이행할 것을 최고하고, 그 기간 내에 이행하지 아니한 때에는 가정법원에 유언의 취소를 청구할 수 있다 (민법 제1111조)

(i) 부담 있는 유언의 취소 청구권자

부담 있는 유언의 취소를 청구할 수 있는 자는 상속인 또는 유언집행자이다.

(ii) 부담 있는 유언의 취소 관할

상속 개시지(피상속인의 최후 주소지)의 가정법원이 관할한다.

다만 그의 마지막 주소지가 외국인 경우에는 대법원이 있는 곳의 가정법원이 관할한다

라. 유증의 포기와 유증목적 재산의 처리

유증이 그의 효력이 생기지 아니하거나, 수증자가 포기한 때에는 유증의 목적인 재산은 상속인에게 귀속한다. 그러나 유언자가 유언으로 다른 의사표시를 한 때에는 그의 의사에 의한다 (민법 제1090조)

3. 유류분 제도

가. 유류분제도의 의미와 적용범위

피 상속인이 유언으로 재산의 전체를 타인에게 주거나, 일방적으로 어느 한 가족에게만 주는 경우, 남은 다른 가족들은 생계의 위협을 느끼게 될 뿐만 아니라, 가족간에 공평한 승계도 할 수 없게 된다.

이에 따라 상속재산 분배에 관해서 최소한의 합리화 및 공평한 재산승계를 도모하기 위해서 법률이 일정 범위의 상속인에 대하여 최소한의 물질적 기초를 확보하도록 보장하는 것이 유류분 제도이다

이러한 유류분의 제도는 고인의 유언·유증과 상속개시 전 1년간의 증여에 적용된다.

다만, 당사자 쌍방이 유류분권리자에 손해를 가할 것을 알고 증여한 경우에는 그 증여가 1년전의 것이라도 적용이 된다 (민법 제1114조)

나. 유류분의 내용과 유류분액 계산방법

(1) 유류분권을 가지는 자

피상속인의 직계비속, 배우자, 직계존속, 형제자매이다. 태아도 살아서 출생하면 직계비속으로서 유류분권을 가진다.

그러나 상속결격자와 상속을 포기한자는 상속인이 아님으로 유류분권자가 되지 못한다.

(2) 유류분의 비율(민법제1112조)

유류분을 가지는 자	비 율
(i) 피상속인의 직계비속	법정상속분의 1/2
(ii) 피상속인의 배우자	법정상속분의 1/2
(iii) 피상속인의 직계존속	법정상속분의 1/3
(iv) 피상속인의 형제자매	법정상속분의 1/3

(3) 유류분액의 계산방법

i) **유류분산정 기초재산 계산방법 (기초 유류분액 산출방법)**

- 상속개시시(사망당시) 피상속인이 보유하던 재산가액에
- 사망직전 피상속인이 1년간 증여한 재산가액을 더한 후
- 피상속인의 채무액을 공제하면 기초 유류분액이 된다

ii) **상속인의 유류분액 산출방법**

– 기초유류분액에 해당상속인의 상속비율과 유류분 비율을 곱하면, 해당상속인의 유류분액이 된다

유류분액 계산표 (예시)

사망당시 망인의 보유재산가액이 40억원이고, 사망직전 1년간의 증여재산이 15억원(ㅇㅇ보육원에 10억원, Y에게 5억원), 피상속인 채무가 5억원이고, 유족(상속인)으로는 배우자 A, 자녀B 등 2명이 있을 경우의 유류분액 계산의 예시

▸**기초유류분액 산출**

- 피상속인 사망당시 보유재산가액 :
  40억원 + 사망직전 1년간의 증여재산 15억원 – 피상속인의 채무액 5억원 = 산출된 기초유류분액 50억원

▶ **배우자 甲의 유류분액**

- 기초유류분액 50억원 × 배우자 甲의 상속비율 3/5 × 배우자 甲의 유류분 비율 1/2 = 배우자 甲의 유류분액 15억 원

▶ **자녀 A의 유류분액**

- 기초유류분액 50억원 × 자녀 A의 상속비율 2/5 × 자녀 A의 유류분 비율 1/2 = 자녀 A의 유류분액 10억원

다. 유류분 반환의 청구범위와 절차

(1) 유류분 반환 청구의 범위

상속인은 피상속인(망인)이 증여 또는 유증을 한 결과 자신이 상속받을 재산의 가액이 유류분에도 미치지 못하고, 그 유류분에 부족이 생긴 때에는 그 부족한 한도 내에서 그 재산의 반환을 청구할 수 있다 (대판2001다6947)

(2) 반환대상이 되는 증여와 유증이 있을 경우의 반환순서

유류분 반환청구의 목적인 증여 및 유증이 병존하고 있는 경우, 유류분 권리자는 먼저 유증을 받은 자를 상대로 유류분침해액 반환청구를 하여야 하고, 그 후에도 여전히 유류분 침해액이 남아있는 경우에 한하여 증여를 받은자에 대하여 그 부족분을 청구할 수 있다 (대판2001다6947)

(3) 유류분 반환 청구권자 및 청구의 기한

유류분의 반환을 청구할 수 있는 자는 상속인, 포괄적 수유자, 상속분 양수인, 반환청구권의 양수인 등이며, 반환청구의 상대방은 상속인, 유언집행자, 증여받은자, 유증받은자 등이다.

그런데 유류분의 반환 청구는 해당자 별로 각자 행사하여야 하며, 한사람의 유류분 반환청구는 다른 사람에게 영향이 미치지 아니한다

특히 반환청구권은 유류분 권리자가 상속의 개시와 반환하여야 할 증여 또는 유증을 한 사실을 안날로부터 1년 이내에 청구하여야 하고, 상속이 개시된 때로부터는 10년 이내에 청구하여야 한다

라. 유류분 반환청구권 행사의 효력

판결이 확정되면 유류분의 부족분 한도내에서 유증과 증여의 효력이 소멸 된다.

따라서 증여받은 사람과 유증을 받은 사람은 목적물을 유류분 권리자에게 반환하여야 한다

반환의 방법은 증여 또는 유증의 재산 그 자체를 반환하는 것이 일반적 방법이나, 원물반환이 불가능 한 경우에는 그 가액 상당액을 반환할 수도 있다

마. 유류분 반환 청구소 제기의 예시

소 장 (예시)

원 고(상속인) 1. 홍 숙 희 (주민번호 : 000000-2000000)
등록기준지 : ○○도 ○○시 ○○구 ○○동 ○○번지
주 소 : ○○도 ○○시 ○○구 ○○로 27길 46 (ㅇㅇ동)
휴대 전화 : 010-0000-0000(E-mail :)

2. 김 일 남 (주민번호 : 000000-2000000)
등록기준지 : ○○도 ○○시 ○○구 ○○동 ○○번지
주 소 : ○○도 ○○시 ○○구 ○○로 27길 46 (ㅇㅇ동)

피 고(수증자) 박 을 병 (주민번호 : 000000-1000000)
등록기준지 : ○○도 ○○시 ○○구 ○○동 ○○번지
주 소 : ○○시 ○○구 ○○대로 54 (ㅇㅇ동, 303호)

사건본인(피상속인) 김 갑 돌 (주민번호 : 000000-200000)
등록기준지 : ○○도 ○○시 ○○구 ○○동 ○○번지
마지막주소 : ○○도 ○○시 ○○구 ○○로 54길 74 (ㅇㅇ동)

유류분 반환 청구의 소

청 구 취 지

1. 피고는 별지유산목록 및 유류분 계산표에 따라 원고1 홍숙희에게는 금 90,000,000원을, 원고2 김일남에게는 금60,000,000원을 반환하라.

2. 심판비용은 피고의 부담으로 한다

3. 제 2 항은 가집행 할 수 있다

라는 심판을 구합니다

청 구 원 인

1. 원고와 피고인과의 관계
원고1 홍숙희는 망 김갑돌의 배우자이고, 원고2 김일남은 망 김갑돌의

자녀입니다. 또한 피고 박을병은 망인이 생전에 보살펴 주던 ㅇㅇ보육원 운영자 겸 대표입니다

2. △△보육원에 대한 망 김갑돌의 지나친 유증
망 김갑돌은 사망당시인 2011. 4. 20.현재의 보유재산 가액이 별첨 보유재산 목록과 같이 총 9억원에 이르고 있는데, 망인은 사망하기 한달 여전인 2011. 3. 20. 유언으로 망인의 보유재산 중 "ㅇㅇ회사 보통주식 2만주(사망당시의 가액 6 억원)"를 △△보육원 대표 박을병에게 유증을 하였습니다

3. 이로 인하여 원고들은 민법이 정한 공평승계를 침해받고 있습니다

4. 이에 원고는 민법이 정한 유류분에 미달하는 금액을 반환받고자 이건 청구에 이른 것입니다

입 증 방 법

1. 갑제1호증의 1 내지 2 보유재산 목록 및 유류분액 계산표
2. 갑제2호증의 1 내지 3 가족관계증명서 (원고 및 사건본인)
2. 갑제3호증의 1 내지 3 기본증명서 (원고 및 사건본인)
3. 갑제4호증의 1 내지 3 주민등록초본(원고 및 피고)
4. 갑제5호증 등기부등본.

첨 부 서 류

1. 위 입증방법 각 1부
2. 소장부본 1부
3. 납부서 1부

2011. 6. .

원 고 홍 숙 희 (인)
김 일 남 (인)

ㅇㅇ지방법원 귀중

※ 유류분반환 청구사건은 민사소송으로서 가정법원이 아닌, 지방법원에 제출해야 함에 유의

피상속인의 유산 목록 및 유류분액 계산표 (예시)

□ **피상속인의 유산(사망당시 보유재산) 목록 (총 9억원)**

1. 서울 강남구 대치로 24, 103동 502호(ㅇㅇ아파트) 전세보증금 3억원
2. ㅇㅇ회사 보통주식 2만주(사망당시 가액 6 억원)

□ **공동상속인 내역**

1. 피상속인의 배우자 홍숙희
2. 피상속인의 자녀 김일남

□ **공동상속인의 유류분액 계산표**

① **간주되는 상속재산 가액 : 3억원**

- 9억원 - 유증 6억원 = 3억원

② **상속분에 따른 각 공동상속인의 상속분**

- 배우자 홍숙희 : 3억원 × 3/5 = 1억 8천만원
- 자 녀 김일남 : 3억원 × 2/5 = 1억 2천만원

③ **유류분액**

- 배우자 홍숙희 : 9억원 × 3/5 × 1/2 = 2억 7천만원
- 자 녀 김일남 : 9억원 × 2/5 × 1/2 = 1억 8천만원

④ **유류분 침해액**

- 배우자 홍숙희 :③2억 7천만원-②1억 8천만원 = 9천만원
- 자 녀 김일남 :③1억 8천만원-②1억 2천만원 = 6천만원

⑤ **반환청구액**

- 배우자 홍숙희 : ④ 9천만원
- 자 녀 김일남 : ④ 6천만원

⁂ **각 상속인등의 최종 취득액**

- 배우자 홍숙희 : 2억 7천만원
- 자 녀 김일남 : 1억 8천만원
- ㅇㅇ보육원 대표 박을병 : 4억 5천만원

4. 유언 등에 관한 궁금한 사항

궁금한 사항	회답요지 및 근거
1)망인이 생전에 자신의 재산을 특정인에게 물려주겠다고 입버릇처럼 말 해왔으나, 사망후 이를 입증할 유언서가 없는 경우	▸ 일반적으로 망인이 가족이나 친지에게 남기는 말이나 당부등을 유언이라고 하는데, 이는 법적의미의 유언이 아니어서 법적 효력을 갖지는 못한다. ▸ 유언이 법적인 효력을 가지려면 유언이 엄격한 방식(자필증서, 녹음, 공정증서, 비밀증서, 구수증서의 방식)에 따라 유언하였을 때만 유효한 유언이 된다. ▸ 따라서 망인이 생전에 입버릇처럼 말해 왔다고 해도 그 말이 민법에 규정된 유언방식을 갖추지 못한 경우에는 그 유언은 법적인 효력이 가질 수 없다.
2)유언의 내용을 비밀로 하고 싶을 때의 유언서 작성 방법	▸ 유언의 내용을 아무도 모르게 하여 유언서를 작성하고 싶다면 5가지의 유언의 방식중 비밀증서에 의한 유언을 하면 된다. ▸ 비밀증서에 의한 유언은 유언자가 미리 유언의 취지와 성명을 기입한 유언서를 작성해서 봉투에 넣고, 엄봉날인(嚴封捺印)한 후, ▸ 이를 2명이상 증인의 면전에 제출, 자기의 유언서임을 표시(이 봉서에는 유언자 아무개의 유언내용이 들어있음)한 후 그 표면에 증인면전 제출 연월일을 기재하고 유언자와 증인이 각각 서명 또는 기명날인을 한 다음, ▸ 봉서표면에 기재된 제출일자로 부터 5일 이내에 공증인 또는 법원·등기소에 제출, 그 봉서 표면에 확정일자를 받으면 된다.(확정일자 날인시 법원수수료 600원 납부)
3)유언자의 날인 및 작성일자 없는 자필 유언서 효력	▸ 자필증서 유언의 경우, 기명날인이 효력발생의 필수요건이다. 그러나 반드시 도장을 찍어야 되는 것은 아니고, 무인을 찍어도 무방하다 ▸ 또한 유언서에 작성일자가 없으면 그 유언서는 무효가 되는데, 이는 유언서 작성시에 유언자가 의사능력을 가지고 있었는가를 판단하는데 절대적으로 필요하기 때문이다, 그러나 작성연월일을 반드시 숫자로 표시해야 되는 것은 아니고, 부인의 환갑날, 나의 77회 생일날 등 명백한 일자로 표현해도 유효하다

궁금한 사항	회답요지 및 근거
4)유언서의 정정방법 및 정정된 유언서의 효력	▸유언서가 정정 또는 부기되었는데, 이 정정에 대한 유언자의 자서 및 날인이 누락된 경우, 그 정정사항은 무효가 되어, 정정되기 전의 내용대로 효력이 발생한다 ▸따라서 유언서의 내용일부를 삭제 또는 변경한 때에는 그곳에 유언자가 날인을 하고, 유언서 말미에도 "몇째 줄 몇 자 정정ㆍ기입ㆍ삭제"라고 기재(자서)하고 그곳에도 유언자가 날인을 해야 한다 ▸그러나 유언서를 정정하면서 종전내용을 알아볼 수 없도록 말소하였거나, 정정에 대한 부기나 유언자 날인이 없는 경우에는 유언을 하지 않은 것으로 되어 상속분에 관해서는 법정상속분에 의하게 된다
5)유언서의 철회 또는 변경	▸유언자는 유언을 한 후 자신의 사망 이전에는 언제든지 유언 일부를 변경 또는 전부를 철회할 수 있다. ▸유언의 철회는 특별한 방식이 있는 것이 아니라, 전후의 유언이 저촉되거나, 유언 후의 생전행위가 유언과 저촉되는 경우에 그 저촉부분의 전 유언은 철회한 것으로 본다. 특히 유언자가 고의로 유언증서 또는 유증의 목적물을 파훼한 때에는 그 파훼한 부분에 관한 유언은 철회한 것으로 본다 (민법 제1109조 및 제1110조) ▸따라서 유언자가 앞서 작성한 유언서의 내용을 변경하고 싶다면 특별한 절차없이 자유롭게 유언서를 새로 씀으로써, 이미 한 유언을 철회 또는 변경할 수 있다.
6)유언서의 개봉절차 및 검인 방법	▸유언의 집행을 위해서는 "공정증서에 의한 유언서"를 제외하고는 유언서 보관자 또는 상속인이 유언서를 피상속인 주소지 관할 가정법원에 제출, 개봉 및 검인을 받아야 하는데, 이러한 검인과정에는 상속인 및 그 대리인등이 참여하여야 한다 ▸유언서의 검인방법은 유언서 형식 및 상태 등을 조사하는 검증절차로서, 가정법원에서는 유언서 용지, 매수, 글씨체, 유언의 내용, 작성일자, 서명날인 등을 확인하고, 이를 조사 기록하여 검인조서를 작성한다

궁금한 사항	회답요지 및 근거
7)자필증서 유언에 의한 소유권이전등기신청서의 첨부서면	▸ 등기신청서에(1)자필증서(2)유언집행자의 자격을 증명하는 서면(상속인임을 증명하는 서면(3)유언검인조서등본(4)유증에 정지조건등이 붙은경우에는 그 조건성취를 증명하는 서면 등을 첨부한다 (등기선례 5-334, 법무사 2010년 2월호 36면 발췌)
8)유증으로 인한 소유권이전등기 신청시 첨부하는 검인조서의 기재내용	▸ 유증으로 인한 소유권이전등기신청시 첨부하여야 하는 유언검인조서에는 검인기일에 출석한 상속인들이 유언증서의 진위여부에 대하여 다투지 않는다는 뜻이 명확히 표시되어야 하는바, 유언검인조서에 "이 유언증서상 내용의 진위여부는 어떻게 아느냐"라는 상속인의 진술이 기재되었다면 이는 유언내용에 다툼이 없음이 불명확하므로 위 검인조서등본을 첨부하여 등기신청을 하는 때에는 유언내용에 따른 등기신청에 이의가 없다는 위 상속인의 동의서(인감증명첨부)를 첨부하여야 한다. (2007. 6. 12. 부동산등기과-1935 질의회답)
9)유언에 의한 인지 및 인지 받은자에 대한 유증	▸ 혼인외 출생자는 그 생부나 생모가 유언으로도 인지할 수 있는데, 유언에 의한 인지는 유언의 집행자가 신고하여야 하므로 유언집행자를 지정해 두어야 한다 ▸ 유언으로 인지를 받았을 경우, 재산상속이나, 유증의 문제는 유언자가 사망한 때로부터 효력이 발생하며, 그 수증자는 일반유증의 경우와 동일한 권리의무를 갖는다
10)상속시 법정상속분과 유언지정분 적용의 우선순위	▸ 피상속인은 유언을 통해서 각 재산별로 상속인을 특별지정하거나, 각 상속인별로 상속비율을 별도로 지정할 수도 있는데 이러한 유언의 지정분은 법정상속비율에 우선하여 적용 된다.
11)유증의 포기 및 유증포기의 효력	▸ 유증을 받은자는 유언자 사망 후, 언제든지 유증을 승인 또는 포기할 수 있다(민법1074조) ▸ 또한 유증을 받은 자가 유증을 포기하게 되면, 유증자가 포기한 그 유산은 유언자 사망시에 소급하여 상속인들의 몫으로 돌아가게 된다

궁금한 사항	회답요지 및 근거
12)유류분반환청구권의 단기소멸시효 기산일	▸민법 제1117조가 규정하는 유류분반환청구권의 단기소멸시효기간의 기산점이 되는 "유류분권리자가 상속의 개시와 반환하여야 할 증여 또는 유증을 한 사실을 안 때"라 함은 유류분권리자가 상속이 개시되었다는 사실과 증여 또는 유증이 있었다는 사실 및 그것이 반환되어야 할 것임을 안때를 뜻한다고 할 것이다 (대법원 2006.11.10.선고, 2006다46346판결)
13)유류분의 의미와 그의 반환청구 기한	▸피상속인이 자기재산 대부분을 생전에 다른사람에게 증여하거나, 특정인에게만 상속하겠다고 유언을 하였을 경우, 남은 상속인들은 상속분이 없거나, 아주 적어질 수 있다. 이에 따라 민법은 일정한 한도(법정상속분의 1/2 내지1/3)까지는 그 증여 또는 상속 받은자로 부터 그 증여 받은 것을 되돌려 받을 수 있도록 하고 있는데, 이것이 유류분제도이며, 이는 피상속인의 무분별한 유증으로부터 상속인을 보호하기 위한 제도이다 ▸유류분의 반환청구는 청구권자가 상속의 개시와 반환하여야 할 증여 또는 유증의 사실을 안 때로부터 1년, 상속이 개시한 때로부터 10년 이내에 청구하여야 한다. 이 기간 내에 유류분 반환청구를 하지 않을 때에는 시효로 소멸 한다
14) 년(年), 월(月)만 기재된 자필유언서의 효력	▸자필유언서에 작성 년, 월만 기재되어 있고, 일자의 기재가 없다면 그 유언증서는 작성일을 특정할 수 없기 때문에 효력이 없다고 판시 (대법원2009.5.14.선고2009다9768)

제2장

재산정보 조회 및 금융재산 상속

1. 고인의 재산정보 조회 개요

고인이 평소 자신의 재산 소유에 관하여 가족들에게 전혀 말하지 않고 있다가 갑자기 사망한 경우, 남은가족들은 장례를 치른 뒤에도 망자의 재산 보유현황 등을 알 수 없어 어찌할 바를 모르고 당황해 하는 사례가 많이 있다

그런데 이러한 경우, 고인의 금융재산(부채포함)의 내역과 어딘가에 있을지도 모르는 국내 소유토지에 대해서 쉽게 알아볼 수 있는 제도가 있다

금융감독원 소비자 보호센타에서는 고인의 금융자산(예금, 대출, 보증, 증권, 보험, 신용거래 등) 확인을 위하여 상속인이 여러 금융기관을 방문해야 하는 어려움을 덜어주기 위하여 “금융거래 일괄조회 서비스”를 시행하고 있으며,

국토해양부 국토정보센타 또는 각 지역별 자치단체의 지적관련 부서에서는 “조상땅찾기 서비스”를 통해 고인의 부동산(토지)소유현황을 알려주고 있다

2. 고인의 금융자산(부채포함)에 대한 조회

상속인 금융거래 일괄조회 서비스는 금융감독원이 신청을 받아 각 금융협회에 조회를 요청하는 서비스로써, 동 서비스는 신청서가 접수된 날을 기준으로 고인명의의 예금, 대출, 증권계좌, 보험계약, 신용카드 채무 등 금융거래가 있는 금융회사를 알려 준다

그러나, 순수 개인간 채무의 경우에는 금융 전산원장에 나타나지를 않아서 조회가 불가능하다

가. 금융거래 등 조회 신청시 준비서류

사망사실이 기재된 사망자 가족관계증명서, 기본증명서(제적등본)와 신청자(상속인)의 주민증 또는 운전면허증이 있어야 한다.

가족관계등록부에 사망사실의 기재가 없는 실종자 및 심신상실자 등에 대해서는 법원의 판결문이 있어야 한다.

나. 조회를 신청할 수 있는 사람

상속인 중 1인 또는 그 대리인이다. 대리인이 신청하는 경우에는 상속인의 인감이 날인되고 인감증명이 첨부된 위임장과 대리인의 신분증을 함께 지참해야 한다.

다. 조회 대상의 범위

피상속인(사망자)의 명의로 된 예금·대출·보증·증권계좌 및 보험계약, 신용카드와 가계 당좌거래의 유무 등

라. 조회의 소요 기간 및 회보의 내용

금융거래 조회에는 약 15일이 소요되는데, 회보되는 내용은 피상속인의 거래 금융회사별 거래계좌의 존재유무 뿐이다.

따라서 예금 및 대출의 잔액 및 거래내역 등 상세내역을 확인하기 위해서는 조회결과 알게 된 해당 금융기관(지점)을 직접 방문, 별도 절차를 거쳐서 확인해야 한다.

※ 참고사항

고인에 대한 금융조회를 신청하면, 이를 접수한 금융기관에서는 고인의 거래계좌 조회를 통보받게 되면 즉시 그 계좌의 거래를 정지한다. 이에 따라, 당해계좌의 자동이체가 즉시 제한되며, 이후 예금지급은 상속인 전원의 청구가 있어야만 지급을 하게 된다.(상속예금 등의 인출방법은 본책자 46면 "4항 상속예금 등 지급청구" 참조)

마. 금융거래 조회절차

신 청 접 수	금융감독원 소비자보호센타 및 각 출장소, 업무위탁 계약 체결 된 삼성생명 고객프라자, 국민은행, 우리은행, 농협 전국지점 등

⇩

금융협회이송	각 금융협회에 피상속인의 금융거래 조회 요청 (이송)

⇩

금융사재이송	각 금융협회에서 소속 금융회사에 조회 이첩 (재이송)

⇩

금융협회 조회결과취합	각 금융협회에서 소속 금융회사의 조회결과, 보고받아 취합

⇩

금융협회별 신청인통보	취합된 조회내역 신청인에 통보 및 금융협회 홈페이지 게재

바. 각 금융협회의 인터넷 주소 및 전화번호

금융기관별	인터넷주소	담당부서	전화번호
▸ 은행연합회	www.kfb.or.kr	민원상담실	02-3705-5393
▸ 생명보험협회	www.klia.or.kr	소비자보호실	02-2262-6647
▸ 손해보험협회	www.knia.or.kr	소비자보호팀	02-3702-8629
▸ 금융투자협회	www.kofia.or.kr	투자자보호센터	02-2003-9273
▸ 상호저축은행중앙회	www.fsb.or.kr	경영지원부	02-397-8682
▸ 신용협동조합중앙회	www.cu.co.kr	경영지원부	02-590-5813
▸ 새마을금고연합회	www.kfcc.co.kr	경영지원부	02-3459-9487
▸ 여신전문금융업협회	www.crefia.or.kr	소비자보호팀	02-2011-0774
▸ 산림조합중앙회	www.nfcf.or.kr	전산정보실	031-881-2901
▸ 증권예탁결제원	www.ksd.or.kr	증권대행부	02-3774-3543

※ 금융거래 조회 신청시 교부받은 접수증의 접수번호는 각 금융협회에서 신청인의 본인여부 확인을 위한 비밀번호로 활용되므로, 이를 곧 숙지하거나, 메모보관 등 방법으로 반드시 기억하고 있어야 된다

사. 금융거래 조회신청 관련서식

상속인 금융거래조회 신청서

※ 신청서 양식은 접수기관에 비치되어 있음

접수번호	□□ -□□ - □□□□□			신청사유	□사망 □실종 □ 금치산
신청인 성명 (대리인일 경우 대리인성명)		주민등록번호		피상속인 등과의 관계	
신 청 인 주 소				전자우편주소	
				핸드폰번호	
				전화번호	
피상속인 등 성명		주민등록번호		사망일 (선고일)	
조회 할 금융회사	□ 금융회사 전체 □ 은행 □ 생명보험 □ 손해보험 □ 금융투자회사 □ 여신전문금융회사 □ 저축은행 □ 우체국 □ 새마을금고 □ 산림조합 □ 신용협동조합 □ 한국예탁원 □ 종합금융회사				
구비 서류 확 인 란	□ 가족관계증명서(기본, 가족, 혼인, 입양, 친양자 등) □ 제적등본 □ 사망진단서 등 □ 신청인(대리인) 신분증 □ 위임장 및 인감증명서 * 가족관계증명서에 사망사실이 기재되지 않은 경우 사망진단서 등을 징구하시기 바랍니다.				

위 신청인은 피상속인 등의 법정상속인(대리인) 등으로 핸드폰 인증 등을 통해 금융감독원 홈페이지에서 통합조회서비스를 제공받는데 동의하며 위와 같이 피상속인 등의 금융거래조회를 신청합니다. 년 월 일

신청인(대리인) : (사인 또는 날인)

접 수 증

신 청 인 : ________ 귀하

접수번호(비밀번호) : □□ - □□ - □□□□□

신청회사 : □ 금융회사 전체
□ 은행 □ 생명보험 □ 손해보험 □ 금융투자회사 □ 여신전문금융회사
□ 우체국 □ 상호저축은행 □ 새마을금고 □ 산림조합 □ 신용협동조합
□ 한국예탁원 □ 종합금융회사

피상속인 등에 대한 금융거래조회신청을 접수하였음을 확인함

년 월 일

금융감독원 소비자보호감독국 국장

※ 조회결과는 각 금융협회에서 문자메시지 등을 이용하여 신청인에게 통보하고, 각 금융협회 홈페이지에 게시합니다. 접수 후 7일 경과 후부터 3개월까지 금융감독원 홈페이지 (http://www.fss.or.kr) 또는 금융민원센터(http://www.fcsc.kr)에서 일괄조회 할 수 있습니다.

※ 금융감독원 홈페이지 또는 금융민원센터에서 일괄조회를 하기 위해서는 핸드폰 번호, 전자우편 주소 중 한 가지는 반드시 기재하셔야 합니다.

※ 피상속인 등의 금융거래조회서비스는 어느 금융회사에 거래가 있는지 없는지만 알려드리므로 상세 거래내역, 잔액 등은 금융거래유무를 확인한 후 해당 금융회사에 직접 방문하여 확인하셔야 합니다.

위 임 장

금 융 감 독 원 귀중

【수 임 자】

성 명 : (주민등록번호 :)

주 소 :

상기(수임)자에게 피상속인등(사망자. 실종자, 심신상실자)____________ (주민등록번호 : –)에 대한 금융거래조회 신청 및 동 조회 결과를 통보받는 일체의 행위를 위임합니다.

붙 임 : 위임자 인감증명서(용도 : 상속인등 금융거래조회용) 1부.

년 월 일

위임자(상속인등) : (인감도장 날인)

3. "조상 땅 찾기 제도"를 통한 토지소유 조회

조상땅 찾기란 재산관리에 소홀하였거나, 불의의 사고 등으로 직계존·비속 소유의 토지를 파악할 수 없을 경우, 조상의 이름이나 주민등록번호로 지적 전산자료를 이용, 작고한 조상이나 본인명의의 재산을 확인(열람)시켜 주는 제도이다

가. 토지소유 조회 신청시 준비서류

ㅇ 제적등본(찾고자하는 사람의 사망일이 등재된 제적등본)

- 2008년 1월 1일 이후 사망자는 사망자의 기본증명서, 신청인의 가족관계증명서

☞ 1968년이후 사망자는 말소자 주민초본(조회 확인시 도움)

- 2007년 12월 31일 이전 사망자는 제적등본

※ 제적등본 (가족관계증명서)에는 신청인과 사망자간의 혈연관계가 명시되어야 한다

ㅇ 신분확인 : 신청인의 주민증 또는 운전면허증 등 신분증

(대리인에 위임시는 위임인(상속인)의 위임장 및 위임인의 자필서명이 있는 신분증사본과 대리인신분증을 추가 준비해야 한다)

나. 신청의 방법 및 장소

ㅇ 주민등록번호로 찾고자 할 경우

- 거주지 관할 시·군·구청의 조상땅 찾기 담당부서(토지과)를 방문하여 신청하면, 전국소재 소유토지를 즉시 조회할 수 있다

ㅇ 이름으로만 찾고자 하는 경우

- 거주지 관할 시·군·구청 담당부서(토지과)에 신청하면 토지가 있다고 추정되는 지역의 시·도청으로 이송, 조회하여 그 결과를 신청인에 통보해 준다(처리기간 1~3일 소요)

다. 자료의 범위 및 처리

ㅇ 주민등록번호로 조회

– 거주지 관할구청에 신청하면, 지역에 관계없이 전국 조회를 할 수 있다

ㅇ 주민등록번호가 없는 경우 이름으로 조회(열람)

– 서울에 있는 토지는 해당토지가 소재한다고 추정되는 서울 해당 구청 또는 서울시청(토지관리과)에서 처리

– 지방에 있는 토지는 해당토지가 소재한다고 추정되는 지역도청 및 광역시청에서 처리

ㅇ 토지소유 조회 후 조치

- 조회 및 열람 결과 토지의 소유현황(필지별 내역)이 확인되면, 상속 한정승인 심판청구시 첨부하는 상속재산목록의 작성시 참고하도록 해당토지에 대한 등기부등본 등을 발급받아 보관하는 것이 좋다

라. 토지 조회 시도별 담당부서 전화번호

• 서울특별시 02-6361-3962,	• 강원도청 033-249-2843
• 부산광역시 051-888-4062	• 충북도청 043-220-4333
• 대구광역시 053-803-4673	• 충남도청 042-220-3067,
• 인천광역시 032-440-3482	• 전북도청 063-280-2367
• 광주광역시 062-613-4583	• 전남도청 061-286-7835
• 대전광역시 042-600-3857	• 경북도청 053-950-3465
• 울산광역시 052-229-4474	• 경남도청 055-211-2965
• 경기도청 031-249-4941	• 제주도청 064-710-2495

마. 토지 소유조회 신청서식 (신청서는 접수기관에 비치 중)

<table>
<tr><td colspan="4">개인 신청자용 지적전산자료 이용신청서</td><td>처리기간
즉 시</td></tr>
<tr><td rowspan="3">신 청 인</td><td>성 명</td><td></td><td>전 화
번 호</td><td></td></tr>
<tr><td>주민등록번호</td><td></td><td>정보주체와
의 관 계</td><td></td></tr>
<tr><td>주 소</td><td colspan="3"></td></tr>
<tr><td rowspan="3">열 람
대 상 자</td><td>성 명</td><td></td><td>전 화
번 호</td><td></td></tr>
<tr><td>주민등록번호</td><td colspan="3"></td></tr>
<tr><td>주 소</td><td colspan="3"></td></tr>
<tr><td>열 람</td><td>자 료 범 위</td><td colspan="3">○ 개인정보(프린터 출력, 화면조회)
신청범위 : 전국, 시·도, 시·군·구, 읍·면·동
○ 지번조회</td></tr>
<tr><td colspan="5">『국가공간정보센터 운영규정』제11조제3항에 따라 위와 같이 자료 이용을 신청합니다.
년 월 일
신 청 인 : (서명 또는 인)
자료수령 확인 : 서명
시장·도지사 귀하
처 리 담 당 자 / 직급: / 성명:</td></tr>
<tr><td rowspan="2">첨부서류</td><td colspan="3">1. 제적등본 또는 가족관계증명서, 기본증명서
(토지소유자가 사망하여 직계존비속이 신청하는 경우에만 제출합니다)
2. 신청인의 신분증(주민등록증, 운전면허증 등)</td><td>수수료</td></tr>
<tr><td colspan="3">3.「국가공간정보센터 운영규정」별지 제5호서식의 위임장
(대리인이 신청하는 경우에만 제출합니다)</td><td>없 음</td></tr>
</table>

210mm×297mm[일반용지 60g/㎡(재활용품)]

[별지 제5호서식]

위 임 장

위 임 자	성 명		전화번호	자 택 : 휴대폰 :
	생년월일			
	주 소			
대 리 인	성 명		전화번호	자 택 : 휴대폰 :
	생년월일		위임자와 의 관계	
	주 소			

『국가공간정보센터 운영규정』제11조제4항에 따라 위와 같이 정보 제공 청구를 위임합니다.

년 월 일

위 임 자 : (서명 또는 인)

시장 · 도지사 귀하

※ 첨부서류 1. 위임자 및 대리인의 자필 서명이 있는 신분증 사본 각 1부. (신분증이란 주민등록증 또는 운전면허증을 말합니다)	수수료
	없 음

210mm×297mm[일반용지 60g/㎡(재활용품)]

4. 상속예금 등의 지급청구

가. 상속예금 등에 대한 금융기관의 일반적 처리 형태

금융기관이 예금주의 사망사실을 알지 못하여 예금 등을 지급한 경우, 금융기관은 예금거래기본약관 제16조의 면책규정과 민법 제470조의 채권 준점유자에 대한 선의변제의 규정에 따라 면책이 된다.

그러나 금융기관이 예금주의 사망을 알게 된 경우(상속인의 통지, 언론매체 등에 의한 인지 등 불문), 금융기관에서는 해당예금에 대하여 즉시 지급을 정지한 후, 상속 절차에 따라 처리하게 된다.

나. 상속예금 등의 지급 청구시 준비서류

(1) 상속인 전원이 연대하여 공동으로 청구하는 경우

i) 피상속인의 사망사실 및 상속인의 자격 등 확인서류

- 망인의 기본증명서, 가족관계증명서, 필요시 제적등본 추가
- 공동상속인 전원의 인감증명서(피상속인 사망일 이후 발급)
- 상속인중 은행지점 직접 방문자는 실명확인증표(신분증)에 의해 본인확인 가능시 그 사본 제출하고, 인감증명 제출생략

ii) 공동상속인 전원이 연서한 상속예금 또는 증권예탁계좌의 명의 변경 신청서 등 제신고서와 거래신청서 (각 신청서식은 해당금융기관 창구에서 직접 교부받아 사용)

iii) 상속포기 있을 경우, 그의 상속포기서(간혹 요구은행이 교부)

iv) 대리인의 경우 위임장 (용도를 "예금상속용" 표기한 인감증명 첨부)

(2) 상속예금 등을 각 상속인별로 분할지급을 청구하는 경우

일부상속인중 일부가 자신의 법정상속분에 의한 지분금액을 청구하거나, 분할지급을 요청하는 경우, 대부분의 금융기관에서는 상속예금 분할지급 등을 거절하고 있으며, 당해기관에서 제시하는 서식에 각 상속인 전원이 날인, 연대하여 공동 신청하는 경우에만 상속예금 등을 지급하고 있다

(3) 기타 특별한 경우의 첨부서류

i) 상속인들의 협의분할서에 의거 특정상속인이 청구하는 경우

위 (1)항의 서류외에 공동상속인 전원이 연서로 작성한 은행의 교부서식 또는 본책자 75쪽의 상속재산 분할협의서를 추가 첨부

※ 협의분할이 미성년자와 친권자사이에 이루어지는 경우에는 이해상반행위에 해당하여 친권자가 미성년자 특별대리인과 분할 협의를 하도록 해야한다.

다만, 미성년자의 상속예금을 대리로 수령하는 것에 불과한 경우에는 친권자가 대리 수령할 수 있다.

ii) 유언에 의한 상속이나, 유증에 의한 청구시

위 (1)항의 서류외에 유언증서 및 법원의 유언검인조서 등을 추가 첨부 (공정증서에 의한 유언의 경우에는 검인조서 불요)

iii) 법원의 상속재산 분할 판결문에 의한 분할지급 청구시

위 (1)항의 서류외에 판결서 정본 및 판결확정증명원, 인감증명서(각각) 등을 제출

다. 상속인중 특수한 자의 위임장 등 첨부방법

(1) 상속인중 해외거주자 등의 경우

- 재외국민(한국적보유자) :재외공관의 인증을 받은 위임장
- 외국시민권자(한국적상실자) : 아포스티유 확인서류에 의해 작성된 위임장

(2) 상속인중 교도소 수감자의 경우

- 교도소장이 인증한 수감자 위임장을 제출받아 처리

라. 예금주가 실종 또는 행방불명된 경우의 상속예금 처리

(1) 예금주가 실종 선고된 경우 :

- 실종선고를 사망으로 간주하고, 사망에 준한 상속절차 개시

(2) 예금주가 행방불명된 경우 :

- 가정법원이 선임한 재산관리인이 지급청구 및 수령을 수행

마. 상속예금 등의 승계

예금의 승계는 예금계좌에 대한 권리 및 의무를 이어받는 것으로서, 승계사유 발생시 신고를 하여야만 효력이 발생한다.

이러한 예금의 승계는 계좌에 등록된 각종 약정 등을 이어받게 되며, 이 과정에서 피상속인의 미회수 수표 및 각종카드 등은 회수·해지 된다

특히, 조세특례제한법 등에 따라 개설된 세금우대저축 등의 경우에는 승계가 불가한 것이 있으며, 이러한 계좌의 경우 특별 중도해지만 가능하다

5. 대인 보험의 보험금 청구방법

가. 피보험자 사망의 경우 : 보험금 수익자 청구시

(1) 신청서 및 구비서류 (보험회사 별로 약간씩 상이)

- 보험금청구서 (보험사 등에서 교부)
- 피보험자의 사망사실을 알 수 있는 서류(사망진단서 등)
- 재해 사망시에는 사고사실을 증명할 수 있는 서류
- 수익자의 신분증
- 수익자를 지정하지 않는 경우에는 상속인임의 확인서류
  - 망자의 기본증명서, 가족관계증명서, 필요시 제적등본 추가
- 기타서류
  - 위임장(대표 상속인 지정용, 인감도장날인),
  - 인감증명서(상속인 전원),
  - 대표 상속인의 신분증

※ 보험사 및 경우에 따라, 제출서류내역이 달라질 수 있음

(2) 신청절차

- **수익자를 지정하지 않은 경우**
  - 피보험자의 법정상속인이 수익자가 된다
- **수익자가 사망한 경우**
  - 보험금 지급사유 발생전 : 계약자가 수익자 변경조치 가능
  - 보험금 지급사유 발생시 : 수익자의 법정상속인이 보험금 청구권을 상속
- **피보험자이면서 동시에 수익자인 사람이 사망한 경우**
  - 피험자 및 수익자의 법정상속인이 보험금 청구권을 상속
  - 위의 피보험자 사망경우의 제출서류를 구비하여 제출

※ 보험사 등에 따라 신청절차 등이 달라질 수 있음

나. 계약자 사망의 경우 : 계약자 상속의 경우

(1) 신청서 및 구비서류 (보험사별로 약간씩 상이)

- 보험계약사항 변경신청서 (보험사 등에서 교부)
- 계약자의 사망사실과 상속인임을 확인할 수 있는 서류
  - 망자의 기본증명서, 가족관계증명서, 제적등본 등
- 기타서류
  - 위임장(대표 계약자 지정용, 인감도장날인),
  - 인감증명서(상속인 전원),
  - 대표 상속인의 신분증

※ 경우에 따라 제출서류가 달라질 수도 있음

(2) 신청절차

▸ 법정상속인 전원의 동의를 받아서 계약자 변경을 신청하되, 피보험자가 따로 있을 경우에는 최종적으로 피보험자의 동의를 받아야 한다

▸ 피보험자의 동의 불가능으로 계약자 변경없이 보험계약을 해약하는 경우에는 계약자의 법정상속인이 그 권리를 행사할 수 있다

※ 위의 보험금 청구방법은 우체국 보험에 관한 것을 예시적으로 소개한 것이므로, 타보험사의 보험은 해당 보험사에 별도 문의하여 직접 안내받으시기 바람.

6. 상속예금 및 증권 예탁계좌 지급청구 등 서식 (예시)

※ 본 서식은 예시에 불과하며, 각 금융기관별로 요구서식의 형태와 내용이 각기 다르므로, 참고만 하시기 바라며, 필요서식은 해당은행에 문의, 직접 교부받아 사용 하시기 바랍니다

담 당	책임자

상속예금 명의변경 및 지급의뢰서

주식회사________은행 ______지점 귀중

아래의 예금은 예금주___________의 사망으로 인하여 본인(들)이 상속(유증)을 받았으나, 이를 아래 공동상속인들(대표상속인___________)의 명의로 변경 후 지급하여 주시기 바랍니다. 특히, 본건에 관하여 어떠한 사고나 제3자로부터 이의 또는 손해배상 청구가 있는 경우 본인(들) 및 대리인이 연대하여 일체의 책임을 지겠으며, 향후 본건관련 소송이나, 기타 분쟁 등으로 귀 행에 손실을 발생시킨 경우에도 연대하여 즉시 변제하도록 하겠습니다

예금종별	계좌번호	금 액	만기일	비 고

2011 년 월 일

								본인 확인
상속인 (수증자)	성명		주민등록번호		관 계		인 감 (서 명) 해지겸용	
	주소							
상속인 (수증자)	성명		주민등록번호		관 계		인 감 (서 명) 해지겸용	
	주소							
상속인 (수증자)	성명		주민등록번호		관 계		인 감 (서 명) 해지겸용	
	주소							
상속인 (수증자)	성명		주민등록번호		관 계		인 감 (서 명) 해지겸용	
	주소							
상속인 (수증자)	성명		주민등록번호		관 계		인 감 (서 명) 해지겸용	
	주소							
대리인	성명		주민등록번호		관 계		인 감 (서 명) 해지겸용	
	주소							

손해담보 약정서

담당자	확인자	부점장

주식회사 ㅇㅇ은행 귀중

1. 공동신청인 등은 아래의 상속재산에 대하여 상속권자(포괄유증수증자 포함)전원이 틀림없으며, 만약 다른 상속인이 나타나면, 신청인들이 모두 해결하기로 한다
2. 신청인 각자의 권리지분의 분할여부는 공동신청인의 내부 문제로서 자체적으로 해결하기로 하며, 은행에는 이와 관련한 아무런 책임도 묻지 않기로 한다
3. 한정승인이나, 상속포기、유언 등 상속과 관련한 다른 법률관계는 없으며, 만약 이러한 사항이 추후 발견되더라도 공동상속인이 공동으로 해결하기로 한다
4. 상속개시일(사망일)을 기준으로 하여 상속개시일 전일까지의 이자소득은 피상속인(예금주)의 소득으로 하고, 상속개시일 이후 발생한 이자소득은 주된 상속인의 소득으로 귀속시키는데 동의하고, 향후 상속인간의 소득정산 및 종합소득세 신고 등은 각 상속인 책임하에 처리하기로 한다
5. 위 각항에 대하여 신청인 등은 연대하여 책임을 지며, 만일 이 신청으로 인하여 손해가 발생시에는 신청인등이 연대하여 배상하기로 한다
6. 기타 특약사항

년 월 일

□ 상속재산

예금과목	계좌번호	금 액	비 고

□ 공동 상속인 (공동신청인)

성 명	주민등록번호	주 소	서명(인)

□ 소득 귀속자 (상속개시일 이후 발생한 이자소득 귀속자)

성 명	주민등록번호	주 소	서명(인)

※ 소득구분을 원하는 경우에만 공동상속인 중에서 소득귀속자를 지정하여 기재

담당	책임자

증권예탁계좌의 명의 변경신청서

명의변경내역

구 분	변 경 전	변 경 후
거래 구분		좌 동
계좌 구분		좌 동
계좌명의자		(인)
주 소		
주민등록번호	-	-

연대인 (공동상속인)

성 명	(인)	주민등록번호	-
		주 소	
성 명	(인)	주민등록번호	-
		주 소	
성 명	(인)	주민등록번호	-
		주 소	
성 명	(인)	주민등록번호	-
		주 소	

※인감증명서상의 인감도장 날인 (직접 방문하는 내점 연대인은 불 포함)

위 변경 후, 명의인과 연대인은 귀사의 거래고객인 위______의 사망에 따른 예탁자산의 정당한 상속인으로서 예탁계좌명의를 위와같이 변경하여 줄 것을 신청하며, 위 상속인 이외의 자가 이의를 제기하거나, 귀사에 손해를 끼칠 때에는 연대하여 책임을 지겠습니다

2011년 월 일

ㅇㅇㅇ투자증권회사 ㅇㅇ지점 귀중

♣첨부서류

1. 명의변경후의 잔고확인서 1통
2. 연대인(내점 연대인 불포함)의 인감증명서 각 1통
3. 명의변경자의 실명확인증표(신분증) 사본 1부
4. 사망고객의 기본증명서 및 가족관계증명서(제적등본)

예금통장 명의변경 관련, 특별대리인 선임심판청구

특 별 대 리 인 선 임 심 판 청 구

청 구 인 : 박 을 숙(주민등록번호 : 530609-2367568)
등록기준지 : 경기도 안양시 동안구 관양동 235
주소 : 안양시 동안구 시민대로 23길 56(우편번호365-280)
전화 : 031-345-2345

사 건 본 인 홍 일 남 (주민등록번호 : 050609-3236547)
(미성년자) 등록기준지 : 경기도 안양시 동안구 관양동 235
주소 : 안양시 동안구 시민대로 23길 56(우편번호365-280)

특별대리인 선임심판 청구

청 구 취 지

청구인이 청구외 망 홍길동의 ○○은행 ○○저축증서 계좌번호 00-00-000000 명의를 변경함에 있어 안양시 동안구 관평로 31길 78 홍길표(1950년 5월 6일생)를 사건본인의 특별대리인으로 선임한다.
라는 심판을 구합니다.

청 구 원 인

1. 청구인은 소외 망 홍길동의 처로서 사건본인의 모(母)입니다.
2. 소외 망 홍길동이 2011. 6. 30. 사망함으로써 망 홍길동 명의의 통장을 청구인으로 변경함에 있어서 사건본인과 법률상 이해가 상반되므로 사건본인의 백부인 홍길표를 특별대리인으로 선임하고자 이건 청구에 이르렀습니다.

첨 부 서 류

1. 기본증명서(청구외 망 홍길동) 1통
1. 가족관계증명서(청구인, 사건본인, 대리인) 각 1통
1. 친족관계를 확인할 수 있는 제적등본 1통
1. 주민등록등본(청구인, 미성년자, 대리인분) 각1통
1. 통장사본 1통

2011년 7월 1일
청 구 인 박을 숙 (인)

수원지방법원 안양지원 귀중

♣ 유의사항

- 청구서에는 5,000원의 수입인지를 첨부하고, 송달료(당사자수 × 3,020원 × 4회분)를 납부한 영수증을 첨부해야 한다
- 관할법원은 자의 주소지 가정법원이고, 청구권자는 친권자, 본인, 친족, 기타이해관계인이다.
- 특별대리인 선임요건 : 법정대리인인 친권자와 그 자 사이에 이해상반되는 행위를 하는 경우

7. 국민 연금의 지급 청구

가. 종 류

(1) 유족연금

국민연금 가입자 또는 가입했던 자가 사망하였거나 노령연금 수급권자 또는 장애등급 2급이상의 장애연금 수급권자가 사망하여 수급 요건을 충족하는 경우 사망자에 의해 생계를 유지하고 있던 유족에게 지급하는 연금이다

(2) 반환일시금

국민연금 가입자 또는 가입자였던 자가 사망하였으나, 유족연금을 받을 조건을 충족하지 못한 경우 유족에게 납부한 보험료를 일시에 반환하는 반환금이다

(3) 사망일시금

국민연금 가입자 또는 가입자였던 자가 사망하였으나, 국민연금법에 의한 유족이 없어 유족연금 또는 반환일시금을 지급받을 수 없는 경우, 생계유지를 함께하던 사람에게 지급하는 장제 보조금 성격의 급여이다

나. 청구방법

해당 연금을 받을 수 있는 권리를 가진 자가 국민연금공단 지사를 방문하여 청구하면 되나, 급여지급사유 발생일로부터 5년이 경과되면 소멸시효로 지급받을 수가 없다 (다만, 유족연금의 경우에는 청구 이후의 연금만 지급 받을 수 있다)

다. 청구서 및 구비서류

(1) 유족연금지급신청서

- **구비서류** : 신분증(제시로 갈음), 사망자의 가족관계등록부 증명서, 사망경위(신고)서, 사망진단서 또는 사체검안서, 수급권자 예금계좌

※ 부양가족 중 연금계산 대상자가 있는 경우에는 혼인관계 증명서 또는 가족관계증명서가 필요하며, 다른법상의 유족보상금 등을 받는 경우(연금의 중복급여 조정) 또는 제3자 가해가 있는 경우에는 관련 확인서류 추가 제출 필요

(2) 반환일시금 지급청구서

- **구비서류** : 사망자의 가족관계등록부증명서, 신분증(제시로 갈음), 수급권자 예금계좌, 도장(서명 가능)

※ 생계유지 확인 필요시 관련서류 추가 요청될 수 있음

(3) 사망일시금 지급청구서

- **구비서류** : 신분증(제시로 갈음), 사망자의 가족관계등록부 증명서, 수급권자 예금계좌, 도장(서명 가능)

※ 생계유지 확인 필요시 관련서류 추가요청 있을 수 있음

라. 국민연금의 수급요건 및 수급대상자

<table>
<tr><th>구분</th><th>수급요건</th><th>수급대상자</th></tr>
<tr><td>유족연금[5]</td><td>아래의 대상자가 사망한 경우
▸ 국민연금 노령연금 수급권자
▸ 국민연금 장애등급 2급이상인 장애연금 수급권자
▸ 국민연금 가입자
-가입기간이 1년미만인 가입자가 질병·부상으로 사망한 경우에는 그 질병이나 부상이 가입중에 발생한 경우에만 지급
▸ 국민연금 가입기간 10년이상인 가입자였던 자
▸ 국민연금 가입기간 10년미만인 가입자였던 자
-사망원인인 질병이나 부상이 가입 중 발생한 경우
-가입중 초진일 또는 가입자격 상실후 1년이내 초진일로부터 2년이내 사망한 경우</td><td>사망자에 의해 생계를 유지하던 아래의 가족 가운데 최우선 순위자에게 유족연금을 지급<table><tr><td>1순위</td><td colspan="2">배우자</td></tr><tr><td>2순위</td><td>자녀</td><td>18세미만 또는 장애등급 2급이상</td></tr><tr><td>3순위</td><td>부모</td><td>60세이상 또는 장애등급 2급이상</td></tr><tr><td>4순위</td><td>손사녀</td><td>18세미만 또는 장애등급 2급이상</td></tr></table></td></tr>
<tr><td>반환일시금</td><td>▸ 가입자 또는 가입기간이 10년 이상인 가입자였던 자중 사망당시 보험료를 2/3이상 납부하지 않고 사망한 자인 경우
▸ 1년미만 가입자가 가입 중 발생한 질병 또는 부상이 아닌 사유로 사망시
▸ 가입기간 10년미만인 가입자가 사망하여 유족이 반환일시금을 청구한 경우</td><td>유족연금 수급대상자와 동일함</td></tr>
<tr><td>사망일시금</td><td>가입자 또는 가입자였던 사람이 사망하였으나 유족연금 또는 반환일시금을 지급받을 수 있는 유족범위에 해당하는 자가 없는 경우</td><td>배우자, 자녀, 부모, 손자녀, 조부모, 형제자매 또는 사망자에 의해 생계를 유지하고 있던 4촌 이내의 방계혈족 순위 중 최우선 순위자</td></tr>
</table>

마. 국민연금 지급청구서 서식 (국민연금공단 지사 등에 비치)

[별지 제17호서식] <개정 2009.12.31> (앞 면)

접수번호		※ 기재요령은 뒷면을 참조하십시오.				처리기간 30일
유 족 연 금 지 급 청 구 서						
수급권자 (대표자)	성 명		주민등록번호	–		
	주 소					
	전 화	집 / 휴대전화		e-mail		
	사망자와의 관계		동 순 위 수급권자	□ 단 독 □ 동순위자(명)	대 표 자 선정여부	□ 선 정 □ 미 선정
지 급 계 좌	금융기관		계좌번호			
사 망 자	성 명		주민등록번호	–	사망일	
급 여 액 조정사항	업무상 재해 여부	□ 대 상 □ 비대상	재해보상금 수령 여부	□ 수 령	□ 미 수령	
	제삼자 가해여부	□ 있 음 □ 없 음	손해배상금 수령 여부	□ 수 령	□ 미 수령	
※ 수급사유		※미지급 급 여	□ 해 당 □ 미 해당	※사 망 일시금	□ 해 당 □ 미 해당	※초진일

부양가족연금 지급 대상자	번호	성 명	주 민 등 록 번 호	사망자와의 관계	※ 장애표시
	①		–		
	②		–		
	③		–		

동 순 위 수급권자	번호	성 명	주 민 등 록 번 호	대표자 선정 선정일자	대표자 선정 날인	※ 장애표시
	①		–			
	②		–			

외국연금 가입기간	□ 없 음 □ 있 음 (국가명/가입기간 : /)
외 국 거 주 기 간	□ 없 음 □ 있 음 (국가명/거주기간 : /)

※ 급여선택	발생급여 (발생일)	① (/ /)	② (/ /)	③ (/ /)	선택급여 (발생일)	(/ /)

대 리 인	성 명		주민등록번호	–
	주 소			
	전 화		휴대전화	수급권자와의 관계
	수급권자 확 인	(인)	기관장 확 인	(인)

국민연금공단이 요양기관, 상병의 발생 및 초진일 확인 등을 위하여 사망자의 건강보험요양급여내역(개인현물 급여명세서) 자료를 열람(발급신청)하는 것에 동의합니다.

청 구 인 : (서명 또는 인)

「국민연금법 시행규칙」 제22조제4항에 따라 위와 같이 유족연금의 지급을 청구합니다.

수 수 료
없 음

접 수 인

청 구 일 : 년 월 일

청 구 인 : (서명 또는 인)

국 민 연 금 공 단 이 사 장 귀 하

210㎜×297㎜(일반용지 60g/㎡(재활용품))

(뒷 면)

유족연금지급청구서는 아래와 같이 처리됩니다.

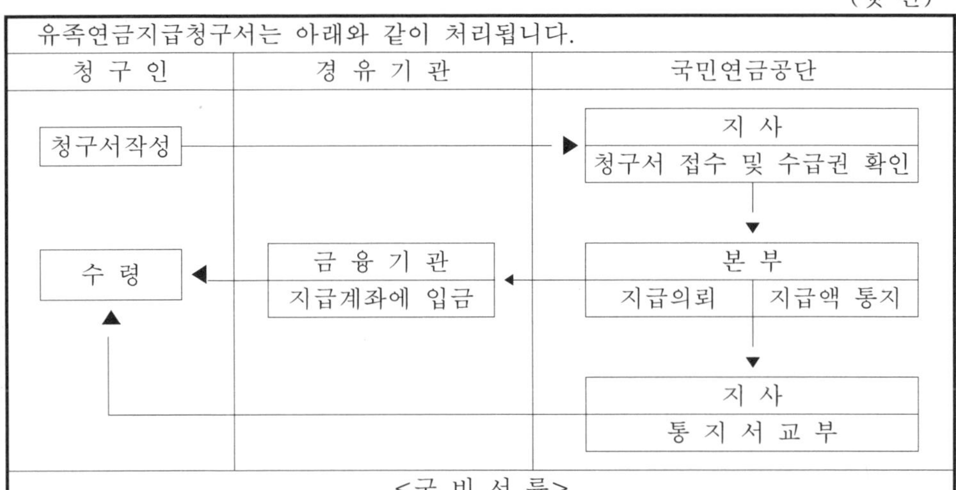

<구 비 서 류>

1. 주민등록증 등 청구인의 신분증 사본 1부(주민등록증 등 신분증을 제시함으로써 갈음할 수 있습니다)
2. 가족관계등록부의 증명서류
3. 유족연금수급권자의 신분증 사본 1부(대리인이 청구하는 경우에만 해당합니다)
4. 사망진단서 등 사망을 증명할 수 있는 서류 1부
5. 국민연금 장애발생·사망경위(신고)서 1부

<기재요령 및 유의사항>

1. "※"표시란은 적지 마십시오.
2. 성명, 주민등록번호, 전화번호, 주민등록표상의 주소, 우편번호를 반드시 적으십시오.
3. 지급받고자 하는 금융기관의 지급계좌는 반드시 입출금이 가능한 것이어야 합니다.
4. "부양가족연금지급대상자"란은 수급권자 또는 가입자였던 자에 의하여 생계를 유지하고 있던 자 중에서 다음에 해당하는 자를 적으십시오(다만, 아래의 자가 연금수급권자인 경우는 제외됩니다).
   가. 배우자
   나. 18세 미만 또는 장애등급 2급 이상에 해당하는 자녀(배우자가 혼인 전에 얻은 자녀를 포함합니나)
   다. 60세 이상 또는 장애등급 2급 이상에 해당하는 부모(배우자의 부모를 포함합니다)
5. 동순위수급권자가 대표자를 선정한 경우 "대표자선정"란에 날인하십시오.
   가. 대표자를 선정하지 아니한 경우에는 수급권자별로 청구하여야 합니다.
   나. 동순위수급권자가 미성년자인 경우 "날인"란에 법정대리인이 날인하십시오.
6. 외국연금에 가입하거나 외국에 거주한 사실이 있는 경우에는 사회보장협정이나 외국연금제도에 따른 급여수급권이 발생할 수 있으므로 상담 후 청구하시기 바랍니다.
7. "선택급여"란은 「국민연금법 시행규칙」 제25조에 따른 급여선택신고를 하여야 하는 경우에 급여의 종류 및 발생일을 적으십시오.
8. "대리인"란은 수급권자의 해외체류, 군복무, 수감 등으로 대리인이 청구하는 경우에 적으십시오.
9. 삭제 <2009.12.31>

※ 기관장 확인은 교도소 또는 보호감호시설 등에 수용 중인 경우로서 그 해당 기관장이 확인하는 경우를 말합니다.

[별지 제23호서식] <개정 2009.12.31> (앞 면)

접수번호		※기재요령은 뒷면을 참조하십시오.	처리기간
			30일

(□반환일시금 □사망일시금) 지급청구서

수급권자 (대표자)	성 명		주민등록번호	−			
	주 소						
	전 화	집		e-mail			
		휴대전화					
	가입자(사망자)와 의 관 계		동 순 위 수급권자	□ 단 독 □ 동순위자(명)	대 표 자 선정여부	□ 선정 □미선정	
가입자 (사망자)	성 명		주민등록 번 호	−	사 망 일		
금융기관			계좌번호				
※ 지급사유		※지급사유발생일		※ 장애표시	□해 당 □미해당	※ 미지급 급 여	□해당 □ 미 해 당

동 순 위 수급권자	번호	성 명	주 민 등 록 번 호	대표자 선정 선정일자	대표자 선정 서명 또는 인	※ 장애표시
	①		−			
	②		−			
	③		−			

외국연금 가입기간	□ 없 음 □ 있 음 (국가명/가입기간 : /)
외 국 거 주 기 간	□ 없 음 □ 있 음 (국가명/거주기간 : /)

※ 급여선택	발생급여 (발생일)	① (/ /)	② (/ /)	③ (/ /)	선택급여 (발생일)	(/ /)

대 리 인	성 명		주민등록번호	−		
	주 소					
	전 화		휴대전화		수급권자와의 관 계	
	수급권자 확 인	(인)	기관장 확 인	(인)		

수 수 료
없 음

「국민연금법 시행규칙」 제31조에 따라 위와 같이 □반환일시금 □사망일시금의 지급을 청구합니다.

청 구 일 : 년 월 일

청 구 인 : (서명 또는 인)

접 수 인

국 민 연 금 공 단 이 사 장 귀 하

<청구 시 확인사항>

반환일시금을 지급받으면 노령연금, 장애연금, 유족연금 또는 사회보장협정에 의한 합산 급여를 지급받을 수 없게 된다는 사실을 알고 있음에도 불구하고 반환일시금을 청구하고자 합니다.

수급권자 (인)

210㎜×297㎜(일반용지 60g/㎡(재활용품))

(뒷 면)

반환일시금·사망일시금지급청구서는 아래와 같이 처리됩니다.

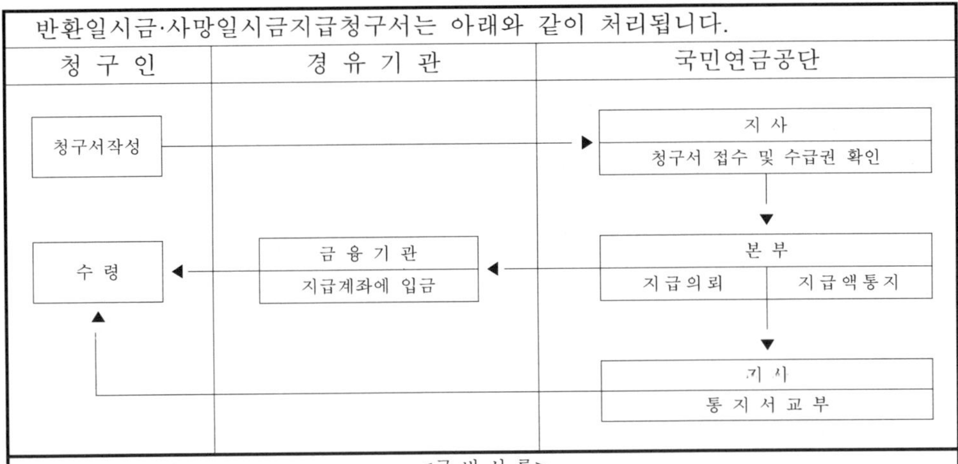

<구 비 서 류>

1. 주민등록증 등 청구인의 신분증 사본 1부(주민등록증 등 신분증의 제시함으로써 갈음할 수 있습니다)
2. 가족관계등록부의 증명서(가입자 또는 가입자였던 자의 사망에 따른 급여를 청구하는 경우에만 해당합니다)
3. 반환일시금수급권자 또는 사망일시금수급권자의 신분증 사본 1부(대리인이 청구하는 경우에만 해당합니다)
4. 거주 여권 사본 등 국외 이주 또는 국적 상실을 증명할 수 있는 서류 1부(국외 이주나 국적 상실로 인하여 청구하는 경우에만 해당합니다)

<기재요령 및 유의사항>

1. "※"표시란은 적지 마십시오.
2. 수급권자의 성명, 주민등록번호, 전화번호, 주민등록표상의 주소를 반드시 적으십시오.
3. 지급받고자 하는 금융기관의 지급계좌는 반드시 입출금이 가능한 것이어야 합니다.
4. "동순위수급권자"란은 동순위수급권자가 있고 대표자를 선정한 경우에만 기재하며, 동순위수급권자가 대표자를 선정하지 아니한 경우에는 수급권자별로 청구하여야 합니다.
5. 외국연금에 가입하거나 외국에 거주한 사실이 있는 경우에는 사회보장협정이나 외국연금제도에 따른 급여수급권이 발생할 수 있으므로 상담 후 청구하시기 바랍니다.
6. "선택급여"란은 「국민연금법 시행규칙」 제25조에 따른 급여선택신고를 하여야 하는 경우 급여의 종류 및 발생일을 기재하십시오.
7. "대리인"란은 수급권자의 해외체류, 군복무, 수감 등으로 대리인이 청구하는 경우 적으십시오.
8. 삭제 <2009.12.31>

※ 기관장 확인은 교도소 또는 보호감호시설 등에 수용중인 경우로서 그 해당 기관장이 확인하는 경우를 말합니다.

8. 금융재산 상속에 관한 궁금한 사항

궁금한 사항	회답요지 및 근거
1)망자의 부동산 및 예금 등 정확한 재산상황을 모르는 경우	▸망자의 부동산 관련사항은 망인이 살던 주소지 시군구청(시 · 도)에서 확인할 수 있고 ▸망자의 예금, 대출, 보증, 증권계좌, 보험계약, 신용카드 보유내역 등은 금융감독원을 통하여 확인 할 수 있다 ※ 구체방법 본책자 37면 "2항 금융자산(부채포함)조회" 참조
2)상속 예금의 인출 방법	▸상속예금을 공동상속인 등이 청구하여 지급받으려면 피상속인의 가족관계증명서, 기본증명서, 제적등본 및 공동상속인 전원이 연서한 지급청구서 등 제신고서와 거래신청서, 상속인 전원의 인감증명서 등을 해당 금융기관에 제출하면 된다 ▸또한 공동상속인중 1인이 지급을 청구하는 경우에는 상속재산 분할협의서나, 가정법원의 조정조서 또는 판결문의 정본 등을 제출하여야 한다
3)주권이나 채권 등 유가증권의 상속 방법	▸상속받은 주권의 권리를 행사하기 위해서는 상속받은 주권이 기명식 · 무기명식인지 여부에 따라 명의개서 절차를 거쳐야 할 경우와 그렇치않은 경우가 있다 ▸명의개서를 청구할 때는 주권에 명의개서 청구서와 인감표를 첨부하여 각 해당회사의 본점에 제출하여야 한다. ▸반면 무기명식 주권 등을 실물로 가지고 있는 경우에는 그 주권을 가지고 가까운 증권사 또는 거래하는 증권지점을 방문하면, 실물을 바로 입고 할 수도 있고, 명의 개서도 바로 할 수가 있다
4)퇴직금의 상속	▸퇴직금은 본인이 수령하는 것이므로 본인 재산이 되어 상속의 대상이 된다 ▸그러나 회사 근무중 사망하여 지급되는 사망퇴직금에 대하여는 수령자가 특정 유족으로 지정되어 있는지 여부에 따라, 피상속인의 유산이 되기도 하고, 그 지정된 유족의 고유재산이 되기도 한다
5)자동차상해보험금 수령후 상속포기의 적합여부(단순승인 의제(擬制) 관련)	▸자동차상해보험의 피보험자가 교통사고로 사망하여 상속인들이 사망보험금을 수령 후, 피상속인의 채무과다로 상속포기한 자의 경우, 상속인이 보험수익자로서 행한 상속인의 보험청구권은 상속인의 고유재산이므로 상속인의 상속포기는 적법하다 (대법원2004.7.9.선고2003다29463판결)

궁금한 사항	회답요지 및 근거
6)보험금지급청구권의 상속재산 여부	▸피상속인이 피보험자이고 보험수익자가 상속인인 경우의 보험금지급청구권 및 이에 따른 보험금은 상법 제730조에 의한 것으로 상속인의 고유한 재산이 된다. ▸따라서 상속인중 한사람이 보험금지급청구권을 갖는다 하더라도 이에 대하여 다른 상속인은 상속재산분할을 청구할 수 없다(대판2005두5529호참조). ▸반면, 보험수익자를 피상속인으로 정한 경우에는 보험금지급청구권과 이로 이한 보험금은 피상속인의 사망으로 인하여 피상속인의 재산이 되며, 이는 상속재산이 된다. ▸그러나 실제에 있어서는 상속인들간에 협의하여 분할하는 것이 일반적이며, 상속세법에서는 사망퇴직금이나 생명보험금도 상속재산의 일부로 취급하고 있다
7)위자료 청구권자	▸민법 제752조에 타인의 생명을 해한 자는 피해자의 직계존속, 직계비속 및 배우자에 대하여는 재산상의 손해가 없는 경우에도 손해배상의 책임이 있다고 규정하고 있다. ▸더욱이 대법원 판례(75다413)는 "위자료를 청구할 수 있는 친족은 호적상 친족관계에 있는 자만 해당되는 것이 아니라, 사실상 친족관계에 있는 자도 포함된다"고 판시하고 있다 ▸특히, 손해배상금등 수령시, 지급자 측으로부터 "가족들의 위자료와 장례비로 지급한다"는 취지의 서류를 받아두면 상속재산여부 판단시 중요한 입증자료가 될 수도 있다
8)사실혼 관계에 있는 배우자의 상속권과 위자료 청구권	▸혼인신고를 하지않은 사실혼 부부의 경우, 상속권은 없으나, 민법 제1057조에 의한 특별연고자로서, 상속인 없는 재산에 대하여 상속분여를 청구할 수 있다 ▸또한 대법원 판례66다2216호는 내연관계에 있는 배우자라도 손해배상청구권은 있다고 판시하고 있다 ▸따라서 혼인신고가 않된 "사실혼 관계에 있는 배우자는 위자료나 손해배상청구권은 있으나, 그 외 재산에 대한 상속권은 없다" 할 것이다

궁금한 사항	회답요지 및 근거
9)채권의 상속 및 채권회수 방법	▸ 피상속인의 채권중 분할 상속한 채권은 상속개시와 동시에 상속인에게 귀속되므로 그 상속인은 채권중 자기 상속분에 대하여 채권을 행사할 수가 있다 ▸ 그러나 채권의 청구나 채권행사를 보다 용이하게 하기 위해서는 분할상속을 하지 않고, 특정상속인이 몰아서 상속하는 것이 편리하다
10)상속인간 채무 양도시 채권자 동의	▸ 채무는 상속개시와 동시, 각자의 상속분에 대하여 이행의무가 발생한다. 그러나, 채무는 채권과 달리 양도를 하는데 있어서 채권자의 동의가 있어야 하므로 채권자 동의없이 상속인간에 채무를 양도하였을 경우에는 채권자에게 대항을 할 수가 없다 ▸ 특히, 불가분채무에 대하여 상속인중 1인이 전부 변제한 경우, 그 상속인은 다른 상속인에게 각각의 상속분에 대한 변제금 구상청구를 할 수 가 있다
11)소멸시효된 상속채무의 변제 책임	▸ 채권은 10년간 행사하지 않으면 소멸시효가 완성되는데, 채무자가 소멸시효의 이익을 원용하기 위해서는 “채권이 시효로 인하여 소멸되었다”는 사실을 채권자에게 주장하여야 한다 ▸ 또한 상속인은 피상속인의 재산상 권리의무를 포괄승계하는 것이므로 소멸시효이익에 관한 권리도 당연 승계하는 것이다 ▸ 따라서 시효 완성된 피상속인 채무에 관하여 소멸시효 원용 또는 시효이익 포기 여부는 개별적으로 각 상속인이 결정해야 하며, 이 경우 상속채무는 시효이익을 포기한 상속인만이 자기 상속분에 한하여 변제책임이 있게 된다

제3장

재산 상속의 순위와 방법

1. 상속의 의미

상속이란 피상속인(망자)이 생전에 가지고 있던 모든 재산상의 권리와 의무가 그의 사망(실종선고 포함)과 동시에 그 사람의 상속인(자녀 및 배우자 등)들에게 포괄적으로 승계됨을 의미한다

2. 실종 선고

민법 제27조는 부재자의 생사가 5년간 분명하지 아니한 때, 또는 전지에 임한자, 침몰한 선박중에 있던자, 추락한 항공기중에 있던자, 그 밖에 사망의 원인이 될 위난을 당한자의 생사가 전쟁종지후 또는 선박의 침몰, 항공기의 추락, 기타 위난이 종료 한 후 1년간 분명하지 아니한 때에는 법원은 이해관계인이나 검사의 청구에 의하여 실종선고를 하여야 한다고 규정하고 있다

이러한 실종선고 제도는 실종자의 재산상, 신분상 법률관계를 정리해 주고자 하는 제도로서, 실종선고를 받은 자는 실종기간이 만료된 때에 사망한 것으로 간주하는 법률상 효과가 있다

가. 실종선고의 요건

(1) 부재자의 생사불명 : 생사가 분명하지 않다는 것은 생존 또는 사망의 증명도 이를 할 수 없는 상태를 말한다

(2) 생사불명상태의 법정 실종기간 경과 : 보통의 실종은 최종 소식 후 생사가 분명하지 않은 채 5년이 경과되어야 하며, 위난실종의 경우에는 전지, 침몰한 선박, 추락한 항공기 등 위난을 당한 자가 위난이 종료된 후 1년간 생사가 분명하지 않아야 한다 (민법 제27조)

(3) 이해관계인 또는 검사의 청구 : 실종선고로 인하여 권리를 취득하거나 의무를 면하게 되는 이해관계인 또는 검사의 청구가 있어야 한다.

(4) 공시 최고 : 실종을 선고하기 위해서는 공시최고 절차를 거쳐야 한다

나. 실종선고 심판청구시 첨부서류

가족관계증명서, 기본증명서, 인우보증서(인우보증인 인감증명 첨부) 미아 또는 가출인 신고 확인서 등

다. 실종선고 심판청구서의 서식 등

실 종 선 고 심 판 청 구 (예시)

청구인 (사건본인의 자) : 홍일남 (주민등록번호 : 730607-1237890)
주소 : 경기도 안양시 동안구 시민대로 23길 56 (호계동)
등록기준지 : 경기도 안양시 동안구 관양동 235

사건본인(부재자) : 홍길동 (주민등록번호 : 540820-1230457)
최후주소 : 경기도 광명시 일직로 18길 42 (일직동)
등록기준지 : 경기도 안양시 동안구 관양동 235

청 구 취 지

부재자 홍길동의 실종을 선고한다.
라는 심판을 구함.

청 구 원 인

1. 청구인은 부재자 홍길동의 장남로서 청구인의 직업관계로 부재자인 홍길동과 각각 다른 곳에서 거주하고 있었습니다. 그런데 부재자는 최후

주소지에서 살다가 2004년 4월 2일 무단가출한 지 7년이 지난 오늘에 이르기까지 그 생사를 알 수 없습니다.

2. 청구인은 부재자가 가출한 후 친척 또는 친지를 통하여 그 생사를 찾아 보았으나 전혀 알 길이 없어 청구취지와 같은 심판을 구하고자 이건 청구에 이르렀습니다.

첨 부 서 류

1. 가족관계증명서및 기본증명서 (사건본인) 각 1통
2. 말소주민등록등본(사건본인) 1통
3. 주민등록등본 (청구인) 1통
3. 인우보증서 (인감증명 첨부) 1통
4. 납부서 1통

2011. 7. 1

위 청 구 인 홍 일 남 (인)

수원지방법원 안산지원 귀중

♣ 실종선고 청구시 유의사항

- 청구서에는 사건본인에 각5,000원의 수입인지를 첨부하고, 송달료(3,060원 × 4회분)를 납부한 영수증을 첨부해야 한다
- 관보게재료 15,600원(인지)을 납부해야 한다.
- 실종선고의 청구는 이해관계인(부재자의 배우자, 제1순위 상속인, 부재자의 친권자, 후견인, 법정대리인, 위임재산관리인 등 직접적으로 신분상・경제상 이해관계를 가지는 사람)이나 검사가 할 수 있다.
- 관할법원은 부재자의 최후 주소지의 가정법원이다. 또 최후주소가 국내에 없거나, 알수 없을 때에는 대법원소재지 가정법원이다.

♣ 실종선고 심판청구시 인우보증서의 서식

인 우 보 증 서 (예시)

사건본인(실종자) : (생년월일: 년 월 일생)
최후 주소 :
등록기준지 :

보 증 사 항 (보증내용을 상세히 기재할 것)

부재자는 출생후 줄곧 최후 주소지에서 살다가 2004년 4월 2일 무단가출하였으며, 그로부터 7년이 지난 오늘에 이르기까지 아무런 연락도 없어 생사를 전혀 알 수 없는 사람입니다.

위의 사실이 틀림이 없으며 만일 후일에 본건으로 인하여 문제가 있을 때에는 보증인등이 법적 책임을 지겠기에 이에 보증합니다

2011. 7. .

보증인 성명 : (인)
주민등록번호 :
주 소 :
보증인 성명 : (인)
주민등록번호 :
주 소 :

※ 인우보증서에는 위 보증인들의 인감증명을 첨부해야 한다.

3. 상속의 형태

상속은 상속의 대상에 따라 호주 등 신분이 상속되는 경우를 "신분상속"이라 하고, 재산이 상속되는 경우를 "재산상속"이라 하는데, 2008. 1. 1.자로 호주제가 폐지되어, 현재는 재산상속(채무 포함)만 인정되고 있다

특히 재산상속의 비율 등을 정하는 방법에 있어서 상속의 범위, 상속비율 등을 법률로 정하는 것이 "법정상속"이고, 이를 유언으로 정하는 것이 "유언상속"이다

4. 재산 상속

가. 재산상속 개시의 시기와 장소

상속은 피상속인의 주소지에서 피상속인이 사망하는 순간에 개시되는데 그 주소(장소)는 피상속인의 최후 주소지이다. 주의할 것은 상속인의 주소지나 피상속인의 사망지, 상속재산 소재지 등은 상속개시의 장소가 아니다

나. 재산 상속과 상속등기의 관계

피상속인이 사망하면서 부동산을 남긴 경우 그 상속인은 등기를 하지 않더라도 그 부동산의 소유권을 취득한다. 그러나 자기 앞으로 등기를 하지 아니하면 제3자에게 처분을 하지 못 한다

상속등기의 신청은 상속의 사실과 상속인의 신분을 증명 할 수 있는 서면을 첨부하여야 하는데, 공동상속의 경우에는 공동상속인 전원의 명의로도 할 수 있고 공동상속인 중 1인이 공동상속인 모두의 지분을 표시하여 함께 신청할 수도 있다

공동상속인들이 협의분할협의(일종의 계약)에 의하여 등기를 신청하는 경우에는 공동상속인중 협의분할로 권리를 취득한 상속인 앞으로 곧바로 등기 할 수도 있고, 공동상속에 의한 공동 등기를 마친 후에, 협의분할취득자 앞으로 이전등기를 할 수도 있다

유증을 원인으로 하는 등기의 경우 중 특정유증의 경우에는 수유자(등기권리자)가 상속인 또는 유언집행자(등기의무자)와 함께 공동으로 신청해야 하는데, 상속등기 절차를 (망인→ 상속인→ 수증자) 거치지 않고, 망인(유증자) → 수증자 명의로 직접 이전등기를 신청하면 된다.

그러나, 포괄유증(상속재산의 전부 또는 1/2을 유증)의 경우에는 상속의 경우와 동일하게 등기가 없더라도 유언자의 사망으로 당연히 권리를 취득한다, 이는 법률의 규정(민법제1078조)에 의한 소유권 이전이기 때문이다

다. 상속의 결격사유 (상속을 받을 수 없는 사람)

(1) 다음 중 어느 하나에 해당하는 자는 상속인이 되지 못한다

i) 고의로 직계존속, 피상속인, 그 배우자 또는 선순위나 동순위의 상속인을 살해하거나 살해하려고 한 자

ii) 고의로 직계존속, 피상속인, 그 배우자에게 상해를 가하여 사망에 이르게 한 자

iii) 사기 또는 강박으로 피상속인의 상속에 관한 유언을 하게 하거나, 상속에 관한 유언 또는 유언의 철회를 방해한 사람

iv) 피상속인의 상속에 관한 유언서를 위조·변조·파기 또는 은익한 자

(2) 상속 결격의 효과

결격의 사유가 있으면 해당 상속인은 상속인의 자격을 상실하여 상속을 받을 수 없게 되는데, 결격사유가 상속 개시전에 발생하면 그 후 상속이 개시되더라도 그 상속인은 상속을 할 수가 없다.

다만 상속자격의 상실은 결격자 본인에게만 적용되고, 그의 처나 자녀에게는 미치지 아니함으로서, 결격자가 상속자격을 상실하게 되는 경우에도 그의 처와 자녀는 그 상실자를 대신해서 대습상속을 하게 된다

5. 재산상속의 순위 (민법 제1000조 제1항)

제1순위	피상속인의 직계비속과 배우자	대습사유 있으면 손자녀(외손)도 상속인이다
제2순위	피상속인의 직계존속과 배우자	직계비속이 없는 경우에 상속인이 된다
제3순위	피상속인의 형제 자매	1, 2 순위자가 없을 때 상속인 된다
제4순위	피상속인의 4촌 이내 방계혈족	1, 2, 3 순위 모두 없을 때 (삼촌,고모,이모등)

가. 피상속인의 배우자 : 피상속인의 배우자는 법률상 배우자로 한정되는데, 피상속인의 직계비속 또는 직계존속이 있을 경우에는 그 비속 또는 존속과 동 순위로 공동상속인이 되고, 그 상속인이 없을 때에 배우자가 단독 상속인이 된다(민법 제1003조)

나. 동순위의 상속인이 수명 인 경우 : 동순위 상속인이 여러 명인 때에는 최근친을 선순위로 하고, 같은 촌수의 상속인이 여러명인 경우에는 공동상속인이 된다(민법 제1000조 2항)

다. 태아의 상속순위 : 태아는 이미 출생한 것으로 본다(민법 1000조)

라. 외국으로 귀화한 자 및 생사불명 자 : 공동상속인 중 일부가 외국귀화 또는 행방불명 등 사유로 주소증명의 첨부가 불가능할 경우에는 말소주민등본을 첨부하고, 이것도 제출 할 수 없을 때는 이를 소명하여 등록기준지를 주소지로 하여 상속등기를 신청 할 수 있다

마. 대습상속

- 상속인이 될 수 있었던, 피상속인의 자녀나 형제자매가 상속개시 전에 사망하거나 결격자가 된 경우, 그에게 직계비속이 있으면 그 직계비속이 그에 갈음하여 상속인이 된다
- 이때 그에게 배우자가 있으면 배우자는 그 직계비속과 공동으로 상속하고, 직계비속이 없으면 배우자가 사망한 자에 갈음해서 단독으로 상속 한다

바. 기 타

- 양자도 직계비속에 포함되며, 이복형제도 형제에 포함된다
- 직계존·비속은 부계(父系)와 모계(母系)를 구별하지 않는다

6. 상 속 분

상속분이란 2사람이상의 상속인들이 공동으로 재산을 상속하는 경우, 각 상속인이 물려받을 재산의 몫(상속재산의 권리·의무를 승계하는 비율)을 말하는데, 상속인이 1인 뿐이라면 그 1인이 모든 재산을 단독 상속하게 되므로 상속분이라는 것이 없다.

가. 지정상속분 (유언에 의한 상속분)

피상속인이 유언으로 결정 내지 지정하는 것을 지정 상속분이라 하는데, 유언에 의한 지정 상속분은 유언에서 지정한 내용대로 상속을 하게 되지만, 유류분(遺留分)을 침해 할 수는 없다.

또한 유언에 지정한 것이 없으면, 민법이 정한 법정상속분에 따라 상속하게 된다

나. 법정상속분

피상속인이 상속분을 지정하지 않은 경우에는 민법이 정한 방법에 따라 상속분을 정하게 되는데 이를 법정상속분이라 한다

이러한 법정상속분은 동순위 상속인이 여러 명인 때에는 남녀 구분없이 균분 상속함이 원칙이나, 피상속인의 배우자가 피상속인의 직계비속 또는 직계존속과 공동으로 상속하는 경우에는 그 직계비속이나 직계존속의 상속분(승계할 몫)에 50%를 가산하여 상속을 받는다

☞ **법정상속분 및 상속비율의 예시**

구 분	상 속 인	법정 상속분	상속비율
직계비속인 자녀와 배우자가 있을 경우	배우자와 장남만 있는 경우	배우자 : 1.5 장 남 : 1.0	배우자 : 3/5 장 남 : 2/5
	배우자와 1남 1녀가 있는 경우	배우자 : 1.5 장 남 : 1.0 장 녀 : 1.0	배우자 : 3/7 장 남 : 2/7 장 녀 : 2/7
자녀 없고, 배우자와 직계존속만 있을 경우	자녀는 없고 배우자와 부모만 있는 경우	배우자 : 1.5 부 : 1.0 모 : 1.0	배우자 : 3/7 부 : 2/7 모 : 2/7

☞ **우리나라의 민법 제정 후 법정상속분 변천내역**

①1960.1.1.-1978.12.31	②1979.1.1.-1990.12.31	③1991.1.1.이후(현재)
1. 균분이 원칙 2. 호주상속인 : 고유상속분의 5할을 가산함 3. 여 자 : 남자의 1/2 4. 출가녀 : 남자의 1/4 5. 처 : 직계비속과 공동상속시는 남자의 1/2, 직계존속과 공동 상속시는 남자와 균분	1. 균분이 원칙 2. 호주상속인 : 고유상속분의 5할을 가산함 3. 여 자 : 남자와 같음 4. 출가녀 : 남자의 1/4 5. 처 : 직계비속과 공동상속시는 5할 가산, 직계존속과 공동상속시 존속의 5할을 가산	1. 균분이 원칙 2. 호주상속인, 여자, 출가녀, 남자 모두 같음 3. 夫,妻 : 구별없이 공동상속인 상속분의 5할을 가산

※ **대습 상속분은 사망 또는 결격된 자의 상속분에 따른다**

다. 특별수익자의 상속분

공동상속인중의 특정의 1인이 또는 수인이 피상속인의 생전증여 또는 유증으로 수증한 것은 “상속분을 선급 받은 것”이라 할 수 있고, 이를 “특별수익자”라 한다.

이러한 특별수익자가 상속개시 후 상속재산 분할에 참가하여 또 다시 분배를 받는다면 그는 2중의 이익을 얻게 되는 것이므로 이러한 불합리를 막고, 상속인들 사이에 공평을 도모하기 위한 것이 특별수익자 상속분 제도이다

특별수익자 상속분에 관하여 민법 제1008조는 "공동상속인들 중에서 피상속인으로부터 생전증여 또는 유증을 받은사람이 있는 경우에 그 수증재산이 자기의 상속분에 달하지 못한 때에는 그 부족한 부분의 한도내에서 상속분이 있다"고 규정하고 있다.

또한 판례는 공동상속인 중에 특별수익자가 있는 경우, 구체적인 상속분 산정을 위해서는 피상속인이 상속개시 당시 가지고 있던 재산가액에 생전증여의 가액을 가산한 후, 이 가액에 각 공동상속인별로 법정상속분을 곱하여 산출된 상속분의 가액으로부터 특별수익자의 수증재산인 증여 또는 유증의 가액을 공제하는 방법에 의하여 할 것이라고 판시하고 있다 (대법원 1995. 3. 10.선고 94다16571)

☞ 특별수익자가 있는 경우 상속분의 산정방법 (산정공식)

상속재산분배액 = 【상속재산의 가액 + 생전 증여】 × 법정상속분율 - 【생전증여 + 유증】

구체적인 상속분액 = 상속재산 분배액 + 생전증여 또는 유증

라. 기여분 (기여 상속인의 상속분)

(1) 기여분 제도의 의의

기여분이란 공동상속인들 중에 피상속인을 상당기간 특별히 부양하거나, 피상속인의 재산증가에 특별히 기여한 자가 있을 때, 이러한 기여를 인정하여 상속분과는 별도로 그 기여분을 추가로 받을 수 있는 것을 말하는데, 이는 기여상속인에게 자신의 몫을 되찾게 하려는 것으로서, 공동상속인들 사이에 실질적인 공평을 꾀하려는 제도이다

(2) 기여분 요건

기여분의 권리자(행위의 주체)는 공동상속인이어야 하며, 그 기여행위의 정도는 자기의 부양의무나 협조의무를 넘어서 반대급부 또는 보상없이 특별히 기여한 경우라야 하고, 그 사람의 공로를 특별히 인정하여주지 아니하면 상속인들 사이에 불공평이 생길 정도의 기여라야 한다

(3) 기여상속분이 있는 경우의 상속분 산정방법

상속재산가액에서 기여분 (협의·조정·심판으로 정해진 액수)를 공제한 것을 상속재산으로 보고, 거기에 상속분(제1009조)을 곱하여 산출된 금액에 그 공제하였던 기여분을 더한 것이 기여자의 상속분이 된다.

다만, 유증이 있을 경우의 기여분액은 상속이 개시된 때의 피상속인 재산가액에서 유증가액을 공제한 금액의 범위 내 이어야 한다.

(4) 기여분의 결정방법

기여분은 상속인들 사이에 협의로 정할 수 있고, 협의가 되지 않거나 협의를 할 수 없을 경우에는 기여자의 청구에 따라, 가정법원이 기여의 시기·방법 및 정도와 상속재산의 액수등 제사정을 참작하여 기여분을 정하게 된다

특히 기여분 심판에서는 조정전치주의가 적용되어, 조정이 성립되지 않을 경우에만 심판으로 재판한다

(5) 상속재산 기여분결정의 심판 청구절차

기여분결정 청구권자는 재산의 유지·증식에 기여한 사람 또는 상당기간 피상속인을 요양간호·부양사실 등 기여 있음을 주장하는 자이고, 상대방은 나머지 공동상속인 전원이며, 공동상속인 전원이 당사자로 되어야 하므로 민사소송법중 필요적 공동소송에 관한 규정이 준용된다

또한 기여분 결정을 구하는 심판청구사건은 마류 가사비송사건으로서, 상대방중 1인의 보통재판적 소재지 가정법원의 토지관할에 속하고, 가정법원 합의부의 사물관할에 속한다

(6) 기여분 결정청구의 요건과 청구의 기간

기여분 결정의 청구는 상속재산의 분할청구 도는 피인지자 등의 상속분에 상당한 가액의 지급청구가 있는 때에 비로소 이를 할 수 있다.

따라서 상속재산 분할의 심판청구나, 조정신청이 없는데도 기여분의 결정을 청구하는 것은 부적법하며 또한 상속재산의 분할이 종료된 이후에는 기여분 결정청구를 할 수 없음이 원칙이다.

특히 상속재산분할의 심판청구가 있는 때 가정법원은 당사자가 기여분의 결정을 청구할 수 있는 기간(1월이상의 기간)을 정하여 고지할 수 있고 그 기간을 도과하여 청구된 기여분결정의 청구는 각하될 수 있다 (가사소송규칙 제113조)

(7) 심판의 청구 방식

기여분결정의 심판청구서에는 가사비송사건 심판청구서의 필수적 기재사항(법 36조 3항) 외에, ① 피상속인의 성명과 최후주소, ②

피상속인과의 관계, ③ 기여의 시기, 방법, 정도 및 그 밖의 사정, ④ 동일한 상속재산에 관한 다른 기여분결정청구사건 또는 상속재산분할청구사건이 있는 경우에는 그 사건 및 가정법원의 표시를 적어야 한다(가사소송규칙 111조, 75조 1항).

또한 청구취지는 기여분의 결정을 구한다는 취지가 표시되는 것으로 족하고 금액 등을 반드시 특정하여야 하는 것은 아니다. 다만, 당사자가 구하는 기여분의 비율이나 금액을 구체적으로 특정하여 청구하는 것이 보통이다.

(8) 사건의 병합

동일한 상속재산에 관한 여러 개의 기여분결정청구사건은 병합하여 심리, 재판하여야 하고, 기여분결정청구사건은 상속재산분할청구사건에 병합하여 심리, 재판하여야 하는데, 이들 병합된 사건에 대하여는 1개의 심판으로 재판한다 (가사소송규칙 제112조)

기여분결정사건을 이렇게 상속재산분할사건에 필수적으로 병합하고 1개의 심판으로 재판하도록 한 취지는, 기여분은 법정상속분의 수정요소로서 구체적 상속분의 결정에 영향을 미치는 것이므로 기여분결정의 심판과 상속재산분할의 심판은 합일확정의 필요가 있기 때문이다.

특히, 기여분결정사건과 상속재산분할사건이 병합된 경우에, 기여분에 관한 조정이 성립되는 등의 경우를 제외하고는, 기여분 부분에 대하여서만 따로 심판하는 것은 허용되지 않고 상속재산분할과 일괄하여 처리하게 된다.

(9) 유증 · 증여 및 유류분과 기여분의 문제

유증과 생전의 증여는 기여분에 우선한다. 왜냐하면 민법제1008조의2 제3항에서 기여분은 상속재산가액에서 유증의 가액을 공제한 액의 범위 안에서만 허용되기 때문이다. 그러므로 피상속인이 전재산을 유증한 경우에는 기여분은 인정되지 않는다

또한 기여분은 민법상 유류분에 의한 반환청구의 대상이 되지 않으므로 (민법 제1115조) 다른 상속인의 상속취득액이 그의 유류분액에 미달되더라도 기여분은 반환청구의 대상이 되지 않는다.

(10) 기여를 인정받을 수 있는 일반적 사례 (판례기준)

i) 특별히 기여해야 하므로, 통상의 가사노동과 간호는 인정되지 않는다

ii) 장기적으로 기여하거나, 대가없이 가사, 간호하던 배우자에게는 평균임금 상당액을 기여분으로 인정

iii) 정당한 보수없이 상속인이 피상속인과 함께 가업으로 유지발전시켜 온 경우, 그 상속인의 기여분 인정

마. 상속재산분할 청구와 동시 기여분 결정을 청구하는 서식

기여분결정 및 상속재산분할 심판청구(예시)

청 구 인(상속인) 홍 삼 숙 (주민등록번호 : 000000-2000000)
등록기준지 : 경기도 안양시 동안구 호계동 904
주 소 : 경기도 안양시 동안구 관평로 35길 28(관양동)
연락처 : 010 -9754 - 4567 (E- mail :bcz@hanmail.net)

피청구인(상속인) 홍 일 표 (주민등록번호 : 000000-1000000)
등록기준지 : 경기도 안양시 동안구 호계동 904
주 소 : 경기도 고양시 일산동구 백석로 77길 92(백석동)

사건본인(피상속인)망 홍길동 (주민등록번호 : 000000-1000000)
등록기준지 : 경기도 안양시 동안구 호계동 904
마지막주소 : 경기도 안양시 동안구 관평로 35길 28(관양동)

청 구 취 지

1. 피상속인의 상속재산에 대한 청구인의 기여분을 50%로 정한다
2. 피상속인의 상속재산중 별지목록 기재 부동산은 청구인의 소유로 분할한다
3. 청구인은 상대방에게 4억원을 지급하라
4. 심판비용은 상대방의 부담으로 한다

라는 심판을 구합니다

청 구 원 인

1. 상속의 개시

가. 피상속인 망 홍길동(이하 "피상속인"이라고만 합니다)은 2011. 4. 20. 교통사고로 사망하였는데 피상속인의 상속인으로는 직계비속인 청구인과 상대방이 있습니다

나. 청구인과 상대방의 각 법정상속분은 각각 1/2입니다

2. 피상속인의 상속재산

피상속인이 남긴 상속재산으로는 별지목록 기재 부동산과 예금채권이 있는데, 상속개시당시 그의 가액은 부동산과 예금채권 등 총 16억원입니다

3. 청구인의 기여분

청구인은 1999. 7. 피상속인의 배우자인 어머니 사망 후, 피상속인과 함께 무허가 분식집을 운영해오던 중, 2000. 4.경 은행대출을 받아 낡고 비좁은 거주주택을 개축, 음식점을 공동 창업하였는데, 장사가 잘되어 창업 7여년 만에 대출금 상환완료는 물론, 옆집건물도 피상속인 명의로 추가 매수하여, 규모를 확창하는 등 별지목록 기재 재산형성에 기여해 왔습니다

따라서 피상속인의 재산중 50%는 피상상속인 재산증가에 특별히 기여한 청구인에게 기여분으로 인정되어야 합니다

4. 구체적 상속분의 확정 및 상속재산 분할방법

가. 구체적 상속분의 확정

(1) 상속재산 : 별지목록 기재 각 재산의 시가 합계 16억원

(2) 청구인의 기여분 : 8억원 (16억원 × 50%)

(3) 간주상속재산 : 8억원(상속재산가액 16억원 - 청구인 기여분 8억원)

(4) 구체적 상속분

① 청구인 : 12억원 (간주상속재산 8억원 × 1/2 + 기여분 8억원)

② 상대방 : 4억원 (간주상속재산 8억원 × 1/2)

나. 분할방법

이사건 상속재산의 분할방법으로는 청구인이 현재 거주하며 운영하고 있는 별지목록 기재부동산은 청구인이 피상속인과 함께 형성한 재산으로서 청구인의 생업을 위해 청구인 단독소유로 하고, 상대방의 구체적 상속분에 모자라는 부분은 청구인이 상대방에게 정산금을 지급하

도록 함이 상당하다고 할 것입니다

이와 같이 분할할 경우 청구인이 상대방에게 지급해야 할 정산금은 4억원(간주상속재산 8억원 × 1/2)이 됩니다.

5. 상대방의 상속재산 분할협의 거부

청구인은 피상속인 사망후 상대방과 피상속인 상속재산에 대한 분할의 협의를 시도하였으나, 상대방이 협의를 거부하여 이사건 청구에 이르렀습니다

입 증 방 법

1. 갑 제1호증의 1내지3 가족관계증명서(청구인, 피청구인, 피상속인)
1. 갑 제2호증의 1내지3 기본증명서(청구인, 피청구인, 피상속인)
1. 갑 제 3호증 부동산등기부 등본
1. 갑 제4호증 사업자등록증 사본

첨 부 서 류

1. 위 입증방법 각 1부
1. 별지목록(상속재산목록) 1부
1. 납부서 1부

2011. 9. 1.

위 청구인 홍 삼 숙 (인)

의정부지방법원 고양지원 귀중

♣ 심판청구서 작성방법 및 유의사항

- 심판청구서에는 필요적 기재사항(가사소송법 36조3항)외에도 피상속인의 성명과 마지막주소, 피상속인과의 관계, 기여의 시기・방법・정도, 기타의 사정, 동일한 상속재산에 관한 다른 상속재산분할청구사건 등이 있는 경우에는 그 사건 및 가정법원의 표시를 기재하여야 한다
- 수입인지는 청구인당당 10,000원을 첨부하고, 송달료(당사자수 × 3,060원 × 12회분)를 납부한 영수증을 첨부해야 한다
- 관할법원은 상대방중 1인의 주소지를 관할하는 가정법원이다.

바. 상속재산분할청구사건 계속 중 기여분 결정을 청구하는 서식

기여분결정 청구(예시)

청 구 인(상속인) 홍 삼 숙 (주민등록번호 : 000000-2000000)
등록기준지 : 경기도 안양시 동안구 호계동 904
주 소 : 경기도 안양시 동안구 관평로 35길 28 (관양동)
연락처: 010 -9754 - 4567 (E- mail :bcz@hanmail.net)

피청구인(상속인) 홍 일 표 (주민등록번호 : 000000-1000000)
등록기준지 : 경기도 안양시 동안구 호계동 904
주 소 : 경기도 고양시 일산동구 백석로 77길 92(백석동)

사건본인(피상속인)망 홍길동 (주민등록번호 : 000000-1000000)
등록기준지 : 경기도 안양시 동안구 호계동 904
마지막주소 : 경기도 안양시 동안구 관평로 35길 28(관양동)

청 구 취 지

1. 피상속인의 상속재산에 대한 청구인의 기여분을 8억원을 지급하라
라는 결정을 바랍니다

청 구 원 인

1. 상속재산분할심판사건의 계속

청구인과 상대방은 2011. 4. 20.사망한 피상속인 망 홍길동(이하 "피상속인"이라고만 합니다)의 상속인들입니다. 청구인은 상대로 귀법원 2011느합ㅇㅇ호로 상속재산분할심판을 청구하여 현재 위 사건이 귀법원에 계속 중입니다

2. 피상속인의 상속재산

피상속인이 남긴 상속재산으로는 별지목록 기재 부동산과 예금채권이 있는데, 상속개시당시 그의 가액은 부동산과 예금채권 등 총 16억 원입

니다

3. 청구인의 기여분

청구인은 1999. 7. 피상속인의 배우자인 어머니 사망 후, 피상속인과 함께 무허가 분식집을 운영해오던 중, 2000. 4.경 은행대출을 받아 낡고 비좁은 거주주택을 개축, 음식점을 공동 창업하였는데, 장사가 잘되어 창업 7여년 만에 대출금 상환완료는 물론, 옆집건물도 피상속인 명의로 추가 매수하여, 규모를 확창하는 등 별지목록 기재 재산형성에 기여해 왔습니다

따라서 피상속인의 재산중 50%에 해당하는 8억원은 피상상속인 재산증가에 특별히 기여한 청구인에게 기여분으로 인정되어야 합니다

4. 기여분에 대한 협의 불성립

청구인은 피상속인 사망후 상대방과 피상속인 상속재산에 대한 분할의 협의를 하면서 청구인의 기여분을 인정해 줄 것을 요구하였으나, 상대방이 이를 거부하여 이사건 청구에 이르렀습니다

첨 부 서 류

1. 소갑 제 1호증 부동산등기부 등본
2. 소갑 제 2호증 사업자등록증 사본

그 밖의 것은 추후에 제출하겠습니다

1. 납부서 1부

2011. 9. 1.

위 청구인 홍 삼 숙 (인)

의정부지방법원 고양지원 귀중

♣ 심판청구서 작성방법 및 유의사항

- 기여분결정 및 상속재산분할 심판청구(예시)에서와 같음

7. 재산상속 관련 참고서식

가. 부재자 재산관리인 선임 심판 청구

부재자 재산관리인 선임 심판 청구서(예시)

청 구 인 : 박 을 숙(주민등록번호 : 530609-2367568)
등록기준지 : 경기도 안양시 동안구 관양동 235
주소 : 안양시 동안구 시민대로 23길 56 (호계동)
전화 : 031-345-2345

사 건 본 인 홍 길 동 (주민등록번호 : 750609-1236547)
(부 재 자) 등록기준지 : 경기도 안양시 동안구 관양동 235
최후 주소 : 광명시 일직로 77길 92 (일직동)

부재자 재산관리인 선임 심판 청구

청 구 취 지

사건본인(부재자) 홍길동의 재산관리인으로 안양시 동안구 시민대로 23길 56 (호계동)에 거주하는 박을숙(주민등록번호 : 530609-2367568)을 선임한다.
라는 심판을 구합니다.

청 구 원 인

1. 청구인은 사건본인 홍길동의 모(母)이고, 사건본인 홍길동은 1975년 6월 9일 광명시 일직동 24에서 청구인의 남편인 신청외 홍일남과 사이에서 출생한 장남입니다.

2. 사건본인 홍길동은 2004년 4월 2일 실종당시 주소지인 광명시 일직로 77길 92소재, 신청외 이병국 소유의 주택에서 거주하던 중, 잠깐 친구를 만나고 온다 하며 집을 나가서 이내 귀가하지 아니하여, 현재까지 그 행방을 알 수가 없는 부재자입니다.

3. 사건본인 홍길동은 그 소유의 별지목록 부동산이 있는데 사건본인 소유의 위 부동산에 대한 재산관리인을 둔 사실이 없어 재산관리인을 선임

하여야 하므로 사건본인 홍길동의 어머니인 청구인이 그 재산관리인이 되고자 부득이 본 심판청구에 이른 것입니다.

첨 부 서 류

1. 사건본인의 가족관계증명서 및 기본증명서, 주민등록표 등본 1 통
1. 부재사실확인서 1 통
1. 청구인의 가족관계증명 및 인감증명 각 1 통
1. 재산목록 및 부동산등기부등본 각 1 통
1. 납부서 1 통

2011년 7월 1일

청 구 인 박을 숙 (인)

수원지방법원 안양지원 귀 중

[별 지]

부 동 산 의 표 시

○○시 ○○구 ○○동 ○○

대

1,000㎡. 끝.

♣ 부재자 재산관리인 선임심판 청구유의사항

- 청구서에는 사건본인에 각5,000원의 수입인지를 첨부하고, 송달료(3,060원 × 4회분)를 납부한 영수증을 첨부해야 한다
- 관할법원은 사건본인의 최후주소지 또는 재산소재지 가정법원이고 청구권자는 이해관계인 또는 검사이다.
- **부재자 의미 :** 부재자는 종래의 주소 또는 거소를 떠나서 상당한 기간 종래의 주소나 거소로 쉽게 돌아올 가망이 없는 자 또는 그와 같은 사정으로 종래의 주소나 거소에 있는 그의 재산을 직접 관리할 수 없는 상태에 있는 자를 말한다

나. 인지청구의 소제기 서식

인지청구의 소 (예시)

원 고 홍 원 남 (주민등록번호 900723 - 1235674)
주소 서울특별시 서대문구 홍은로 56길 43 (홍은동)
등록기준지 : 경기도 안양시 동안구 관양동 451
(전화 번호 : 02-3456-6547)

피 고 서울중앙지방검찰청 검사

청 구 취 지

원고는 소외 망 홍길동(등록기준지 : 경기도 안양시 동안구 관양동 235번지, 1953년 4월 18일생)의 자임을 인지한다.
라는 판결을 구합니다.

청 구 원 인

소외 망 홍길동(2011년 4월 2일 사망)는 1990년 1월 6일경 부터 1993년 6월 1일까지 소외 오길자와 동거하는 동안 1992년 2월 23일 원고를 출산하였으나, 인지를 하지 아니하고 사망하였으므로 검사를 상대로 하여 본건 청구를 하기에 이르렀습니다.

첨 부 서 류

1. 가족관계증명서 1통
2. 주민등록등본 1통
3. 기본증명서(소외 망 홍길동) 1통
4. 출산증명서 1통

2011. 7 . 1.
위 원고 홍 원 남
위 원고 홍 원 남 (인)

서울가정법원 귀중

♣ 유의사항

- 소장에는 수입인지 20,000원을 붙여야 하고, 송달료는 당사자수 ×3,060원 × 12회분을 송달료취급은행에 납부하고 그 영수증을 첨부하여야 한다. (검사도 당사자수에 포함, 본건의 경우 당사자수 2인)
- 관할법원은 상대방(상대방이 수인일 때에는 그 중 1인)의 주소지 관할법원이다.

다. 후견인의 선임 심판 청구

후견인 선임 심판 청구(예시)

청 구 인 홍 길 영 (주민등록번호 : 590409- 1237567)
(사건본인의 5촌당숙)등록기준지 안양시 동안구 비산동 78
주소 안양시 만안구 석수로 22길 46 (석수동)
전화 031-435-3456

사 건 본 인 홍 일 남 (주민등록번호 : 050609-3236547)
(미성년자) 등록기준지 : 경기도 안양시 동안구 관양동 235
주소 : 안양시 동안구 시민대로 23길 56 (호계동)
전화 031 -445 - 5643

후견인 선임 심판 청구

청 구 취 지

사건본인의 후견인으로 안양시 만안구 석수로 22길 46 (석수동)에 거주하는 홍길영 (주민등록번호 : 590409- 1237567)을 선임한다.
라는 심판을 구합니다.

청 구 원 인

1. 사건본인은 그의 부 홍길동이 2004. 5. 8. 사망함으로써 모 박을숙 친권에 복종하였는데, 모(母)도 2011. 6. 30.에 사망하였으므로 친권을 행사할 자가 없고, 또한 지정된 후견인도 없습니다.
2. 청구인은 사건본인의 5촌 당숙으로서 현재 사건본인을 부양하고 있고 사건본인이 ○○생명에서 암보험금 청구에 대한 상속권자로 지정되어 보험금에 대한 재산관리가 어려운 상태에 있습니다.
3. 이상의 이유로 청구인을 사건본인의 후견인으로 선임 받고자 이 청구에 이른 것입니다.

첨 부 서 류

1. 기본증명서(청구외 망홍길동, 망박을숙, 사건본인, 청구인) 각 1통
(단, 2007.12.31. 이전 사망한 경우 제적등본)
1. 가족관계 증명서(청구외 망홍길동, 망박을숙, 사건본인, 청구인) 1통
(또는 친족관계를 확인할 수 있는 제적등본)
1. 직계혈족 및 3촌 이내 방계혈족이 표시된 가계도 및 사망 등 부존재를 증명할 수 있는 제적등본 각 1통
1. 진술서(지정 후견인이 없음을 증명) 1통
1. 진술인의 인감증명서
1. 보험증권사본 1통
1. 주민등록등본(청구인, 사건본인)

2011년 7월 1일

청 구 인 홍 길 영 (인)

수원지방법원 안양지원 귀중

♣ 유의사항

▸ 2011. 3. 7. 민법개정으로 후견인 제도가 미성년후견과 성년후견으로 변경된다 (2013. 7. 1.부터 시행)

- 미성년후견인 : 미성년자에게 친권자가 없거나, 친권자가 재산관리 등을 행사할 수 없는 경우에 미성년후견인을 두어야 한다 (개정 민법 제928조)
- 성년 후견인 : 성년후견 개시심판(종전 금치산 또는 한정치산 심판)이 있는 경우 그 심판받은 사람의 성년후견인을 두어야 한다 (개정민법 제929조)

▸ **미성년 후견인의 지정 또는 선임방법**

- **유언에 의한 미성년 후견인 지정** : 미성년자에 대하여 친권을 행사하는 부모는 유언으로 미성년자의 후견인을 지정할 수 있다. (개정민법 제931조1항 전단)
- **가정법원의 미성년후견인 선임** : 제931조에 따라 지정된 미성년후견인이 없는 경우에는 가정법원은 직권 또는 미성년자, 친족, 이해관계인, 검사, 지방자치단체의 장의 청구에 의하여 미성년후견인을 선임한다. (개정민법 제932조1항)

※ **성년연령 하향 : 종전 만20세 → 개정 만19세 (민법 제4조, 2011. 3. 7.개정)**

라. 미성년 후견관련 민법개정 주요 내용 (2011. 3. 7.개정. 2013. 7. 1.부터 시행)

제1관 후견인 <신설 2011.3.7>

제928조(미성년자에 대한 후견의 개시) 미성년자에게 친권자가 없거나 친권자가 법률행위의 대리권과 재산관리권을 행사할 수 없는 경우에는 미성년후견인을 두어야 한다. [전문개정 2011.3.7]

제929조(성년후견심판에 의한 후견의 개시) 가정법원의 성년후견개시심판이 있는 경우에는 그 심판을 받은 사람의 성년후견인을 두어야 한다. [전문개정 2011.3.7]

제930조(후견인의 수와 자격) ① 미성년후견인의 수(數)는 한 명으로 한다.

② 성년후견인은 피성년후견인의 신상과 재산에 관한 모든 사정을 고려하여 여러 명을 둘 수 있다.

③ 법인도 성년후견인이 될 수 있다. [전문개정 2011.3.7]

제931조(유언에 의한 미성년후견인의 지정 등) ① 미성년자에게 친권을 행사하는 부모는 유언으로 미성년후견인을 지정할 수 있다. 다만, 법률행위의 대리권과 재산관리권이 없는 친권자는 그러하지 아니하다.

② 가정법원은 제1항에 따라 미성년후견인이 지정된 경우라도 미성년자의 복리를 위하여 필요하면 생존하는 부 또는 모, 미성년자의 청구에 의하여 후견을 종료하고 생존하는 부 또는 모를 친권지로 지정할 수 있다. [전문개정 2011.5.19]

제932조(미성년후견인의 선임) ① 가정법원은 제931조에 따라 지정된 미성년후견인이 없는 경우에는 직권으로 또는 미성년자, 친족, 이해관계인, 검사, 지방자치단체의 장의 청구에 의하여 미성년후견인을 선임한다. 미성년후견인이 없게 된 경우에도 또한 같다.

② 가정법원은 친권상실의 선고나 대리권 및 재산관리권 상실의 선고에 따라 미성년후견인을 선임할 필요가 있는 경우에는 직권으로 미성년후견인을 선임한다.

③ 친권자가 대리권 및 재산관리권을 사퇴한 경우에는 지체 없이 가정법원에 미성년후견인의 선임을 청구하여야 한다. [전문개정 2011.3.7]

제2관 후견감독인 <신설 2011.3.7>

제940조의2(미성년후견감독인의 지정) 미성년후견인을 지정할 수 있는 사람은 유언으로 미성년후견감독인을 지정할 수 있다. [본조신설 2011.3.7]

제940조의3(미성년후견감독인의 선임) ① 가정법원은 제940조의2에 따라 지정된 미성년후견감독인이 없는 경우에 필요하다고 인정하면 직권으로 또는 미성년자, 친족, 미성년후견인, 검사, 지방자치단체의 장의 청구에 의하여 미성년후견감독인을 선임할 수 있다.

② 가정법원은 미성년후견감독인이 사망, 결격, 그 밖의 사유로 없게 된 경우에는 직권으로 또는 미성년자, 친족, 미성년후견인, 검사, 지방자치단체의 장의 청구에 의하여 미성년후견감독인을 선임한다.[본조신설 2011.3.7]

제940조의5(후견감독인의 결격사유) 제779조에 따른 후견인의 가족은 후견감독인이 될 수 없다.[본조신설 2011.3.7]

제940조의6(후견감독인의 직무) ① 후견감독인은 후견인의 사무를 감독하며, 후견인이 없는 경우 지체 없이 가정법원에 후견인의 선임을 청구하여야 한다.

② 후견감독인은 피후견인의 신상이나 재산에 대하여 급박한 사정이 있는 경우 그의 보호를 위하여 필요한 행위 또는 처분을 할 수 있다.

③ 후견인과 피후견인 사이에 이해가 상반되는 행위에 관하여는 후견감독인이 피후견인을 대리한다.[본조신설 2011.3.7]

제940조의7(위임 및 후견인 규정의 준용) 후견감독인에 대하여는 제681조, 제691조, 제692조, 제930조제2항·제3항, 제936조제3항·제4항, 제937조, 제939조, 제940조, 제947조의2제3항부터 제5항까지, 제949조의2, 제955조 제955조의2를 준용한다. [본조신설 2011.3.7]

제945조(미성년자의 신분에 관한 후견인의 권리·의무) 미성년후견인은 제913조부터 제915조까지에 규정한 사항에 관하여는 친권자와 동일한 권리와 의무가 있다. 다만, 다음 각 호의 어느 하나에 해당하는 경우에는 미성년후견감독인이 있으면 그의 동의를 받아야 한다.

1. 친권자가 정한 교육방법, 양육방법 또는 거소를 변경하는 경우
2. 미성년자를 감화기관이나 교정기관에 위탁하는 경우
3. 친권자가 허락한 영업을 취소하거나 제한하는 경우 [전문개정 2011.3.7]

第946조(재산관리에 한정된 후견) 미성년자의 친권자가 법률행위의 대리권과 재산관리권에 한정하여 친권을 행사할 수 없는 경우에 미성년후견인의 임무는 미성년자의 재산에 관한 행위에 한정된다. [전문개정 2011.3.7]

第948조(미성년자의 친권의 대행) ① 미성년후견인은 미성년자를 갈음하여 미성년자의 자녀에 대한 친권을 행사한다.

② 제1항의 친권행사에는 미성년후견인의 임무에 관한 규정을 준용한다.

[전문개정 2011.3.7]

第949조의3(이해상반행위) 후견인에 대하여는 제921조를 준용한다. 다만, 후견감독인이 있는 경우에는 그러하지 아니하다. [본조신설 2011.3.7]

第950조(후견감독인의 동의를 필요로 하는 행위) ① 후견인이 피후견인을 대리하여 다음 각 호의 어느 하나에 해당하는 행위를 하거나 미성년자의 다음 각 호의 어느 하나에 해당하는 행위에 동의를 할 때는 후견감독인이 있으면 그의 동의를 받아야 한다.

1. 영업에 관한 행위
2. 금전을 빌리는 행위
3. 의무만을 부담하는 행위
4. 부동산 또는 중요한 재산에 관한 권리의 득실변경을 목적으로 하는 행위
5. 소송행위
6. 상속의 승인, 한정승인 또는 포기 및 상속재산의 분할에 관한 협의

② 후견감독인의 동의가 필요한 행위에 대하여 후견감독인이 피후견인의 이익이 침해될 우려가 있음에도 동의를 하지 아니하는 경우에는 가정법원은 후견인의 청구에 의하여 후견감독인의 동의를 갈음하는 허가를 할 수 있다.

③ 후견감독인의 동의가 필요한 법률행위를 후견인이 후견감독인의 동의 없이 하였을 때에는 피후견인 또는 후견감독인이 그 행위를 취소할 수 있다.

[전문개정 2011.3.7]

※ 민법개정 기타내용

- **"금치산・한정치산"을 "성년후견제도(성년후견, 한정후견, 특정후견제 등)"로 확대 개편하고, "친족회의"를 삭제하였으며, "후견감독인제"를 신설하였다 (2013. 7. 1. 시행)**

8. 재산 상속의 순위와 방법에 관한 궁금한 사항

궁금한 사항	회답요지 및 근거
1) 가족의 장례후 상속관련 우선 처리 필요사항	▸가까운 가족이 사망한 경우 우선 자신이 사망한 분의 상속인이 되는지를 파악하고, 피상속인이 작성한 유언증서가 있는지 찾아 보아야 한다 ▸이는 법적으로 유효한 유언서가 작성되어 있을 경우 그 유언의 내용이 지켜져야 하고, 특히 상속재산에 대하여 유증이 되어있는 경우에는 수증자에게 먼저 유증을 한 후, 남은재산으로 상속이 이루어지기 때문이다
2)재산상속시 법규 적용의 기준	▸피상속인이 수십년전에 사망한 경우라도 상속인들이 소유권을 이전하지 않은채, 해당부동산의 등기명의를 여전히 피상속인명의로 갖고 있는 경우가 많다 ▸그런데 상속분은 피상속인 사망당시의 법규정에 의하여 이루어지기 때문에 그 당시 법에 규정된 상속분등을 파악하고 있어야 한다 (민법상 상속분 변천내역 : 본책자 75면 참조)
3)상속인이 될 수 있는 자와 없는 자	▸상속인이 될수 있는자 : ①태아 ②이성동복(異姓同腹)형제 ③이혼소송중인 배우자 ④인지된 혼외자(婚外子) ⑤양자, 친양자, 양부모, 친양부모 ⑥양자를 보낸 친생부모 ⑦북한거주상속인 ⑧외국국적 상속인 ▸상속인이 될수 없는자 :①사실혼의 배우자 ②상속결격자 ③유효하지 않은 양자 ④친양자를 보낸 친생부모 ⑤이혼한 배우자 ⑥1990. 1. 1.이후 계모자(繼母子) 및 적모서자(嫡母庶子)
4)재산상속 4순위자 범위	▸친가쪽 : 백・숙부(3촌), 고모(3촌), 백・숙부와 고모의 자녀(4촌), 할아버지의 형제자매(4촌), 할머니의 형제자매(4촌) ▸외가쪽 : 외숙(3촌), 이모(3촌), 외숙 및 이모의 자녀(4촌), 외할아버지의 형제자매(4촌), 외할머니의 형제자매(4촌),
5)피상속인 사망 전 실종기간 만료된 자의 상속가능 여부	▸부재자에 대하여 법원이 실종선고를 하게되면 그 실종자는 선고시가 아닌 실종기간 만료시에 사망한 것으로 간주된다. ▸그런데 실종기간 만료시가 피상속인의 사망시 보다 앞선 경우에는 그 실종자는 상속인이 되지 못한다 (82.9.14. 대판 82다144)

궁금한 사항	회답요지 및 근거
6)상속에 있어서의 배우자의 의미	▸배우자란 배우자로 혼인신고가 되어있는 자 만을 말하며, 사실혼 관계에 있는 배우자는 상속인이 아니다. ▸따라서 오랫동안 별거를 하여 사실상 남남같이 지내는 부부도 혼인신고가 되어 있으면 원칙적으로 상속자격이 있다 ▸반대로 아무리 금실이 좋아도 혼인신고가 되어 있지 않으면 상속인이 될수 없다 ▸따라서 법률상 부부이지만 별거로 사실상 이혼한 상태에서 다른자와 사실혼 관계를 맺고 있는 경우에 상속은 법률상 배우자만이 할 수있다
7)배우자의 시가 또는 처가의 재산상속	▸남편이나 아내가 먼저사망하고 시부모나, 장인ㆍ장모가 나중에 사망한 경우, 그 생존 배우자 (아내나 남편)는 “먼저 사망한 배우자의 상속인(직계비속 또는 직계존속)과 공동상속인이 되고, 그 상속인이 없을 때에는 단독 상속인이 된다 ▸또한 남편사망 후 재혼한 처는 시댁과의 인척관계가 종료되어 망부대신 대습상속을 할 수 없고, 남편의 경우에도 아내 사망후 재혼을 하면 아내대신 처가의 재산을 대습상속을 할 수 없음은 아내의 경우와 같다 ▸그러나, 배우자 사망후에 재혼함 없이 혼자 독신으로 살고 있는 경우에는 설혹 친가에 복적을 하였더라도 인척관계가 해소되지 않아서 시가 또는 처가의 재산을 상속받을 수 있다
8)가장(거짓) 이혼과 배우자 상속	▸협의이혼에 있어서 이혼의사는 법률상 부부관계를 해소하려는 의사를 말하는 것이므로, 일시적으로나마 당사자간 합의로 법률상 부부관계를 해소하는 협의이혼의 신고가 된 이상, 협의이혼에 다른 목적이 있더라도 양자 간에 이혼의 의사가 없다고는 말할 수 없고 따라서 이와 같은 협의 이혼은 무효로 되지 아니한다 (대판 93므171) ▸따라서 “가장이혼”이라도 유효한 이상, 그 배우자는 배우자로서의 상속권을 상실한다

궁금한 사항	회답요지 및 근거
9)이혼 소송도중 배우자가 사망한 경우 상대방 배우자의 상속권	▸이혼소송의 계속중에 원고가 사망하면 이혼청구권은 상속의 대상이 아니어서 소송수계를 할수 없으므로, 생존 배우자는 유책배우자라 할지라도 상속권이 있다(대판81므53) ▸다만 이혼소송의 변론 종결 후에 원고가 사망하고, 그 후 이혼판결이 선고·확정된 경우에는 판결확정과 기판력의 표준시는 사실심의 변론종결시이므로 사망한자의 배우자는 상속권이 없다(서울고판67나1259)
10)임신중인 며느리의 남편유산 상속시 남편 친부모와의 상속 관계	▸자녀 없는 상태에서 남편이 사망하게 되면, 며느리는 남편유산에 대하여 시부모와 공동으로 상속을 하게 되는데, 그 때 만약 며느리가 임신을 한 상태라면 남편 친부모의 상속권은 배제되고, 사망자의 처와 태아가 상속을 하게 된다 ▸그러나 태아를 사산한 경우에는 그 사산한 태아는 처음부터 상속인이 아니었던 것이 되어 시댁친부모의 상속권이 회복된다
11)남편 사망 후, 태아를 낙태시킨 경우, 그녀의 남편 재산 상속 가능 여부	▸임신중인 태아를 자신이 고의로 낙태한 부인은 남편의 재산을 상속받을 수 없다. ▸법원은 출생하였다면 자신과 같은 순위의 상속인이 될 태아를 고의로 낙태한 경우를 "고의로 같은 순위에 있는 상속인을 살해한 경우"와 동일한 것으로 보고 있어서, 상속결격자에 해당되어 상속을 받을 수 없게 된다.(92.5.22.대판92다2127) ▸남편이 사망하여 여자혼자서 아이를 키울 수 없기 때문에 낙태를 하려 할 경우 유의해야 할 사항이다
12)계모의 아버지 유산 상속	▸피상속인의 배우자는 피상속인의 직계비속이나, 직계존속이 있는 경우에는 그들과 공동으로 상속받고, 상속분은 그들의 상속분에 5할을 가산하여 상속을 받으며, 직계존비속이 없는 경우에는 단독으로 상속을 받는다 ▸따라서 계모라 하더라도 망인이 된 아버지와의 사이에 혼인신고가 되어있을 경우에는 법률상 배우자로서 당연히 아버지의 유산에 대하여 법정상속분을 상속받게 된다

궁금한 사항	회답요지 및 근거
13)대습상속 의미와 미성년자의 상속재산 처분에 관한 친권자의 대리권	▸피상속인의 직계비속 또는 형제자매가 상속개시전에 먼저 사망하거나, 결격자가 된 경우에 그 사망자 또는 결격자에게 직계비속이나 배우가가 있으면 그 사망자 등의 상속분(몫)을 그의 직계비속 및 배우자가 대신 상속하게 된다. 이를 대습상속이라 한다 ▸이 경우 직계비속이 없을 때에는 배우자가 단독 상속인이 되며, 특히 대습상속인중 미성년자가 있을 경우에, 그 미성년자의 상속재산 처분과 관리행위에 대하여는 친권자인 미성년자의 모친이 법정대리인으로서 대리권을 행사하며, 이에 대하여 미성년자의 할머니 등은 아무런 권리가 없다.
14)인지절차로 입적한 자의 재산 상속	▸생부가 자기의 자식이라고 인정하는 것을 인지라하는데, 인지절차로 생부호적(가족관계등록부)에 입적하면, 혼인외의 출생자로서, 친자관계가 발생한다 ▸특히 생부가 인지를 하지 않을 때에는 가정법원에 인지청구를 하여 인지를 받아야 하며, 인지는 유언으로도 할 수 있는데 유언으로 인지하는 경우에는 유언집행자가 이를 신고하여야 한다. ▸생부나 생모가 인지를 하면 친생자와 동등한 상속권을 주장할 수 있다. 그런데 기존 상속인들 사이에 유산분할이 완료된 경우에, 인지된 자는 상속권 침해를 안날로부터 3년, 침해 있는 날로 부터 10년의 기간내에 인지받은 본인의 상속분을 그 분할받은 상속인에 대하여 반환하도록 재산분할을 청구할 수 있다.
15)유증을 받은 자 등 특별수익자의 상속분	▸특별수익제도는 상속인 상호간의 형평을 이루기 위한 것으로서, 공동상속인 중에 피상속인으로부터 증여 또는 유증을 받은 자가 있는 경우, 그가 받은 수증재산이 자기 상속분에 달하지 못한 때에는 그 부족한 한도내에서 상속분을 인정하는 것을 말한다 ▸따라서 피상속인으로부터 증여나 유증을 받은자는 그 수증액이 자기의 상속분에 이르지 못한 경우, 그 부족한 부분에 대해서만 상속을 받을수 있으므로 수증자 등을 받은 특별수익자의 실제상속가액은 다른 상속인들의 상속액과 비교시 증여 등을 받은 금액만큼 적어지게 된다

궁금한 사항	회답요지 및 근거
16) 동일한 위난으로 사망한 경우의 재산 상속 절차	▸동시에 발생한 사고로 인하여 남편이 장남보다 먼저 사망하였다면, 장남이 상속자이므로 남편의 재산은 장남이 먼저 상속한 다음, 장남의 사망결과로 장남의 처와 직계비속인 손자가 순차 상속하게 된다 ▸반대로 동시발생 사고이었지만 남편보다 장남이 먼저 사망하였다면 장남은 상속개시시에 살아있는 사람이 아니어서 남편(아버지)의 재산을 상속받을 수 없으며, 장남의 처와 시어머니가 공동으로 상속을 하게 된다 ▸그러나 누가먼저 사망한 것인지 불분명한 동시 사망의 경우에는, 사망자 상호간은 상속이 개시되지 않기(상속을 받으려면 상속개시시점에 상속인이 생존하고 있어야 함) 때문에 처와 자녀가 대습상속을 하게 된다
17)부모님이 사망하고 없는 상태에서 미혼의 동생도 사망하였을 경우 동생재산의 상속	▸동생이 미혼이므로 상속순위 중 1순위는 해당이 없으며, 2순위인 부모님은 이미 돌아가셨으므로 상속인이 될 수 없다. ▸만일 할아버지, 할머니가 살아계시면 이들이 상속을 하게되나, 이들도 모두 사망하고 없을 경우에는 동생의 재산을 3순위자인 형제자매가 그 수에 따라 균분하여 상속을 하게 된다
18)상속채무 승계시 채권자의 승낙필요 여부	▸금전채무와 같이 가분의 채무가 공동상속된 경우, 이는 상속개시와 동시 법정상속분에 따라 공동상속인에게 분할 귀속한다고 법원은 판시하고 있다 ▸그러나 협의에 의하여 공동상속인 중 1인이 법정상속분을 초과하여 채무를 부담하기로 약정하는 경우, 다른 공동상속인이 법정상속분에 따른 채무를 면하기 위해서는 민법 제454조에 의한 채권자의 승낙을 필요로 한다(97.4.27. 대판97다8809)

궁금한 사항	회답요지 및 근거
19)국적 상실한자의 상속권	▸ 외국 국적을 취득하고 우리나라 국적을 상실한자도 민법 제1004조의 흠결사유가 없는 한 상속권이 있다 ▸ 이는 국적상실과 상속인의 지위는 별개이며, 국적상 호적 등 에서 제적이 되었더라도 친족관계는 여전히 유지되기 때문이다 (99.5.20. 등기3402-535질의회답)
20)임차인이 상속인 없이 사망한 경우의 주택임차권 승계	▸ 주택임대차보호법 제9조 (주택임차권의 승계) ① 임차인이 상속인 없이 사망한 경우에는 그 주택에서 가정공동생활을 하던 사실상의 혼인 관계에 있는 자가 임차인의 권리와 의무를 승계한다. ② 임차인이 사망한 때에 사망 당시 상속인이 그 주택에서 가정공동생활을 하고 있지 아니한 경우에는 그 주택에서 가정공동생활을 하던 사실상의 혼인 관계에 있는 자와 2촌 이내의 친족이 공동으로 임차인의 권리와 의무를 승계한다. ③ 제1항과 제2항의 경우에 임차인이 사망한 후 1개월 이내에 임대인에게 제1항과 제2항에 따른 승계 대상자가 반대의사를 표시한 경우에는 그러하지 아니하다. ④ 제1항과 제2항의 경우에 임대차 관계에서 생긴 채권·채무는 임차인의 권리의무를 승계한 자에게 귀속된다.

제4장

상속재산의 분할

1. 상속재산 분할의 의의

피상속인 사망 후, 상속인이 여러명인 경우에 상속재산은 공유로 되는데(민법 제1006조), 이러한 공동상속인 사이의 공유관계를 종료시켜 각 자의 상속분을 단독소유로 하는 것을 상속재산분할이라고 한다

그런데 이러한 상속재산의 분할은 ①분할방법 등을 정한 피상속인의 유언에 따르거나(민법 제1012조), ②공동상속인 사이에 협의에 따라 이루어 질수 있으나(민법 제1013조 1항), 상속재산 분할에 관하여 피상속인의 유언도 없고, 공동상속인 사이에 협의도 이루어지지 않는 경우에는 ③법원에 분할을 청구하여 공유관계를 해소할 수밖에 없다 (민법 제 1013조 2항 및 제269조)

2. 상속재산 분할의 요건

가. 상속재산이 공동소유관계에 있을 것

상속인이 1인이면 단독으로 상속되어 재산분할이 이루어지지 않는다

나. 공동상속인이 확정되어 있을 것

상속인 중에 행방불명자 등이 있는 경우가 있다. 이러한 경우, 실종선고 등을 통해 상속인을 확정할 필요가 있다

다. 분할의 금지가 없을 것

피상속인은 상속재산에 대하여 유언으로 상속개시의 날부터 5년을 초과하지 않는 기간내의 그 분할을 금지할 수 있다. 따라서 이러한 피상속인의 유언이 없어야 한다

3. 상속재산의 분할 방법

가. 유언에 의한 지정분할

피상속인은 유언으로 상속재산의 분할방법을 정하거나, 이를 정할 것을 제3자에게 위탁할 수도 있다. 지정분할의 방법에는 현물분할을 하거나, 가액분할을 하거나 상관이 없다

나. 협의에 의한 분할

공동상속인은 분할방법에 관하여 피상속인이 유언으로 지정을 하지 않았거나, 분할방법 지정의 위탁도 없는 경우 또는 유언에 의한 분할금지가 없는 경우에는 언제든지 공동상속인들의 협의로 상속재산을 분할 할 수가 있다

그런데 상속재산을 분할하기 위해서는 먼저 분할에 참가할 상속인과 분할대상인 상속재산을 확정하여야 하고, 둘째 특별수익과 기여분을 참작하여 구체적 상속분을 산정 한 후, 셋째 그 비율을 토대로 상속재산을 각 상속인에게 실제 분할하는 절차로 들어가게 된다

(1) 상속재산 분할의 협의 방법

분할의 협의는 공동상속인 사이에 행해지는 일종의 계약이므로 공동상속인 전원이 참여하여야 한다. 따라서 협의에 의한 상속재산 분할은 공동상속인 전원의 동의가 있어야 한다,

특히 미성년자와 친권자가 공동상속인인 경우 상속재산 분할의 성질상 상호간에 이해의 대립이 생길 우려가 있으므로(민법 제921조) 미성년자를 위한 특별대리인을 선임하고, 미성년자가 수인인 때에는 미성년자 각자마다 특별대리인을 선임하여 절차에 참여토록 해야 한다

또한 상속인 중에 행방불명자가 있는 경우에는 행방불명자를 위한 부재자재산관리인을 선임한 후, 위 재산관리인을 당사자로 하여 분할을 할 수 있고, 생사불명자가 실종선고의 요건이 구비한 경우에는 실종선고를 선고 받은 후 행방불명자의 상속인을 당사자로 하여 분할을 할 수도 있다.

(2) 협의분할의 형태

상속인 전원의 합의로 하는 상속재산 협의분할의 형태는 상속인중 어느 한 사람에게 몰아 줄 수도 있고, 상속재산별로 각각 상속인을 특정하는 형태로도 할 수 있으며, 법정 상속 비율의 공유가 아닌, 새로운 비율의 공유관계로 변경해서 분할 할 수도 있다

(3) 상속재산 분할협의서 작성 방법

협의서는 상속인 전원이 참여해서 작성해야 하나, 모두한자리에 모여서 작성할 필요는 없고, 한사람이 원안을 만들어서 공동상속인 개개의 승낙을 받는 형태로 처리해도 된다.

그러나, 상속재산의 협의분할은 공동상속인 전원의 동의가 있어야 유효하고, 공동상속인중 1인이라도 동의가 없거나, 동의자중 의사표시의 대리권 등에 흠결이 있으면 그 분할은 무효이다

다. 분할 협의서 작성의 예시

상속재산 분할협의서(예시)

2011년 4월 20일 경기도 안양시 동안구 시민대로 23길 56, 홍길동(주민번호 : 000000-0000000)의 사망으로 인하여 개시된 상속에 있어 공동상속인 김말순, 홍일표, 홍삼표는 다음과 같이 상속재산을 분할하기로 협의한다.

1. 상속재산 중 경기도 안양시 동안구 시민대로 23길 56 대 350㎡ 및 동 지상의 벽돌스래브조 2층 단독주택은 김말순이 단독상속한다.
2. 상속재산 중 서울은행 호계동지점에 예금된 금6천만원은 공동상속인 3인에게 각각 1/3씩 균등배분 한다

3. 위 협의의 성립을 증명하기 위하여 이 협의서 4통을 작성하고 아래에 각자 기명날인하여 1통씩 보관한다.

2011년 7월 5일

공동상속인 김 말 순 ㉿ (주민번호 : 000000-2000000)
주소 : 경기도 안양시 동안구 시민대로 23길 56

공동상속인 홍 일 표 ㉿ (주민번호 : 000000-1000000)
주소 : 서울 영등포구 신길로 54길 93

공동상속인 홍 삼 표 (주민번호 : 990722-1235678)
주소: 경기도 안양시 동안구 시민대로 23길 56
미성년자이므로 특별대리인
홍 춘 길 ㉿ (주민번호 : 590421-1235678)
주소 : 군포시 금산로 32, 201호

※ 상속재산의 협의분할은 상속인 전원이 참여하여야 하며, 공동상속인중에 친권자와 미성년자가 있는 경우에는 양자간에 이해가 상반되므로 미성년자를 위한 (미성년자가 수인이 경우에는 각자에 대한) 특별대리인을 선임하여 협의에 참여하게 하여야 한다.

또한 분할협의서에 날인한 상속인 전원의 인감증명서(발행일로부터 3월 이내)를 첨부해야한다. 다만, 서명 날인한 자중 재외국민의 경우에는 상속재산협의분할서상의 서명·날인이 본인의 것임을 증명하는 재외공관 확인서 또는 이에 관한 공정증서로 대신할 수 있다.

라. 특별대리인 선임심판 청구의 예시

특별대리인선임심판 청구(예시)

청구인(피청구인의 모) 김 말 순 (주민번호 : 000000-2000000)
등록기준지 안양시 동안구 관양동 155
주소 안양시 동안구 시민대로 23길 56 (호계동)
휴대전화:010-2207-4567 (E-mail : sho@hanmail.net)

사건본인(미성년자) 홍 삼 표 (주민번호 : 990722-1235678)
등록기준지 안양시 동안구 관양동 155
주소 안양시 동안구 시민대로 23길 56 (호계동)

특별대리인 선임심판 청구

청 구 취 지

청구인은 사건본인과 공동상속인으로서 망 홍길동 소유의 별지목록 기재 부동산을 협의분할함에 있어서 군포시 금산로 32, 201호(금정동) 홍춘길 (1959년 4월 21일생)을 사건본인의 특별대리인으로 선임한다.
라는 심판을 구합니다.

청 구 원 인

청구인은 사건본인 홍삼표의 모친으로서, 청구인의 남편이자 사건본인의 아버지인 홍길동의 사망으로 상속문제가 발생하였고, 이와 관련하여 별지 목록 기재 부동산을 협의분할 함에 있어 청구인과 사건본인은 이해가 상반되므로 민법 제921조에 의하여 사건본인의 숙부인 홍춘길를 특별대리인으로 선임받고자 본 청구에 이른 것입니다.

특별대리인의 추천 : 홍춘길 (주민번호 : 590421-1235678)
주 소 : 군포시 금산로 32, 201호 (금정동)
관 계 : 사건본인의 숙부

입 증 방 법

1. 갑제1호증 기본증명서(청구외 망 홍길동)
(2007.12.31. 이전 사망한 경우 제적등본)

1. 갑제2호증의 1 내지3 가족관계증명서(청구인, 사건본인, 대리인분)
1. 갑제3호증 친족관계를 확인할 수 있는 제적등본
1. 갑제4호증의 1 내지3 주민등록초본(청구인, 미성년자, 대리인분)
1. 갑제5호증 부동산등기부등본
1. 갑제6호증 신원증명서(대리인, 읍면동 발행)

첨 부 서 류

1. 위 입증방법 각 1부
2. 납부서 1부

2011년 7월 1일

청 구 인 김 말 순 (인)

○○ 가 정 법 원 귀중

♣ 유의사항

- 청구서에는 사건본인 1인당 수입인지 5,000원을 붙여야 한다.
- 송달료는 청구인수 ×3,060원(우편료) ×4회분을 송달료취급은행에 납부하고 영수증을 첨부하여야 한다.
- 관할법원은 사건본인의 주소지 가정법원이다.
- 사건본인이 여러명인 경우에는 미성년자인 사건본인의 수만큼 특별대리인을 선임청구 해야 한다.

[별지]

부동산의 표시

1. 안양시 동안구 호계동 904-11

대지 350평방미터

2. 위 지상

벽돌조 슬래브지붕 2층 단독주택

1층 120평방미터

2층 120평방미터

---

4. 상속재산 분할 협의시 참고할 사항

가. 채무인수의 법리 충돌

공동상속인들 사이에 이루어지는 채무의 분할은 채무인수의 결과를 낳는다. 이와 같은 채무의 인수는 채권자의 승낙이 없는 한 그에게 대항할 수 없다. 즉 채권자의 경우에는 제3자인 채무자의 의사와 관계없이 분할을 할 수가 있으나, 채무는 제3자인 채권자의 승낙을 구한다는 점에서 결정적 차이가 있다. 그러나 공동상속인들이 채권자의 승낙하에 채무분할의 협의를 하는 것은 사적자치의 원칙상 당연히 허용된다

나. 특별수익, 기여분에 의한 상속분의 조정

상속인 중에 피상속인으로부터 증여 또는 유증을 받은 자가 있는 경우 그 수증재산은 상속분의 선급으로 취급되고, 그 상속인은 수증재산이 자신의 상속분에 달하지 못한 한도 내에서만 상속분을 갖게 된다 (민법 제1008조)

또한 수증재산은 피상속인의 법률행위에 따른 효과로서 수증자의 소유에 속하게 되지만, 상속재산을 분할함에 있어서는 수증재산까지 모두 상속재산인 것처럼 간주한 다음 그에 대한 법정상속분에서 수증재산을 공제한 부분만을 최종적인 상속분으로 인정한다

따라서 공동상속인 중의 특별수익액은 특별수익자의 법정상속분에서 공제하는 반면, 기여분은 기여자의 법정상속분에 기여분액을 가산하여 줌으로서 민법은 상속인들 간의 형평을 조정하고 있다

다. 상속재산분할 심판과 조정전치 주의

상속재산분할심판은 마류 가사비송사건이므로 각 상속인은 가정법원에 우선 조정을 신청하여야 한다. 조정을 신청하지 아니하고 심판을 청구한 때에는 가정법원 직권으로 조정에 회부하며(가사소송법 제50조), 조정이 불성립하거나, 조정에 갈음하는 결정에 대하여 이의신청이 있는 경우에는 심판절차로 진행된다

라. 간주상속재산의 의미와 산정방법

피상속인의 상속개시당시의 재산과 공동상속인의 특별수익(피상속인으로부터 수증한 생전증여 및 유증액)을 합한 금액에서 상속개시당시 상속재산에 대한 기여분을 공제한 것이 간주상속재산이다

따라서 기여분제도의 간주상속재산은 상속개시당시의 피상속인 상속재산에서 그자의 기여분을 공제한 상속재산가액에 기여자의 법정 상속비율을 곱하여 산출한 상속분과 그 공제한 기여분액을 합한 것이 기여자가 받을 최종 상속분이 된다

마. 상속재산 분할의 효과

상속재산의 분할은 상속이 개시된 때에 소급하여 효력이 생긴다.

다만, 분할의 소급효는 상속개시 시부터 분할 시까지 사이에 상속재산에 관하여 생긴 제3자의 권리를 해하지는 못한다 (민법 제1015조).

5. 상속재산 분할의 심판청구

상속재산분할의 심판은 공동상속인 사이에 분할에 관한 협의가 성립되지 아니하는 것을 전제로 한다 (민법 제1013조 2항, 제269조).

특히 공동상속인 중에 행방이나 생사가 불명인 자 또는 정신병자가 있는 경우, 공동상속인 중의 일부가 분할의 협의에 응하지 아니하는 경우 등과 같이 공동상속인 전원에 의한 분할의 협의를 할 수 없는 경우에 상속재산 분할심판을 청구할 수 있다.

가. 당 사 자

상속재산분할의 심판은 상속인 중의 1명 또는 여러 명이 나머지 상속인 전원을 상대방으로 하여 청구하여야 한다(규칙 110조). 특히 청구인과 분할에 관한 의견을 같이 하는 공동상속인이라도 공동청구인이 되지 않는 한 상대방으로 되어야 한다.

또한 상속인인 이상 특별수익(민법 제1008조)으로 인하여 구체적 상속분이 없는 자라도 당사자적격을 가지는데, 피상속인의 사실혼배우자, 사실상의 양자 등은 법률상 상속인에 해당하지 않으므로 상속재산분할심판의 당사자적격이 없다.

나. 관 할

토지관할은 상대방의 보통재판적이 있는 곳의 가정법원에 속하고 (가사소송법 제46조 본문), 사물관할은 가정법원 합의부에 속한다 (사물관할규칙 3조 2호)

다. 심판청구

(1) 당사자 일부가 미성년자인 경우의 특별대리인

상속재산분할의 협의는 성질상 상속인들 사이에 이해의 대립이 생길 우려가 있는 행위이므로 친권자와 미성년자인 자녀가 공동상속인인 경우에는 특별대리인을 선임하여야 하고, 미성년자인 자녀가 여러 명일 때에는 미성년자 각자마다 특별대리인을 선임하여 각 특별대리인이 각 미성년자를 대리하여야 하며, 그 상속재산 분할협의는 피대리자 전원의 추인이 없는 한 무효이다(대법원 1993. 4. 13. 선고 92다54524 판결, 대법원 1994. 9. 9. 선고 94다6680 판결 등).

상속재산분할의 심판절차에 있어서도 마찬가지 인데, 공동상속인인 친권자가 그 자신 및 자기의 친권에 따르는 여러 명의 미성년 자녀에 대하여 법정대리인의 지위에서 1명의 변호사를 대리인으로 선임, 그 변호사로 하여금 상속재산분할의 심판절차에 관여하게 하는 것은 허용되지 않는다.

다만, 미성년자 각 개인별로 특별대리인을 각 선임하고 그 특별대리인과 친권자가 같은 변호사를 대리인으로 선임하는 것은 쌍방대리의 허락이 있었던 것으로 보아야 할 것이라고 한다.

(2) 부재자

공동상속인 중 행방불명자를 위한 부재자 재산관리인을 선임하여 상속재산분할을 하여야 한다는 다수설에 따르면, 부재자 재산관리인으로 선임된 자가 권한 외의 행위에 대한 허가를 받아서 상속재산분할 심판절차에 관여하여야 할 것이라고 한다

라. 심판청구의 요건과 방식

(1) 심판청구의 요건

피상속인이 유언으로 상속 개시일로부터 5년을 초과하지 아니하는 기간 동안 상속재산분할을 금지한 때에는 상속재산분할을 청구할 수 없으며, 공동상속인 중에 상속의 포기, 승인을 위한 숙려(熟慮)기간(민법 제1019조) 중에 있는 자가 있을 때에도 상속인의 지위가 확정되지 아니하므로 상속재산 분할심판을 할 수가 없다.

그러나, 피상속인이 유언으로 상속재산 분할방법을 지정하거나 제3자에게 그 지정을 위탁한 때, 그들이 분할의 실행을 않는 경우 등에는 상속재산 분할심판을 청구할 수 있다고 볼 것이다.

(2) 심판청구의 방식

상속재산분할의 심판청구서에는 일반적인 필수적 기재사항(가사소송법 제36조 3항) 외에, ① 이해관계인의 성명과 주소, ② 공동상속인 중 상속재산으로부터 증여 또는 유증을 받은 자가 있는 때에는 그 내용, ③ 상속재산의 목록을 적어야 한다 (가사소송규칙 제 114조).

심판청구서에 기재하여야 할 청구의 취지는, "별지 목록 기재 상속재산의 분할을 구한다."는 것과 같이, 상속재산의 분할을 구한다는 취지와 그 대상인 상속재산을 특정하면 된다

그런데 심판청구서에 이해관계인을 적도록 한 것은 이해관계인은 상속재산분할의 절차에 참가할 수 있고, 강제 참가 시킬 수도 있으므로 그 범위를 미리 판단하기 위한 것이다.

또한 증여 또는 유증의 내용은 그 대상물건, 증여 또는 유증의 시기, 상속개시 당시의 가액 등 특별수익자의 상속분 산정 (민법 제1008조)에 필요한 자료이며, 재산목록에 의하여 가정법원의 심리 및 심판의 범위가 정하여 지는데, 이러한 상속재산 목록의 경우에는 피상속인의 전 재산목록을 의미하는 것이 아니므로 당사자가 분할하고자 하는 재산목록만을 기재하면 된다

마. 기여분 결정 청구기간의 지정

상속재산분할의 심판청구가 있는 때에는 가정법원은 당사자가 기여분의 결정을 청구할 수 있는 1월 이상의 기간을 정하여 고지할 수 있고, 그 지정기간을 넘긴 기여분 결정청구는 각하할 수 있다 (가사소송규칙 제113조).

기여분의 결정은 상속재산분할의 청구가 있는 때에 할 수 있는 것이고(민 1008조의2 4항), 기여분은 법정상속분에 변경을 초래하는 것이므로 상속재산분할과 일괄하여 합일 확정되어야 한다.

그런데 이러한 청구기간의 지정은 임의적인 것으로서 가정법원의 재량에 맡겨져 있다.

그러나 법원이 그 청구기간을 지정하지 않는 경우에는 상속재산분할의 심판이 항고심에 계속 중이더라도 기여분의 결정을 청구할 수 있고, 그 청구가 인용되면 상속재산 분할심판도 그에 따라 변경되게 된다

특히, 기여분 청구기간의 지정은 성질상 결정으로서, 이 결정은

당사자 전원에게 고지되어야 하는데, 고지의 방법은 당사자 전원이 출석한 심리기일에서 말로써도 할 수도 있고, 결정문을 당사자에게 송달하는 방법으로 할 수도 있다.

바. 사건의 병합

분할이 청구된 상속재산에 관하여 기여분결정청구가 있는 때에는 이를 병합하여 심리, 재판하여야 하며, 병합된 사건에 대하여는 1개의 심판으로 재판하여야 한다 (가사소송법 제112조)

사. 분할의 대상 및 분할의 가부

(1) 분할대상 일반

공동상속인이 피상속인으로부터 포괄적으로 승계한 일체의 권리의무가 분할대상이다. 따라서 적극재산뿐만 아니라 소극재산도 포함되고, 임차인으로서의 지위나 매도인으로서의 지위 등과 같은 계약상 또는 법률상의 지위도 포함된다.

그러나 공동상속인이 승계한 것이어야 하므로 피상속인의 일신전속적인 권리의무는 상속인에게 승계되지 않고 따라서 분할의 대상으로 되지 않는다.

(2) 분할대상인지가 문제되는 권리의무

상속재산분할의 대상과 관련해서는 주로 상속재산인지 여부, 분할할 수 있는 것인지 여부가 문제 된다

(가) 상속재산 인지의 여부

ⅰ) 채 권

① **생명보험금청구** : 피상속인이 자기를 피보험자 및 수익자로 한 경우에는 당연히 상속재산에 속하고, 상속인 중의 특정인을 수익자로 한 경우에는 그 특정인의 고유재산일 뿐 상속재산으로는 되지 않는다

② **유족급여** : 공무원연금법 등에 의하여 지급되는 유족연금은 각 법률에서 수급권자의 순위나 지급방법을 재산상속과는 별개로 규정하고 있으므로, 그와 같은 유족급여는 수급권자의 고유권리일 뿐 상속재산에 해당하지 않는다.

③ **손해배상청구권** : 피상속인의 생명침해로 인한 손해 배상청구권은 피상속인이 생전에 손해배상청구권을 취득하고 이를 행사할 의사표시를 한 경우에는 당연히 상속재산으로 된다. 그가 의사표시 없이 사망한 경우에도 판례는 시간적 간격설에 따라 재산상 손해배상청구권도 상속된다고 하므로 (대법원 1969. 4. 15. 선고 69다268 판결 등) 이들 손해배상청구권도 분할의 대상이 된다.

ⅱ) 임차권

임차권은 상속된다. 그러나 주택임차권의 경우 임차인이 사망한 때 상속인이 그 주택에서 가정공동생활을 하고 있지 아니한 때에는 그 주택에서 가정공동생활을 하던 사실혼배우자나 2촌 이내의 친족이 공동으로 피상속인의 임차인으로서의 권리·의무를 승계하므로(주택임대차보호법 9조 2항), 이 경우의 임차인의 권리·의무는 상속재산분할의 대상이 될 수 없다.

ⅲ) 사원권과 주식 등

합명회사의 사원 및 합자회사의 무한책임사원의 지위는 상속되지 않는다(상법 제218조 3호, 제269조).

그러나, 합자회사의 유한책임사원(상법 제283조 1항), 유한회사의 사원(상법 제545조 2항)의 지위 및 합명회사나 합자회사의 지분환급 청구권은 상속된다고 할 것이므로 상속재산분할의 대상이 된다.

또한 주식에 관하여 통설은, 공동상속인의 준공유로 상속되어 분할의 대상으로 된다고 보고 있다.

ⅳ) 분묘 등

분묘에 속한 1정보 이내의 금양임야(禁養林野)와 600평 이내의 묘토인 농지, 족보와 제구(祭具)의 소유권은 제사를 주재하는 자가 이를 승계 하므로 분할의 대상으로 되지 않는다.

다만, 금양임야 등의 소유자가 사망한 후 상속인과 제사를 주재하는 자가 달라진 경우에는 그 금양임야 등은 상속인들의 일반상속재산으로 돌아가므로(대법원 1994.10.14.선고 94누4059 판결) 이때에는 상속재산분할의 대상이 된다.

(나) 분할의 가부

ⅰ) 가분채권

불가분채권은 성질상 공동상속인에게 불가분적으로 귀속되므로 상속재산분할의 대상이 된다.

그러나 예금채권과 같은 가분채권에 관하여는, 분할의 대상으로 삼기로 하는 공동상속인 사이의 합의가 있거나 가분채권까지 분할하는 것이 구체적 형평에 부합하는 경우에 한하여 분할의 대상이 된다는 절충설이 대립되어 있다

ii) 가분채무

불가분채무는 불가분채권과 마찬가지로 분할의 대상이 된다. 다만, 이러한 분할은 채권자에 대한 관계에서는 채권자의 승낙이 있어야 대항할 수 있음에 주의하여야 한다.

대출금 채무와 같은 가분채무에 관하여 다수설과 판례(대법원 1997.6 24. 선고 97다8809 판결)는, 가분채권과는 달리 상속개시와 동시에 당연히 법정상속분에 따라 공동상속인에게 분할되어 귀속되므로, 상속재산분할의 대상이 될 여지가 없다고 한다.

(다) 기 타

i) 상속재산의 대가로 취득하는 재산

상속개시 후에 이루어지는 상속재산의 매각대금, 화재로 멸실된 데 대한 화재보험금, 수용에 따른 수용보상금 등과 같은 상속재산의 대상(代償)재산에 관하여는, 상속재산분할의 대상으로 된다는 견해와 일반적으로는 분할의 대상으로 되지 아니하나 공동상속인 사이에 분할대상으로 하는 협의가 있는 등의 특별한 사정이 있는 경우에는 상속재산분할의 대상으로 될 수 있다는 견해가 있다.

ii) 장례비용

장례비용도 넓은 의미로는 상속에 관한 비용에 포함된다고 볼 수 있으므로, 피상속인이나 상속인의 사회적 지위와 그 지역의 풍속 등에 비추어 합리적인 금액 범위 내의 장례비용은 일부 상속인이 상주로서 지출하였다면 상속재산 분할시에 함께 이를 청산할 수 있다고 할 것이다.

iii) 상속세

상속세 및 증여세법은 상속세 과세가액을 피상속인을 기준으로 산정하고, 공동상속의 경우에도 상속재산을 분할하기 전의 총 상속재산가액에 누진세율을 적용하여 세액을 산출하는 방식을 취하고 있다.

따라서 상속세는 상속인의 개인적 채무가 아니라 상속으로 발생한 비용이고, 상속재산의 부담이라고 새겨야 할 것이므로, 기타 관리비용과 마찬가지로 상속재산분할 시에 함께 청산할 수 있다고 할 것이다.

아. 분할의 방법

상속재산의 분할방법은 대별하여, ① 현물분할, ② 경매에 의한 가액분할(민법 제1013조 2항, 제269조 2항), ③ 상속재산 중 특정 재산은 1명 또는 여러 명의 상속인의 소유로 하고 그 상속분 및 기여분과 그 특정재산 가액의 차액을 현금으로 정산하는 것(가사소송규칙 115조 2항, '차액정산에 의한 현물분할' 또는 '대상분할') 등 3가지 있다.

그러나 경매에 의한 가액분할은 현물로 분할할 수 없거나 분할로 인하여 현저히 그 가액이 감손될 염려가 있는 때에 하는 것이고, 차액정산에 의한 현물분할은 현물분할의 일종이라고 할 수 있으나, 상속재산의 분할은 상속재산의 현상을 그대로 유지하면서 공동상속인 사이에서 그 재산의 귀속을 조정하는 것이 본래의 취지임에 비추어 현물분할이 원칙이고, 경매에 의한 가액분할은 가급적 피하여야 할 것이다.

자. 청구취지의 기재례

(1) 현물분할의 경우

(가) 1개의 물건을 분할하는 경우

『별지 목록 기재 부동산을 별지 도면 표시……와 같이 분할하여 그 중 (가) 표시 부분은 청구인의, (나) 표시 부분은 상대방 김일남의, (다) 표시 부분은 상대방 홍삼숙의 각 소유로 한다.』

(나) 여러 개의 물건을 각자의 소유로 분할하는 경우

『1. 별지 제1목록 기재 부동산은 청구인의 소유로, 별지 제2목록 기재 부동산은 상대방 김일남의 소유로, 별지 제 3목록 기재 동산은 상대방 홍삼숙의 소유로 각 분할한다.

2. 가. 청구인에게, 별지 제1목록 기재 부동산 중 상대방 김일남은 7분의2 지분, 상대방 홍삼숙은 7분의3지분에 관하여,

   나. 상대방 김일남에게, 별지 제2목록 기재 부동산 중 청구인은 7분의2지분, 상대방 홍삼숙은 7분의3지분에 관하여,

각각 이 심판 확정일자 상속재산분할을 원인으로 한 이전 등기 절차를 이행하라.

3. 청구인과 상대방 김일남은 상대방 홍삼숙에게 별지 제3목록 기재 동산을 인도하라.』

(다) 차액정산에 의한 현물분할의 경우

『1. 별지 목록 기재 부동산을 청구인의 소유로 분할한다.

2. 상대방들은 청구인에게, 위 부동산 중 각 3분의1지분에 관하여 이 심판 확정일자 상속재산분할을 원인으로 한 소유권이전등기절차를 이행하라.

3. 청구인은 상대방들에게, 2011. 9. 5.까지 각 7,500만 원씩 지급하라.』

(라) 경매분할의 경우

『별지 목록 기재 부동산을 경매하여 그 대금 중 경매절차비용을 공제한 금원을 청구인에게 7분의2지분, 상대방 김일남에게 7분의2지분, 상대방 홍삼숙에게 7분의3지분의 비율로 분할한다.』

차. 즉시항고

상속재산분할의 심판청구를 기각한 심판에 대하여는 청구인이, 분할을 명한 심판에 대하여는 당사자 또는 이해관계인이 즉시항고를 할 수 있다(가사소송규칙 제94조 1항, 제116조 1항).

즉시항고를 할 수 있는 이해관계인은 분할되는 재산에 관하여 제한물권을 가지는 자와 같이 분할에 관해서 법률상의 이해관계를 가지는 자를 가리킨다.

카. 심판의 효력

(1) 형성력 등

상속재산분할의 심판에는 형성력이 있으므로 그 심판이 확정되면 심판주문에서 선언된 내용에 따라 당사자 사이의 권리의무가 창설, 변경, 소멸된다. 부수처분으로서의 이행명령은 집행권원이 되므로(가사소송법 제41조) 집행력도 있다.

(2) 상속재산 분할의 소급효

상속재산의 분할은 상속개시된 때에 소급하여 그 효력이 있다(민법 제1015조 본문). 그러나 분할의 소급효는 제3자의 권리를 해하지 못한다(민법 제1015조 단서).

(3) 심판의 효력이 미치는 범위

상속재산분할의 심판은 분할이 청구된 상속재산을 대상으로 한다. 따라서 심판의 대상으로 되지 아니하였던 상속재산에 대하여는 다시 분할심판을 청구할 수 있다.

6. 상속재산 분할심판청구서 예시

상 속 재산 분 할 심 판 청 구(예시)

청구인 김 이 숙 (주민번호 : 000000-2000000)
등록기준지 : ㅇㅇ도 ㅇㅇ시 ㅇㅇ구 ㅇㅇ동 ㅇㅇ번지
주 소 : ㅇㅇ도 ㅇㅇ시 ㅇㅇ구 ㅇㅇ로 23길 77 (ㅇㅇ동)
휴대전화 : 010-0000-0000(E-mail :)

상대방 1. 박 을 숙 (주민번호 : 000000-2000000)
등록기준지 : ㅇㅇ도 ㅇㅇ시 ㅇㅇ구 ㅇㅇ동 ㅇㅇ번지
주 소 : ㅇㅇ도 ㅇㅇ시 ㅇㅇ구 ㅇㅇ로 36길 92 (ㅇㅇ동)

2. 김 ㅇ ㅇ (주민번호 : 000000-1000000)
등록기준지 : ㅇㅇ도 ㅇㅇ시 ㅇㅇ구 ㅇㅇ동 ㅇㅇ번지
주 소 : ㅇㅇ도 ㅇㅇ시 ㅇㅇ구 ㅇㅇ로 36길 92 (ㅇㅇ동)

청구취지

1. 별지목록기재 부동산을 상대방의 소유로 한다
2. 상대방들은 별지 상속 비율표에 따라 청구인 김이숙에게 금00,000,000원을 지급하라.
3. 심판비용은 상대방들의 부담으로 한다
4. 제 2 항은 가집행 할 수 있다

라는 심판을 구합니다

청구원인

1. 청구인과 상대방의 관계

망 김갑돌은 상대방 박을숙과 사이에 장남 김ㅇㅇ을 낳았으며, 소외 홍연화와의 사이에 청구인 김이숙을 혼인외자로 낳았습니다

2. 망 김갑돌의 사망

김갑돌은 2010. 10. 22. 교통사고로 사망하였으며, 청구인과 상대방들은 망 김갑돌의 재산을 공동으로 상속 받았습니다. 그런데 상대방들은 김갑돌이 사망하자 망인의 재산내역을 청구인에게 알려주지도 않음은 물론,

분할해 주지도 않으려 하고 있습니다

3. 이에 청구인은 망인의 재산에 대하여 민법이 정한 상속비율에 따라 지급받고자 이건 청구에 이른 것입니다

입증방법

1. 가족관계증명서
2. 기본증명서
3. 주민등록초본
4. 등기부등본.

첨부서류

1. 위 입증방법 각 1부
2. 납부서 1부

2011. 4. .

청구인 김 이 숙 (인)

ㅇㅇ가정법원 귀중

♣ 유의사항

- 청구서에는 피상속인 마다 1개의 청구로 보며, 청구 1건당 수입인지 10,000원을 붙여야 하고, 송달료는 당사자수 ×3,060원(우편료) ×12회분을 송달료취급은행에 납부하고 영수증을 첨부하여야 한다.

- 주요 첨부서류는 가족관계증명서, 기본증명서, 유산목록, 부동산등기부등본, 기여사실소명자료 등이며, 법원용 원본1부와 상대방용 부본을 상대방 수만큼 준비하여 상대방중 1인의 주소지 관할 가정법원에 제출해야 한다

7. 상속재산 분할에 관한 궁금한 사항

궁금한 사항	회답요지 및 근거
1)공동상속과 상속재산의 공유	▸상속인이 수인인 경우, 상속재산은 공유로 하도록 민법에 규정되어 있는데, 이는 유산을 현물 분배하게 되면 가치가 감소하거나, 현물분할을 할 수 없는 경우에 취하는 방법이다 ▸상속재산을 공유로 할 경우에는 상속인 전원의 의견이 일치하여야 하고, 피상속인이 안고 있던 채무에 대하여도 상속인들이 미리 해결을 하여야 채권자의 몰인간적인 채권압박(행사)을 피할 수 있다 ▸또한 상속재산을 공유로 하면, 공유자의 각 지분은 모두 동일한 것으로 추정 되므로 개개 공유자별로 지분을 명확히 하여야 한다 ▸특히 공유자는 사전 분할금지의 특약이 없는한 언제라도 공유물의 분할을 청구할 수 있는데, 분할방법은 현물분할이 원칙이며, 현물분할을 할수없거나, 현물분할시 가치가 현저하게 감소되는 경우에는 매각하여 현금으로 분할 할 수 도 있다
2) 협의에 의한 상속재산 분할 방법	▸상속재산을 상속인들이 어떻게 나눌 것인가는 전적으로 공공상속인들의 의사로서 결정을 하게 되며, 법정상속분 비율을 따라야 하는 것이 아니다 ▸따라서 주택은 배우자, 논밭은 장남, 예금채권은 장녀가 가지는 식으로 분할할 수도 있고, 상속재산 전체를 배우자에게 몰아주는 형태로 분할 협의를 할 수도 있다 ▸협의로 재산을 분할 할 때에는 공동상속인 전부가 참여해야 하고, 이러한 협의분할에 대해서는 공동상속인 전원의 동의가 있어야 한다(인감증명첨부)
3)상속재산 분할 협의 방법	▸상속재산의 협의 분할은 공동상속인간의 일종의 계약으로서 공동상속인 전원이 참여하여야 하고, 일부 상속인만으로 한 협의분할은 무효이다 (대법원 1995.4.7.선고93다54736판결) ▸분할의 협의가 반드시 한 자리에서 이루어질 필요는 없고 순차적으로 이루어질 수도 있으며, 상속인중 한 사람이 만든 분할원안을 다른 상속인이 후에 돌아가며 승인하여도 무방하다 (대법원2004.10.289선고2003다65438판결)

궁금한 사항	회답요지 및 근거
4)상속재산의 분할 협의서 작성방법	▸상속재산의 협의분할은 공동상속인간의 일종의 계약이므로 상속재산 분할협의서를 작성함에 있어 상속인 전원이 참석하여 그 협의서에 연명으로 날인하는 것이 바람직하나, ▸공동상속인의 주소가 상이하여 동일한 분할협의서(복사본이나 프린트 출력물 등)를 수통 작성하여 각각 날인하였더라도 결과적으로 공동상속인 전원이 분할협의에 참가하여 합의한 것으로 볼 수 있다면, 그 소유권이전등기신청을 수리하여도 무방하다. (2006. 12. 15. 부동산 등기과 - 3672 질의회답)
5)상속인중 행불자 있을 경우의 상속재산 분할 방법	▸유산을 분할함에 있어 유언이 있으면 유언대로 집행하면 되나, 유언이 없을 경우에는 상속재산을 공동상속인 전원의 합의로 협의분할하거나, 법정상속분에 따라 분할하여야 한다. ▸그러나 상속인 중에 행방불명자가 있는 경우에 행방불명 후 5년이 경과되었을 때에만 법원의 실종선고를 받아서, 남은 상속인들끼리 협의분할을 할 수가 있다 ▸행방불명 된지 5년이 않된 경우에는 공동상속인들이 행불자를 위하여 재산관리인 선임을 법원에 신청, 선임된 재산관리인과 공동상속인이 유산분할의 조정이나, 재산분할을 법원에 청구하여 재산을 분할해야 한다
6)상속재산 협의분할과 특별대리인 선임	▸공동상속인 중에 미성년자 1인과 그 친권자인 모가 있는 경우 상속재산 협의분할을 함에 있어 친권자인 모가 상속포기를 하지 아니한 이상, 상속재산을 전혀 취득하지 않는 경우라 하더라도 재산협의분할행위 자체는 이해상반 행위이므로 미성년자를 위한 특별대리인을 선임하여야 한다(등기선례3-31,1993.3.31)
7)한정치산자와 후견인이 공동상속인으로서 협의분할을 할 경우	▸한정치산자와 후견인이 공동상속인으로서 협의분할에 의한 상속등기를 신청하는 경우, 이는 이해상반행위에 해당하므로 한정치산자를 위한 특별대리인을 선임하여야한다(가사소송법 제2조 제1항). (2005. 12. 28. 부동산등기과 - 2353 질의회답)

궁금한 사항	회답요지 및 근거
8)특별수익자의 재산 상속 방법	▸특별수익자란 피상속인으로부터 다른상속인에 비하여 특별히 많은 재산적 수익을 얻는 것을 말하는데, 피상속인으로부터 재산 증여 또는 유증 받은자의 수증재산이 그자의 상속분에 달하지 못한 때에는 그 부족부분 한도에서 상속분이 있고(민법제1008조) ▸특별수익자가 이미받은 특별수익이 그자의 상속분을 초과하는 경우에는 반환하여야 한다. 그러나 특별수익자가 상속을 포기하는 경우에는 그 초과부분을 반환하지 않아도 된다.
9)재산분할을 원인으로 한 소유권이전등기신청시 호적등본의 첨부여부	▸혼인 중 부부의 협의이혼을 전제로 한 재산분할협의는 협의상 이혼을 정지조건으로 하는 조건부 의사표시로서, 동 협의의 효력은 당사자가 약정한 대로 협의상 이혼이 이루어진 경우에 발생하는 것이므로, 재산분할을 원인으로 한 소유권이전등기신청서에는 이혼하였음을 소명하는 서면(호적등본 등)을 첨부하여야 한다. (2007. 4. 10. 부동산 등기과-1243 질의회답)
10)계약해제규정의 상속재산분할 협의에의 적용	▸상속재산분할협의는 공동상속인들 사이에 이루어지는 일종의 계약으로서, 공동상속인들은 이미 이루어진 상속재산분할협의의 전부 또는 일부를 전원의 합의에 의하여 해제한 다음, 다시 새로운 분할협의를 할 수 있고, 상속재산 분할협의가 합의해제 되면 그 협의 이행에 다른 이행으로 변동이 생겼던 물권은 당연히 그 분할협의가 없었던 원상태대로 복귀하지만, ▸민법제548조 제1항 단서의 규정상 이러한 합의해제를 가지고서는, 그 해제 전의 분할협의로부터 생긴 법률효과를 기초로 하여 새로운 이해관계를 가지게 되고, 등기·인도 등으로 완전한 권리를 취득한 제3자의 권리를 해하지 못한다고 보아야 한다 (대판2004.7.8.2002다73203)
11)상속회복청구권 행사	▸상속권이 참칭상속권자로 인하여 침해된 때에는 상속권자 또는 그 법정대리인은 상속회복의 소를 제기할 수 있다. ▸그러나 상속회복청구권은 그 침해를 안 날부터 3년, 상속권의 침해행위가 있은 날부터 10년을 경과하면 소멸된다. (민법제999조)

궁금한 사항	회답요지 및 근거
12)상속재산 경매 청구시 첨부서류	▸ 공동상속인중 일부가 상속재산분할 및 기여분의 심판청구를 한 결과 기여분의 결정 및 상속재산의 경매분할을 명한 판결이 확정되고 공동상속인중 일부가 그에 따른 경매신청을 하기 위하여 우선 상속등기를 신청하는 경우에, ▸ 피상속인의 사망사실과 상속인 전원을 알 수 있는 호적등본이나, 제적등본 등 부동산등기법 제46조가 정하는 상속을 증명하는 서면이외에 법정상속분과 다르게 상속분이 변동된 사실을 증명하는 서면으로 위 판결 정본을 첨부하여야 한다는 것이다 (인권과 정의 2006년 10월호 152면 발췌)
13)상속재산분할을 위한 형식적 경매의 경우 상속등기의 요부 및 방법	▸ 임의경매나 강제경매의 경우, 채무자가 상속을 하였으나 아직 상속등기를 하지 않은 경우에는 민법 제404조, 부동산등기법 제29조, 제52조에 따라 대위에 의한 상속등기를 한 다음 경매신청을 하여야 함은 물론이다 ▸ 물론 상속을 증명하는 서류를 첨부하여 경매신청을 먼저할 수도 있으나, 경매법원이 상속등기가 경료되기 전에 상속인들을 소유자로 표시하여 경매개시 결정을 할 경우, 경매법원이 경매개시결정의 기입등기 촉탁과 함께 상속인들 앞으로 상속등기를 촉탁할 수 있다는 민사소송법상의 규정이나 등기관이 직권으로 그 상속등기를 한 후에 경매개시결정기입등기를 하여야 한다는 부동산등기법상의 근거규정은 없으므로, ▸ 경매법원이 상속으로 인한 소유권이전등기를 촉탁하거나, 경매기입등기의 촉탁시 등기관이 직권으로 상속으로 인한 소유권이전등기를 경료할 수는 없고, 이러한 경우에는 채권자가 채무자의 상속인을 대위하여 상속등기를 먼저한 후에 경매기입등기의 촉탁을 하여야 할 것이다 (1998.12.11. 등기3402-1232. 질의회답) (인권과 정의 2006년 10월호 152면 발췌)
14)상속등기비용의 경매 집행비용 산입	▸ 신청인인 공동상속인이 상속등기를 하기 위하여 지출한 비용은 집행준비 비용 또는 집행실시비용으로 보아 집행비용에 산입해주어야 할 것이다 (인권과 정의 2006년 10월호 153면 발췌)

제5장

상속의 포기와 상속 한정승인

1. 상속포기와 한정승인의 개요

가. 재산상속의 문제 (포괄승계로 부채도 함께 상속)

상속은 권리·의무의 포괄 승계가 원칙이다. 따라서 상속인은 피상속인 일신에 전속하는 것을 제외하고는 재산에 관한 모든 권리와 의무를 포괄적으로 승계한다

이 때문에 상속재산은 없고 부채만 있거나, 상속 재산보다 부채가 많은 경우에는 자칫 고인의 재산을 상속 받기보다는 고인의 빚만 떠안게 되어, 상속인이 뜻하지 않게 곤궁에 처할 수 있게 된다

이에 따라 민법에서는, 단순승인의 상속 외에 상속 포기와 한정승인의 2가지 제도를 두고 있는데, 이러한 상속의 포기나 한정승인은 상속 개시가 있음을 안 날(보통은 피상속인이 사망한 날)로부터 3개월 이내에 사망자의 최후 주소지를 관할하는 가정법원에 신고하여야 한다

나. 상속 포기 및 한정승인의 의미

상속포기란 상속의 효력을 부인하여 피상속인의 재산이든 채무든 모두를 일체 받지 않겠다는 의사표시로써, 어떤 특정재산만을 대상으로 하여 포기 할 수는 없고, 상속재산 전부에 대해서 하여야 한다.

또한 상속 한정승인이란, 피상속인(고인)의 적극재산에 대해서는 모두 상속받지만, 피상속인의 채무(빚)에 대해서는 상속받은 재산의 한도 내에서만 그의 채무와 유증을 변제한다는 조건의 의사표시로써 예상치 못한 상속채무 승계로부터 상속인을 보호하려는 제도이다

2. 상속의 포기와 한정승인의 신고

가. 상속포기 또는 한정승인을 할 수 있는 사람

상속의 포기 또는 상속의 한정승인을 하려는 사람이다. 따라서 상속인(피상속인의 배우자, 직계비속, 직계존속, 형제자매, 4촌이내 방계혈족)이어야 한다.

다만, 이혼한 부부 사이에는 상속권이 없으나, 그 자녀와 사이에는 이혼 여부와 무관하게 상속권이 있으며, 태아의 경우에는 출생한 후, 법정대리인이 그 출생자에게 상속개시 있음을 안 때부터 3개월 내에 신고할 수 있다.

또한 신고하려는 자가 미성년자, 한정치산자, 금치산자 등 무능력자인 경우에는 법정대리인이 대리하여 신고할 수 있는데, 법정대리인의 동의를 받더라도 미성년자, 한정치산자, 금치산자 본인의 이름으로는 신고할 수 없다 (민사소송법 55조).

특히, 상속포기나 한정승인이 법정대리인과의 관계에서 이해상반 행위에 해당하는 때에는 특별대리인을 선임하여 그 특별대리인이 무능력자를 대리하여야 한다.

그런데 무능력자와 그 법정대리인을 포함하여 공동상속인 전원이 함께 상속포기신고를 하는 경우에는 특별대리인을 선임할 필요가 없다

나. 상속포기 또는 한정승인의 신고 시기

상속인이 상속개시 있음을 안 날부터 3개월 이내에 하여야 하는데, '상속개시 있음을 안 날'이란 상속개시의 원인이 되는 사실의 발생을

알고, 이로써 자기가 상속인이 되었음을 안 날을 말한다.

그런데 상속인이 무능력자인 경우에는 법정대리인이 무능력자인 상속인에게 상속개시의 원인이 되는 사실이 발생하였고, 무능력자가 상속인이 되었음을 안 날부터 기산하며, 후견인의 경우에는 후견인이 취임한 시점과 후견인이 상속개시 있음을 안 시점 중 나중의 것을 기준으로 기산한다.

특히, 피상속인의 배우자, 직계 존·비속 등 상속 대상자는 상속이 개시된 이후에는 선순위 상속인이 상속포기의 신고를 하지 아니한 경우라도 선순위 상속인보다 먼저 또는 선순위 상속인과 동시에 상속포기의 신고를 할 수 있다

그러나 이 경우, 후순위 상속인이 선순위 상속인과 동시에 상속한정승인 신고를 하거나, 선순위 상속인이 한정승인을 한 뒤, 후순위 상속인이 상속을 포기 하는 등의 경우에는 청구인적격이 없어 가정법원에 신고를 하더라도 각하 된다.

또한 단순승인을 하였거나 단순승인으로 보는 행위를 한 후에는 일반 한정승인 또는 포기의 신고를 하여도 그 효력이 없다.

다만, 특별한정승인의 경우에는 상속채무가 상속재산을 초과한 사실을 안 날부터 3개월 내에 할 수 있다. 이 경우 숙려기간 3개월은 제척기간이다.

다. 관 할

상속 개시지의 가정법원이 관할하는데, 상속 개시지는 피상속인의 (마지막)주소지를 가리킨다. 그 마지막 주소지가 외국인 경우에는 대법원이 있는 곳의 가정법원이 관할 한다

라. 상속 한정승인과 포기의 신고서 기재내용

상속의 한정승인 또는 포기의 신고는 신고인 또는 대리인이 기명날인 또는 서명한 서면으로 하고, 그 서면에는

① 당사자의 등록기준지, 주소, 성명, 생년월일, 대리인이 신고할 때에는 대리인의 주소와 성명,

② 신고 취지와 신고 원인,

③ 신고 연월일,

④ 가정법원의 표시(법36조 3항) 외에

⑤ 피상속인의 성명과 마지막 주소,

⑥ 피상속인과의 관계,

⑦ 상속개시 있음을 안 날,

⑧ 상속의 한정승인 또는 포기를 하는 뜻을 적고,

⑨ 신고인 또는 대리인의 인감도장을 날인하고 인감증명서를 첨부하여야 한다

마. 신고서에 첨부할 서류

(1) 피상속인(사망한 분) 관련서류

① 피상속인의 폐쇄가족관계등록부에 따른 기본증명서

② 상속관계를 확인할 수 있는 가족관계증명서 및 제적등본

③ 피상속인의 말소된 주민등록표등본

(2) 상속인(청구인) 관련서류 (각 신청인별로 첨부)

① 가족관계증명서 ② 주민등록표등본,

③ 심판청구서에 날인된 도장의 인감증명서,

④ 미성년자의 경우에는 법정대리인(부모)이 날인하고, 그의 인감증명서를 첨부

(3) 재산목록 (상속 한정승인 신고 시에만 작성 첨부)

① **망인이 남긴 적극 재산의 목록** (부동산, 유체동산, 금전채권, 유가증권 등 상속재산 전부를 망라하며, 소액채권 및 추심 가능성이 적은 채권도 반드시 포함하여야 한다)

② **망인의 소극 재산의 목록** (각종 채무내역 등)

③ **이미 처분 완료된 재산이 있는 경우에는 그 목록과 가액을 포함하여 작성**

♣ 상속재산 중 적극재산은 없고 소극재산(부채)만 있는 경우에는 "적극재산 : 없음"으로 표시하고, 상속채무 목록만을 기재하여 한정승인을 신청하여야 한다.

특히 채권이 소액이거나, 추심가능성이 적다고 해서 재산목록에 고의로 기입하지 아니 한 때에는 단순승인으로 보아져서 한정승인 신청이 기각될 수 도 있음을 유의해야 한다

그러나 고의가 아닌 한, 신고 후라도 이를 보충할 수 있다. 이 경우 심판경정절차를 거쳐 경정결정을 받으면 된다.

통상 재산목록은 소극재산인 상속채무를 기재하는 외에 적극재산에 관하여는 그 재산의 종류에 따라 부동산, 유체동산, 금전채권, 유가증권 등으로 구별하여 적는다

한편, 상속인이 숙려기간 내(상속개시 있음을 안 날부터 3개월 이내)에 모든 소극재산을 파악하기 어렵기 때문에 소극재산을 명백히 특정하지 못하고, 심판청구서에 적극재산의 한도 내에서 책임을 부담하겠다는 취지를 밝힌 경우 법원실무에서는 특별한 사정이 없는 한 이를 수리하고 있다.

바. 특별 한정승인의 신청

(1) 특별한정 승인 신청의 시기와 요건

특별 한정승인의 경우에는 상속재산 보다 상속채무가 많다는 사실을 안날로부터 3개월 이내에 청구하여야 한다. 예를 들면, 피상속인 사망 후 상속포기나 한정승인의 절차를 밟지 않은 상태에서, 어느 날 갑자기 생각지도 않은 곳에서 빚 독촉 또는 채무관련 소장이 송달되어 오는 경우가 있는데 이러한 때 특별한정승인 신청을 하게 된다

위와 같은 경우, 상속인은 그간 채무초과의 사실을 모르고 있었던 것에 대하여 중대한 과실이 없으면, 그 것을 알게 된 날로부터 3월 이내에 특별한정승인을 청구 할 수 있다 (민법 제1019조 3항)

그러나 이것은 중대한 과실 없이 상속채무가 있는 줄을 몰랐을 경우에 한하고, 이미 알고 있었던 채무라면 특별한정승인 신청을 할 수가 없다.

(2) 특별한정승인 신청서 작성시 유의사항

특별한정승인 신청시 첨부서류는 한정승인 심판 청구시 제출서류와 동일하나, 신청서에는 상속채무가 초과되어 있는 사실을 모르고 있었음에 중대한 과실이 없었음을 설명하여야 한다

특히 특별한정승인 신청 시 첨부하는 재산목록에는 반드시 채무초과의 취지가 명시되어야 하는데, 재산목록에 피상속인의 사망당시 적극재산 가액이 소극재산 가액보다 많은 것으로 기재된 경우에는 특별한정승인신청이 부적법한 것이 되어 수리가 않 되고, 각하 된다

이는 특별한정승인 신청 요건이 “채무초과 시”로 한정하고 있기 때문이다

3. 상속승인 등 위한 기간연장과 유의사항 등

가. 상속승인 등 위한 기간연장 허가신청

(1) 기간 연장의 의의

상속이 개시되면 상속인은 원칙적으로 그 상속개시 있음을 안 날부터 3개월 내에 단순승인이나 한정승인 또는 포기를 할 수 있고, 그 기간(숙려기간) 내에 한정승인이나 포기를 하지 아니한 때에는 단순승인을 한 것으로 본다 (민법 제1026조2호).

그러나 상속재산의 전체 규모와 내용을 조사, 파악하는데 상당한 기간이 필요한 경우, 3개월의 기간만으로는 한정승인 또는 포기를 결정하기 어려울 수도 있으므로, 이러한 경우에는 가정법원의 허가를 받아서 그 기간을 연장할 수 있도록 민법은 규정하고 있다 (민법 제1019조 1항 단서).

(2) 청구권자

기간 연장의 허가를 청구할 수 있는 자는 이해관계인 또는 검사이며, 이해관계인은 공동상속인, 상속채권자, 상속인의 채권자, 차순위 상속인 등과 같이 숙려기간 연장에 관하여 법률상의 이해관계를 가지는 자를 말 한다

(3) 기간연장 허가청구의 시한

숙려기간의 연장허가는 상속개시 후, 그 숙려기간(3개월 내)이 지나기 전에 청구되어야 하며, 숙려기간은 상속인이 상속개시 있음을 안 날부터 기산 한다

(4) 연장허가의 기준 등

숙려기간은 상속인별로 그 기산점이 다를 수 있으므로 그 연장허가도 상속인별로 따로 하여야 한다.

따라서 공동상속인 여러 명이 공동으로 심판청구를 하더라고 이는 상속인마다 별개의 사건이 병합된 것에 지나지 않는다. 연장을 허가할 것인지 및 연장기간의 장단은 가정법원이 구체적 사정을 고려하여 재량으로 정한다.

나. 상속의 단순 승인

상속을 함에 있어, 피상속인의 권리와 의무를 무제한으로 승계할 것을 승인하는 상속인의 의사표시로서, 특별히 의사표시를 하지 않아도 된다

※ 상속 단순승인의 간주 (법정단순승인)

다음의 사유가 있는 경우에는 상속인이 단순승인을 한 것으로 본다. 이를 법정단순승인이라 한다

① 상속개시 있음을 안날로부터 3개월 이내에 상속포기나, 한정승인을 신청하지 않은 때

② 상속인이 상속재산에 대하여 처분행위를 한 때,

③ 한정승인이나 상속포기 전후에 상속재산을 숨기거나(은닉), 이유 없이 재산적 가치를 없애거나(부정소비), 한정승인 신청시 고의로 재산목록 기입을 누락 한 때

다. 상속 한정승인과 상속 포기의 취소 가능여부

상속의 승인이나 포기는 이를 취소하지 못한다. 따라서 상속인이 상속포기나 한정승인 신청서를 법원에 제출하여 수리된 후에는 이를 취하할 수가 없다

라. 상속 포기시 유의사항

상속포기는 절차가 간편할 뿐 아니라, 상속에 관한 모든 권리와 의무의 승계를 부인하여, 처음부터 상속인이 아닌 것처럼 효력이 발생하기 때문에 상속채무(빚)로 부터 자유로워지는 장점이 있다.

반면, 상속포기는 이를 무분별하게 신청할 경우 차순위 상속인(피상속인의 손자와 직계존속, 형제ㆍ자매 등)에게 상속채무가 승계되어 여러 가지 문제가 발생할 수도 있다

때문에 이러한 상속채무가 차순위 상속인들에게 승계되는 것을 방지하기 위해서는 선순위 상속인들이 상속을 포기하게 되는 경우 적어도 1명은 상속포기 대신 한정승인을 하도록 하는 것이 바람직하다

특히, 피상속인의 손자녀가 있는 자녀(1순위 상속인)들이 상속을 포기하는 경우, 반드시 차순위 직계비속인 손자녀도 함께 포기하여야 상속채무가 손자녀에게 승계되는 것을 방지할 수 있다

4. 상속포기 · 한정승인 · 기간연장 청구 등 서식

상 속 재 산 포 기 심 판 청 구(예시)

청구인(상속인) 1. 김 일 남 (주민등록번호 :   )
등록기준지 : ㅇㅇ시 ㅇㅇ구 ㅇㅇ동 ㅇㅇ
주　소 : ㅇㅇ시 ㅇㅇ구 ㅇㅇ로 26길 57 (ㅇㅇ동)
휴대전화 : 000-0000-0000
(E-mail주소:)

2. 김 이 남 (주민등록번호 :   )
등록기준지 : 위 같은 곳
주　소 : ㅇㅇ시 ㅇㅇ로 17길 72 (ㅇㅇ동)
휴대전화 : 000-0000-0000
(E-mail주소 :   )

피상속인(망) 김 갑 돌 (주민등록번호 :   )
등록기준지 : ㅇㅇ시 ㅇㅇ구 ㅇㅇ동 ㅇㅇ
최후 주소 : ㅇㅇ시 ㅇㅇ구 ㅇㅇ로 26길 57 (ㅇㅇ동)

상속재산 포기 심판청구

청 구 취 지

청구인들이 망 김갑돌에 대한 재산상속포기 신고는 이를 수리한다.
라는 심판을 구함.

청 구 원 인

청구인들은 피상속인 망 김갑돌의 재산상속인으로서 2011. 4. 20. 상속개시가 있음을 알았으나, 피상속인의 채무액이 너무 많아 청구인

등은 감당할 수가 없습으로, 민법 제1019조에 의하여 재산상속을 포기하고자 이건 심판청구에 이른 것입니다.

첨 부 서 류

1. 가족관계증명서(청구인) 1통
1. 주민등록등본(청구인) 1통
1. 인감증명(청구인) 1통
1. 피상속인(망인)의 가족관계증명서 1통
1. 피상속인(망인)의 기본증명서 1통
1. 피상속인(망인)의 말소된 주민등록등본 1통
1. 피상속인(망인)의 제적등본 1통
1. 가계도 (직계비속이 아닌 경우) 1통

(※ 가계도 형태, 본책자 225면 중하단 참조)

2011년 6월 20일

청 구 인 1. 김 일 남 (인감도장)
2. 김 이 남 (인감도장)

ㅇㅇ가 정 법 원 귀 중

♣ 유의사항

- 청구서에는 수입인지(5,000원×청구인 수)를 붙여야 한다.
- 송달료는 당사자수 × 3,060원(우편료) × 4회분을 송달료취급은행에 납부하고 영수증을 첨부하여야 한다.
- 관할법원은 상속개시지의 가정법원이다.

상 속 한 정 승 인 청 구 (예시)

청구인(신고인) 김 일 남 (주민등록번호:)
등록기준지 ㅇㅇ시 ㅇㅇ구 ㅇㅇ동 ㅇㅇ
주소 ㅇㅇ시 ㅇㅇ구 ㅇㅇ로 26길 73 (ㅇㅇ동)
휴대전화 : 000-0000-0000
(E-mail주소 :)

피상속인(망) 김 갑 돌 (주민등록번호 :)
등록기준지 ㅇㅇ시 ㅇㅇ구 ㅇㅇ동 ㅇㅇ
최후 주소 ㅇㅇ시 ㅇㅇ구 ㅇㅇ로 26길 73 (ㅇㅇ동)

상속재산의 표시

별지목록 기재와 같습니다

청 구 취 지

청구인이 피상속인 망 김갑돌의 재산상속을 함에 있어 별지 상속재산목록을 첨부하여서 한 한정승인신고는 이를 수리한다.
라는 심판을 구합니다.

청 구 원 인

1. 청구인 김일남은 피상속인 망 김갑돌의 장남이고 피상속인 망 김갑돌은 2011년 4월 20일에 최후주소지에서 사망하고 청구인은 상속이 개시된 것을 알았습니다.

2. 피상속인은 사업실패로 인하여 많은 채무를 가지고 있고 피상속인이 남긴 상속 재산은 별지목록 표시의 재산밖에 없으므로 청구인은 피상속인이 진 부채를 변제할 능력이 없습니다

3. 이에 청구인은 상속으로 인하여 얻은 별지목록 표시 상속재산의 한도에서 피상속인의 채무를 변제할 것을 조건으로 한정승인하고자 이 심판청구

에 이른 것입니다.

첨 부 서 류

1. 가족관계증명서(청구인) 1통
1. 주민등록등본(청구인) 1통
1. 인감증명(청구인) 1통
1. 피상속인(망인)의 가족관계증명서 1통
1. 피상속인(망인)의 기본증명서 1통
1. 피상속인(망인)의 말소된 주민등록등본 1통
1. 피상속인(망인) 제적등본 (상속관계확인)1통
1. 가계도 (직계비속이 아닌 경우) (※가계도 형태, 본책자 225면 중하단 참조)
1. 상속재산목록 1부

2011년 7월 1일

청 구 인 김 일 남 (인감도장)

ㅇㅇ가 정 법 원 귀 중

♣ 유의사항

- 청구서에는 수입인지(5,000원×청구인 수)를 붙여야 한다.
- 송달료는 당사자수 × 3,060원(우편료) × 4회분을 송달료취급은행에 납부하고 영수증을 첨부하여야 한다.
- 관할법원은 상속개시지의 가정법원이다.

[별 지]

상 속 재 산 목 록(예시)

1. 적극재산

가. 부동산

- 서울 00구 00동 23 00아파트 103동 507호 (전용 84㎡)

〔도로명주소〕 서울 00구 00로 23, 103- 507 (00동, 00아파트)

나. 금전채권

- 00은행 00지점 저축예금(계좌번호 : 00-00) 000만원
- 00주식회사에 대한 퇴직금 000만원

다. 유체동산

※ 유체동산중 가전, 의류 등 가족들과의 공용품은 제외해도 된다

2. 소극재산

가. 채권자 : ㅇㅇ은앵

채무액 : 1억 ㅇㅇ만원

채무의 종류 : 아파트 구입 대출금

발생일 : 2007. 12. 9.

나. 채권자 : ㅇㅇㅇ(서울 00구 00로 23길 56, 103동 507호 (ㅇㅇ동ㅇㅇ아파트)

채무액 : 1억 5,000만원

채무의 종류 : 아파트 임대 보증금

발생일 : 2010. 4. 20.(임대종기 : 2012. 4. 19)

- 이 상 -

《재산목록의 작성방법》

- 특별히 정해진 양식은 없지만 판사가 알아보기 쉽도록 작성
- 적극재산 (+재산)과 소극재산 (-재산: 빚)을 구분, 정확히 기재
- 이미 처분한 재산이 있는 때에는 그 목록및 가액을 포함작성
- 누락된 경우에는 채권자들이 후일 고의 누락한 것으로 주장하며 한정승인의 취소 소송을 제기 할 우려가 있다.

※ 상속재산목록은 청구인수 + 1부를 작성 제출

ㅇ 적극재산에는

- 부동산의 경우 그의 소재지와 면적 등을 기재하고
- 금융재산의 경우에는 예금 잔액증명서 등에 기재되어 있는 계좌번호와 잔액 등을 기재
- 자동차의 경우 그 차의 연식과 중고가 등을 기재

※ 적극재산이 전혀 없는 경우에는 "적극재산 : 없음" 등으로 기재

ㅇ 소극재산에 기재할 부채내역

- 부채증명서에 기재된 대로 채권기관(은행이나 개인), 부채액, 부채발생일 등을 기재
- 장례비용의 지출내역도 함께 기재하고 그의 영수증도 첨부

(한정승인 전에 사망자의 통장에서 인출한 경우, 그 일자와 금액, 용처 등을 자세하게 기재)

《 재산목록 기재내역의 소명자료 준비 요령 》

ㅇ 부동산 등기부 등본 및 공시지가 또는 주택가격 확인서

- 등기부등본은 인터넷등기소에서 발급받고, 공시지가 및 공동주택 공시가격 확인서 등은 각 소재지 시군에서 발급 받는다

ㅇ 예금잔고증명서, 부채증명서, 증권잔고증명서 등

- 해당 금융기관 등을 방문하여 발급을 신청

ㅇ 대출 상환통장 등이 있는 경우에는 그 통장의 사본

- 개인 채권자로서 아무런 증빙자료가 없는 경우, 이자의 송금 내역 등 기재된 무통장 입금표 사본 등을 이체근거로 첨부

ㅇ 차량 차량등록원부

- 각 시군 구청민원실 발급 받는다

ㅇ 기타 장례비용 영수증 등

- 상속재산 청산시 적극재산에서 공제할 수 있으므로 재산목록에 기재하고 별도 보관 하는 것이 좋다.

※ 적극재산의 관리

- 통장을 하나 만들어서 남은 적극재산을 입금하고, 이체하는 방법으로 그 근거와 내역을 남겨놓는 것이, 후일 용처 등을 확인시 편리하다.

상속 승인기간 연장허가 청구(예시)

청 구 인　　김 일 남 (주민등록번호 :　　　　　　　　　　)
　　　　　　등록기준지 : ㅇㅇ시 ㅇㅇ구 ㅇㅇ동 ㅇㅇ
　　　　　　주　　소 : ㅇㅇ시 ㅇㅇ구 ㅇㅇ로 23길 56 (ㅇㅇ동)
　　　　　　휴대전화 : 000-0000-0000
　　　　　　(E-mail주소 :　　　　　　　　　　)

피상속인　　망 김 갑 돌 (주민등록번호 :　　　　　　　　　　)
　　　　　　등록기준지 : ㅇㅇ시 ㅇㅇ구 ㅇㅇ동 ㅇㅇ
　　　　　　최후 주소 : ㅇㅇ시 ㅇㅇ구 ㅇㅇ로 23길 56 (ㅇㅇ동)

청 구 취 지

청구인의 재산상속승인기간을 2011년 10월 25일까지 2개월 연장한다.
라는 심판을 구합니다.

청 구 원 인

청구인은 피상속인의 자이고 피상속인은 2011년 5월 26일 사망으로 상속이 개시되었으나 상속재산이 여러 곳에 산재되어 있을 뿐만 아니라 승계할 채무액도 접수 중에 있으므로 3개월 내에 승인여부를 판단할 수 없어 청구취지와 같은 심판을 구합니다.

첨 부 서 류

1. 가족관계증명서(청구인)　　1통
1. 주민등록등본(청구인)　　1통
1. 인감증명서(청구인)　　1통
1. 기본증명서(망김갑돌)　　1통
1. 주민등록말소자등본(망김갑돌)　　1통

2011년 8월 12일

위 청구인 김 일 남 (인 : 인감도장)

ㅇㅇ 가 정 법 원 귀중

5. 조건부 채권 등 변제 위한 감정인 선임

가. 감정인 선임의 의의

피상속인의 조건부 채권이나 존속기간이 불확정한 채권에 대하여

① 상속 한정승인자가 변제하려는 경우(민법 제1035조 제2항),

② 공동상속재산의 관리인이 변제하려는 경우(민법 제1040조 제3항),

③ 상속인이 배당변제하려는 경우(민법 제1051조 제3항),

④ 상속인 없는 재산관리인이 이를 청산하려는 경우(민법 제1056조 제2항),

그 채권액의 평가를 공정하게 하고, 상속채무의 변제나 청산의 신속을 도모하기 위하여 이들 채권액은 가정법원이 선임한 감정인으로 하여금 평가를 하도록 하고 있다.

그 밖에 유류분 산정에 있어 상속재산 중에 조건부 채권이나 존속기간이 불확정한 채권이 있는 경우(민법 제1113조 2항)에도 가정법원이 선임한 감정인이 이를 평가한다.

나. 청구권자

명백한 규정은 없으나, 성질상 위 ①의 경우에는 한정승인자가, ② 및 ④의 경우에는 상속재산관리인이, ③의 경우에는 상속인이, 각각 감정인의 선임을 청구할 수 있으며, 유류분 산정의 경우에는 유류분 권리자가 청구할 수 있다

다. 관　　할

상속 개시지의 가정법원이 관할한다(가사소송법 제44조 제6호). 상속 개시지는 피상속인의 (마지막)주소지를 가리킨다 (민법 제998조).

그 마지막 주소지가 외국인 경우에는 대법원이 있는 곳의 가정법원이 관할한다 (가사소송법 제35조 2항, 제13조 2항).

라. 가정법원의 심리

심리의 대상은 감정인의 선임이 필요한 경우인지, 누구를 감정인으로 할 것인지에 집중된다. 누구를 감정인으로 선임할 것인가는 가정법원의 재량에 맡겨져 있고, 청구인의 희망에 구속되는 것은 아니다.

특히. 감정인의 자격에 대하여 특별한 제한이 없으므로 법원에서는 누구라도 감정인으로 선임할 수 있지만, 대부분은「감정인 등 선정과 감정료 산정기준 등에 관한 예규」에 따라 작성된 감정인 명단에 등재된 감정평가사 등 전문가를 감정인으로 선임하는 것이 일반적이다

마. 심판비용 및 감정비용의 부담

감정인선임심판에 소요된 절차비용과 그 감정인의 감정에 소요된 비용은 모두 상속재산에서 부담한다 (가사소송규칙 제82조).

6. 한정승인 상속재산의 청산 방법과 절차

법원으로부터 상속포기 및 한정승인에 관한 수리심판 결정문을 고지받은 상속인 중 상속재산(적극재산)이 있는 한정승인자의 경우에는 신문공고 게재, 내용증명 발송, 상속재산의 청산 등 추가 절차를 진행하여야 한다

다만, 상속포기자나, 상속재산(적극재산)없는 한정승인자의 경우에는 법원의 결정문이 송달되면 그것으로 절차를 종료해도 된다

이러한 "한정승인 후 청산절차"는 비영리법인 해산시 청산절차에 관한 규정이 준용되는데 그 절차는 다음과 같다.

가. 채권자에 대한 공고와 최고 (민법 제1032조)

(1) 한정승인자는 한정승인을 한 날(수리결정문을 송달 받은 날)로부터 5일 내에 일반상속채권자와 유증을 받은 자에 대하여 한정승인의 사실과 2월이상의 기간을 정하여 그 기간 안에 채권 또는 유증 받은 것을 신고할 것을 공고하여야 한다.

(2) 이 공고에는 기간 안에 채권자가 신고하지 않으면 청산에서 제외된다는 것을 함께 표시하여야 한다.

(3) 공고 방법은 법원의 등기사항 공고와 동일한 방법으로 하여야 한다.

(4) 또한 상속인이 이미 파악하고 있는 채권자 등에 대해서는 "한정승인을 받았으며, 상속받은 재산한도 내에서 채무를 변제하겠으니 채권을 신고하여 달라"는 취지로 우편통지(내용증명)의 방법에 의해서 개별적으로 통지(최고)하여야 한다

나. 변제의 순서와 방법

(1) 신고기간이 만료되기 전까지는 한정승인자는 상속채권자와 유증받은 자에 대하여 변제를 거절할 수 있다. (민법 제1033조)

(2) 신고기간이 만료되었을 때에는 한정 승인자는 그 기간 안에 신고한 채권자와 한정승인자가 알고 있는 채권자 및 에 대하여 상속재산으로써 각 채권액의 비율에 의하여 변제를 하여야 하는데, 이 때 변제기에 이르지 않은 채권이 있을 경우에는 이 또한 같은 방식으로 변제하여야 한다. (민법 제1034조 제1035조)

(3) 특히 저당권이나 질권 등 담보권을 가진 채권자에게 우선적으로 변제하고, 남는 재산이 있으면 이로써 후순위의 일반채권자들에게 변제하여야 한다.

⁂ 배당변제의 우선순위 3단계

ⅰ) 제1순위 : 유치권, 질권, 저당권 등 우선권 있는 채권

ⅱ) 제2순위 : 일반채권자

ⅲ) 제3순위 : 유증을 받은 사람

(4) 채권신고 기간안에 신고하지 않은 상속채권자와 유증을 받은 사람으로서 한정승인자가 알지 못한 사람의 청구에 대하여는 위에서 설명한 변제 절차를 완료하고 상속재산의 잔여가 있는 경우에 한하여 변제받을 수 있다. (민법 제1039조)

(5) 청산절차에서 변제를 위해 상속재산의 전부나 일부를 매각할 필요가 있을 때에는 민사집행법에 따라 경매하여야 하는데, 상속인은 법원에 "청산을 위한 경매"를 신청하면 된다(민사집행법 제274조)

다. 한정승인 신문 공고의 구체적 방법

법원에서 한정승인심판의 결정 통보가 오면, 5일 이내에 일간지 신문에 1회이상 공고 하여야 한다. 이는 신문공고를 냄으로서, 몰랐던 채무도 모두 신고 받아서 함께 정리하기 위한 것이다

그러나 상속재산이 전혀 없거나, 피상속인의 채권자가 누구인지를 정확히 알고 있고, 그 이외에는 더 이상의 채권자가 없을 것이라는 확신이 있으면, 공고를 생략 할 수도 있다.

그런데, 한정승인자가 신문공고를 하지 않은 채 상속재산을 청산 한 경우, 후일 한정승인 사실 등을 모르는 채권자가 나타나 상속채권의 변제 등을 청구하게 되면, 신문공고를 생략한 한정승인자는 어쩔 수 없이 자신의 고유재산으로 그에게 손해(한정승인 사실을 알고 배당절차에 참여 하였더라면 받았을 금액)를 배상하는 경우가 발생할 수도 있다.

라. 신문공고 게재시 공고 문안의 예

상속한정승인공고

피상속인 망 김×× (주민번호:450705-000000)
최후주소:경기 안양시 동안구 호계동 00번지
위 망인의 상속재산에 대하여 법정상속인 김ㅇㅇ은 2011. 6. 29. ㅇㅇ지방법원 2011느단 000호로 상속한정승인 심판을 받았으므로 이를 공고하니, 위 망인의 채권자와 유증을 받으신 분은 2011년 9월 6일 까지 채권액 등 그 사실을 신고하시기 바랍니다. 만약 위 기간 내에 신고하시지 않으면, 그 채권 등은 상속재산 청산에서 제외됨을 알려드립니다

2011년 7월 5일

한정상속인 : 김 ㅇㅇ
채권신고장소 : 경기도 안양시 동안구 관양동 00
(전화 000-000-0000)

상속한정승인공고

피상속인 :망 김××(1945. 7. 5.생)
사망일 : 2011. 4. 10.
최후주소:경기 안양시 동안구 호계동 00번지
위 망인의 법정상속인 김ㅇㅇ은 위 망인의 상속재산에 대하여 2011. 6. 29. ㅇㅇ지방법원 2011느단000호로 상속한정승인을 결정 받았으므로 이를 공고하오니, 위 망인의 채권자와 유증을 받으신 분은 2011년 9월 6일 까지 그 사실을 신고하기 바라며, 위기한까지 미신고시는 상속재산 청산에서 제외됨을 알려드립니다

2011년 7월 5일

한정상속인 : 김 ㅇㅇ
채권신고장소 : 경기도 안양시 관양동 00
(전화 000-000-0000)

※ 신문공고 게재 시 참고사항

- 공고는 원칙적으로 상속개시지 관할 지방법원장이 선정한 일간 신문에 1회이상 게재하여야 하는데, 신문공고의 비용은 1단 5~6㎝ 기준, 대략 10~40만원 정도 소요 되며, 이비용은 상속재산에서 공제가 가능하다

- 공고가 게재된 신문은 필요부수를 배송을 받아서 증빙자료로 함께 보관하는 것이 좋다

- 지방법원장이 그 관할구역 안에 공고를 위한 적당한 신문이 없다고 인정할 때에는 신문 상의 공고에 갈음하여 등기소와 그 관할 구역 안의 시·군·구의 게시판에 공고할 수 있다 (비송사건절차법 제65조의4)

마. 내용증명의 우편 통지 (알고 있는 채권자에 대한 최고)

내용증명의 우편통지는 "상속인 김ㅇㅇ이 사망자 김××의 재산에 대하여 한정승인을 받았다는 것과 채권자에게 채권액을 언제까지 신고하라는 것 등"을 통지하는 것으로서, 상속재산(적극재산)이 없어서 전혀 배분해줄 것이 없는 경우에는 한정승인을 결정 받았다는 사실만 통보 한다

또한 그 통지방법은 채권자별로 상속 한정승인통지 문안과 한정승인결정문 사본을 1세트로 편철하여 3세트를 준비한 다음, 우체국에서 내용증명으로 발송하되, 발송시에는 배달증명을 함께 청구하는 것이 좋다

바. 한정승인 통지문(내용증명)의 예시

수 신 : 채권자 ㅇㅇ 은행 귀하
서울 서초구 ㅇㅇ동 ㅇㅇ (소관 : 안양 지점)
발 신 : 상속인 김 ㅇㅇ
경기도 안양시 시민대로 23길 56

제 목 상속 한정승인 통지 및 채권신고 최고
귀 은행의 무궁한 발전을 진심으로 기원합니다

본인은 귀 은행의 대출자인 망 김××(주민번호 : 450104-1026780)의 아들이자 상속인입니다

본인의 부친은 2011년 4월 10일 운명하셨으며, 부친이 돌아가시면서 남기신 귀 은행에 대한 채무에 대하여 상속인인 본인은 이를 상환을 하려고 하였으나, 부친의 대출금 규모가 워낙 커서 본인이 상속받은 재산으로 부담하기에는 턱없이 부족한 실정이며, 이로 인하여 본인은 부득이 ㅇㅇ지방법원에 상속 한정승인심판청구를 하여 동 법원으로 부터 상속한정승인결정을 득하였습니다

이에 본인은 법원의 상속한정승인결정문을 송달 받은 후 2011. 7. 5. ㅇㅇ일보에 '상속한정승인 공고'를 게재하고, 본인이 알고 있는 귀 은행에 상속한정승인사실을 통지하는 것입니다

귀 은행에서는 2011년 9월 6일까지 망 김××에 대한 총채권액을 본인에게 신고하여 주시기 바랍니다.

아울러 위 기한까지 신고 된 채권자들에 대하여 채권액의 비율에 따라 상속재산을 청산할 예정임을 알려드리오며, 위기한 내에 신고를 하지 않은 채권자는 상속재산 청산에서 제외됨을 아울러 통보합니다.

다만 담보권이 있는 채권자에 대해서는 상속재산을 우선하여 분배할 것임을 함께 알려드립니다.

첨부서류 : 상속 한정승인결정문 사본 1부

2011년 7월 6일

상속인 : 김 ㅇ ㅇ

연락처 : 000-000-0000)

사. 상속 한정승인에 대한 정정 또는 경정신청

촉박한 숙려기일에 쫓겨서 채무내역 등을 일일이 확인하지 못 한 채 한정승인을 우선 신청하게 된 경우, 그 후 추가로 확인된 채무가 있게 되면, 한정승인 심판이 진행 중일 경우에는 "정정 신청"으로 하고, 판결문이 송달된 후에는 "경정신청"을 하면 된다

이 경우 재산목록에는 새로 확인된 적극재산과 소극재산에 관한 증명서 등을 기초로 변경된 재산목록을 작성한 후, 심판경정 신청서에 변경된 재산목록 및 추가하는 증명서, 송달받은 판결문 등을 첨부하여 제출하면 된다.

(이 경우에도 청구인의 가족관계증명서, 주민등록등본, 인감증명서 등을 제출해야 한다)

아. 상속재산 청산서류의 보존

상속재산에 대한 청산절차가 끝나면 한정승인심판결정문, 신문공고게재신문, 내용증명 및 우송근거 등 관련 자료를 잘 간추려서 10년 이상 보관하는 것이 바람직하다

이는 뒤늦게 대여금청구(소송)를 해오는 채권자가 있을 경우, 소송대응을 위하여 증거자료로 활용하기 위함이다

7. 상속 포기 및 한정승인에 관한 궁금한 사항

궁금한 사항	회답요지 및 근거
1)상속포기와 한정승인의 차이점	▸상속포기를 하면 처음부터 상속인이 아닌 것으로 취급되어 피상속인의 채무를 전혀 승계하지 않게 된다 ▸반면, 한정승인을 하면 여전히 상속인이기 때문에 피상속인의 채무를 승계 받되, 상속받은 재산 한도 내에서만 변제의 책임을 지게 된다
2)상속포기나 한정승인을 하지 않고 있었는데, 채권자가 소송을 제기해 온 경우에 대응 방법	▸상속인이 상속개시 있음을 몰랐거나 상속개시 있음을 안날로부터 3개월이 초과되지 않은 경우 - 상속포기 또는 한정승인을 관할법원에 신고하고, 소송진행 법원에 답변서 등 준비서면을 제출하여 항변을 하고, 변론기일에 출석 하여야 한다 ▸상속개시 있음을 안 날로부터 3개월이 초과된 경우 - 이경우에는 상속채무가 상속재산을 초과하는 사실을 중대한 과실없이 모르고 있다가 위 소송 서류등을 송달받고서야 비로소 알게 된 경우에는 그 알게 된 날로부터 3개월 이내에 한정승인 신고를 하고, 소송진행법원에 답변서등을 제출하여 항변을 하고, 변론기일에 출석하여야 한다
3)상속포기 및 한정승인 심판청구에 대한 법원의 심사 경향	▸상속포기 및 한정승인 심판은 서류심사를 원칙으로 하고 있으며, 신청이 적법하고, 요건에 합당한 것으로 인정되면 대부분 수리되고 있다 ▸특히 법원에서 송달되어 온 결정문에 "수리한다"고 기재되어 있으면 상속포기가 수리된 것이다. ▸그런데 신고가 요건의 불비로 각하된 때에는 심판을 고지 받은 날로부터 14일 이내에 관할법원에 즉시항고를 할 수가 있다
4)민법 제1019조의 "상속개시 있음을 안 날"의 의미	▸민법 제1019조 제1항의 상속개시 있음을 안 날이라 함은 "상속인이 상속개시의 원인되는 사실의 발생(피상속인의 사망)을 알게 됨으로써 자기가 상속인이 되었음을 안 날"을 말하는 것으로서 "상속재산의 유무를 알게 된 날"을 의미하는 것이 아니다. ▸상속의 포기는 민법에 그 방식이 법정되어 있으므로 이에 의해서 행하여야 유효하고 그렇지 못한 경우에는 효력이 없다

궁금한 사항	회답요지 및 근거
5)상속재산의 부정 사용여부 판단	▸민법 제1026조 제3호에 의하여 단순승인으로 의제되는 행위는 상속인이 한정승인 또는 포기를 한 후에 상속재산을 은익하거나, 부정소비한 때를 규정하고 있지만 상속재산의 부정소비라 함은 정당한 사유없이 상속재산을 써서 없앰으로서 그 재산적 가치를 상실시키는 것을 의미하는 것이라 봄이 상당하다 ▸따라서 상속인이 상속재산인 농지를 처분한 대금 전액이 우선변제권자인 농업기반공사에게 귀속되었다면 상속재산 부정소비행위에 해당하지 않는다(대법원 2004.3.12.선고2003다63586판결)
6)피상속인의 채무 상속과 한정승인	▸대체로 상속을 받는다고 하면, 부동산 등 유산을 물려받는 경우만 생각하지만, 실제로는 피상속인이 부담하고 있던 차용금채무, 보증채무 등 소극재산도 모두 함께 상속을 받게 된다 ▸때문에 상속재산이 적극재산보다 채무 등 소극재산이 더 많은 경우, 상속인은 피상속인 사망 후 3월이내에 법원에 상속포기를 신고하여야 한다 ▸특히, 상속을 하기전에 재산이 많은지 부채가 많은지 파악해 보아야 하고, 재산과 부채중 어느것이 많은지 잘 모를 경우에는 상속한 재산의 범위내에서 피상속인의 부채를 변제하는 한정승인을 신청하는 것이 효과적이다.
7) 1순위 상속자인 자녀들의 상속 포기시 유의사항	▸1순위 상속자인 피상속인의 자녀들 전부가 상속을 포기하는 경우, 손자녀들이 대습상속이 아닌 본위상속을 하게 된다 (대판94다112835, 95,4,7) ▸실무상 조부의 채무를 상속함에 있어 그 자녀들인 부와 백ㆍ숙부, 고모 등이 자기들만 상속을 포기하고, 손자녀들은 방치하는 바람에 손자녀들이 채무를 상속하게 되는 사례가 가끔 있다 ▸이러한 경우 1순위 상속인중 어느 한사람은 한정승인을 하도록 해야 채무상속이 차순위로 넘어가는 것을 방지할 수 있다
7)후순위 상속인이 상속포기를 할 수 있는 시기	▸상속인이 될 자격이 있는 사람 (피상속인의 배우자 및 직계비속, 직계존속, 형제자매, 4촌이내 방계혈족)은 선순위 상속인이 상속포기신고를 하지 아니한 경우라도 선순위 상속인보다 먼저 또는 선순위 상속인과 동시에 상속포기의 신고를 할 수 있다 (상속포기의 신고에 관한 재판예규 907호)

궁금한 사항	회답요지 및 근거
8)미성년자의 상속 포기절차 및 방법	▸신고 하려는 자가 미성년자인 경우에는 법정대리인이 대리하여 신고할 수 있고, 미성년자는 법정대리인의 동의를 받더라도 미성년자 본인의 이름으로는 신고할 수가 없다 ▸그런데 상속의 한정승인이나 포기가 법정대리인과의 관계에서 이해상반행위에 해당하는 때에는 민법제921조에 의하여 미성년자의 특별대리인을 선임하여 이를 행하게 하여야 한다. ▸다만, 미성년자와 그 법정대리인을 포함하여 공동상속인 전원이 함께 상속포기를 하는 경우에는 특별대리인 아닌, 법정대리인이 신고를 대리할 수 있다 (상속포기신고 예규 2003-1)
9)태아의 상속포기	▸친부모(시댁) 상속의 포기나, 한정승인을 할 때 간혹 태아에게 상속인 적격이 있음을 간과한채 빠뜨리는 경우가 있다 ▸그러나 태아는 재산의 상속뿐만 아니라 채무도 상속하게 되므로 태안인 상태에서는 상속포기를 할 수 없지만, 태아가 출생을 하면 법정대리인인 모친은 상속포기여부를 판단, 태아 출생후 상속이 개시되었음을 안날로부터 3개월이내에 출생자의 상속포기나 한정승인 절차를 취해 주어야 한다 ▸만약 이를 소홀히 할 경우, 태아는 세상에 나오자 마자 빚을 떠안게 되는 예상치 못한 상황을 맞이할 수도 있다
10)상속 포기와 청구이의 사유	▸채무자가 상속을 포기하였으나 채권자가 제기한 소송에서 사실심변론 종결시가지 이를 주장하지 않은 경우, 채권자의 승소판결 확정 후 청구이의의 소를 제기할 수 없다(대법원 2009. 5. 28.선고 2008다79876판결) ▸이판결은 한정승인과는 달리 상속포기는 상속에 의한 채무의 존재자체가 문제가 되어 주문에 영향을 미치기 때문에 전소의 변론종결일 이전까지 항변사유로 제출하지 않았던 상속포기를 이유로 청구이의를 제기할 수 없다고 판시함으로써 상속한정승인과 상속포기의 효과를 달리 취급함을 분명히 하였다

궁금한 사항	회답요지 및 근거
11)상속포기의 효력 발생시기	▸상속포기의 심판은 당사자가 이를 고지 받음으로서 효력이 발생하는 것이므로 당사자가 상속포기를 수리한다는 심판서를 송달 받은 날에 상속포기의 효력이 발생한다고 판시(대법원2004.6.25.선고2004다20401판결)
12)상속포기가 수리되었을 경우, 그의 취소가능 여부	▸상속의 승인이나 포기를 한 뒤에는 이를 취소할 수가 없다 (민법 제1024조 1항) ▸다만 상속포기가 무능력자에 의한 것이라거나 사기, 강박 등 하자있는 의사표시에 의한 것이라면 취소를 할 수 있다.
13)상속포기 신고에 관한 예규 (재판예규907호, 2003.9.15.부터 시행)	▸제2조(무능력자의 상속포기신고) ① 상속포기의 신고인이 미성년자, 금치산자 또는 한정치산자(이하 "무능력자"라고 한다)인 경우에는 법정대리인이 신고를 대리한다. ② 무능력자와 그 법정대리인이 공동으로 상속인이 되는 경우에 무능력자가 상속포기의 신고를 하기 위하여는 민법 제921조의 규정에 따른 특별대리인을 선임하여야 한다. 다만, 무능력자와 그 법정대리인을 포함하여 공동상속인 전원이 함께 상속포기의 신고를 하는 경우에는 그러하지 아니하다. ▸제3조(후순위 상속인의 상속포기신고) 피상속인의 상속인이 될 자격이 있는 사람(배우자, 직계비속, 직계존속, 형제자매, 4촌 이내 방계혈족)은 상속이 개시된 이후에는 선순위 상속인이 상속포기신고를 하지 아니한 경우라도 선순위 상속인보다 먼저 또는 선순위 상속인과 동시에 상속포기의 신고를 할 수 있다
14)한정승인 신청시 상속재산목록 작성 유의사항	▸한정승인신청서에 첨부하여야 하는 상속재산 목록은 상속재산 전부를 망라하는 것이어서 소액의 채권이나 추심의 가능성이 적은 채권인 경우에도 모두 포함해서 정확히 작성하여야 한다. ▸재산목록 기재를 고의로 누락한 경우에는 단순승인을 한 것으로 간주될 수가 있다(민법 제1026조 3호). ▸그러나 누락된 것이 고의가 아니라면, 신고 후라도 이를 보충할 수가 있다

궁금한 사항	회답요지 및 근거
15)상속재산 일부를 장례비로 사용한 경우 한정승인 지장 여부	▸상속받은 재산중 일부를 장례비로 사용하였더라도 그것이 사회통념상 적절한 한도이내인 경우에 법원이 이를 인정해 주는 경향이기 때문에 크게 걱정할 필요는 없다 ▸다만 장례비의 지출명목과 지출규모 등이 과다한 경우에는 한정승인의 효력에 영향을 미칠 가능성이 있음을 주의 하여야 한다
16)특별한정승인요건 중 중대한 과실없이 알지못함의 의미에 관한 판례	▸상속채무가 상속재산을 초과하는 사실을 중대한 과실 없이 알지 못한다 함은 상속인이 조금만 주의를 기울였다면 알 수 있었던 사실을 이를 게을리 함으로써 그러한 사실을 알지 못한 것을 의미한다 ▸위 판결은 상속채권자들이 피상속인 사망일로부터 1년이 경과한 후에야 경매신청 등 권리를 행사하기 시작하였다면 상속인들은 상속개시 있음을 안날로부터 3월이내에는 상속채무가 상속재산을 초과한다는 사실을 알지 못하였고 이를 알지 못한 데에는 중대한 과실이 없었다고 보았다 (대법원2004.3.12.선고 2003다58768판결) ▸반면, 피상속인이 사망 전 암으로 장기간 치료를 받으면서 치료비도 제대로 내지 못하고 사망하였고, 상속인중 1인이 피상속인 생전에 피상속인의 대리인으로서 소송을 수행하면서 피상속인에게 자산이 없음을 주장한 적도 있었던 사안에서 상속인들이 상속채무의 초과사실을 알지 못한 데에는 중대한 과실이 있다고 보았다 (대법원 2003.9.26.선고.2003다30517판결)
17)한정승인 후 신문공고를 해야하는 사유	▸민법상 한정승인 후, 상속인은 “알고 있는 채권자에게는 최고서를 보내고, 알지 못하는 채권자를 위해서는 신문에 공고를 하도록" 규정되어 있다. ▸공고를 하지 않은 채 상속재산을 배당하였다가 이후 채권자가 추가로 나타나면 상속인은 새로운 채권자에게 또다시 배당을 해야 하는데 이를 예방하려는 것이 신문공고를 하는 사유이다
18)한정 승인 후, 최고서를 보내는 이유	▸한정승인을 받고 나서 상속인은 피상속인의 채권자를 대상으로 상속받은 재산에 대해 배당을 하여야 한정승인이 마무리 된다. ▸이 때 상속인은 채권자별로 채권액을 최종 확인해야 하는데 이를 위해서 상속인은 채권자에게 최고서를 보내게 되며, 최고서를 받은 채권자는 2개월 내에 받을 돈이 얼마인지 등을 상속인에게 신고해야 한다.

궁금한 사항	회답요지 및 근거
19)한정승인 수리 후 피상속인 재산이 추가 발견된 때 한정승인 경정 신청방법	▸ 상속인이 한정승인 신청시 작성한 별지 재산목록중에 피상속인의 재산이 누락되는 경우가 발생할 수 있다. ▸ 그런데 상속인이 한정승인이 수리되었다면서 동 누락사항을 그대로 방치하게 되면, 나중에 채권자들이 “상속재산을 상속인이 고의 은닉했다”며 법원에 한정승인의 취소를 청구 할 수도 있다. ▸ 따라서 상속인은 한정승인이 수리된 후라 할지라도 피상속인의 소유 재산이 추가로 발견되었다면, 재산목록 변경에 따른 한정승인 경정신청을 하는 것이 바람직하다.
20)한정 승인을 한 경우에 있어서 상속재산의 관리	▸ 한정승인을 한 상속재산은 배당변제가 완료될 때까지는 그 누구의 재산에도 속하지 아니하므로 배당변제가 완료될 때까지는 한정 상속인이 선관주의의 의무를 가지고 관리하여야 한다 ▸ 그러나 한정승인 상속인이 수인인 경우에는 법원은 각 상속인 또는 이해관계인의 청구에 의하여 공동상속인 중에서 상속재산의 관리인을 선임하는데, 선임된 관리인은 상속재산의 관리와 채무변제에 관한 모든 행위를 할 권리와 의무가 있다
21)상속 한정승인 후 상속부동산에 대한 취득세납부 여부	▸ 상속부동산이 있다면 상속의 한정승인 시 상속을 원인으로 등기를 하기 때문에 부동산 취득세를 내야 한다. ▸ 판례도 부동산 취득세는 재화이전이라는 사실 자체를 포착해서 거기에 담세력을 인정하고, 부과하는 유통세의 일종이므로, 부동산 소유권의 실질취득 여부 관계없이 소유권 이전의 형식에 의한 경우에는 취득세를 부담해야 한다고 판시하고 있다.(대판2000두7896)
22)상속재산 분할협의 후의 한정승인 효력	▸ 상속재산 분할협의를 통하여 이미 상속재산을 처분하였더라도 상속인들은 민법제1019조 제3항의 규정에 의하여 한정승인을 할수 있다 할 것이고 협의분할한 사정 때문에 한정승인 신고가 효력이 없다고는 할수 없다(대판 2003다29562) ▸ 따라서 상속채무가 상속재산을 초과한 사실을 상속개시당시에 알았더라면 상속을 포기하였을 것인데, 이를 알지 못하다가 나중에 알게된 경우에는 그 사실을 안날로부터 3개월내에 한정승인을 할 수 있는 것이다

궁금한 사항	회답요지 및 근거
23)한정승인자의 부당변제시 책임	▸ 한정승인자가 상속재산 청산과정에서 공고내지 최고를 해태하거나, 변제기 전에 어느 채권자 또는 유증 받은 자에게 변제를 함으로써, 다른 채권자들의 채무를 변제할 수 없게 된때에 이로인해 발생한 손해는 한정승인자가 배상하여야 한다.(민법제1038조1항) ▸ 그러나 그 배상한 상속인은 "부당한 변제임을 알고 변제를 받은 상속채권자 등에 대하여 구상권을 행사할 수 있다.(민법제1038조) ▸ 그런데 이러한 청구권은 불법행위에 기인한 손해배상청구권과 마찬가지로 3년의 단기소멸시효와 10년의 장기소멸시효에 걸리게 된다. (민법제1038조 3항, 제766조)
24)한정승인자의 상속재산 청산 효과	▸ 한정승인에 따른 상속재산 청산 후, 적극재산이 남은 경우에는 그것은 한정승인자의 소유가 되게 된다 ▸ 반대로 소극재산 즉 상속채무가 남은 경우에는 한정승인자는 자기의 고유재산으로 변제하지 않아도 된다. ▸ 즉 한정승인자는 채무를 상속하지만, 그 책임은 상속재산의 범위에서만 지게 된다.
26)한정승인 항변과 청구이의 사유	▸ 채무자(상속인)이 한정승인을 하고도 채권자가 제기한 소송의 사실심 변론종결시 까지 그 주장을 하지 아니하여 책임의 범위에 관한 유보가 없는 판결이 선고되어 확정되었다 하더라도 채무자는 그 후 위 한정승인 사실을 내세워 청구에 관한 이의의 소를 제기할 수 있다 (대법원2006.1013.선고, 2006다23138판결)
26)선순위 상속권자의 상속포기와 차순위 상속권자의 상속	▸ 피상속인의 처와 자가 모두 상속을 포기하면 차순위 직계비속인 손자 및 외손자가 공동으로 상속인이 되고, 손자 및 외손자도 모두 상속을 포기하면 차순위 상속권자인 직계존속이 상속인이 되는바, 직계존속에는 양부모와 친부모가 모두 포함되고, 이미 양부모가 사망하였다면 친부모가 상속권자가 된다 (민법 제1000조, 제1043조, 등기선례 4-369, 6-226) (법무사 2010년 2월호 32면 발췌)

제6장

상속재산의 분리 및 파산

1. 상속재산의 분리

가. 상속재산 분리의 의의

상속의 개시로 상속재산은 상속인의 고유재산과 혼합되어 버리는 바, 그의 유ㆍ불리는 피상속인의 채권자와 상속인, 상속인채권자 등 각자의 입장에 따라 달라진다.

이 경우 민법은, 한편으로는 상속인이 불리해지는 것을 회피하기 위한 수단으로 상속의 한정승인이나 포기제도를 두고, 다른 한편으로는 상속채권자나 유증을 받은 자 또는 상속인의 채권자가 불리해지는 것을 회피하기 위한 수단으로 상속재산의 분리제도를 마련하고 있다.

이러한 상속재산의 분리로 상속재산 그 자체에 관한 청산이 이루어지게 된다.

나. 청구권자

피상속인의 채권자, 유증을 받은 자 또는 상속인의 채권자가 청구권자이다.

채권자는 우선변제청구권이 있는 채권자뿐만 아니라 보통채권자를 포함하고, 집행권원의 유무를 불문하며 변제기 미도래 또는 불확정 채권자라도 청구할 수 있다

다만, 유증을 받은 자는 일정금액의 특정수유자를 가리키고, 포괄수증자는 상속인과 동일한 권리의무가 있으므로(민법 제1078조) 제외된다.

다. 관　할

상속 개시지의 가정법원이 관할하며, 상속 개시지는 피상속인의 (마지막)주소지를 가리킨다. 그 마지막 주소지가 외국인 경우에는 대법원이 있는 곳의 가정법원이 관할한다

라. 상속재산 분리청구의 기한

상속재산 분리는 상속개시된 날부터 3개월 내에 청구하여야 한다 (민법 제1045조 1항).

상속개시 있음을 안 날이 기산점이 되는 것이 아니므로 숙려기간과는 다르다.

청구의 기한이 지난 후, 제출된 청구는 심판으로 부적법 각하한다.

다만, 상속개시일로부터 3개월이 경과하였더라도 상속인이 상속의 승인이나 포기를 하지 아니한 동안에는 상속재산과 상속인의 고유재산이 혼합되기 전이라고 할 수 있으므로 그 상속재산의 분리를 청구할 수 있다 (민법 제1045조 2항).

마. 상속재산 분리청구에 대한 가정법원의 심사

상속재산 분리의 청구가 있는 경우, 가정법원은 상속재산의 상태, 상속인의 고유재산의 상태, 그 밖의 사정을 종합하여 그 필요성을 판단한 후 상속재산 분리의 필요가 있는 때에 상속재산 분리를 명하는 심판을 하게 되고, 상속재산 분리의 필요가 없는 때에는 청구를 기각을

하게 된다.

상속인이 한정승인을 한 경우나 상속인이 정해져 있지 않은 경우 및 상속인에 대하여 파산선고가 있는 경우에도 상속재산 분리의 필요가 있다고 할 것이다.

그러나 상속재산이나 상속인의 고유재산이 모두 채무초과상태에 있지 않을 경우에는 상속재산 분리를 할 필요가 없을 것이다

바. 분리 심판의 효력

상속재산이 분리되면 상속인의 고유재산과의 혼합이 금지되고, 상속인의 피상속인에 대한 재산상의 권리의무는 소멸하지 않는다 (민법 제1040조),

또한 상속인은 단순승인을 한 후에도 상속재산에 대하여 자기의 고유재산과 동일한 주의로 관리하여야 하고, 그 관리에는 위임에 관한 규정이 준용된다(민법 제1048조).

특히 분리심판의 청구인은 5일 내에 상속채권자와 유증을 받은 자에 대하여 일정한 기간 내에 신고할 것을 공고하여야 하고 (민법 제1046조 1항). 그 채권신고 등을 거쳐 상속채권자와 유증을 받은 자는 상속재산으로부터 배당변제를 하되, 우선권 있는 채권자의 권리를 해하지 못하고, 상속재산으로부터 전액의 변제를 받을 수 없는 경우에 한하여 상속인의 고유재산으로부터 변제를 받을 수 있으며, 상속인의 채권자는

상속인의 고유재산으로부터 우선변제를 받게 된다 (민법 제1051조, 제1052조)

다만, 분리의 심판은 상속재산 중 부동산에 관하여는 재산분리등기를 하지 않으면 제 3자에게 대항하지 못하며, 이 등기는 가정법원이 촉탁하는 것은 아니고 청구인이 신청하여야 하는데, 부동산등기법상 그 절차규정은 마련되어 있지 않지만, 등기실무상 청구인이 신청할 경우 등기를 해 주고 있다.

사. 상속재산 분리후 상속재산 관리에 관한 처분

앞의 "바항"에서 설명한 바와 같이, 상속재산이 분리되면 상속인은 상속 재산에 대하여 자기의 고유재산과 동일한 주의로 관리할 의무가 있지만, 그 상속인에게 상속재산의 관리를 맡기는 것이 적당하지 않다거나 상속인의 상속재산 관리가 상당하지 않은 때에는 상속채권자, 유증을 받은 자 또는 상속인의 채권자의 이익이 침해될 우려가 있으므로, 이 경우 가정법원이 분리된 상속재산의 관리에 관하여 필요한 처분을 할 수 있도록 민법 제1047조에 규정되어 있다.

이러한 상속재산 분리 후 상속재산 관리에 관한 처분은 가정법원이 직권으로 함이 원칙이나, 상속재산 관리에 관한 처분의 필요 여부는 가정법원이 스스로 알기 어려운 것 이므로, 상속재산의 분리를 청구할 수 있는 자가 그 관리에 관한 처분을 청구하게 되고, 그 처분 청구의 주요 내용은 상속재산관리인의 선임으로서, 이 경우 부재자 재산관리에 관한 규정이 그대로 준용 하게 된다.

2. 상속재산의 파산

가. 상속재산 파산의 개요

민법상 상속의 포기나 한정승인은 상속인이 채무상속에 따른 상속인 고유재산에 대한 강제집행 위험을 피하게 하여 상속인을 보호하는 측면이 강한 반면, 상속재산 파산의 경우에는 상속재산으로 총 상속채권자에게 공평하게 변제하는 것이 목적이다

이러한 상속재산 파산은 상속채권자 및 유증을 받은 자에 대한 채무를 상속재산으로 완제할 수 없을 때에 상속재산과 상속인 고유재산을 분리하여 상속재산에 대한 청산을 하는 절차로서, "채무자 회생 및 파산에 관한 법률" (이하 본6장 2항에서 "법"이라 한다)에 상속재산 파산에 관해서 별도의 규정을 두고 있다 (법 제299조, 제300조, 제346조, 제389조. 제437조 등)

특히 상속채권자가 상속재산 파산을 신청하는 경우, 상속채권자는 파산원인에 대하여 소명을 할 필요가 없고(법 제299조 1항 및 3항)파산관재인에 의한 상속재산의 효과적인 환가 및 공평한 변제를 도모할 수 있다는 장점이 있다

《상속재산 청산 절차에 관한 민법상 제도》

한정승인은 상속채권자를 위한 책임재산을 상속재산으로 한정하는 역할은 하지만 관재인이 존재하지 않고, 채권자집회도 개최되지 않으며, 또한 부인제도도 없고, 상계규정도 없는 등 상속채권자를 위하여 상속재산을 공평하게 분배하는데 충분하지 못하다

또한 **재산분리는** 상속채권자 또는 상속인 채권자의 의사에 의거하여 상속재산과 상속인의 고유재산을 분리하여(민법 제1045조) 상속재산에 대해서는 상속채권자에 우선변제권을, 상속인의 고유재산에 대해서는 상속인채권자의 우선변제권을 인정하고 있지만(민법제1052조), 이해관계인의 공평을 도모하면서 상속재산을 청산하는 절차로서는 충분하지를 못하다.

나. 상속재산 파산신청권자

상속채권자 · 유증을 받은자 · 상속인 · 상속재산관리인 및 유언집행자는 상속재산에 대하여 파산을 신청할 수 있다(법 제299조1항).

그러나 상속인이 상속을 포기한 경우, 그는 처음부터 상속인이 아니었던 것이 되므로 상속재산에 대한 파산을 신청할 수가 없다

특히 상속인 · 상속재산관리인 또는 유언집행자가 파산신청을 하는 때에는 파산의 원인인 사실을 소명하여야 한다.(법 제299조 제3항)

다. 상속재산에 대한 파산신청 의무자

상속재산관리인, 유언집행자 또는 한정승인이나 재산분리가 있은 경우의 상속인은 상속재산으로 상속채권자 및 유증을 받은 자에 대한 채무를 완제할 수 없는 것을 발견한 때에는 지체 없이 파산신청을 하여야 한다. (법 제299조 제2항)

라. 상속재산 파산신청의 기간

상속재산에 관해서는 재산분리의 청구를 할 수 있는 기간에 한하여 파산신청을 할 수 있다. 이 경우 그사이 한정승인 또는 재산분리가 있는 때에는 상속채권자 및 유증을 받은 자에 대한 변제가 아직 종료하지 않은 동안에도 파산신청을 할 수 있다 (법 제300조)

재산분리를 청구할 수 있는 기간은 상속이 개시된 날로부터 3월 이내이며, 상속인이 상속의 승인이나 포기를 하지 아니하는 동안은 상속개시후 3월경과 후에도 재산분리를 청구할 수 있다 (민법제1045조)

마. 관 할

상속재산에 관한 파산사건은 상속 개시지를 관할하는 지방법원 본원의 관할에 전속 한다. 다만 서울시 소재 법원의 관할에 속한 사건은 서울중앙지방법원의 관할에 전속한다 (법 제3조)

바. 파산절차 참고사항

상속재산 파산은 상속재산으로 총 채권자에게 변제하는 것이 목적이므로 법원이 상속재산에 파산능력을 인정하면 상속재산은 파산종결로 소멸되며, 상속인은 파산을 선고받을 채무자가 아니므로 면책을 신청할 필요가 없다

특히 파산절차상 별제권자 (파산재단에 속하는 재산상에 설정되어 있는 유치권·질권·저당권 또는 전세권을 가진 자)는 파산절차에 의하지 아니하고 별제권 행사에 의하여 자신의 채권의 만족을 받을 수 있고, 그러한 별제권 행사에 의하여 변제를 받을 수 없는 채권액에 관해서만 파산채권자로서 그 권리를 행사 할 수 있다(법 제411조 제412조, 제413조)

3. 파산 신청서류 작성방법

빈칸에 해당사항을 기재하고, 각 질문사항에 대하여 “(있음, 없음)” 란에 ㅇ표를 하는데, “있음”에 ㅇ표를 한 경우에는 반드시 해당란에 그 구체적인 내용을 기재하여야 한다.

파산 및 면책 신청서류 양식에 기재할 공간이 부족한 경우에는 해당란에 “별지 기재와 같음”이라고 기재한 후 파산 및 면책 신청서와 같은 크기(A4)의 종이에 해당사항을 기재하여 신청서류의 끝부분에 첨부하면 된다

가. 파산 신청서

신청인(채무자)란에는 성명을 한글로 정확하게 기재하고, 주민등록번호, 주소 및 등록기준지를 주민등록등본 및 가족관계증명서에 적힌 대로 정확히 기재한다.

채무의 변제에 사용할만한 재산이 있거나 부인권 대상 행위가 있는 등 파산절차를 진행할 필요가 있는 경우에는 신청취지 2항 및 신청이유 2항, 3항 중 괄호 부분을 삭제하고 날인하여야 한다.

나. 진술서

채무자는 파산법원으로 하여금 채무자의 지급불능상황을 보다 상세히 파악하게 하기 위하여 파산 및 면책 신청 시에 본인이 직접 다음과 같은 사항에 관하여 사실 그대로 기재한 진술서를 제출하여야 한다. 파산 및 면책 신청 서류의 두 번째 장부터가 진술서 양식이다.

제 1 항

최종 학력(학교명도 기재), 경력 등의 사항을 정확하게 기재하여야 한다. 과거 경력은 근무하던 직장 등을 순서대로 기재한다.

제 2 항

신청인의 현재까지의 생활을 되돌아보고 해당되는 사항이 있으면 기재한다. 채무의 지급이 곤란할 정도로 경제 사정이 어려워진 이후에, 재산을 처분하거나 일부 채권자에게만 편파 변제한 경험, 개인회생절차를 이용한 경험 등을 정확하게 기재하여야 한다.

제 3 항

이전에 채권자들과 채무의 지급방법(분할지급 등)에 관하여 교섭을 한 경우에 기재하는데, 교섭결과 합의가 성립되어 지급된 경우에는 그 지급내역을 구체적으로 기재한다. 소송·지급명령·압류·가압류명령 등을 받은 경우에는 법원명·사건번호·상대방(소송 등을 제기한 상대방 이름)을 기재하고 법원에서 송달받은 가압류 결정문, 지급명령, 이행권고결정, 소장 등의 사본을 첨부한다.

제 4 항

신청인이 제기한 파산 및 면책 신청이 타당한지 여부를 판단하는 데 중요한 자료가 된다.

따라서 채무 증대의 경위 및 지급이 불가능하게 된 사정에 관하여 해당 사유의 □안에 √표시를 하고, 지급이 불가능하게 된 시점을 기재한 다음, 구체적 사정을 날짜 순서에 따라 기재하여야 한다

(예를 들어, '2006 0. 0. ㅇㅇ은행에서 5천만 원을 차용하여 ㅇㅇ에서 분식집을 개업하였음. 임차보증금으로 2천 5백만 원, 권리금으로 2천만 원, 시설비로 5백만 원 지급'과 같이 요약적인 기재 가능).

제 5 항

채무를 지급할 수 없게 된 이후에 새로이 차용하거나 채무가 발생한 사실을 상세하게 기재하여야 한다.

다. 채권자 목록

파산과 면책을 별도로 신청할 경우에는 각 신청서에 채권자목록을 별도로 제출하여야 하지만, 파산과 면책을 동시에 신청하는 경우에는

채권자목록을 하나만 작성하여도 되며, 채권자목록은 신청인의 채무상태를 파악하기 위한 중요한 자료이다.

채권자목록 뒤에 설명되어 있는 <채권자목록 기재방법>을 잘 읽어본 후 작성하고, 같은 채권자에 대한 여러개의 채무는 연이어 기재하되, 오래된 것부터 날짜 순서에 따라 기재하여야 한다.

채무자를 위하여 보증을 해 준 사람이 있으면 그 보증인도 구상채권자로서 별도의 채권자란에 가지번호(예 : 1-1, 5-1 등)를 붙여 정확하게 기재하여야 한다.

채권자의 주소는 번지까지 정확하게 기재하여야 한다. 보증인이 있는 경우에는 해당 채권자(보증인이 보증을 한 채권자)의 보증인란에 그 보증인의 성명을 반드시 기재하여야 한다.

또한 '채권자 주소록'란에는 위와 같이 채권자목록에 기재된 모든 채권자의 주소를 반드시 정확하게 기재하여야 한다.

보증인도 역시 채권자에 해당되므로 그 주소를 반드시 정확하게 기재하여야 한다.

신용카드사용자는 해당 카드회사 또는 은행을 방문하여 신용카드사용내역서 (신용카드를 마지막으로 사용한 날로부터 과거 1년간)의 신용카드사용 내역이 기재되어 있는 것)를 발급받은 후 그 사용내역서의 첫 장 아래쪽 여백에 채권자목록의 순번과 카드회사명을 기재하여 순번에 따라 첨부하면 된다.

금융기관에서 대출을 받거나 사채를 사용한 경우에는 차용증(약정서), 독촉장이나 부채증명원 등 채무액을 소명할 수 있는 자료를 첨부해야 한다

금융기관에서 개인정보에 관한 자료를 주지 않을 경우에는 금융감독원(http://www.fss.or.kr/ 02-3771-5114)에 문의하면 된다.

※ 채권자목록에 기재하여야 할 채권자 이름 및 주소를 일부라도 기재하지 아니하거나, 허위 또는 부정확하게 기재한 경우에는 파산ㆍ면책절차가 지연될 수 있다.

만약 채무자가 특정인이 자신의 채권자라는 사실을 알고 있으면서 그 채권자를 채권자목록에 기재하지 아니하면 면책결정을 받더라도 그 채권자에 대한 채무는 면책되지 않는 불이익을 입을 수 있으므로, 채무자는 자신이 알고 있는 채권자를 채권자목록에서 누락하지 않도록 주의하여야 한다.

라. 재산목록

재산목록은 신청인의 재산 보유상태를 정확히 파악하기 위한 서류이므로 신청시의 보유재산을 빠짐없이 기재하여야 한다.

재산목록 요약표의 각 항목의 □있음 □없음 란에 √표시를 하여야 하는데, “있음”에 √표시를 한 경우에는 해당란에 그 내용을 구체적으로 기재하고 ☆표에서 설명하는 자료를 첨부하여야 한다. 첨부자료는 재산목록에 기재한 순서에 따라 정리하여야 하는데, “없음”에 √표시를 한 경우에는 해당란을 기재할 필요가 없다.

보험에 가입하여 신청서를 작성할 당시에도 보험이 유지되고 있는 경우에는 3항에 해약반환금을 기재하고, 보험회사로부터 해약 반환금 예상액이 기재된 서류를 작성 받아 제출하면 된다

부동산, 차량 등의 등기·등록 명의가 신청인으로 되어 있지만 실제로는 타인 소유에 속하는 재산도 모두 기재한 후 그렇게 된 경위를 구체적으로 설명하여야 하며, 시가증명자료와 부동산 등기부 등본 또는 자동차등록원부를 반드시 첨부하면 된다

※ 재산목록에 기재할 재산을 고의로 누락하면 사기파산죄로 처벌될 수 있고, 면책불허가 사유에도 해당되므로 누락되는 일이 없도록 주의하여야 한다.

마. 파산 신청시 소요 비용

⑴ 신청수수료 : 정부수입인지(1,000원)를 첨부 (구내은행 구입)

⑵ 송달료 납부서 : 구내은행 납부후 '납부서'를 접수계에 제출.
파산송달료 30,600원 + (채권자수 × 3,060원 × 2)

⑶ 파산절차 진행을 위한 예납금 :
원칙적으로 신청시에는 필요 없으나, 법원에서 예납명령이 있을 경우에는 예납금을 납부해야 한다(예납명령 받고 예납을 하지 않는 경우, 파산신청이 기각된다).

4. 파산신청 서식 (♣서식, 서울중앙지방법원 홈피에서 다운받아 사용하세요)

[전산양식 A5602]

파 산 신 청 서

인지 1000원

신 청 인(채 무 자) (주민등록번호 :)
주 소 : (우편번호 : -)
거 소 : (우편번호 : -)
송달장소 : 송달영수인 : (우편번호 : -)
등록기준지 :
연락처 : 휴대전화( ), 집전화( ), e-mail( )

신 청 취 지

1. 신청인에 대하여 파산을 선고한다.
2. 이 사건 파산절차를 폐지한다.

신 청 이 유

1. 신청인에게는 별첨한 진술서 기재와 같이 지급하여야 할 채무가 존재합니다.
2. 그런데 위 진술서 기재와 같은 신청인의 현재 자산, 수입의 상황 하에서는 채무를 지급할 수 없는 상태에 있습니다.(또한 파산재단을 구성할 만한 재산이 거의 없어 파산절차비용에 충당하기에 부족합니다.)
3. 이 사건 파산신청에 면책신청의 효과가 법률상 부여되는 것을 원하지 않습니다. 면책신청은 추후 별도로 하겠습니다.

첨 부 서 류

1. 가족관계증명서,및 혼인관계증명서(단 혼인관계증명서는 최근 2년 이내 이혼한 경우) 각 · 1부
2. 주소변동내역이 포함된 주민등록등본 1부
3. 진술서(채권자목록, 재산목록, 현재의 생활 상황, 수입 및 지출에 관한 목록 포함) 1부

휴대전화를 통한 정보수신 신청서

위 사건에 관한 파산선고결정 정보를 예납의무자가 납부한 송달료 잔액 범위내에서 휴대전화를 통하여 알려주실 것을 신청합니다.

▣ **휴대전화 번호** :
신청인 채무자 (날인 또는 서명)

※ 파산선고결정이 있으면 신속하게 위 휴대전화로 문자메시지가 발송됩니다.
※ 문자메시지 서비스 이용금액은 메시지 1건당 17원씩 납부된 송달료에서 지급됩니다(송달료가 부족하면 문자메시지가 발송되지 않습니다). 추후 서비스 대상 정보, 이용금액 등이 변동될 수 있습니다.

20 . . .
신 청 인 ㊞

파산사건번호	
배당순위번호	
재 판 부	제 단독

○○지방법원 귀중

※ 주의 : 본 신청서를 이용한 경우에는 파산선고 확정일부터 1개월 내에 면책신청을 별도로 제기하여야 면책절차가 진행됨을 유의하여야 합니다.

[양식 1-1]

진 술 서

○○지방법원 귀중

신 청 인 (인)

신청인은 다음과 같은 내용을 사실대로 진술합니다.

또 본인의 현재의 채무, 자산, 생활의 상황 및 수입 · 지출 등은, 별지 「채권자목록」, 「재산목록」, 「현재의 생활상황」, 「수입 및 지출에 관한 목록」의 각 기재와 같습니다.

위 각 서류에 사실과 다른 내용이 있을 경우 면책 불허가 될 수 있음을 잘 알고 있습니다.

1. 본인의 과거 경력은 다음과 같습니다.

⑴ 최종 학력

년 월 일 학교 (졸업, 중퇴)

⑵ 과거 경력(최근의 것부터 기재하여 주십시오)

년 월 일부터 년 월 일까지(자영, 근무)

업종____________ 직장명____________ 직위____________

년 월 일부터 년 월 일까지(자영, 근무)

업종____________ 직장명____________ 직위____________

2. 본인의 현재까지의 생활상황 등은 다음과 같습니다.

(1) 채무의 지급이 곤란할 정도로 경제사정이 어려워진 이후에 일부 채권자에게만 변제한 경험 (있음, 없음) (변제한 채권자의 성명, 변제시기, 금액을 전부 기재하여 주십시오)

____

____

(2) 사기죄, 사기파산죄, 과태파산죄로 고소되거나 형사재판을 받은 경험 (있음, 없음)

____

(3) 과거에 파산신청을 하였다가 취하하거나 기각당한 경험 (있음, 없음)

㈎ 년 월 일 ( )지방법원에 파산신청을 하였는데 (취하함, 기각당함)

㈏ 과거에 파산선고를 받은 경험 (있음, 없음)

년 월 일 ( )지방법원에서 파산선고를 받음

㈐ 그 파산선고에 이어서 면책을 받은 경험 (있음, 없음)

년 월 일 ( )지방법원에서 면책결정을 받았고, 년 월 일 위 결정이 확정됨

(4) ㈎ 개인회생절차를 이용한 경험 (있음, 없음)(개인회생절차 중이면 기각될 수 있음)

년 월 일 ( )지방법원에서 인가결정을 받음(사건번호:)

년 월 일 ( )지방법원에서 폐지결정을 받음

(폐지사유:)

☆폐지사유(예를 들어 소득감소, 가족의료비 증가 등)에 관한 소명자료를 첨부하여 주십시오.

㈏ 그 개인회생절차에서 면책을 받은 경험 (있음, 없음)

년 월 일 ( )지방법원에서 면책결정을 받았고, 년 월 일 위 결정이 확정됨

(5) 슬롯머신, 경마, 경륜, 포커 등 도박행위를 한 경험 (있음, 없음)

▷ 어떤 도박을 하였는지 ( )

▷ 도박을 한 시기 (년 월 일부터 년 월 일까지)

▷ 도박을 한 횟수 및 금액 1개월 평균 ( )회, 평균 ( )원 정도

(6) 과거 자신의 월수입의 반 이상이 소요되는 호텔, 콘도, 골프장, 고급음식점에 다닌 경험 (있음, 없음)

▷ 어떤 곳에 갔는지 ( )

▷ 간 시기 (년 월 일부터 년 월 일까지)

▷ 간 횟수 및 사용금액 1개월 평균 ( )회 정도, 평균( )원 정도

(7) 과거 2년간 국내 · 해외여행 경험 (있음, 없음)

▷ 여행 횟수 및 사용 금액 합계 ( ) 회 정도, 총액 ( ) 원 정도

(8) 과거 2년간 500만 원 이상의 물건을 구입한 경험 (있음, 없음)
(물건의 품명, 구입시기, 가격 등을 전부 기재하여 주십시오)

---

(9) 과거 물건을 할부나 월부로 구입하고 대금을 전부 지급하지 않은 상태에서 처분(매각, 입질 등)을 한 경험 (있음, 없음) (물건의 품명, 구입시기, 가격, 처분 시기 및 방법을 전부 기재하여 주십시오)

---

(10) 이번 항목은 개인 영업을 경영한 경험이 있는 분만 기재하여 주십시오.

▷ 영업 중 상업장부의 기재

□ 정확히 기장하였다. □ 부정확하게 기장하였다. □ 기장하지 아니하였다.

▷ 영업 중에 도산을 면하기 위하여 상품을 부당하게 염가로 매각한 사실 (있음, 없음)
(언제 무엇을 매입원가의 몇 %로 할인판매를 하였는지를 기재하여 주십시오)

---

3. 채권자와의 상황은 다음과 같습니다.

(1) 채권자와 채무지급방법에 관하여 교섭한 경험 (있음, 없음)

▷ 그 결과 합의가 성립된 채권자수 ( )명

▷ 합의에 기하여 지급한 기간 (년 월 일부터 년 월 일까지)

▷ 매월 지급한 총액 1개월 평균 ( )원 정도

▷ 지급 내역 (누구에게 얼마를 지급하였는지를 기재하여 주십시오)

---

(2) 소송 · 지급명령 · 압류 · 가압류 등을 받은 경험 (있음, 없음)

▷ ( )지방법원 ( )지원 사건번호 (호) 상대방( )

▷ ( )지방법원 ( )지원 사건번호 (호) 상대방( )

4. 파산신청에 이르게 된 사정 (채무 증대의 경위 및 지급이 불가능하게 된 사정)(□안에 √ 표시)

(1) 많은 채무(연대보증에 의한 채무나 신용카드 이용에 의한 채무를 포함한다)를 지게 된 이유는 다음과 같습니다(두 가지 이상 선택 가능).

□ 생활비 부족 (부양가족수 :), (부족한 생활비: 주거비, 의료비, 교육비, 기타:)

□ 주택구입자금 차용 (주택 구입 시기 :), (주택 처분 시기 :)
구입한 주택의 명세 :)

□ 낭비 등(음식 · 음주, 투자 · 투기, 상품 구입, 도박 등)

□ 사업의 경영 파단 (다단계 사업 포함) (사업시기 : 년 월 일부터 년 월 일까지)
(사업 종류 :)

□ 타인(친족, 지인, 회사 등)의 채무 보증

□ 사기 피해를 당함 (기망을 한 사람 및 채무자와의 관계 : ,) (피해액 : 원)

□ 그 밖의 사유 :

(2) 지급이 불가능하게 된 계기는 다음과 같습니다(두 가지 이상 선택 가능)

□ 변제해야 할 원리금이 불어나 수입을 초과하게 됨

□ 실직함

□ 경영 사정 악화로 사업 폐업함

□ 급여 또는 사업 소득이 감소됨

□ 병에 걸려 입원함

□ 그 밖의 사유 :

(3) 지급이 불가능하게 된 시점 : 년 월 일

(4) 구체적 사정

시기 (연월일)	채권자, 차용(보증) 액수, 차용한 돈의 사용처, 지급이 불가능하게 된 사정 등

(언제, 어떠한 사정 하에 누구로부터 얼마를 차용하여 어디에 사용하였는지, 언제 어떠한 사정 하에 무엇을 구입하였는지, 어떠한 사정 하에 지급이 불가능하게 되었는지를 오래된 것부터 시간 순서에 따라 기재하여 주십시오. 별지를 사용하여도 됩니다.)

5. 지급이 불가능하게 된 시기 이후에 차용하거나 채무가 발생한 사실 (있음, 없음)

시기(연월일)	차용(채무 발생) 원인, 금액, 조건 등

(있다면 차용 또는 채무발생의 시기, 원인, 금액, 조건 등을 기재하여 주십시오. 별지를 사용하여도 됩니다.)

[양식 1-2]

채권자목록

순번	채권자명	차용 또는 구입일자	발생원인	최초 채권액	사용처	보증인	잔존 채권액	
							잔존 원금	잔존 이자·지연손해금

※채권의 '발생원인'란에는 아래 해당번호를 기재함

①금원차용(은행대출,사채 포함), ②물품구입(신용카드에 의한 구입 포함), ③보증(피보증인 기재), ④기타

합계	잔존 원금	잔존 이자·지연손해금

채권자목록 기재요령

※양식※

순번	채권자명	차용 또는 구입일자	발생원인	최초 채권액	사용처	보증인	잔존 채권액	
							잔존 원금	잔존 이자·지연손해금
1	00카드 (주)	03.1.7-05.6.30	②	6,000,000	생활비	김 이 순	5,234,567	789,456
1-1	김 이 순	04.7.8	①	6,000,000			미정	미정
2	00은행 (주)	04.5.10	①	10,000,000	창업자금		10,000,000	2,456,789
9	허 00	05.4.9	①	5,000,000	병원치료비		5,000,000	1,150,000

※채권의 '발생원인'란에는 아래 해당번호를 기재함 ①금원차용(은행대출,사채 포함), ②물품구입(신용카드에 의한 구입 포함), ③보증(피보증인 기재), ④기타	합계	잔존 원금	잔존 이자·지연손해금
	24,630,812	20,234,567	4,396,245

※ 기재요령 ※

채권자목록에 기재하여야 할 사항을 한 가지라도 기재하지 아니하거나 허위 또는 부정확하게 기재하는 경우에는 파산·면책절차가 진행되지 아니하거나 면책절차에서 불리하게 작용할 수 있으니 주의하시기 바랍니다.

1. 채권자목록은 채무별로 순번을 달리하여 기재하십시오. 다만, 같은 채권자에 대한 여러 개의 채무는 연이어 기재하되, 발생 원인이 오래된 것부터 날짜 순서에 따라 기재하십시오.

2. 『채권자명』란에는 법인과 개인을 구분하여 채권자의 성명이나 법인명칭을 정확히 기재하십시오.

   채권자의 성명은 호적등본 또는 주민등록등본이나 법인등기부등본상 주소와 일치하여야 하며, 법인이 경우에는 대표자 까지 기재하여야 합니다(※잘못된 기재례 : 순이 엄마, 영주댁, ００상사).

3. 채무자를 위하여 보증을 해 준 사람이 있으면 그 보증인도 『보증인』란에 정확하게 기재하여야 합니다. 보증으로 인한 구상채무는 보증인이 보증한 채무의 바로 다음에 기재하되, 『순번』란에는 보증한 채권의 순번에 가지번호를 붙여 표시하고, 『잔존채권액·잔존원금 / 잔존 이자·지연손해금』란에는 '미정'이라고 기재하십시오.

4. 『차용 또는 구입일자』란에는 원래 차용 또는 구입일자를 기재하고 채권양도시 양도일자를 그 옆에 ( )를 표시하여 추가하며, 『발생원인』란에는 표 하단에 기재된 발생원인의 해당번호를, 『최초 채권액』란에는 채무발생 당시의 금액을, 『사용처』란에는 구체적 사용용도 또는 구입물품을 각 기재하십시오.

5. 『잔존 채권액·잔존원금 / 잔존 이자·지연손해금』란에는 파산신청(면책신청) 당시까지 채무자(채무자)가 갚지 못하고 있는 채무의 원금과 이자·지연손해금을 각 채권자별로 구분하여 기재하고, 하단의 『합계』란에는 채무의 총액을 기재하며, 『잔존원금』, 『잔존 이자·지연손해금』란에는 각각의 합계액을 반드시 기재하십시오.

[양식 1-3]

채권자의 주소

1. 채권자의 주소는 신청일 당시의 주소로 번지까지 정확하게 기재하고, 채무자를 위하여 보증을 해 준 사람이 있으면 그 보증인의 주소까지 정확히 기재하여야 합니다.
2. 채권자가 금융기관이나 기타 법인인 경우에는 본점 소재지 또는 거래지점의 소재지를 정확하게 기재하여야 합니다.

순번	채권자명	주소	전화번호	팩스	비고 (우편번호)

[양식 1-4]

재 산 목 록

※ 먼저, 다음 재산목록 요약표에 해당재산이 있는지 √하고, 「□ 있음」에 √한 경우에는 아래 해당 항목에서 자세히 기재바랍니다. 이 양식을 파일형태로 이용할 경우 아래 표 중 에「□ 있음」에 √한 부분만 출력하여 제출하여도 됩니다. 따라서 모두 「□ 없음」에 √한 경우에는 아래 표 다음 부분을 생략할 수 있습니다 (실제로는 재산 처분이 있었음에도 불구하고 '지급불가능 시점의 1년 이전부터 현재까지 재산 처분 여부'의 '없음'에 √해 놓고는 부동산등기부등본 등 소명자료를 뒷부분에 편철해놓는 경우가 있는데 이와 같이 재산목록 요약표와 소명자료 또는 진술서의 기재내용이 서로 불일치한 경우에는 허위진술 내지 불성실한 신청으로 간주되어 불이익한 처분을 받을 수 있습니다).

재산목록 요약표

1. 현금	□있음□없음	6. 매출금	□있음□없음	11. 지급불가능 시점의 1년 이전부터 현재까지 재산 처분 여부	□있음□없음
2. 예금	□있음□없음	7. 퇴직금	□있음□없음	12. 최근 2년간 받은 임차보증금	□있음□없음
3. 보험	□있음□없음	8. 부동산	□있음□없음	13. 이혼재산분할	□있음□없음
4. 임차보증금	□있음□없음	9. 자동차·오토바이	□있음□없음	14. 상속재산	□있음□없음
5. 대여금	□있음□없음	10. 기타 재산(주식, 특허권, 귀금속 등)	□있음□없음	15. 친족의 재산	□있음□없음
파산관재인 선임 희망 여부		□ 희망 □ 불희망			

1. 현금 : 금액 (원)

2. 예금

금융기관명( ) 계좌번호( )잔고 (원)

금융기관명( ) 계좌번호( )잔고 (원)

☆ 은행 이외의 금융기관에 대한 것도 포함합니다.

☆ 예금잔고가 소액이라도 반드시 기재하고 파산신청시의 잔고(정기예금분을 포함)와 최종 금융거래일로부터 과거 6개월간의 입출금이 기장된 통장 사본 또는 예금거래 내역서를 첨부하여 주십시오.

3. 보험(생명보험, 화재보험, 자동차보험 등)

보험회사명( ) 증권번호( ) 해약반환금 (원)

보험회사명( ) 증권번호( ) 해약반환금 (원)

☆ 파산신청 당시에 가입하고 있는 보험은 해약반환금이 없는 경우에도 반드시 전부 기재하여 주십시오.

☆ 보험증권사본과 파산신청시의 해약반환금 예상액(없는 경우에는 없다는 사실)을 기재한 보험회사 작성의 증명서를 첨부하여 주십시오.

4. 임차보증금

임차물건(　　　　　　), 임차보증금 (　　　　원), 반환예상금 (　　　　　　원)

☆ 반환예상금란에는 채무자가 파산신청일을 기준으로 임대인에게 임차물건을 명도할 경우 임대인으로부터 반환 받을 수 있는 임차보증금의 예상액을 기재하여 주십시오.

☆ 임대차계약서의 사본 등 임차보증금 중 반환예상액을 알 수 있는 자료를 첨부하여 주십시오.

☆ 상가 임대차의 경우에는 권리금이 있으면 반드시 권리금 액수를 기재해 주시기 바랍니다.

5. 대여금 · 구상금 · 손해배상금 · 계금 등

채무자명(　　　　　　) 채권금액 (　　　　　) 회수가능금액 (　　　　　원)

채무자명(　　　　　　) 채권금액 (　　　　　) 회수가능금액 (　　　　　원)

☆계약서의 사본 등 대여금 등을 알 수 있는 자료를 첨부하고, 변제 받는 것이 어려운 경우에는 그 사유를 기재한 진술서 및 소명자료를 첨부하여 주십시오(회수가 어렵다고 하더라도 반드시 기재하시고, 대여금뿐만 아니라 구상금, 손해배상금, 계금 등 어떠한 명목으로라도 제3자로부터 받아야 할 돈이 있으면 기재하시기 바랍니다).

6. 매출금(개인사업을 경영한 사실이 있는 분은 현재까지 회수하지 못한 매출금 채권)

채무자명(　　　　　　) 채권금액 (　　　　　원) 회수가능금액 (　　　　　원)

채무자명(　　　　　　) 채권금액 (　　　　　원) 회수가능금액 (　　　　　원)

☆ 영업장부의 사본 등 매출금을 알 수 있는 자료를 첨부하고, 변제 받는 것이 곤란한 경우에는 그 사유를 기재한 진술서 및 소명자료를 첨부하여 주십시오.

7. 퇴직금

근무처명(　　　　　　　　)　　　　퇴직금예상액 (　　　　　　　　원)

☆ 파산신청시에 퇴직하는 경우에 지급 받을 수 있는 퇴직금예상액(퇴직금이 없는 경우에는 그 취지)을 기재한 사용자 작성의 증명서를 첨부하여 주십시오. 만일 퇴직금채권을 담보로 하여 돈을 차용하였기 때문에 취업규칙상의 퇴직금보다 적은 액수를 지급 받게 되는 경우에는 차용에 관한 자료를 첨부하여 주십시오.

8. 부동산(토지와 건물)

종류(토지 · 건물) 소재지 (　　　　　　　　　　　　　　　　　　　　)

시　가 (　　　　　원)　등기된 담보권의 피담보채권 잔액(　　　　　원)

종류(토지 ·건물)　　　소재지　　　　　　　　　　　　　　　　　　　)

시　가 (　　　　　원)　등기된 담보권의 피담보채권 잔액(　　　　　원)

☆ 등기부등본 등과 재산세과세증명서, 인근 중개업소나 인터넷에서 확인한 적어도 2곳 이상의 시가확인서 등 시가증명자료를 첨부하여 주십시오.

☆ 저당권 등 등기된 담보권에 대하여는 은행 등 담보권자가 작성한 피담보채권의 잔액증명서 등의 증명자료를 첨부하여 주십시오(가압류나 압류는 등기된 담보권이 아니므로 그 가액을 표시할 때는 가압류나 압류임을 명시하여 주시기 바랍니다).

☆ 경매진행 중일 경우에는 경매절차의 진행상태를 알 수 있는 자료를, 배당이 완료된 경우에는 배당표를 제출하여 주십시오.

9. 자동차(오토바이를 포함한다)

차종 및 연식(　　　　　　) 　등록번호(　　　　　) 시가 (　　　　　　　원)
등록된 담보권의 피담보채권 잔액(　　　　　　　　　　　원)

☆ 자동차등록원부와 시가 증명자료를 첨부하여 주십시오.

10. 기타 재산적 가치가 있는 중요 재산권(주식, 회원권, 특허권, 귀금속, 미술품 등)

품목명(　　　　　　　　　　) 　　시가 (　　　　　　　　　원)

품목명(　　　　　　　　　　) 　　시가 (　　　　　　　　　원)

11. 진술서 4.(3) 기재 지급 불가능 시점의 1년 이전부터 현재까지 사이에 처분한 1,000만 원 이상의 재산(다만, 여러 재산을 처분한 경우 그 합계액이 1,000만 원 이상이면 모두 기재하여야 하고, 부동산은 1,000만 원 미만이라도 기재하여야 한다.)

____

____

☆ 처분의 시기, 대가 및 대가의 사용처를 상세히 기재하여 주시기 바랍니다. 그리고 여기서 말하는 재산의 처분에는 보험의 해약, 정기예금 등의 해약, 퇴직에 따른 퇴직금 수령 등도 포함합니다. 주거이전에 따른 임차보증금의 수령에 관하여는 다음의 12항에 기재하여 주시기 바랍니다.

☆ 특히 부동산이나 하나의 재산의 가액이 1,000만 원 이상인 재산을 처분한 경우에는 처분시기와 대가를 증명할 수 있는 등기부등본, 계약서사본, 영수증사본과 처분대가의 사용처를 증명할 수 있는 자료를 첨부하시기 바랍니다(경매로 처분된 경우에는 배당표를 제출하여 주십시오).

12. 최근 2년 이내에 주거이전에 따른 임차보증금을 수령한 사실

____

____

☆ 임대차계약서사본과 수령한 임차보증금의 사용처를 증명할 수 있는 자료를 첨부하시기 바랍니다.

13. 최근 2년 이내에 이혼에 따라 재산분여(할)한 사실

____

____

____

☆ 분여한 재산과 그 시기를 기재하여 주십시오. 그리고 분여한 재산의 가치를 나타내는 자료를 첨부하여 주시기 바랍니다(이혼 당시 배우자의 보유 재산이 어느 정도인지 아래 15.항의 양식을 참조하여 기재하여 주십시오).

14. 친족의 사망에 따라 상속한 사실

년 월 일 부 · 모__________의 사망에 의한 상속

상속상황

㉠ 상속재산이 전혀 없었음

㉡ 신청인의 상속포기 또는 상속재산 분할에 의하여 다른 상속인이 모두 취득하였음

㉢ 신청인이 전부 또는 일부를 상속하였음

주된 상속재산과 그 처분의 경과

____

____

____

☆ ㉡ 또는 ㉢항을 선택한 분은 주된 상속재산을 기재하여 주시기 바랍니다.

☆ ㉡항을 선택한 분은 다른 상속인이 주된 상속재산을 취득하였다는 사실을 증명하는 자료를 첨부하여 주십시오. 부동산인 경우에는 다른 상속인이 소유자로 되어 있는 등기부등본을 첨부하여 주십시오.

☆ ㉢항을 선택한 분으로 상속한 주된 재산을 이미 처분한 분은 그 처분의 경과와 대가의 사용처를 상세히 기재하고, 그 사실을 증명하는 자료를 첨부하여 주십시오.

15. 배우자, 부모, 자녀 명의의 1,000만 원 이상의 재산 (1인 명의 재산이 1,000만 원 이상일 때)

재산의 종류 ( )

재산의 명의자 ( ), 채무자와의 관계 ( )

재산의 시가 ( ), 재산에 관한 피담보채무 ( )

재산 취득 시기 ( )

재산 취득 자금 마련 경위 ( )

☆ 재산이 부동산인 경우에는 등기부등본 등과 재산세과세증명서, 인근 중개업소나 인터넷에서 확인한 적어도 2곳 이상의 시가확인서 등 시가증명자료를 첨부하여 주십시오.

☆ 재산 취득시기가 지급이 불가능하게 된 시점으로부터 2년 이내인 경우에는 재산 취득 자금 마련 경위에 관한 소명자료(예를 들어 재산 명의자의 취득 자금에 관한 금융 거래 명세 등)를 첨부하여 주십시오.

[양식 1-5]

현재의 생활상황

1. 현재의 직업 【 자영, 고용, 무직 】
   업종 또는 직업( ) 직장 또는 회사명 ( )

   지 위 ( ) 취 직 시 기 (년 월)

2. 수입의 상황(신청인의 월수입 합계 원)

   자영수입(원) → 종합소득세 확정신고서(최근 2년분)를 첨부.

   월 급여 (원) → 급여증명서(최근 2년분)와 근로소득세 원천징수영수증의 사본을 첨부하여 주십시오.

   연 금 (원) → 수급증명서를 첨부하여 주십시오.

   생활보호(원) → 수급증명서를 첨부하여 주십시오.

   기 타 (원) → 구체적으로 기재하고 수입원을 나타내는 자료를 첨부하여 주십시오.

3. 가족 · 동거인의 상황

성명	신청인과의 관계	연령	동거여부	직업	월수입
		세	동거 · 별거		원
		세	동거 · 별거		원
		세	동거 · 별거		원
		세	동거 · 별거		원
		세	동거 · 별거		원
		세	동거 · 별거		원

☆ 가족 · 동거인 중 수입이 있는 자에 대하여는 2항과 마찬가지로 급여명세서사본, 종합소득세확정신고서 등을 첨부하여 주십시오.

4. 주거의 상황
   거주를 시작한 시점 (년 월 일)

   거주관계 : 아래 ㉠ – ㉥ 중 선택 ( )

㉠ 임대 주택(신청인 이외의 자가 임차한 경우 포함)

㉡ 사택 또는 기숙사

㉢ 신청인 소유의 주택

㉣ 친족 소유의 주택에 무상으로 거주

㉤ 친족 이외의 자 소유의 주택에 무상으로 거주

㉥ 기타 (   )

㉠, ㉡항을 선택한 분에 대하여,

관리비를 포함한 임대료 (원) 임대보증금 (원)

연체액 (원)

신청인 이외의 자가 임차인인 경우 임차인 성명 (   ) 신청인과의 관계 (   )

㉣, ㉤항을 선택한 분에 대하여,

소유자 성명 (   ) 신청인과의 관계 (   )
신청인 이외의 자가 소유자이거나 임차인인데 함께 거주하지 않는 경우 그 경위를 기재하십시오.

(   )

☆ ㉠ 또는 ㉡항을 선택한 분은 임대차계약서 또는 사용허가서 사본을 첨부 바랍니다.

☆ ㉢ 또는 ㉣항을 선택한 분은 등기부등본을 첨부하여 주십시오.

☆ ㉣ 또는 ㉤항을 선택한 분은 소유자 작성의 거주 증명서를 첨부하여 주십시오.

5. 조세 등 공과금 납부 상황(체납 조세가 있는 경우 세목 및 미납액을 기재)

소득세 미납분 (없음 있음 – 미납액 원)

주민세 미납분 (없음 있음 – 미납액 원)

재산세 미납분 (없음 있음 – 미납액 원)

의료보험료 미납분 (없음 있음 – 미납액 원)

국민연금 미납분 (없음 있음 – 미납액 원)

자동차세 미납분 (없음 있음 – 미납액 원)

기타 세금 미납분 (없음 있음 – 미납액 원)

[양식 1-6]

수입 및 지출에 관한 목록

1. 가계수지표(2011. . 월분)(신청일이 속한 달의 직전 달 기준)

수입			지출	
항 목		금 액	항 목	금 액
급여 또는 지영 수입	신청인	원	주거비(임대료,관리비 등)	원
	배우자	원	식비(외식비 포함)	원
	기타( )	원	교육비	원
연금	신청인	원	전기 · 가스 · 수도료	원
	배우자	원	교통비(차량유지비 포함)	원
	기타( )	원	피복비	원
생활보호		원	의료비	원
기타		원	기타	원
수입합계		원	지출합계	원

2. 채무자 가용소득(개인회생절차를 신청할 경우 소득에서 생계비를 뺀 나머지 소득)

	구분	금액(단위 : 원)					
1	채무자의 월 평균 소득						
2	생계비(부양가족을 기준으로 한 보건복지부 공표 최저생계비의 150%)[1)	1인	2인	3인	4인	5인	6인
		694,571	1,176,479	1,539,905	1,898,772	2,231,817	2,568,279
	부양가족 이름, 연령, 관계						
3	채무자의 가용소득 (1 - 2)						

1)최근 1년 동안의 대략적인 소득을 평균하여 기재하십시오.

2)본인을 포함한 부양가족(스스로 최저생계비 이상의 소득을 올리는 사람은 부양가족이 아닙니다)의 수에 해당하는 곳에 ○ 표 하십시오

[양식 1-6]

수입 및 지출에 관한 목록

1. 가계수지표(2011. . 월분)(신청일이 속한 달의 직전 달 기준)

수입			지출	
항 목		금 액	항 목	금 액
급여 또는 자영 수입	신청인	원	주거비(임대료,관리비 등)	원
	배우자	원	식비(외식비 포함)	원
	기타( )	원	교육비	원
연금	신청인	원	전기 · 가스 · 수도료	원
	배우자	원	교통비(차량유지비 포함)	원
	기타( )	원	피복비	원
생활보호		원	의료비	원
기타		원	기타	원
수입합계		원	지출합계	원

2. 채무자 가용소득(개인회생절차를 신청할 경우 소득에서 생계비를 뺀 나머지 소득)

	구분	금액(단위 : 원)					
1	채무자의 월 평균 소득						
2	생계비(부양가족을 기준으로 한 보건복지부 공표 최저생계비의 150%)[1)]	1인	2인	3인	4인	5인	6인
		694,571	1,176,479	1,539,905	1,898,772	2,231,817	2,568,279
	부양가족 이름, 연령, 관계						
3	채무자의 가용소득 (1 - 2)						

1)최근 1년 동안의 대략적인 소득을 평균하여 기재하십시오.

2)본인을 포함한 부양가족(스스로 최저생계비 이상의 소득을 올리는 사람은 부양가족이 아닙니다)의 수에 해당하는 곳에 ○ 표 하십시오

5. 각 지방법원의 개인파산 관련 부서안내

서울중앙지방법원
(우) 137-737, 서울 서초구 서초중앙로 157,(서울중앙지법 별관 남관 1층)
☎ 1,2,3단독: 530-1489/ 4,5,6단독: 530-2291/
7,8단독: 530-1610/ 10,11단독: 530-2849/
12단독: 530-2291/ 13단독: 530-2849/
14,15,16단독: 530-1489/ 17단독: 530-2291/
18단독: 530-2849

의정부지방법원 민사신청과,
(우)480-707, 경기도 의정부시 녹양로 34번길 23, 제2신관2층)
☎ 031-828-0316

인천지방법원
(우)402-753, 인천 남구 소성로 163번길 17 (학익동),
☎ 접수 032- 860 - 1807, 제1단독(1818)/ 제2단독(1819)/
제3단독(1820)/ 제4단독(1816)/ 제5단독(1851)

수원지방법원
(우)443-704, 수원시 영통구 월드컵로 120 (원천동)
☎ 접수 031-210-1351, 제1,3단독(1387)/ 제2,4,5,6단독(1388)

춘천지방법원
(우)200-715, 춘천시 공지로 284 (효자2동 356)
☎ 접수 033-259-9711, 9721~3

대전지방법원
(우)302-720, 대전 서구 둔산1동 법원길 6
☎ 042-470-1784~4, 1798, 1942~5

청주지방법원
(우)361-705, 청주시 흥덕구 원흥로 8 (산남동 505)
☎ 043-249-7273

대구지방법원
(우)706-714, 대구 수성구 동대구로 364 (범어2동 176-1)
☎ 053-757-6787, 6789

부산지방법원
(우)611-742, 부산 연제구 법원로 31
☎ 051-590-1755~6, 1773, 1778, 제61단독(1755)/ 제62단독(1761)/ 제63단독(1757)

울산지방법원
(우) 680-704, 울산시 남구 법대로 14번길 (옥동 635-3)
☎ 052-228-8285,8270, 8280, 8285~6

창원지방법원
(우)641-705, 창원시 성산구 창이대로 681
☎ 055-239-2127, 2262

광주지방법원
(우)501-703, 광주 동구 동명로 303 (지산2동 342-1)
☎ 062-239-1656, 1663, 1540

전주지방법원
(우)561-758, 전주시 덕진구 사평로 25 (덕진동1가 1416-1)
☎ 063-259-5751, 5739

제주지방법원
(우)690-751, 제주시 남광북5길 3 (이도2동 950-1)
☎ 064-729-2213, 2215

6. 파산신청관련 기타 참고자료

가. 파산관련 소명 사안별 구비서류

구 분		구 비 서 류
기본서류		- 가족관계증명서 - 주소변동내역이 포함된 주민등록등본
채권자목록		- 부채증명서, 계약서, 차용증, 독촉장, 영수증, 입금통장 사본 등 채권의 원인, 시가, 금액, 현재 금액을 알 수 있는 자료
재 산 목록	예금	- 최종 거래일로부터 6개월간 입출금 기장된 통장사본 또는 예금통장내역서
	보험	- 보험증권사본 및 해약반환금 예상액 확인서(없는 경우 없다는 사실)
	임차 보증금	- 임대차계약서 사본, - 보증금이 감소한 경우 반환예상액을 알 수 있는 자료(건물주 확인서 등)
	대여금 등, 매출금	- 계약서 사본(영업장부 사본) 등 대여금(매출금) 현재액 확인자료 - 변제받기 어려운 경우 그 사유를 기재한 진술서
	퇴직금	- 예상퇴직금확인서(퇴직금을 중간정산 받거나 계속근로년수가 1년 미만인 경우 이를 명시하고 차용자료 첨부)
	부동산	- 부동산등기부등본 - 중개업소(토지, 다가구, 다세대 등)나 인터넷 부동산 사이트(아파트의 경우)에서의 시가 확인자료, 담보권이 있는 경우 피담보채권 잔액증명서
	자동차	- 자동차등록원부 - 인터넷 등 시가증명자료 - 근저당권이 있는 경우 근저당권 잔액 증명서
	최근1년간 처분한 재산	- 처분시기와 대가를 증명할 수 있는 등기부등본, 계약서사본, 영수증사본 - 처분대가의 사용처를 증명할 수 있는 자료(경매처분시 배당표 등)
	최근2년간 수령한 임차보증금	- 임대차계약서 사본 - 수령한 임차보증금 사용처 증명 자료
	최근2년간 재산분할한 재 산	- 분할한 재산의 가치를 나타내는 자료
	상속재산	- 다른 상속인이 상속받은 경우 부동산등기부등본 등 이를 소명할 자료 - 채무자가 상속받아 처분한 경우 처분 및 대가 사용처 소명 자료
	친족의 재산	- 해당 재산 소명 자료, 취득시기가 지급불능 시점 2년 이내인 경우 재산취득자금 마련 경위에 관한 소명 자료
현재의 생 활 상황	수입상황	- 자영소득·급여소득 : 종합소득세 확정신고서, 급여명세서 등 수입 소명자료 - 연금, 생활보호 : 수급증명서 , 기타 수입원 소명 자료
	가족 동거인 상황	- 수입 있는 자가 있는 경우, 위와 같은 수입 소명자료
	주거상황	- 신청인 소유 주택 또는 친족 소유주택에 무상 거주하는 경우 : 주택등기부등본 - 사택, 기숙사 또는 임차 주택 : 임대차계약서, 사용허가서 사본 - 무상 거주(친족소유주택 포함) : 소유자 작성 거주 증명서

나. 조회기관별 재산조회 범위 및 비용 (규칙 별표3)

순번	기관·단체	조회할 재산	조회 비용
1	법원행정처	토지·건물의 소유권	20,000원
2	건설교통부	건물의 소유권	10,000원
3	특허청	특허권·실용신안권·의장권·상표권	20,000원
4	특별시·광역시 또는 도	자동차·건설기계의 소유권	기관별 5,000원
5	은행법에 의한 금융기관	금융실명거래및비밀보장에관한법률 제2조제2호에 규정된 금융자산(다음부터 "금융자산"이라 한다) 중 계좌별로 시가 합계액이 50만원 이상인 것	기관별 5,000원
6	종합금융회사에관한법률에 의한 종합금융회사	금융자산 중 계좌별로 시가 합계액이 50만원 이상인 것	기관별 5,000원
7	상호저축은행법에 의한 상호저축은행	금융자산 중 계좌별로 시가 합계액이 50만원 이상인 것	기관별 5,000원
8	농업협동조합법에 의한 농업협동조합과 그 중앙회	금융자산 중 계좌별로 시가 합계액이 50만원 이상인 것	기관별 5,000원
9	수산업협동조합법에 의한 수산업협동조합법과 그 중앙회	금융자산 중 계좌별로 시가 합계액이 50만원 이상인 것	기관별 5,000원
10	신용협동조합법에 의한 신용협동조합	금융자산 중 계좌별로 시가 합계액이 50만원 이상인 것	기관별 5,000원
11	산림조합법에 의한 산림조합	금융자산 중 계좌별로 시가 합계액이 50만원 이상인 것	기관별 5,000원
12	새마을금고법에 의한 새마을금고	금융자산 중 계좌별로 시가 합계액이 50만원 이상인 것	기관별 5,000원
13	신탁업법에 의한 신탁회사와 증권투자신탁법에 의한 위탁회사	금융자산 중 계좌별로 시가 합계액이 50만원 이상인 것	기관별 5,000원
14	증권거래법에 의한 증권회사·증권금융회사·중개회사 및 명의개서대행업무를 수행하는 기관	금융자산 중 계좌별로 시가 합계액이 50만원 이상인 것	기관별 5,000원
15	보험업법에 의한 보험사업자	해약환급금이 50만원 이상인 보험계약	기관별 5,000원
16	정보통신부	금융자산 중 계좌별로 시가 합계액이 50만원 이상인 것	5,000원

다. 상속재산 파산신청에 관한 결정문 예시

서울중앙지방법원
결　　정

사　　건　2011하단 ㅇㅇ파산선고

신 청 인　1. 김일남 (주민등록번호 : 000000-1000000)
　　　　　2. 김이남 (주민등록번호 : 000000-1000000)
　　　　　신청인들 주소 : 서울 강남구 삼성로 32길 72

채 무 자　피상속인 망 김갑돌(주민등록번호: 000000-1000000)의 상속재산
　　　　　최후주소 : 서울 강남구 삼성로 32길 72

선고일시　2011. 7. 5. 10:00

주　　문

1. 채무자 피상속인 망 김갑돌의 상속재산을 파산자로 한다.
2. 변호사 홍길동 (주민등록번호 : 000000-1000000, 서울 서초구 방배로 27, 301호)를 파산 관재인으로 선임한다
3. 채권신고기간을 2011. 9. 5.까지로 한다
4. 제1회 채권자집회와 채권조사의 기일 및 장소를 2011. 9. 15. 17:00 서울 법원종합청사 제5호 법정(남관 000호)으로 한다

이　　유

1. 인정사실

이사건 기록 및 신청인들에 대한 심문결과를 종합하면 다음과 같은 사실이 인정된다

(1) 피상속인 망 김갑돌은 2011. 4. 20. 사망하였고, 상속인으로는 처 박일숙(주민등록번호 000000-2000000)와 자녀 김일남, 김이남(이 사건 신청인 들)이 있다

(2) 망 김갑돌은 사망 당시 서울 강남구 삼성동 514번지 소재 건물 등 6개의

부동산을 보유하고 있었고, 그 가액은 공시지가 기준으로 12억 7,600만원 정도인 반면에 망 김갑돌의 사망 당시 채무는 약 40억 원이었다

(3) 신청인들은 서울가정법원 2011느단1007호로 상속한정승인신고를 하여 2011.5.30.한정승인신고가 수리되었으며, 상속채권자에 대한 변제가 종료하지 아니한 동안인 2011. 6. 15. 이사건 신청을 하였다

(4) 현재 망 김갑돌의 상속재산중 일부는 경매로 처분되거나, 상속인 김일남에 의하여 매매로 처분된 상태이다

2. 판 단

위 인정사실에 의하면 상속재산으로써 상속채권자에 대한 채무를 완제할 수 없으므로 채무자 회생 및 파산에 관한 법률 제307조를 적용하여 망 김갑돌의 상속재산에 대하여 채무자로서 파산을 선고하고, 파산관재인의 선임에 관하여는 위법 제355조, 채권신고기간·제1회 채권자집회 기일 및 채권조사의 기일에 관하여는 위법 제312조를 각 적용하여 주문과 같이 결정한다

판 사 ◈ ◈ ◈

제7장

상속 부동산 이전등기

1. 부동산 상속등기의 신청 유형

가. 법정상속분 대로 등기를 신청하는 경우

민법 제1009조에 의한 법정상속분에 따라 등기를 신청하는 경우인데, 공동상속인 모두가 같이 신청할 수도 있고, 공동상속인 중 일부자가 신청할 수도 있다.

그러나, 그 일부자가 자기지분 등에 대해서만 신청하는 것은 허용되지 않으며, 다른 상속인의 지분까지 함께 신청을 하여야 한다.

나. 협의분할에 의하여 등기를 신청하는 경우

법정상속분이 아닌 협의분할에 의해 등기를 신청하는 것으로서 공동상속인 전원의 이름으로 상속재산 분할 협의서를 작성하고, 상속인 전원의 인감도장을 날인한 후, 인감증명서도 함께 첨부하여 신청해야 한다

2. 등기신청 첨부정보의 내용

가. 돌아가신 분: 가족관계증명 및 기본증명서, 말소된 주민(등)초본(전주소 기재), 제적등본(출생 시 부터 소명), 기타혼인관계증명서, 입양관계증명서 및 친양자입양관계증명서

나. 상속자 전원: 가족관계증명 및 주민등록(등)초본

다. 상속재산 분할협의서 : 상속인 전원의 이름으로 작성(협의서가 여러장인 경우에는 상속인 전원이 간인하고, 전원의 인감증명을 첨부, 재외국민인 경우 재외공관 확인서 또는 이에 준하는 공정증서, 조정 또는 심판인 경우에는 그 조정조서등본 또는 심판서 정본을 첨부)

라. 부동산등 관련증명 정보 : 토지(임야)대장등본, 건축물대장등본(집합건축물대장등본), 취득세 영수필확인서,

마. 기 타 : 대리인에 위임시는 위임장, 판결인 경우 판결정본, 상속포기자 있을 때는 그의 상속포기수리심판서 정본

3. 국민주택 채권매입 및 취득세의 납부

가. 주택 채권매입 비율표 (주택법시행령 제95조 1항, 별표12)

부동산과세시가표준액	채권 매입율(상속 및 증여 기준)		비 고
	서울 및 광역시 지역	기 타 지 역	
1천만이상 5천만원미만	1,000분의 18	1,000분의 14	
5천만이상 1억 5천만원	1,000분의 28	1,000분의 25	
1억 5천만원 이상	1,000분의 42	1,000분의 39	

★ 국민주택 채권매입 금액 계산시 유의사항 :

부동산 시가표준액에 위의 매입비율을 적용하여 계산하되, 계산결과 10,000원 미만의 단수가 발생한 경우, 그 단수가 5,000원이상 10,0000원 미만인 때에는 10,000원으로 하고, 5,000원 미만인 경우에는 그 금액을 절사하여 단수가 없는 것으로 계산 한다

※ 시가표준액은 해당 부동산소재 시ㆍ군ㆍ구청 세무과에 문의

★ 국민주택 채권의 할인

취득세 납부 은행에서 채권매입액의 4-12%수준의 할인수수료를 납부하고, 채권발행번호가 있는 채권 매입(할인)필증을 교부 받을 수 있다

나. 취득세 등의 세율 및 자진 신고시 구비서류

구 분		취득세율 (시가표준액의)	지방교육세율 (취득세액의)	농어촌특별세율 (취득세액의)	비 고
상속	농 지	1,000분의 23	23분의 3의 20%	23분의 20의 10%	피상속인 사망 6월이내 자진신고납부 (미신고시 신고불성실가산세 20%)
	농지이외	1,000분의 28	28분의 8의 20%	28분의 20의 10%	
	선 박	1,000분의 25	25분의 5의 20%	25분의 20의 10%	
유증 등 무상취득		1,000분의 35	35분의 15의 20%	35분의 20의 10%	

★ 취득세 신고시 구비서류 (신고서식 본책자 257면, 9-1항 참조)

상속인 본인이 신고시는 제적등본 또는 가족관계등록부, 상속인의 신분증, 상속재산을 분할 협의한 경우에는 분할협의서 등을 첨부하고, 대리인이 신고시는 위임장을 추가 첨부해야 한다

※ 취득세 납부대상 중 농가주택 및 전용 85㎡이하 국민주택 등은 농어촌특별세 비과세, 구체내역 시군 세무과에 문의.

4. 외국인과 재외국민의 상속등기 신청절차 (등기예규 1392호 발췌)

가. 외국인 (대한민국 국적을 보유하고 있지 아니한 자)

(1) 외국인 부동산등기용 등록번호를 부여받아야 한다

(가) 등록번호 부여신청은 체류지(국내에 체류지가 없을 경우 대법원 소재지) 출입국관리소장 또는 출입국관리 출장소장에게 한다

(나) 국내 거소신고를 한 외국국적 동포의 경우에는 국내거소신고번호로 대신할 수 있다

(2) 주소를 증명하는 정보

(가) 본국에 주소증명서 등을 발급하는 기관이 있는 경우(예: 일본 등)

i) 본국 관공서의 주소증명서 또는 거주사실증명서를 첨부

(나) 본국에 주소증명서 등을 발급하는 기관이 없는 경우(예: 미국 등)

i) 주소를 공증한 정보를 첨부

(다) 본국에 주소증명서를 발급하는 기관은 없으나, 그 주소증명서를 대신할 수 있는 증명서(운전면허증 또는 신분증 등)를 본국 관공서에서 발급하는 경우

i) 관할등기소 등기관에게 그 증명서 및 그 사본(원본과 동일하다는 취지를 기재)을 제출하여 원본과 동일함을 확인받거나,

ii) 또는 그 증명서 사본(원본과 동일하다는 취지를 기재)에 본국 관공서의 증명이나 공증인의 공증 또는 외국주재 한국 대(영)사관의 확인을 받아 주소증명서 대신 제출할 수 있다

(3) 외국국적 취득으로 성명이 변경된 경우

i) 변경 전.후의 성명이 동일인이라는 본국 관공서의 증명 또는 공증을 첨부

(4) 협의분할서 작성관련 서명인증 또는 인감증명

인감증명 날인제도가 있는 일본 등 경우는 본국 관공서가 발행한 인감증명을 첨부하고, 본국에 인감증명 날인제도가 없는 미국 등 경우는

위임장에 한 서명에 관하여 본인이 직접 작성하였다는 취지의 본국 관공서의 증명이나 이에 대한 공증을 첨부

나. 재외국민 (대한민국에 현재하지 아니한 자 로서 국외로 이주하여 주민등록이 말소되거나, 처음부터 없는 자)

(1) 주소를 증명하는 정보

(가) 외국주재 대한민국 대(영)사관에서 발행하는 재외국민 거주사실증명 또는 재외국민 등록부등본을 첨부

(나) 다만, 주재국에 대사관 등이 없어 그와 같은 증명을 발부 받을 수 없을 때에는 주소를 공증한 서면으로 대신할 수 있다

(다) 국내거소신고를 한 경우에 국내거소신고사실증명으로도 가능

(2) 부동산등기용등록번호

(가) 등기권리자(취득 · 상속 등)로서 신청하는 때에 주민등록번호가 없는 경우에 대법원소재 관할 등기소(현재 서울중앙지방법원 등기국)에서 부동산등기용 등록번호를 부여받아야 한다

(나) 국내거소신고번호로 부동산등기용 등록번호를 갈음할 수 없다

(다) 종전에 주민등록번호를 부여받은 경우 새로이 부동산등기용 등록번호를 부여받지 않는다

(3) 상속에 있어서의 특례

재외국민의 상속재산의 협의분할시 인감증명은 상속재산 협의분할서상의 서명 또는 날인이 본인의 것임을 증명하는 재외공관 확인서 또는 이에 관한 공정증서로 대신할 수 있다

다. 번 역 문

신청서에 첨부된 서류가 외국어로 되어 있으면 모두 번역문을 첨부

5. 유증으로 인한 소유권 이전의 등기 신청

유증은 유언자가 유언에 의하여 부동산 등을 수증자(증여 받을 자)에게 무상으로 증여하는 단독행위로써, 유언자가 사망 한 후에 효력이 발생하며, 유류분 제도에 의하여 그 처분의 정도가 제한 될 수도 있다

가. 신청방법

공동신청, 단독신청, 법무사 등 대리인에 의한 신청방법이 있다 (단독신청은 판결에 의한 등기 신청시에만 가능하다)

나. 신청서 양식 : 소유권이전 등기신청(유증)

다. 유증에 의한 소유권이전 등기신청 첨부정보

i) **유언증서 등 :** 유언집행자의 자격을 증명하는 서면으로서, 유언집행자가 유언으로 지정된 경우에는 유언증서를 첨부한다

ii) **유언검인조서 등본 :** 유언이 자필증서 또는 녹음 또는 비밀증서에 의한 경우에는 그 유언서의 검인조서등본을 첨부 (구수증서의 유언일 경우는 검인신청 심판서 등본을, 공정증서에 의한 유언서는 그 유언서를 첨부)

iii) **취득세영수필통지서 :** 시군구로부터 취득세납부서를 교부받아 세금을 납부한 후, 발급받은 취득세 영수필통지서

iv) **인감증명서 :** 등기의무자(유언집행자)의 인감증명서

v) **제적등본, 가족관계등록 증명정보 등 :** 유언집행자를 지정하지 아니하여 상속인이 유언집행자가 되는 경우에 유언집행자의 자격 소명하고 유언효력 증명하는 가족관계 증명정보

vi) **주소증명 정보 :** 등기의무자 및 등기권리자의 주민등초본

vii) **기 타 :** 이외에도 법무사 등에 위임한 경우에는 위임장, 그 외에 등기필증 또는 등기필 통지번호를 첨부 한다

6. 등기원인 발생후 사망시, 그의 상속인에 의한 등기 신청

부동산 매매 등 등기의 원인이 발생한 후에, 아직 등기를 하지 않고 있는 사이에 등기의무자 또는 등기권리자에 상속이 개시된(피상속인 사망 등) 경우, 그 상속인이 하는 등기신청을 말한다.

이 경우 상속인이나, 그 밖에 포괄승계인이 그 등기를 신청할 수 있다

가. 등기신청서에 기재하는 사항

부동산등기법에 규정된 신청서 기재사항을 일반원칙에 따라 기재하되, 피상속인 사망으로 상속인이 등기의무자의 지위에서 등기를 신청하는 경우에는 피상속인의 표시(성명, 주소 등)와 상속인의 주소、성명 등을 함께 기재하여야 한다

나. 상속인에 의한 등기 신청시 첨부정보

i) **등기원인 증명정보 :** 피상속인이 생전에 매매계약 체결시 작성한 원인증서를 첨부하여야 하고, 상속인이 새로 원인증서를 작성하는 것이 아니다

ii) **신분 증명 정보 :** 신청서에 그 "신분"을 증명하는 시·구·읍면장의 증명정보(상속을 증명하는 가족관계등록 증명정보 등)을 첨부하여야 한다

iii) **주소 증명 정보 :** 피상속인이 등기부상의 소유명의인이라는 점과 상속인들의 주소를 증명하는 서면으로 망자의 말소된 주민등록 등본과 상속인의 주민등록부등본을 첨부하여야 한다

iv) **농지취득자격 증명 :** 일반 상속과는 다르게, 본절차로 농지를 상속하는 경우, 취득상속인의 농지취득증명서를 제출해야 한다

7. 상속등기 완료된 소유권을 경정하는 등기

상속등기가 완료된 부동산에 대하여 그 소유권을 공동상속인 중 1인 단독 또는 상속인중 일부의 소유 등으로 정정하는 등기로서, 상속재산 분할의 재협의가 이루어진 경우, 종전 상속인공동소유로 된 등기를 특정 상속인 단독 또는 일부의 소유로 경정(수정)하는 등기 절차가 소유권 경정 등기신청이다

가. 상속 경정등기의 예시 (등기예규 1100호, 2005.4.30,발췌)

ⅰ) 법정상속분(비율)대로 상속등기를 완료 한후, 협의분할로 인하여 소유권을 경정 등기하는 경우

ⅱ) 협의분할에 의한 상속등기를 완료 한 후, 협의 해제를 원인으로 하여 법정상속분(비율)대로 소유권을 경정 등기하는 경우

※ 분할협의를 하여 상속등기를 마친 후, 다시 공동상속인 전원의 합의로 새로운 분할협의를 한 경우 "공유"를 "단독소유"로 하는 등의 소유권경정등기를 신청할 수 있다. (분할협의 합의해제 후, 재분할협의에 따른 등기절차, 등기선례 200509-6, 2005.09.26)

나. 경정등기 신청시 첨부정보의 내용

ⅰ) **위임장 :** 등기신청을 법무사 등 대리인에 위임시 첨부 한다

ⅱ) **등기필 정보 :** 등기의무자 소유권에 관한 등기필증으로서 등기소로부터 교부받은 등기필증 또는 등기필 통지서

ⅲ) **경정사유 증명 정보 :** 공동상속인 전원이 참가하여 작성한 상속재산분할협의서(공동상속인 전원이 인감 날인 및 인감 첨부) 또는 심판서 정본(법원심판 등에 의한 경우)

ⅳ) **주소증명 정보 :** 경정으로 인하여 권리를 상실하는 등기의무자 및 권리를 추가로 취득하는 등기권리자 각각의 주민등초본

ⅴ) **기　타 :** 등기상 이해관계인이 있는 경우에는 그의 승낙서(인감증명 첨부) 또는 이에 대항할 수 있는 재판의 등본 첨부

8. 상속등기에 관한 궁금한 사항

궁금한 사항	회답요지 및 근거
5)유증 받은 사람(受遺者)의 등기 신청방법	▸유증을 받은 수유자(受遺者)의 경우에는 상속인과는 다르게 수유자 단독으로는 등기를 신청할 수가 없다. ▸수유자는 상속인 그 밖의 유언집행자(등기의무자)와 공동으로 등기를 신청을 해야 한다 (유증으로 인한 이전등기신청절차에 관한 대법원등기예규 제1024호)
6)금양임야의 승계로 인한 소유권 이전 등기신청	▸호주상속인이 민법 제996조에 의하여 승계한 금양임야에 관하여 그 승계로 인한 소유권이전등기를 신청함에 있어서는 호적등본, 제적등본 등 상속을 증명하는 서면과 금양임야임을 증명하는 서면을 첨부하여야 할 것이나 ▸위 금양임야임을 증명하는 서면을 얻기 어려울 때에는 이에 갈음하여 공동상속인 전원이 금양임야임을 인정하는 서면(그 서면에는 공동상속인 전원의 인감증명서가 첨부되어야 할 것임)을 첨부하여도 무방하지만, 도시계획확인원(용도가 개발제한구역)은 금양임야임을 증명하는 서면이 될 수 없다. (1990. 6. 29. 등기 제1320호, 등기선례Ⅲ-391)
7)망인의 장남이 지목이 묘지인 토지의 승계를 원인으로 소유권이전등기를 신청하는 경우 첨부할 서면	▸망인의 장남이 지목이 묘지인 토지에 대하여 「민법」 제1008조의3의 규정에 의한 승계를 원인으로 소유권이전등기를 신청하기 위해서는 상속을 증명하는 서면과 해당 토지가 분묘에 속한 금양임야이고 자신이 제사주재자임을 증명함에 족한 서면(판결 또는 신청인을 제외한 상속인 전원의 인감증명서를 첨부한 확인서 등)을 첨부하여야 한다. (2010. 12. 24. 부동산등기과-2411 질의회답)
8)상속을 증명하는 서면	▸상속으로 인한 소유권이전등기를 신청함에 있어서는 그 신청서에 상속을 증명하는 서면으로 호적·제적 각 등본과 주민등록등본을 첨부하여야 할 것이며, 또한 호적상 피상속인의 성명이 등기부와 다른 경우에는 이명동일인(異名同一人)임을 증명하는 시,구,읍,면장의 서면 또는 이를 증명함에 족한 서면을 제출하여야 할 것이다 (1992.4.13. 등기선례Ⅲ-410)

궁금한 사항	회답요지 및 근거
9)등기원인증서로서의 상속증명 서면	▸상속증명은 상속인과 상속분의 내용을 명확히 하려는 것으로서, 상속증명 서면에는 피상속인의 사망사실과 상속인 전원의 인적사항을 확인할 수 있어야 한다 ▸따라서 상속증명서면은 사망일자를 확인할 수 있는 기본증명서, 상속인을 확인할 수 있는 가족관계증명서, 전적, 법정분가, 타가입적 등으로 피상속인의 신분변동 상황이 계속 연결되는 경우에는 그에 관련된 제적등본을 모두 제출해야 한다 ▸특히 양자는 친가와 양가 모두에서 상속권이 있지만 친양자만은 친가에서 상속권이 소멸되므로 친양자의 입양증명이 필요하다
10) 상속등기 시 주소 증명	▸피상속인의 주소증명은 필요가 없으나, 등기부상 명의와 동일성 확인을 위해 첨부하도록 하고 있으며, 상속등기의 등기명의인이 되는 상속인은 반드시 주소와 주민등록번호의 증명을 위하여 첨부하여야 한다 ▸그러나, 상속포기자의 주소증명은 필요가 없다
11)공동상속인 중 일부의 주소증명 첨부 불능 시 처리	▸공동상속인중 일부가 행방불명이 되어 주민등록이 말소된 경우에는 주민등록표등본을 첨부하여 그 최후주소를 주소지로 하고, 위 주민등록표등본을 제출할 수 없을 때에는 이를 소명하여 기본증명서상 등록기준지를 그 주소지로 하여 재산상속등기의 신청을 할 수 있을 것이다 (등기예규 제1218호,2008.1.1.부터 시행)
12) 상속인이 외국인 또는 재외국민인 경우의 주소를 증명하는 서면	▸상속등기 신청서에 첨부할 주소를 증명하는 서면으로 (1)외국인은 당해 외국의 관공서가 발행하는 주소증명(또는 거주사실증명)이나 주소를 공증한 공정증서를 첨부하고, (2)재외국민은 거주국주재 우리나라 대사관(또는 영사관)에서 발행하는 재외국민 거주사실증명이나, 재외국민 등록표등본 또는 주소를 공증한 공정증서를 첨부하여야 한다. ▸다만 거주국 주재 우리나라 총영사 명의의 '주소지회보'는 주소를 증명하는 서면에 해당하지 않는다 (부동산등기법 제40조, 등기예규 제776호, 등기선례 6-70) (법무사지 2009년 11월호 44면 발췌)

궁금한 사항	회답요지 및 근거
13)외국 영주권 취득자의 상속등기와 주소를 증명하는 서면	▸영주권을 취득한 상속인이 상속등기시 주소를 증명하는 서면으로 외국주재 본국영사관(재외공관증명법 제2조 1항)에서 발행하는 재외국민 거주사실증명 또는 재외국민등록표등본을 첨부해야 하는바, 공동상속인중 외국영주권을 취득한 일부상속인이 상속등기를 기피할 목적으로 위 거주사실증명서 등의 교부신청에 협력하지 아니하는 경우에는 그 상속인의 국외주소를 증명하는 그 밖의 다른 서면을 제출하여도 될 것이다 ▸다만 실제로 제출된 서면이 상속인의 주소를 증명하는 서면에 해당한다고 볼 것인지 여부는 1차적으로 당해 등기사건을 처리하는 등기공무원이 판단할 사항이다 (1994. 3. 8. 등기3402-171, 등기선례 Ⅳ-145)
14)일본거주 교포의 국내부동산에 대한 상속등기 시 첨부서면 등	▸재일교포가 국내에 있는 토지에 관하여 상속으로 인한 소유권이전등기를 신청할 때에는 상속을 증명하는 시, 구,읍,면장의 서면 또는 이를 증명함에 족한 서면, 상속인의 주소를 증명하는 서면(주소증명 내지 거주사실증명, 이러한 증명을 발급하는 기관이 없는 경우에는 주소를 공증한 공정증서)을 첨부하여야 하며, 만일 교포가 국적을 상실한 후 상속을 받은 경우나 일반매매 등의 당사자로서 토지소유권이전등기를 신청함에는 외국인토지법 제5조에 의한 내무부장관의 허가서나, 신고서를 제출하여야 한다 (1991.6.24. 등기 제1340호, 등기선례Ⅲ-402)
15)공동상속인중 일부자의 상속등기 신청가능 여부	▸공동상속의 경우 상속인중 1인이 법정상속분에 의하여 나머지상속인들의 상속등기까지 신청할 수 있고, 이러한 경우 등기신청서에는 상속인 전원을 표시하여야 한다 (등기선례 5-276, 1996.10.7)
16)대위상속등기	▸채권자가 민법 제404조의 규정에 의하여 채무자에 대위하여 상속으로 인한 소유권 이전등기를 신청 할 때에는 공동상속인 중 일부인 채무자 겸 상속인의 상속지분 만에 대하여 상속으로 인한 소유권이전등기를 신청할 수는 없고, 공동상속인 전원에 대하여 상속으로 인한 소유권이전등기를 신청하여야 한다. (등기선례 4-274, 1994. 11. 15)

궁금한 사항	회답요지 및 근거
17)합유자 부동산의 상속등기 여부	▸부동산의 합유등기명의인 갑, 을, 병 중 특별한 약정없이 갑이 사망한 경우 갑의 상속인들은 당연히 갑의 합유자로서의 지위를 승계하는 것이 아니므로, 잔존 합유자을, 병의 동의가 있더라도 합유자 갑의 지분에 관하여 그의 상속인들 앞으로 등기를 할 수 없다 ▸다만 상속인들이 잔존 합유자(조합원) 전원과 새로운 조합원으로 되기 위한 별도의 가입계약을 체결하여 합유자로 가입할 수는 있다 (1994.10.22. 등기 3402-1247, 등기선례 Ⅳ-440)
18)합유자 중 일부가 사망하여 사망한 합유자의 상속인에게 그 지분반환을 당해 부동산의 일부지분으로 하기로 하는 합의가 성립한 경우의 등기신청 절차	▸합유자 중 일부가 사망하여 잔존 합유자와 민법 제719조의 규정에 의한 지분반환 청구권을 가지는 사망한 합유자의 상속인 사이에 그 합유지분의 반환을 당해 부동산의 일부지분에 의하여 현물로 하기로 하는 합의가 성립한 경우에는 먼저 잔존 합유자는 사망한 합유자의 사망사실을 증명하는 서면을 첨부하여 해당 부동산을 잔존 합유자의 합유로 하는 합유명의인 변경등기를 신청하여야 할 것이고, ▸그 후 위 합의에 따른 지분반환을 원인으로 잔존 합유자를 등기의무자로, 사망한 합유자의 상속인을 등기권리자로 하는 소유권일부이전등기를 신청할 수 있다. ▸이 경우 잔존 합유자와 사망한 합유자의 상속인과는 공유관계가 될 것이다. (2006. 04. 20. 부동산등기과 - 991 질의회답)
19)대위상속등기의 촉탁과 상속인의 주소증명 서면	▸국가가 대위에 의한 상속등기를 촉탁함에 있어, 주민등록등본을 제출할 수 없는 경우, 이러한 사실을 소명하여 '호적등본상 본적지'를 그 주소지로 하여 상속등기를 촉탁할 수 있고, 토지수용절차상 공고하였음을 증명하는 서류를 첨부하여 주민등록등본의 제출에 갈음할 수 있다 (공익사업을 위한 토지등의 취득과 보상에 관한 법률 시행령 제9조 3항, 등기선례 6-257) (법무사 2009년 10월호 34면 발췌)

궁금한 사항	회답요지 및 근거
20)상속재산 분할 협의의 합의해제 후 재분할협의에 따른 등기절차(선례변경)	▸상속인 전원이 상속인 중 갑, 을 공동으로 상속하기로 하는 상속재산 분할협의를 하여 상속등기를 마친 후 다시 공동상속인 전원의 합의에 따라 갑이 단독으로 상속하기로 하는 새로운 상속재산 분할협의를 한 경우 갑, 을 공유를 갑 단독소유로 하는 소유권경정등기를 신청할 수 있다. ▸다만 이 경우의 경정등기에는 을 지분의 등기가 말소되는 의미가 포함되어 있으므로 을 지분의 말소등기에 관하여 등기상 이해관계 있는 제3자가 있는 때에는 신청서에 그 승낙서 또는 이에 대항할 수 있는 재판의 등본을 첨부하여야 한다. (등기선례 8-199, 2005. 09. 26. 부동산등기과-1550 질의회답)
21)공동상속인 중 1인이 사망한 후 상속재산분할협의에 의한 소유권경정등기의 가부(소극)	▸피상속인의 사망으로 그 소유 부동산에 관하여 재산상속(법정 상속분) 등기가 경료 된 후 공동상속인(갑, 을,병) 중 어느 1인(갑)이 사망하였다면 그 공동상속등기에 대해서는 상속재산 분할협의서에 의한 소유권경정등기를 할 수 없는바, ▸이는 위 을, 병과 갑의 상속인 사이에 상속재산 협의분할을 원인으로 한 지분이전등기절차의 이행을 명하는 조정에 갈음하는 결정이 확정된 경우에도 마찬가지이다. (2005. 3. 29. 부등 3402-155 질의회답)
22)상속등기 경정의 주요사유	▸상속등기가 경정되는 경우는 "①공동상속인의 일부누락 또는 지분표기의 잘못을 정정 ② 단독소유를 공동상속으로 경정 ③ 상속포기의 간과를 경정 ④친생관계부존재의 심판확정에 따라 당해 당사자를 제외하여 경정 ⑤ 실종선고의 공동상속인 포함의 상속 등기를 경정 ⑥친생관계부존재 심판확정에 따라 당해당사자를 제외하여 경정" 등이다 ▸그러나 한정승인전에 이미 실행된 상속재산의 협의 분할 및 상속등기는 한정승인으로 효력이 상실되지 않으므로 한정승인 원인의 등기말소(또는 경정)는 불가능하다

궁금한 사항	회답요지 및 근거
23)협의분할에 의한 상속등기를 한 이후 한정승인을 원인으로 상속등기를 말소·경정할 수 있는 지 여부(소극)	▸한정승인은 상속으로 인하여 취득할 재산의 한도에서 피상속인의 채무를 변제할 것을 조건으로 상속을 승인하는 제도로서 한정승인을 하였다 하더라도 그 한정승인 전에 이미 이루어진 특정 부동산에 대한 상속인들의 협의분할 및 이를 원인으로 한 상속등기의 효력이 상실되는 것이 아니므로 한정승인을 원인으로 위 상속등기를 말소 또는 경정할 수 없다 (등기선례 200901-3, 2009. 1. 20. 부동산등기과-218 질의회답)
24)공동상속인중 일부의 주소를 알 수 없는 경우 협의분할에 의한 상속등기 가능여부	▸협의분할에 의한 상속등기를 함에는 공동상속인 전원이 참가(직접 또는 대리인을 선임)하여 작성한 협의서를 제출하여야 하므로, 공동상속인중 한 사람이라도 참여하지 아니하거나, 참여할 수 없는 경우에는 협의분할에 의한 재산상속등기를 신청할 수 없다 (1990. 8. 27. 등기 제1667호, 등기선례 Ⅲ-392)
25)상속인중미성년자가 있는 경우의 상속재산 분할협의 절차	▸피상속인의 출가한 딸이 상속개시 전에 사망하여 그 딸의 미성년자인 자(子)가 다른 상속인들과 공동으로 재산상속(대습상속)을 하는 경우에, 피상속인의 사위(사망한 딸의 남편)는 친권자로서 그의 미성년자인 자(子)를 대리하여 다른 공동상속인과 상속재산의 분할협의를 할 수 있으나, 다만 그의 미성년자인 자(子)가 수인인 경우에는 그 중 친권자가 대리할 1인을 제외한 나머지 자(子)를 위하여 각기 특별대리인을 선임하여야 한다 (1988.4.28. 등기 제241호 등기선례Ⅱ-24) ▸피상속인의 처와 그 친권에 복종하는 미성년자 및 다른 상속인을 포함한 수인의 상속인이 협의분할에 의한 상속등기를 신청하는 경우에는 그 처(친권자)가 상속을 포기한 때에 한하여 그 처(친권자)는 미성년자인 자(子)를 대리하여 다른 상속인과 분할의 협의를 할 수 있을 것이나, 이 경우에도 그 미성년자인 자(子)가 수인인 때에는 그 중 처(친권자)가 대리할 1인을 제외한 나머지 자(子)를 위하여 각기 특별대리인을 선임하여야 한다 (1988.4.29. 등기 제242호 등기선례Ⅱ-25)

궁금한 사항	회답요지 및 근거
26)공동상속인중 일부가 행방불명인 경우 공동상속재산의 협의분할 가부	▸공동상속재산의 협의분할에는 공동상속인 전원이 참가하여야 하므로, 공동상속인중 일부의 행방을 알 수 없는 경우에는 위 행방불명된 상속인에 대한 실종선고를 받지 않는 한 협의분할을 할 수 없지만, 공동상속인 중 일부는 법정상속분에 따라 공동상속인 전원의 상속등기를 신청할 수 있다. (등기선례 275, 1996. 10. 4)
27)상속재산 협의분할시 등기원인일자	▸재산상속은 피상속인이 사망한 날에 개시되므로 상속재산을 협의에 의하여 분할을 하더라도 그것은 재산상속에 의한 소유권이전이다. 따라서 피상속인이 사망한 날을 등기원인일로 하여야 한다 (1982. 4. 13. 등기예규 제438호)
28)소유권의 등기명의인이 행방불명된 경우 그재산의 상속등기 절차	▸등기부상 소유권의 등기명의인이 행방불명되어 생사불명인 경우, 추정 재산상속인(이해관계인)은 법원으로부터 그 부재자에 대한 실종선고를 받은 후, 그의 사망으로 인한 상속등기를 함으로써 상속인 명의로의 등기를 할 수 있지만, 행방불명자의 재산관리인 (또는 그 상속인)이라 하여 부재자의 재산을 당연히 취득할 수는 없다(1990. 6. 13. 등기제1169호, 등기선례Ⅲ-388)
29)공동상속인 중 한 사람이 소재불명인 경우의 등기신청 절차	▸공동상속인 중 한 사람이 호적에는 등재되어 있으나 주민등록은 말소되어 있고, 현재 그 소재나 생사여부도 확인할 수 없는 경우, -다른 공동상속인들은 신청서에 행방불명인 자를 함께 상속인으로 표시하고, 그의 말소된 주민등록표등본을 첨부(말소된 주민등본상 최후주소를 주소지로 표시)하여 상속등기를 신청하거나, ▸행방불명 상속인이 실종선고의 요건(5년 이상 행방불명)에 해당될 때에는 실종선고를 통하여 그에 관한 호적을 정리한 후, 그를 제외한 다른상속인들이 공동상속인으로서 상속등기를 신청할 수 있을 것이다 (등기선례 6-200, 1999. 3. 4.)

궁금한 사항	회답요지 및 근거
30)상속권자 중 상속을 포기한 자가 있는 경우의 상속등기	▸피상속인의 공동상속인 중 상속을 포기한 자가 있는 경우에는 그 상속분은 다른 상속인의 상속분 비율로 그 상속인에게 귀속되며, 제1순위 상속인이 포기한 경우에는 차순위 상속인이 공동으로 상속인이 된다 ▸이 경우 등기원인은 상속이며, 첨부서면으로 일반적인 상속등기신청서에 첨부되는 서면 외에 상속포기수리심판서정본을 제출하여야 한다. 〔1993. 8. 13. 등기 제2037호 질의회답, 선례요지집Ⅳ 369〕
31)타가에 입양된 직계비속이 있는 경우의 법정상속분	▸피상속인의 호주가 1968. 10. 1. 사망하고 당시 상속인으로는 처와 호주상속인인 장남, 이미 타가에 입양된 차남 등 3인이 있었는데, 그 후 위 처가 1969. 3. 25. 사망한 경우, 재산상속에 있어서 직계비속의 범위에는 타가에 입양된 자도 포함된다 할 것이므로 ▸피상속인 사망당시의 각 상속지분 비율은 처 1/6, 호주상속인인 장남 3/6, 차남 2/6이고, 다시 위의 처 사망에 따라 그 상속분을 장남과 차남이 공동 상속함에 따라 그들의 상속지분은 결국 장남 7/12 (3/6+1/12), 차남은 5/12(2/6+1/12)가 된다 (1994. 3.21. 등기3402-226, 등기선례 Ⅳ-370)
32)상속 부동산에 대한 등기 신청 및 취득세 납부기한	▸상속이 개시되면, 피상속인의 재산은 자동적으로 상속인에게 포괄 승계되므로, 등기절차 없이도 소유권은 이전 된다 ▸그러나 상속등기를 하지 않으면 다른 사람에게 처분을 할 수 없다. ▸다만 상속에 따른 취득세와 상속세는 상속개시일로부터 6월이내(상속인 주소가 외국인 경우는 9월이내)에 자진신고 납부해야 가산금등 불이익을 방지할 수 있다.
33)실종선고로 인한 상속등기	▸1955. 6. 25. 실종기간이 만료된 자에 대하여1990. 12. 20. 실종선고가 있고, 그 심판은 1991. 1. 10. 확정되었다면 그 재산상속에 민법 부칙 제25조 제2항에 의하여 1960. 1. 1.부터 시행된 민법의 규정이 적용되는 것이므로 그 등기원인일자는 실종기간이 만료한 때인 1955. 6. 25.로 되며, 또한 실종선고 일자도 등기신청서에 기재되므로 상속등기신청서에 호적등본 및 제적등본 외에 실종선고 심판정본을 첨부하여야 한다 (1993. 1. 29. 등기제205호, 등기선례Ⅲ-415)

궁금한 사항	회답요지 및 근거
34)외국국적 취득자의 재산상속권	▸외국국적을 취득하고 한국국적을 상실하였다 하여 재산상속권을 상실하는 것은 아니다. (등기선례1-327 1986.04.18 제정)
35)외국인인 상속인이 입국하여 외국인등록을 한 경우의 상속등기 절차	▸외국인인 상속인은 그 체류지를 관할하는 출입국관리사무소에 외국인등록을 한 경우에는 출입국관리소장·출장소장 또는 시군구의장이 발급하는 외국인등록사실증명을 부동산등기용등록번호 및 주소에 관한 증명으로 제출할 수 있다 (부동산등기법 제40조 6호,7호, 출입국관리법 제88조의2, 등기선례 7-182) (법무사 2009년 11월호 47면 발췌)
36)관할 외 등기소에서의 재외국민의 부동산등기용등록번호 부여신청 등에 관한 업무처리지침	▸재외국민이 서울중앙지방법원 등기과 이외의 등기소에 부동산등기용등록번호의 부여, 등록번호증명사항의 변경 및 등록번호증명서의 발급을 신청할 수 있다 ▸이 경우 재외국민의 등록번호 부여신청서 또는 등록번호증명사항의 변경신청서를 접수한 등기소의 등기관은 그 신청서와 첨부서류(재외국민등록부등본 및 기본증명서)를 심사한 후 이를 관할등기소의 등기관에게 모사전송한다. (대법원 등기예규 제1254호 2008. 7. 2)
37)화교협회 호적등기부등본이 상속증명서면인지 여부	▸대한민국에 거주하는 화교의 호적업무는 주한국대북대표부에서 각자의 화교협회로 하여금 이를 관장토록 하고 있으므로, 상속을 증명하는 서면으로 주한국대북대표부가 인증한 화교협회 '호적등기부등본'을 첨부하여 상속등기를 신청할 수 있다 (등기선례4-537, 8-195, 법무사지 2009년 11월호 44면 발췌)
38)한국인 남자와 혼인한 외국인여자가 한국국적을 상실한 경우의 상속 여부	▸한국국적을 상실하게 됨으로써 한국인 부(夫)의 호적에서 제적되었다 하더라도 그들사이의 호적에서 제적되었다 하더라도 그들사이의 혼인의 효력에는 변동이 없는 것이므로, 한국인 부(夫)로부터 상속을 받을 수 있다 (국적법 제4조, 제6조 2항 제10조, 등기예규 제776호, 등기선례 2-277, 5-306) (법무사지 2009년 11월호 44면 발췌)

궁금한 사항	회답요지 및 근거
39)외국인의 위임에 의한 상속재산의 협의분할과 이에 따른 등기신청 절차	▸상속재산을 특정 상속인 앞으로 이전등기하기 위하여는 상속인 전원이 공동으로 협의서를 작성하여야 하는바, 스위스 국적을 취득한 상속인은 협의서에 날인하는 대신 서명을 할 수 있고, 그가 귀국하지 아니할 때에는 한국에 거주하는 특정인(공동상속인 아닌 자)에게 위 협의서 작성권한을 위임하여(위임장에는 상속재산을 특정하여야 함) 그 수임인이 위임인을 대리하여 협의서를 작성할 수 있을 것이다 ▸이 경우 위 협의서 또는 위임장에는 인감증명에 갈음하여 서명이 본인의 것임을 증명하는 스위스관공서의 증명이나, 스위스 공증인의 공증이 되어야 하고, 주소에 관한 서면으로는 스위스 관공서의 주소증명이 필요하나, 스위스 관공서에서는 주소증명을 발급하는 제도가 없는 경우에는 스위스 공증인의 공증을 받아도 되며, 이 경우 위임장이나 주소에 관한 서면에는 그 번역문도 첨부하여야 한다(1984. 5. 23. 등기 제229호 등기선례 I-39)
40)재외국민의 상속재산 협의분할 등	▸협의에 의하여 상속재산을 분할하는 경우 그 상속인 중에 재외국민이 있는 때에는 그 재외국민을 포함한 공동상속인 전원이 협의에 참가하여야 하며, 이때 재외국민이 입국할 수 없는 경우에는 국내에 거주하는 공동상속인 이외의 자에게 이를 위임하여 상속재산의 분할협의를 할 수 있으나, 공동상속인에게는 이를 위임할 수 없으며(다만, 위임에 의하여 이를 할 수 없는 경우에는 상속인들이 작성한 협의분할계약서를 재외국민인 상속인에게 송부하여 재외국민이 이에 날인하여 상속재산을 분할 할 수는 있음) ▸또한 협의분할에 의한 상속등기를 신청할 때에는 협의분할서 상의 상속인의 날인이 본인의 것임을 증명하는 인감증명을 첨부하여야 하나, 재외국민인 경우 상속재산 분할협의서상의 서명 또는 날인이 본인의 것임을 증명하는 재외공관의 확인서 또는 이에 관한 공정증서로 인감증명에 갈음할 수 있다 (1993. 11. 29. 등기 제2988호, 등기선례 Ⅳ-342)

궁금한 사항	회답요지 및 근거
41)미국국적을 취득한 미성년자의 국내부동산에 대한 상속재산 협의분할 절차	▸미국법은 능력에 관하여 행위지법을 적용하도록 하고 있으므로 미국인이 우리나라에서 법률행위를 하는 경우에는 우리나라의 섭외사법 제6조, 제4조의 규정에 의하여 그의 능력에 관하여는 우리의 법이 적용되는 것이며, 또한 섭외사법 제22조의 규정상 친권에 관하여는 부(부가 없을 때에는 모)의 본국법이 적용되므로 그 미국인이 20세 미만으로 부는 사망하였고 모가 내국인이라면 모의 본국법인 우리나라 법에 의한 친권자인 모가 법정대리권을 행사하게 된다 ▸따라서 미국국적인 20세 미만의 아들이 우리나라에서 그의 법정대리인인 모(내국인임)와의 사이에 상속재산의 협의분할을 하고자 하는 경우에 그 모는 민법 제921조, 가사소송법 제2조 1항의 규정에 따라 가정법원에 특별대리인 선임심판을 청구할 수 있다 (1991. 6. 8. 등기 제1177호, 등기선례Ⅲ-401)
42)외국인 토지상속등기와 토지취득신고필증의 첨부여부	▸외국인이 상속으로 인하여 토지소유권이전등기를 신청하려면 (1)종전에는 토지취득신고필증을 첨부하였으나, (2)지금은(1997.7.25.)부터는 토지취득신고필증을 첨부할 필요가 없다 (등기예규 제776호, 제818호, 등기선례 5-284, Ⅳ-354 변경) (법무사지 2009년 11월호 43면 발췌)
43)상속재산분할협의시 재외국민 인감증명	▸공동상속인 사이에 상속재산분할협의가 성립한 때에는 그 협의가 성립하였음을 증명하는 서면과 분할협의서에 날인한 상속인 전원의 인감증명을 제출하여야 한다(부동산등기법시행규칙 제53조 참조). ▸다만, 재외국민인 경우에는 인감증명에 갈음하여 상속재산분할협의서상의 서명 또는 날인이 본인의 것임을 증명하는 재외공관의 확인서 또는 이에 관한 공정증서로 대신할 수 있다(등기예규 제776호).
44)경락인(매수인)이 사망한 경우와 소유권이전 촉탁의 등기권리자	▸상속을 증명하는 서면을 첨부하여 그 상속인을 등기권리자로 하여 소유권이전등기를 촉탁할 수 있다 ▸사망한 매수인의 상속인들이 협의분할한 경우에는, 등기권리자를 '상속인중 1인'으로 하여 '소유권이전등기를 할 수 있다 (법무사지 2009년 9월호 42면 발췌)

궁금한 사항	회답요지 및 근거
45)매수인 사망 후의 소유권이전등기와 (분양아파트) 협의분할서 등의 첨부	▸건설회사로부터 아파트를 분양받아 중도금까지 지급한 상태에서 수분양자가 사망하여 공동상속인간에 상속인 중 1인이 매수인의 지위를 승계하기로 협의분할이 이루어진 경우에는 분양계약서상에 매수인의 명의가 그 승계할 상속인의 명의로 변경되고 ▸또한 그자가 당초의 수분양자의 권리의무를 승계하였다는 표시가 되었다고 하더라도, 그 분양계약서에 따라 소유권이전등기를 신청하는 경우에는 상속을 증명하는 서면인 호적등본, 제적등본, 분할협의서 등을 첨부하여야 한다 (1994.4.14. 등기3402-335, 등기선례 Ⅳ-344)
46)매도인의 사망 후에 매도인 명의의 토지거래계약허가증을 첨부하여 소유권이전등기를 할 수 있는지 여부 (적극)	▸토지 매매계약 후 매도인 명의의 토지거래계약허가신청서를 제출하였으나 매도인이 사망한 후에 토지거래계약허가증을 교부받은 경우, 상속인은 상속등기를 거칠 필요없이 매수인과 공동으로 매도인 명의의 매매계약서 및 토지거래계약허가증을 첨부하여 피상속인으로부터 매수인 앞으로 소유권이전등기를 신청할 수 있으며, 이 경우 상속을 증명하는 서면과 함께 상속인의 위임장 및 인감증명을 첨부하여야 한다. (2005. 3. 11. 부등 3402-131 질의회답)
47)매수자 상속인의 등기신청	▸을 소유의 부동산을 갑이 매수하였으나, 편의상 매매계약을 원인으로 한 소유권이전등기청구 보전의 가등기를 경료해 둔 상태에서 갑이 사망하고, 그 상속인이 이를 다시 병에게 매도한 경우, 그 소유권이전등기를 하기 위하여는 먼저 갑의 상속인과 을이 공동으로 을로부터 직접 상속인 명의로 매매를 원인으로 한 소유권이전등기를 거친 후, 다시 갑의 상속인과 병의 공동으로 소유권이전등기를 신청하여야 할 것이다 (1992. 6. 3. 등기 제1196호, 등기선례Ⅲ-412)
48)피상속인이 생전에 매도 또는 증여한 부동산의 소유권이전 등기	▸망인이 생전에 그 상속인들중 특정인에게 부동산을 증여하였으나 그 소유권이전등기를 경료하지 아니한채 사망한 경우, 그 상속인들은 등기의무자의 상속인임을 증명하는 시,구,읍,면장의 서면 또는 이를 증명함에 족한 서면을 첨부하여 망인으로부터 직접 수증인 명의로 소유권이전등기를 신청할 수 있다 (1985. 4. 22. 등기 제228호, 등기선례 Ⅰ-395)

궁금한 사항	회답요지 및 근거
49)매도인(사망한 경우 그 상속인)이 등기신청에 협력하지 아니하는 경우, 소유권 이전등기 절차	▸부동산(대지)를 매수하였으나 소유권이전등기를 받기전에 매도인은 사망하고, 매도인의 상속인들이 위 등기신청에 협력하지 아니하는 경우 매수인은 처분금지가처분을 하기 위하여 먼저 상속인을 대위하여 (대위원인을 증명하는 서면의 첨부) 상속등기신청을 할 수 있는 것이며, ▸공동상속인중 일부가 행방불명되어 주민등록이 말소된 경우에는 주민등록표등본을 첨부하여 그 최후 주소지를 주소로 하고, 위 주민등록표등본을 제출할 수 없을 때에는 이를 소명하여 호적등본상 본적지를 그 주소지로 하여 상속등기의 신청을 할 수 있을 것이다 (1991. 2. 22. 등기 제392호, 등기선례 Ⅲ-765)
50)등기를 신청할 때 제출하는 외국인 및 재외국민의 주소를 증명하는 서면으로 국내공증인이 작성한 주소공증 서면도 가능한지 여부(소극)	▸등기를 신청할 때 부동산등기법 제40조 제1항 6호 소정의 주소를 증명하는 외국인이 본국에 주소증명서 또는 거주사실증명서를 발급하는 기관이 없는 경우 제출하는 주소를 공증한 서면에는 본국 공증인의 공증을 받아야 하고, 재외국민이 주재국에 우리나라 대사관 또는 영사관이 없어 재외국민 거주사실증명 또는 재외국민등록부등본을 발급 받을 수 없는 경우 제출하는 주소를 공증한 서면에는 주재국 공증인의 공증을 받아야 하며, 국내 공증인의 공증으로 이를 대신 할 수 없다. ▸다만, 위 두 경우 주소증명서를 대신할 수 있는 증명서(운전면허증 또는 신분증 등)를 본국(주재국) 관공서에서 발급하는 경우에는 그 증명서의 사본에 원본과 동일하다는 취지를 기재하고, 그에 대하여 공증인의 공증을 받아 그증명서의 사본으로 주소를 증명하는 서면에 갈음할 수 있는데, 이때에는 국내 공증인의 공증으로도 가능하다(2010.12.6. 부동산등기과 - 2304 질의회답)
51) 부동산등기시 도로명주소의 표기 등 방법	▸도로명주소 표기방법 (등기예규 1436호 2011.10.28. 발췌) - 건물의 소재 지번과 도로명주소를 함께 기재하되, 건물 등기 표제부의 건물표시 중 소재지번 표시 아래에 기재 ※ 토지의 위치표시는 현재의 지번표시를 그대로 사용 - 등기명의인의 도로명주소는 주소증명에 표시된 주소와 동일하게 기재 (법정동, 공동주택명칭 포함)

9. 상속 등기신청 등의 서식 및 기재방법

(서식은 대법원 인터넷등기소에 접속, 다운받아 사용하거나, e-Form및 전자등기를 이용하세요)

(1-1) 상속으로 인한 등기신청 기재례

소유권이전등기신청
(상속)

접수	년 월 일	처리인	접 수	기 입	교 합	각종통지
	제 호					

① 부동산의 표시					
1. 경기도 안양시 동안구 호계동 904-11 대 250m² 2. 경기도 안양시 동안구 호계동 904-11 [도로명주소] 안양시 동안구 시민대로 23길 56 시멘트 벽돌조 슬래브지붕 단층 주택 84㎡ 이 상					
② 등기원인과 그 연월일	2011년 7월 1일 상속				
③ 등 기 의 목 적	소유권이전				
④ 이 전 할 지 분					
⑤ 상속인의 표시					

구분	성 명	주민등록번호	주 소	상속분	지 분 (개인별)
⑥ 피상속인	망 홍길동	000000 -1000000	경기도 안양시 동안구 시민대로 23길 56 (호계동)		
⑦ 등기권리자	김 말 순	000000 -2000000	경기도 안양시 동안구 시민대로 23길 56 (호계동)	3/7	3/7
	홍 일 표	000000 -1000000	서울특별시 영등포구 신길로 54, 105-2012 (신길동, ○○아파트)	2/7	2/7
	홍 삼 표	000000 -1000000	경기도 안양시 동안구 시민대로 23길 56 (호계동)	2/7	2/7

⑧ 시가표준액 및 국민주택채권매입금액		
부동산 표시	부동산별 시가표준액	부동산별 국민주택채권매입금액
1.토지250㎡ 2. 건물84㎡	금 210,000,000원	김말순 90,000,000 ×25/1,000=225만원 홍일표 60,000,000 ×25/1,000=150만원 홍삼표 60,000,000 ×25/1,000=150만원
등기 권리자별 시가표준액 내역 김말순 지분 210,000,000 × 3/7 = 90,000,000원 홍일표 지분 210,000,000 × 2/7 = 60,000,000원 홍삼표 지분 210,000,000 × 2/7 = 60,000,000원		
⑧ 국 민 주 택 채 권 매 입 총 액	금 5,250,000 원	
⑧ 국 민 주 택 채 권 발 행 번 호	000-00-00000-0000	
⑨ 취득세 금5,880,000원 (시가표준액의 28/1000)	⑨교육세 금336,000원 (취득세 8/28의 20% 금액)	
⑨ 세 액 합 계	금 6,216,000원	
⑩ 등 기 신 청 수 수 료	금28,000원 (토지 · 건물 2건) 은행수납번호 : 11-11-00001-5	
⑪ 첨 부 서 면		
1. 등록세영수필확인서 1통 1. 가족관계증명서 및 기본증명서 각1통 1. 친양자입양관계증명서 1통 1. 제적등본 1통	1. 피상속인 및 상속인의 주민등록표등(초)본 각 1통 1. 토지.건축물대장등본 각 1통 ~~1. 위임장 1통~~ 〈기 타〉	

삭1행

2011년 9월 1일

⑫ 위 신청인 김 말 순 ㉘ (전화 : 354-4567)
홍 일 표 ㉘ (전화 : 354-4567)
홍 삼 표 ㉘ (전화 : 452-5572)

(또는)위 대리인 (전화 :)

수원지방법원 안양지원 안양등기소 귀중

- 신청서 작성요령 및 등기수입증지 첩부란 -

* 1. 부동산표시란에 2개 이상의 부동산을 기재하는 경우에는 그 부동산의 일련번호를 기재하여야 합니다.
2. 신청인란 등 해당란에 기재할 여백이 없을 경우에는 별지를 이용합니다.
3. 등기신청수수료 상당의 등기수입증지를 이 난에 첩부합니다.

(1-2) 상속으로 인한 등기신청서 기재요령

(가) 등기신청서 기재방법

본 (1-1)번의 등기신청서는 상속인 전원이 법정지분별로 소유권이전 등기를 신청하는 것으로써,

등기신청서의 문자는 한글과 아라비아숫자로 기재하되, 부동산 표시란이나, 등기권리자란의 여백이 부족할 경우에는 별지를 사용하여 기재하고, 별지를 포함해서 신청서가 여러 장으로 이루어진 때에는 각 장 사이에 간인을 하여야 한다.

또한 등기부와 토지및 건축물대장상의 부동산표시가 다를 경우에는 먼저 부동산표시 변경(경정)등기부터 하여야 한다

(나) 신청서의 각항별 기재요령

① 부동산의 표시란

상속부동산 내역을 기재하되, 등기부 등본과 일치되게 기재해야 하며, 부동산이 토지인 경우는 토지소재와 지번, 지목, 면적을 기재하고, 건물의 경우는 건물의 소재 지번과 도로명 주소를 함께 기재하고 , 구조, 면적, 건물의 종류, 건물의 번호가 있는 때에는 그 번호, 부속건물이 있는 때에는 그 종류, 구조와 면적을 기재하면 된다.

② 등기원인과 그 연월일란

2011년 7월 1일 "상속" 등으로 기재하는데, 연월일은 피상속인의 사망일이다. 만일 실종기간 만료로 상속이 개시된 경우에는 "2011년 00월 00일 상속" 이라 기재하는데 연월일은 실종만료년월일을 적으며 괄호내에 실종선고년월일을 "(2011년 7월 1일 실종선고)" 와 같이 병기한다

③ 등기의 목적란

"소유권이전"이라고 기재한다.

④ 이전할 지분란

피상속인이 공유자 중 1인인 경우에는 그 지분을 기재한다.

(예시) "갑구△번 홍길동 지분 전부"

⑤ 상속인의 표시 ("권리자 의 표시" 또는 "신청인의 표시" 로도 사용가능)

"상속인의 표시" 란은 상속인중 1인이 상속인 모두를 위해서 법정상속분에 의한 상속등기(소유권이전등기)를 하는 경우에만 기재하는데(상속인 전원이 신청하는 경우에는 미기재), 그의 기재방법은 상속인 표시란에 "별지 기재와 같음" 이라 기재하고, 별지에는 상속인의 지분, 성명, 주민등록번호, 주소(도로명주소와 법정동 등을 주민등(초)본 표시와 동일하게 기재)등을 기재하여 등기신청서에 첨부 한 후 신청인의 도장으로 연결간인을 날인해야 한다

※ 별지 "신청인 표시" 및 "협의분할서" 등의 기재예시

가. 상속인중 일부 사망하거나, 상속결격자 되어 대습상속을 하게 되는 경우

상속인의 표시
망 홍길동의 재산상속인
경기도 안양시 동안구 시민대로 23길 56 (호계동)

공동상속인 김말순 (520122- 2345780) [지분 5분의 3]
경기도 안양시 동안구 시민대로 23길 56 (호계동)

공동상속인중 홍삼표는 2000년 3월 20일 사망하였음 (민법 제1004조 제1호의 사유에 의하여 상속 결격되었음)므로
대습상속인 홍영일 (990612- 1234567) [지분 5분의 2]
경기도 안양시 동안구 관평로 42, 102-1001(관양동, ㅇㅇ아파트)

나. 상속인중 상속 포기자가 있는 경우(대습상속인은 없음)

상속인 및 상속포기자의 표시
망 홍길동의 상속인
경기도 안양시 동안구 시민대로 23길 56 (호계동)

지분 5분의3
공동상속인 김말순 (000000- 2000000)
경기도 안양시 동안구 시민대로 23길 56 (호계동)

지분 5분의 2
공동상속인 홍일표 (000000- 1000000)
서울특별시 영등포구 신길로 54, 105-2012 (신길동, ㅇㅇ아파트)

지분 0
상속포기자 홍삼표 (000000- 1000000)
경기도 안양시 동안구 시민대로 23길 56 (호계동)

※ 어느상속인이 상속을 포기한 경우, 그 포기한 상속분은 다른 상속인들의 비율로 다른 상속인에게 귀속된다

다. 상속인중 일부가 사망한 경우의 상속재산 분할 협의서

상속재산 분할협의서(예시)

2011년 7월 1일 안양시 동안구 시민대로 23길 56, 홍길동(주민등록번호 : 000000-0000000)의 사망으로 인하여 개시된 상속에 있어 공동상속인 김말순, 홍일표, 홍삼표는 다음과 같이 상속재산을 분할하기로 협의한다.

1. 상속재산 중 안양시 동안구 시민대로 23길 56 대 250㎡ 및 동지상의 벽돌스래브조 2층 단독주택 84평방미터는 김말순이 단독상속한다.

위 협의 성립을 증명하기 위하여 이 협의서 4통을 작성하고 아래에 각자 기명날인하여 각1통씩 보관한다.

2011년 7월 5일

공동상속인 김 말 순 **(인감)** (주민등록번호 : 000000-2000000)
주소 : 경기도 안양시 동안구 시민대로 23길 56 (호계동)

공동상속인 홍 일 표**(인감)** (주민등록번호 : 000000-1000000)
주소 : 서울 영등포구 신길로 54길 93 (신길동)

공동상속인 중 홍삼표는 2008년 2월 5일 사망하였으므로
홍삼표의 대습상속인 홍천영 (주민등록번호 : 060722-3235678)
주소: 경기도 안양시 동안구 시민대로 23길 56

위 홍천영은 **미성년자이므로 특별대리인**
홍 춘 길 **(인감)** (주민등록번호 : 590421-1235678)
주소 : 군포시 금산로 32 (금정동, 201호)

라. 상속인 전원의 표시(상속지분) 및 가계도 (일부 대습시 등 작성첨부)

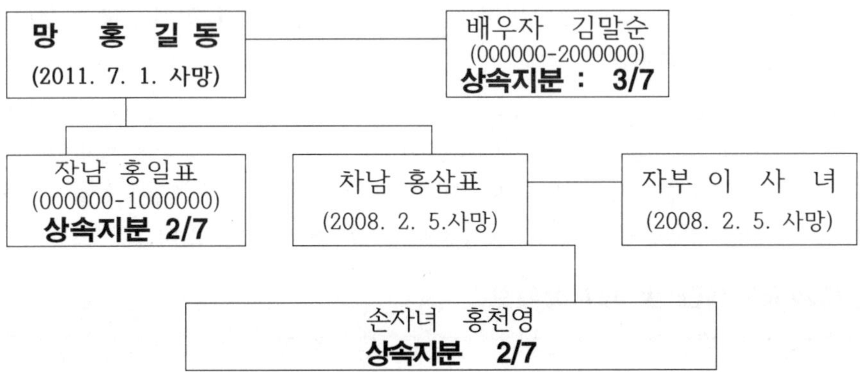

⑥ 피상속인란

피상속인 성명, 주민번호, 주소는 등기부상 소유자 표시와 일치하게 기재해야 하는데, 등기부에 망자의 이름이 한자로 기재되어 있는 경우에는 그 이름뒤에 괄호 내서로 한자를 병기해야 한다

⑦ 등기권리자란

상속인의 성명, 주민번호, 주소를 기재(도로명주소와 법정동 등을 주민등·초본 표시와 동일하게 기재)하되, 상속인이 수인인 경우 이전받는 각자의 지분을 지분란에 기재한다. 다만 상속인들 중 1인이 상속인 모두를 위하여 법정상속지분을 신청하는 경우에는 그 신청 상속인의 인적사항만을 기재하고, 상속인 전원이 신청함으로 인하여 기재란이 부족한 경우에는 등기권리자란에 "별지 기재와 같음" 이라 기재하고, 이를 별지로 작성하여 첨부할 수도 있다 (별도 첨부시는 언제나 연결간인 날인필요)

⑧ 시가표준액 및 국민주택 채권매입금액, 채권매입 총액란, 채권발행 번호란

㉮ 부동산별 시가표준액란은 시·군청에서 교부한 취등록세 납부서(OCR 용지의 영수필통지서 중간)에 기재된 "주택, 건물, 토지 등 부동산별 시가표준액" 을 보고 상속인 지분별로 계산하여 기재하고, 부동산별 국민주택채권매입금액란에는 시가표준액에 "본책자 202면 3항 가호" 의 채권매입율을 곱하여 산출된 국민주택채권 매입금액를 기재한다

㉯ 부동산이 2개 이상인 경우에는 각 부동산별로 시가표준액 및 국민주택채권매입금액을 기재한 다음 국민주택채권 매입총액을 기재하여야 한다.

㉰ 국민주택 채권발행번호란에는 국민주택채권 매입시 국민주택채권취급기관에서 고지하는 채권발행번호를 기재하며, 하나의 신청사건에 하나의 채권발행번호를 기재하는 것이 원칙이며, 동일한 채권발행번호를 수 개 신청사건에 중복 기재할 수는 없다.

★ 매입채권의 할인

채권 매입비가 부담스러운 경우에는, 매입금액의 5-12%정도에 불과한 할인수수료만 채권취급 은행에 납부하면, 채권발행번호가 있는 채권 매입필증을 교부받을 수 있다 (채권의 할인율은 시장의 상황에 따라 매일매일 변동한다)

⑨ 등록세·교육세란 및 세액합계란

시군구청에 취등록세 신고후 교부받은 영수필확인서에 기재된 금액을 기재하되, 세액 합계란에는 등록세액과 교육세액의 합계를 기재한다

⑩ 등기신청수수료란

㉮ 부동산 1개당 14,000원의 등기신청수수료 납부액을 기재하며, 등기신청수수료를 현금으로 납부한 경우에는 영수필확인서에 기재된 은행수납번호도 기재한다.

㈏ 등기신청수수료는 등기수입증지를 등기신청서에 붙여 제출하거나, 현금수납 금융기관에 현금으로 납부한 후 등기신청서에 영수필통지서 및 영수필확인서를 첨부하고 은행수납번호를 기재하여 제출하는 방법으로 납부한다.

㈐ 단, 1건의 등기신청수수료가 3만원을 초과하거나, 동일대지상 집합건물 또는 동일토지에 대하여 동시에 제출하는 여러 건의 등기신청수수료 합계액이 10만원을 초과하는 때에는 반드시 현금으로 납부하여야 한다 (여러 건의 등기신청수수료를 현금으로 일괄 납부하는 경우 첫 번째 등기신청서에 영수필확인서 등을 첨부하고 해당 등기신청수수료와 일괄납부 건수 및 일괄납부액을 기재하며, 나머지 신청서에는 해당 등기신청수수료와 전 사건에 일괄 납부한 취지를 기재한다)

⑪ **첨부서면란**

등기신청서에 첨부한 서면을 각 기재한다.

⑫ **신청인등란**

상속인 성명 및 전화번호를 기재하고, 각자의 인장을 날인하는데, 대리인이 신청하는 경우에는 대리인 성명 및 전화번호를 기재하고 대리인의 인장을 날인 한다.

(다) 등기신청서에 첨부할 서면

< 위임장 >

등기신청을 타인에게 위임하는 경우에만 첨부한다 (법무사 위임시는 법무사가 작성한다)

< 기타의 첨부서면 >

① **등록세영수필확인서 및 등기신청수수료 현금납부 영수필 확인서 등**

취등록세 자진신고 후 시, 군, 구청으로부터 고지서(OCR용지)를 교부받아 금융기관에 납부한 후, 받은 서류 중 "영수증" 은 본인이 보관하고 "등록세 영수필확인서" 만 등기신청서 등록세액 표시란 좌측상단 여백 또는 그 후면에 등기신청수수료 현금납부 영수필 확인서와 함께 접착 첨부한다.

♣등록세 영수증은 지방세인터넷납부시스템에서 출력한 시가표준액이 표시되어 있는 취득세(등록면허세)납부확인서를 첨부도 가능.

② **토지·건축물대장등본**

부동산의 표시등을 대조하기 위한 것으로 신청 부동산 종류에 따라 토지(임야)대장등본, 건축물대장등본을 첨부한다.(발행일로부터 3월 이내)

③ 상속을 증명하는 서면

피상속인의 사망한 사실 및 상속권자와 상속인(대습상속 포함)을 확인할 수 있는 가족관계증명서, 기본증명서, (필요한 경우 제적등본 포함), 입양관계증명 및 친양자입양관계증명서 등을 첨부한다.(발행일로부터 3월 이내)

※ 제적등본 준비시 유의사항

상속등기신청서류에는 피상속인(망자)이 출생한 때부터 사망사실이 기재된 때까지의 망자의 제적등본을 첨부해야 하는데, 망자가 출생후 전적을 한바가 있었다면 전적 전의 제적등본, 망자가 분가한 호주이었다면 분가전 제적등본, 피상속인이 결혼한 여자인 경우에는 친정 및 시댁의 제적등본 등 망자의 가족관계 전반을 확인할 수 있도록 제적등본을 빠짐없이 준비해야 한다

④ 상속분의 지정 또는 상속권의 포기 및 상실을 증명하는 서면

㉮ 상속분 지정시

유언으로 상속분을 지정한 경우에는 가정법원의 유언검인조서 등본(다만, 공정증서에 의한 유언의 경우에는 그 유언서 정본)을 첨부해야 한다

㉯ 상속인 중에 상속포기자가 있을 경우

상속포기자가 있는 경우에는 가정법원에서 교부받은 상속포기수리증명서를 첨부해야 한다

㉰ 상속인중에 상속권 상실자가 있을 경우

상속권 상실자의 경우에는 이를 소명할 수 있는 서면으로 형사판결문 등을 제출하여야 한다

⑤ 주소를 증명하는 서면 : 주민등록 등(초)본

피상속인 및 상속인의 주민등록 등본 또는 초본을 첨부한다.(각, 발행일로부터 3월 이내)

< 기 타 >

상속인이 재외국민 또는 외국인이거나, 상속결격자가 있는 때, 특별수익자가 있는 때, 상속의 포기가 있는 때, 피상속인이 유언으로 상속분을 지정한 때, 대습상속이 있는 때 등의 경우에는 신청서의 기재사항과 첨부서면이 다르거나 추가될 수 있다(외국인등 첨부서류는 본책자 203면 "4항" 을 참조)

(라) 등기 신청서류의 편철순서

신청서, 등록세영수필확인서, 등기수입증지, 위임장, 제적등본, 가족관계증명서, 기본증명서, 친양자입양관계증명서, 주민등록표등(초)본, 토지·건축물대장등본 등의 순으로 편철하면 된다.

(마) 대리인 위임장 예시

<table>
<tr><th colspan="4">위 임 장</th></tr>
<tr><td>① 부동산의 표시</td><td colspan="3">1. 경기도 안양시 동안구 호계동 904-11
대 250m²
2. 경기도 안양시 동안구 호계동 904-11
[도로명주소] 안양시 동안구 시민대로 23길 56
시멘트 벽돌조 슬라브지붕 단층 주택 84㎡
이 상</td></tr>
<tr><td colspan="2">② 등기원인과 그 연월일</td><td colspan="2">2011년 7월 1일 상속</td></tr>
<tr><td colspan="2">③ 등 기 의 목 적</td><td colspan="2">소유권 이전</td></tr>
<tr><td colspan="2">④</td><td colspan="2"></td></tr>
<tr><td colspan="2">⑤ 위 임 인</td><td colspan="2">⑥ 대 리 인</td></tr>
<tr><td colspan="2">등기권리자 :
김말순 ㊞
경기도 안양시 동안구 시민대로 23길 56 (호계동)
홍일표 ㊞
서울특별시 영등포구 신길로 54길 93 (신길동)
홍삼표 ㊞
경기도 안양 경기도 안양시 동안구 관평로 42, 102-1001 (관양동, ㅇㅇ아파트)</td><td colspan="2">법무사 홍 춘 길
서울특별시 마포구 마포대로 18길 196
위 사람을 대리인으로 정하고 위 부동산 등기신청 및 취하에 관한 모든 행위를 위임한다.
※ 또한 복대리인 선임을 허락한다.
⑦ 2011년 9월 1일</td></tr>
</table>

(2-1) 구분건물의 상속관련 등기신청 기재례

소유권이전등기신청(상속)

접수	년 월 일	처리인	접 수	기 입	교 합	각종통지
	제 호					

① 부동산의 표시

1동의 건물의 표시

서울특별시 영등포구 신길동 495

서울특별시 영등포구 신길동 491 자이아파트 102동

[도로명주소] 서울특별시 영등포구 신길로 54길 93

전유부분의 건물의 표시

건물의 번호 102-501

구 조 철근콘크리트조

면 적 5층 501호 84.03㎡

대지권의 표시

토지의 표시

1. 서울특별시 영등포구 신길동 495 대 1,290㎡

2. 서울특별시 영등포구 신길동 491 대 1,321㎡

대지권의 종류 소유권

대지권의 비율 1,2 : 2,611분의 45

이 상

② 등기원인과 연월일	2011년 7월 1일 상속
③ 등 기 의 목 적	소유권이전
④ 이 전 할 지 분	
⑤ 상속인의 표시	

구분	성 명	주민등록번호	주 소	상속분	지 분 (개인별)
⑥ 피상속인	망 홍길동	000000 -1000000	경기도 안양시 동안구 시민대로 23길 56		
⑦ 등기권리자	김 말 순	000000 -2000000	경기도 안양시 동안구 시민대로 23길 56 (호계동)	3/7	3/7
	홍 일 표	000000 -1000000	서울특별시 영등포구 신길로 54길 93, 101- 503 (신길동, ㅇㅇ아파트)	2/7	2/7
	홍 삼 표	000000 -1000000	경기도 안양시 동안구 시민대로 23길 56 (호계동)	2/7	2/7

<table>
<tr><td colspan="3">⑧ 시가표준액 및 국민주택채권매입금액</td></tr>
<tr><td>부동산 표시</td><td>부동산별 시가표준액</td><td>부동산별 국민주택채권매입금액</td></tr>
<tr><td>1. 주택</td><td>금 210,000,000원</td><td>김말순 90,000,000 ×28/1,000=252만원
홍일표 60,000,000 ×28/1,000=168만원
홍삼표 60,000,000 ×28/1,000=168만원</td></tr>
<tr><td colspan="3">등기 권리자별 시가표준액 내역
김말순 지분 210,000,000 × 3/7 = 90,000,000원
홍일표 지분 210,000,000 × 2/7 = 60,000,000원
홍삼표 지분 210,000,000 × 2/7 = 60,000,000원</td></tr>
<tr><td colspan="2">⑧ 국 민 주 택 채 권 매 입 총 액</td><td>금 5,880,000 원</td></tr>
<tr><td colspan="2">⑧ 국 민 주 택 채 권 발 행 번 호</td><td>000-00-00000-0000</td></tr>
<tr><td colspan="2">⑨ 취득세 금5,880,000원
(시가표준액의 28/1000)</td><td>⑨교육세 금336,000원
(취득세 8/28의 20%금액)</td></tr>
<tr><td>⑨ 세 액 합 계</td><td colspan="2">금 6,216,000원</td></tr>
<tr><td>⑩ 등 기 신 청 수 수 료</td><td colspan="2">14,000원
은행수납번호 : 11-11-00001-5</td></tr>
<tr><td colspan="3">⑪ 첨 부 서 면</td></tr>
<tr><td colspan="2">1. 등록세영수필확인서 1통
1. 가족관계증명서 및 기본증명서 각1통
1. 친양자입양관계증명서 1통
1. 제적등본 1통</td><td>1. 피상속인 및 상속인의 주민등록표등(초)본 각 1통
1. 건축물대장등본 1통
<s>1. 위임장 1통</s> 삭1행
〈기 타〉</td></tr>
<tr><td colspan="3">2011년 9월 1일
⑫ 위 신청인 김 말 순 ㉿ (전화 : 354-4567)
홍 일 표 ㉿ (전화 : 354-4567)
홍 삼 표 ㉿ (전화 : 452-5572)
(또는)위 대리인 (전화 :)
서울남부지방법원 영등포등기소 귀중</td></tr>
</table>

- 신청서 작성요령 및 등기수입증지 첩부란 -

* 1. 부동산표시란에 2개 이상의 부동산을 기재하는 경우에는 그 부동산의 일련번호를 기재하여야 합니다.
2. 신청인란 등 해당란에 기재할 여백이 없을 경우에는 별지를 이용합니다.
3. 등기신청수수료 상당의 등기수입증지를 이 난에 첩부합니다.

(2-2) 구분건물의 상속 등기신청서 기재요령

(가) 구분건물 소유권 이전 등기신청서 기재 방법

"전기(1-2)" 번의 상속으로 인한 소유권이전 등기신청 작성방법과 같다

(나) 등기신청서 기재요령

① 부동산의 표시란

상속부동산을 기재하되, 등기부상 부동산의 표시와 일치하여야 한다.

㉮ 1동의 건물의 표시

1동의 건물 전체의 소재, 지번을 기재하되(건물의 소재지번과 도로명 주소를 함께 기재), 종류와 구조 및 면적을 기재한다. 다만, 1동의 건물의 번호가 있는 경우에 (예시: 제101동, 제102동, 제103동 등)이를 기재한 때에는 1동의 건물의 구조와 면적을 기재하지 않는다.

㉯ 전유부분의 건물의 표시

건물의 번호, 구조, 면적을 기재한다.

㉰ 대지권의 표시

대지권의 목적인 토지의 표시, 대지권의 종류, 비율을 기재한다.

(i) 대지권의 목적인 토지의 표시는 토지의 소재와 지번, 지목, 면적을,
(ii) 대지권의 종류는 소유권, 지상권, 전세권, 임차권 등 권리종류를 기재하고,
(iii) 대지권의 비율은 대지권의 목적인 토지에 대한 지분비율을 기재한다.

㉱ 만일 등기부와 토지·집합건축물대장의 부동산표시가 다른 때에는 먼저 부동산 표시변경(또는 경정)등기를 하여야 한다.

② 등기원인과 그 연월일 란, ③ 등기의 목적 란, ④ 이전할 지분 란, ⑤상속인의 표시란 ⑥ 피상속인란 ⑦ 등기권리자 란, ⑧ 시가표준액 및 국민주택채권 관련 기재 란, ⑨ 등록세·교육세 및 세액합계란, ⑩ 등기신청수수료 란, ⑪ 첨부서면 란, ⑫ 신청인등 란 :

"전기(1-2)" 번 "상속으로 인한 소유권이전 등기신청 작성방법과 같다

(다) 등기신청서에 첨부할 서면 및 신청 서류 편철순서

"전기(1-2)" 번 "상속으로 인한 소유권이전 등기신청 작성방법의 기재 방법과 같다 다만, "건축대장등본" 대신 "집합건축물대장등본" 을 첨부 한다

(3-1) 협의분할 상속에 의한 등기신청 기재례

소유권이전등기신청
(협의분할에 의한 상속)

접수	년 월 일	처리인	접 수	기 입	교 합	각종통지
	제 호					

① 부동산의 표시					
1. 서울특별시 영등포구 신길동 4930 대 250㎡ 2. 서울특별시 영등포구 신길동 4930 [도로명주소] 서울특별시 영등포구 신길로 54길 93 시멘트 벽돌조 슬래브지붕 단층 주택 84㎡ 이 상					
② 등기원인과 그 연월일	2011년 7월 1일 협의분할에 의한 상속				
③ 등 기 의 목 적	소유권이전				
④ 이 전 할 지 분					
구분	성 명	주민등록번호	주 소	상속분	지 분 (개인별)
⑤ 피상속인	망 홍길동	000000-1000000	서울특별시 영등포구 신길로 54길 93, (신길동)		
⑥ 등기권리자	홍 일 표	000000-1000000	서울특별시 영등포구 신길로 99, 105-2012 (신길동, ㅇㅇ아파트)		

<table>
<tr><td colspan="4">⑦ 시가표준액 및 국민주택채권매입금액</td></tr>
<tr><td>부동산 표시</td><td colspan="2">부동산별 시가표준액</td><td>부동산별 국민주택채권매입금액</td></tr>
<tr><td>1. 주 택</td><td colspan="2">금210,000,000원</td><td>금 8,820,000 원
(시가표준액의 42/1000)</td></tr>
<tr><td>2.</td><td colspan="2">금 원</td><td>금 원</td></tr>
<tr><td>3.</td><td colspan="2">금 원</td><td>금 원</td></tr>
<tr><td colspan="3">⑦ 국 민 주 택 채 권 매 입 총 액</td><td>금 8,820,000 원</td></tr>
<tr><td colspan="3">⑦ 국 민 주 택 채 권 발 행 번 호</td><td>000-00-0000-0000</td></tr>
<tr><td colspan="2">⑨ 취득세 금5,880,000원
(시가표준액의 28/1000)</td><td colspan="2">⑨교육세 금336,000원
(취득세 8/28의 20%금액)</td></tr>
<tr><td colspan="2">⑨ 세 액 합 계</td><td colspan="2">금 6,216,000원</td></tr>
<tr><td colspan="2">⑩ 등기 신청 수 수 료</td><td colspan="2">금28,000원
은행수납번호 : 11-11-00001-5</td></tr>
<tr><td colspan="4">⑪ 첨 부 서 면</td></tr>
<tr><td colspan="2">.등록세영수필확인서 1통
.가족관계증명서 1통
.기본증명서 1통
.친양자입양관계증명서 1통
.제적등본 1통
.피상속인 및 상속인의
주민등록표등(초)본 각1통</td><td colspan="2">.토지·건축물대장등본 각1통
~~.위임장 통~~ 삭1행
〈기 타〉
.상속재산분할협의서 1통
.인감증명서(상속인 전원) 각1통</td></tr>
<tr><td colspan="4">2011년 9월 1일

⑫ 위 신청인 홍 익 표 (인) (전화 : 354-4567)

(또는)위 대리인 (전화 :)

서울남부지방 지방법원 영등포등기소 귀중</td></tr>
</table>

- 신청서 작성요령 및 등기수입증지 첩부란 -

* 1. 부동산표시란에 2개 이상의 부동산을 기재하는 경우에는 부동산의 일련번호를 기재하여야 합니다.
2. 신청인란등 해당란에 기재할 여백이 없을 경우에는 별지를 이용합니다.
3. 등기신청수수료 상당의 등기수입증지를 이 난에 첨부합니다.

(3-2) 협의분할 상속에 의한 등기신청서 기재요령

(가) 협의분할에 의한 상속의 소유권이전 등기 신청방법

상속인 전원이 합의하여 작성한 상속재산 분할협의서 또는 법원의 심판서 정본에 의해서 피상속인의 부동산을 특정상속인 앞으로 이전하는 것으로서, 등기신청은 상속인이 단독으로 신청한다.

또한 피상속인이 유언으로 상속분을 지정한 경우에는 유언검인조서 등본 등을 첨부해야 하고, 상속포기자가 있을 경우에는 가정법원에서 교부받은 상속포기수리증명서를, 상속권 상실자의가 있을 경우에는 이를 소명할 수 있는 서면으로 형사판결문 등을 제출해야 한다

"신청서 기재 기타사항은 전기(1-2)" 번 "상속으로 인한 소유권이전 등기신청 방법의 기재와 같다

(나) 등기신청서 기재요령

① 부동산의 표시 란,

"전기(1-2)" 번 "상속으로 인한 소유권이전 등기신청 방법의 기재와 같다

② 등기원인과 그 연월일 란,

"2011년 4월 20일 협의분할에 의한 상속 " 이라고 기재하는데, 연월일은 협의분할 성립 날이 아닌, 피상속인의 사망일을 기재하여야 한다

③ 등기의 목적 란, ④ 이전할 지분 란, ⑤ 피상속인 란

"전기(1-2)" 번 "상속으로 인한 소유권이전 등기신청방법의 기재와 같다

⑥ 등기권리자란

협의분할에 의하여 상속받는 자의 성명, 주민번호, 주소(도로명주소와 법정동 등을 주민등·초본의 표시와 동일하게 기재)를 기재하되, 상속인이 수인인 경우 이전받는 각자의 지분을 지분란에 기재한다.

⑦ 시가표준액 및 국민주택채권관련 란, ⑧등록세·교육세 란 ⑨세액합계 란,
⑩ 등기신청수수료 란, ⑪ 첨부서면 란

직전 "(1-2)" 번 "상속으로 인한 소유권이전 등기신청방법의 기재와 같다

⑫ 신청인등란

협의분할에 의하여 상속 받는 자의 성명 및 전화번호를 기재하고, 각자의 인장을 날인하며, 대리인이 등기신청을 하는 경우에는 그 대리인의 성명 및 전화번호를 기재하고 대리인이 날인 또는 서명 한다.

(다) 등기신청서에 첨부할 서면

< 위임장 >

등기신청을 타인에게 위임하는 경우에만 첨부한다 (법무사 위임시는 법무사가 작성한다)

<상속재산분할협의서 또는 심판서 정본>

상속재산분할협의서(여러장인 경우 공동상속인 전원의 인감으로 간인해야 함)는 공동상속인 전원이 참가하여 작성하며, 각자의 인감으로 날인후 상속인 전원의 인감증명서를 첨부하여야 한다, 또한 심판에 의한 경우에는 그 심판서 정본 등을 첨부하여야 한다.

(협의분할서 작성예시 : "본책자 106면 다항 및 225면 다항" 을 참조)

특히, 협의분할약정시 상속인 중에 친권자와 미성년자가 있을 경우에는 양자간 이해가 상반되므로 특별대리인을 선임해야 하고, 협의서에는 특별대리인임을 증명하는 심판서 등본과 특별대리인의 인감증명을 첨부 제출해야 한다

< ① 등록세영수필확인서, ② 토지·건축물대장등본 ③ 상속을 증명하는 서면 ④ 주민등록표등(초)본>

"전기(1-2)" 번 "상속으로 인한 소유권이전 등기신청방법" 기재와 같다

⑤ 인감증명서

상속재산분할협의서에 날인한 상속인 및 특별대리인의 인감증명서(발행일로부터 3월 이내)를 빠짐없이 첨부해야한다. 다만, 재외국민의 경우에는 상속재산협의분할서상의 서명 또는 날인이 본인의 것임을 증명하는 재외공관의 확인서 또는 이에 관한 공정증서로 인감증명에 대신할 수 있다.

(라) 등기신청서류 편철순서

신청서, 등록세영수필확인서, 등기수입증지, 위임장, 제적등본, 가족관계증명서, 기본증명서, 친양자입양관계증명서, 협의분할계약서 및 인감증명서, 주민등록표등(초)본, 토지·건축물대장등본 등의 순으로 편철하면 된다

(4-1) 유증으로 인한 등기신청 기재례

소유권이전등기신청 (유증)

접수	년 월 일	처리인	접 수	기 입	교 합	각종통지
	제 호					

① 부동산의 표시	
1. 경기도 안양시 동안구 호계동 904-11 대 250㎡ 2. 경기도 안양시 동안구 호계동 904-11 [도로명주소] 안양시 동안구 시민대로 23길 56 시멘트 벽돌조 슬래브지붕 단층 주택 84㎡ 이 상	
② 등기원인과 그 연월일	2011년 7월 1일 유증
③ 등기의 목적	소유권이전
④ 이전할 지분	
⑤ 상속인의 표시	

구분	성 명	주민등록번호	주 소	상속분	지 분 (개인별)
⑥ 등기의무자	유증자 망 홍길동 위 유언집행자 별지기재와 같음	000000 -1000000 별지기재와 같음	경기도 안양시 동안구 시민대로 23길 56 (호계동) 별지기재와 같음		
⑦ 등기권리자	수증자 홍 일 표	000000 -2000000	서울특별시 영등포구 신길로 54길 93 (신길동)		

<table>
<tr><td colspan="4">⑧ 시가표준액 및 국민주택채권매입금액</td></tr>
<tr><td>부동산 표시</td><td colspan="2">부동산별 시가표준액</td><td>부동산별 국민주택채권매입금액</td></tr>
<tr><td>1. 토지250㎡
2. 건물 84㎡</td><td colspan="2">금 210,000,000원</td><td>홍일표 8,190,000원(시가표준액의 39/1,000)</td></tr>
<tr><td colspan="4"></td></tr>
<tr><td colspan="3">⑧ 국 민 주 택 채 권 매 입 총 액</td><td>금 8,190,000 원</td></tr>
<tr><td colspan="3">⑧ 국 민 주 택 채 권 발 행 번 호</td><td>000-00-00000-0000</td></tr>
<tr><td colspan="2">⑨ 취득세 금7,350,000원
(시가표준액의 35/1000).</td><td colspan="2">⑨교육세 금630,000원
(취득세 15/35의 20%금액)</td></tr>
<tr><td>⑨ 세 액 합 계</td><td colspan="3">금 7,980,000원</td></tr>
<tr><td>⑩ 등 기 신 청 수 수 료</td><td colspan="3">금28,000원 (토지 · 건물 2건)
은행수납번호 : 11-11-00001-5</td></tr>
<tr><td colspan="4">⑪ 첨 부 서 면</td></tr>
<tr><td colspan="2">1. 등록세영수필확인서 1통
1. 유언서및 유언검인조서 등본 각1통
1. 가족관계증명서 및 기본증명서 각1통
1. 유언집행자 표시 및 그의 인감증명서 각1통
1. 제적등본 1통</td><td colspan="2">1. 피상속인 및 상속인의 주민등록표등(초)본 각 1통
1. 토지.건축물대장등본 각 1통
~~1. 위임장 1통~~ 삭1행
〈기 타〉</td></tr>
<tr><td colspan="4">2011년 9월 1일
⑫ 위 신청인 유언집행자 (별지기재와 같음)
홍 일 표 ㉑ (전화 : 354-4567)

(또는)위 대리인 법무사 김갑수 (전화 : 364-3576)
서울 마포구 아현동 234
수원지방법원 안양지원 안양등기소 귀중</td></tr>
</table>

- 신청서 작성요령 및 등기수입증지 첨부란 -

* 1. 부동산표시란에 2개 이상의 부동산을 기재하는 경우에는 그 부동산의 일련번호를 기재하여야 합니다.
2. 신청인란 등 해당란에 기재할 여백이 없을 경우에는 별지를 이용합니다.
3. 등기신청수수료 상당의 등기수입증지를 이 난에 첨부합니다.

(4-2) 유증으로 인한 등기신청서 기재요령

(가) 유증에 의한 소유권이전등기 신청절차

유증으로 인한 소유권이전등기는 포괄유증이나 특정유증을 불문하고 수증자를 등기권리자, 유언집행자 또는 상속인을 등기의무자로 하여 공동으로 신청하되, 상속등기를 거치지 않고 유증자로부터 직접 수증자앞으로 소유권이전 등기를 신청하여야 한다

또한 유언집행자가 수인인 경우(유언집행자의 지정이 없어서 상속인들이 유언집행자가 된 경우 포함)에는 그 과반수 이상의 유언집행자들이 수증자명의로 소유권이전에 동의하면 등기를 신청할 수있다

(나) 등기신청서 기재요령

① 부동산의 표시 란,

"전기(1-2)" 번 "상속으로 인한 소유권이전 등기신청 방법의 기재와 같다

② 등기원인과 그 연월일 란,

"2011년 7월 1일 유증 " 이라고 기재하는데, 연월일은 유언자의 사망일이나, 유증에 정지조건이 붙은 경우에는 조건성취일이, 기한이 있는 때에는 기한도래일이 등기원인 일자이다

③ 등기의 목적 란, ④ 이전할 지분 란, ⑤ 피상속인 란

"전기(1-2)" 번 "상속으로 인한 소유권이전 등기신청방법의 기재와 같다

⑥ 등기의무자란

유증자 및 유언집행자(지정된 유인집행자 없는 경우에는 상속인)의 성명, 주민번호, 주소를 기재하며, 유증자의 표시는 등기부상 소유자의 표시와 일치하여야 한다

⑦ 등기권리자란

재산을 이전받는 수증자의 성명, 주민등록번호, 주소(도로명주소와 법정동 등을 주민등·초본의 표시와 동일하게 기재)를 기재한다.

⑧ 시가표준액 및 국민주택채권관련 란, ⑨등록세·교육세 및 세액합계 란, ⑩ 등기신청수수료 란, ⑪ 첨부서면 란

직전 "(1-2)" 번 "상속으로 인한 소유권이전 등기신청방법의 기재와 같으나, 유증의 경우에는 세율이 취득세20/1000, 등록세15/1000로 다소 높다

⑫ **신청인 란**

등기의무자로 유언집행자 전원의 명단과 등기권리자의 성명 및 전화번호를 기재하고, 각자의 인장을 날인하되, 등기의무자는 그의 인감을 날인해야 한다

★ 유언집행자의 표시 (등기의무자란 협소로 기재 어려울 때 작성한다)

유언집행자의 표시
김말순 (000000- 2000000) 주소 : 경기도 안양시 동안구 시민대로 23길 56 (오계동) 홍일표 (000000- 1000000) 주소 : 서울특별시 영등포구 신길로 54, 105-2012 (신길동, ㅇㅇ아파트) 홍삼표 (000000- 1000000) 주소 : 경기도 안양시 동안구 시민대로 23길 56 (오계동)

(다) 등기신청서에 첨부할 서면

< 위임장 >

등기신청을 타인에게 위임하는 경우에만 첨부한다 (법무사 위임시는 법무사가 작성한다)

〈유언집행자의 자격을 증명하는 서면〉

유언으로 유언집행자가 지정된 경우에는 유언증서, 유언에 의해 유언집행자의 지정이 제3자에 위탁된 경우에는 유언증서 및 제3자의 지정서(그 제3자의 인감증명 첨부), 가정법원에 의해 선임된 경우에는 유언증서 및 심판서를 각 제출하고, 유언자의 상속인이 유언집행자인 경우에는 상속인임을 증명하는 서면(가족관계증명서 등)을 첨부하여야 한다

〈유언검인조서 등본 및 유언내용에 의한 상속인의 등기신청 동의서〉

유언증서가 자필증서, 녹음, 비밀증서에 의한 경우에는 유언검인조서 등본을, 구수증서에 의한 경우에는 검인신청에 대한 심판서 등본을, 유증에 정지조건등이 붙은 경우에는 그 조건성취를 증명하는 서면을 첨부해야 한다

특히 유언검인조서에는 검인기일에 출석한 상속인들이 유언증서의 진위여부에 관하여 다투지 않겠다는 뜻이 명확히 표시되어야 한다. 만약 유언검인조서에 "이 유언증서상 내용의 진위여부를 어떻게 믿는냐" 는 등의 상속인진술이 기재되었다면, 이는 유언내용에 다툼이 없었다는 것이 불명확하므로, 그 검인조서등본외에 "유언내용에 따른 등기신청에 이의가 없다" 는 위 상속인의 동의서(인감증명 첨부)를 추가로 첨부 하여야 한다

〈유언자의 사망을 증명하는 서면〉

유증은 유언자의 사망으로 효력이 발생하므로 그 사망사실을 증명하는 서면을 첨부해야 한다

〈①등기필증 또는 등기필정보 ②등록세영수필확인서, ②토지·건축물대장등본 ④ 주민등록표등(초)본〉

"전기(1-2)" 번 "상속으로 인한 소유권이전 등기신청방법" 기재와 같다

⑤ 유언집행자의 표시 및 인감증명서

유언집행자의 표시 및 그 표시에 기재된 유언집행자의 인감증명서(발행일로부터 3월이내)를 첨부한다.

⑥ 제적등본, 가족관계증명서, 기본증명서 등

유언집행자를 지정하지 아니하여 상속인이 유언집행자로 되는 경우에 유언집행자의 자격을 소명하고, 유언의 효력이 발생하였음을 증명하는 서면으로 발행일로부터 3개월 이내의 것을 첨부한다

⑦ 법인등기부등초본

등기권리자 또는 의무자가 법인인 경우에는 법인등기부 등초본을 첨부해야 한다(발행일로부터 3개월 이내)

(라) 등기신청서류 편철순서

신청서, 등록세영수필확인서, 등기수입증지, 위임장, 제적등본, 가족관계증명서, 기본증명서, 유언서 및 유언검인조서 등본, 유언집행자의 표시 및 인감증명서, 주민등록표등(초)본, 토지·건축물대장등본 등의 순으로 편철하면 된다

(5-1) 금양임야 등 승계이전의 등기신청 기재례

상속으로 인한
소유권이전등기신청

접수	년 월 일	처리인	접 수	기 입	교 합	각종통지
	제 호					

① 부동산의 표시					
1. 경기도 안양시 동안구 호계동 산 2번지 임야 9,880m² 이 상					
② 등기원인과 그 연월일	2011년 7월 1일 민법 제1008조의 3의 규정에 의한 승계				
③ 등 기 의 목 적	소유권이전				
④ 이 전 할 지 분					
⑤ 상속인의 표시					
구분	성 명	주민등록번호	주 소	상속분	지 분 (개인별)
⑥ 등기의무자	망 홍길동	000000 -1000000	경기도 안양시 동안구 시민대로 23길 56 (호계동)		
⑦ 등기권리자	홍 일 표	000000 -1000000	서울특별시 영등포구 신길로 54, 102- 1203 (신길동, ○○아파트)		

<table>
<tr><td colspan="6">⑧ 시가표준액 및 국민주택채권매입금액</td></tr>
<tr><td>부동산 표시</td><td colspan="3">부동산별 시가표준액</td><td colspan="2">부동산별 국민주택채권매입금액</td></tr>
<tr><td>1. 토지9,880㎡</td><td colspan="3" rowspan="2">금 120,000,000원</td><td colspan="2" rowspan="2">홍일표 3,000,000원(시가표준액의 25/1,000)</td></tr>
<tr><td>2.</td></tr>
<tr><td colspan="6"></td></tr>
<tr><td colspan="4">⑧ 국 민 주 택 채 권 매 입 총 액</td><td colspan="2">금 3,000,000 원</td></tr>
<tr><td colspan="4">⑧ 국 민 주 택 채 권 발 행 번 호</td><td colspan="2">000-00-00000-0000</td></tr>
<tr><td colspan="2">⑨ 취득세금3,360,000원
(시가표준액의 28/1000)</td><td colspan="2">⑨교육세 금192,000원
(취득세액 8/28의 20% 금액)</td><td colspan="2">⑨농어촌특별세 금24,000원
(취득세액 20/28의 10% 금액)</td></tr>
<tr><td colspan="2">⑨ 세 액 합 계</td><td colspan="4">금 3,792,000원</td></tr>
<tr><td colspan="2" rowspan="2">⑩ 등 기 신 청 수 수 료</td><td colspan="4">금14,000원</td></tr>
<tr><td colspan="4">은행수납번호 : 11-11-00001-5</td></tr>
<tr><td colspan="6">⑪ 첨 부 서 면</td></tr>
<tr><td colspan="3">1. 등록세영수필확인서 1통
1. 가족관계증명서 및 기본증명서 각1통
1. 제적등본 1통
1. 금양임야증명서 1통</td><td colspan="3">1. 피상속인 및 상속인의 주민등록표등(초)본 각 1통
1. 토지(임야)대장등본 각 1통
~~1. 위임장 1통~~ 삭1행
〈기 타〉</td></tr>
<tr><td colspan="6">2011년 9월 1일
⑫ 위 신청인
홍 일 표 ㊞ (전화 : 354-4567)

(또는)위 대리인 법무사 김갑수 (전화 : 364-3576)
서울 마포구 아현동 234
수원지방법원 안양지원 안양등기소 귀중</td></tr>
</table>

- 신청서 작성요령 및 등기수입증지 첩부란 -

* 1. 부동산표시란에 2개 이상의 부동산을 기재하는 경우에는 그 부동산의 일련번호를 기재하여야 합니다.
  2. 신청인란 등 해당란에 기재할 여백이 없을 경우에는 별지를 이용합니다.
  3. 등기신청수수료 상당의 등기수입증지를 이 난에 첩부합니다.

(5-2) 금양임야 등 승계이전의 등기신청 기재요령

(가) 금양임야 등 승계로 인한 소유권이전등기 신청절차

이 신청서는 금양임야의 승계자가 소유권이전을 단독으로 신청한다

(나) 등기신청서 기재요령

① 부동산의 표시 란,

"전기(1-2)" 번 "상속으로 인한 소유권이전 등기신청 방법의 기재와 같다

② 등기원인과 그 연월일 란,

"2011년 7월 1일 민법 제1008조의 3의 규정에 의한 승계 " 라고 기재하는데, 연월일은 유언자의 사망일이다

③ 등기의 목적 란

"전기(1-2)" 번 "상속으로 인한 소유권이전 등기신청방법의 기재와 같다

⑥ 등기의무자란

피상속인의 성명, 주민번호, 주소를 기재하되, 등기부상 소유자 표시와 일치하여야 한다

⑦ 등기권리자란

제사를 주재하는 등기신청인의 성명, 주민등록번호, 주소(도로명주소와 법정동 명칭 등을 주민등·초본의 표시와 동일하게 기재)를 기재한다.

⑧ 시가표준액 및 국민주택채권 관련 란, ⑨등록세·교육세 및 세액합계 란, ⑩ 등기신청수수료 란, ⑪ 첨부서면 란

직전 "(1-2)" 번 "상속으로 인한 소유권이전 등기신청방법의 기재와 같다

⑫ 신청인 란

등기권리자의 성명 및 전화번호를 기재하고, 인장을 날인한다

(다) 등기신청서에 첨부할 서면

< 상속 및 금양 임야임을 증명하는 서면 >

제사를 주재하는자가 금양임야(9,900㎡이내) 또는 묘토인 농지(1,980㎡이내)에 관하여 승계로 인한 소유권이전등기를 신청함에 있어서는 가족관계증명서, 기본증명서, 제적등본, 친양자입양관계증명서 등 상속을 증명하는 서면과 금양임야임을 증명하는 서면 또는 1,980㎡이내의 농지가 묘토임을 증명하는 서면을 첨부해야 한다. 금양임야임을 증명하는 서면을 첨부하기 어려울 때는 "등기신청인이 제사를 주재하는 자" 임을 상속인 전원이 인정하는 서면(이서면에는 등기신청인을 제외한 상속인 전원의 임감증명을 첨부해야 한다)을 첨부하여야 한다

<등기신청인이 "제사를 주재하는 자" 임을 상속인 전원이 인정하는 서면>

금양임야증명서

1. 부동산의 표시
   경기도 안양시 동안구 호계동 산 2번지
   임야 9,880m²
2. 제사 주재자
   홍일표(000000-1000000)
   서울특별시 영등포구 신길로 54길 93 (신길동)

위 부동산은 망 홍길동(경기도 안양시 동안구 시민대로 23길 56) 및 그 선대조의 분묘군에 속하는 금양임야이며, 위 홍일표가 그 수호분묘의 제사주재자로서 그 소유권을 승계받은 자임을 증명합니다

2011년 7월 1일

상속인 김말순 ㊞ (주민번호 : 000000- 2000000)
주소 : 경기도 안양시 동안구 시민대로 23길 56 (호계동)
상속인 홍일표 ㊞ (주민번호 : 000000- 1000000)
주소 : 서울특별시 영등포구 신길로 99, 102-1002(신길동, ㅇㅇ아파트)
상속인 홍삼표 ㊞ (주민번호 : 000000- 1000000)
주소 : 경기도 안양시 동안구 시민대로 23길 56 (호계동)

※ 상속인 전원의 인감증명서 첨부

(6-1) 등기원인후 사망시, 상속인에 의한 등기신청 기재례

소유권이전등기신청 (매매)

접수	년 월 일	처리인	접 수	기 입	교 합	각종통지
	제 호					

① 부동산의 표시
경기도 안양시 동안구 호계동 904-11 대 350m^2 거래신고일련번호 : 12345-2006-4-1234560 거래가액 : 500,000,000원 이 상

② 등기원인과 그 연월일	2011년 7월 1일 매매
③ 등 기 의 목 적	소유권이전
④ 이 전 할 지 분	
⑤	

구분	성 명	주민등록번호	주 소	지 분 (개인별)
⑥ 등기의무자	망 홍 길 동	000000 -1000000	경기도 안양시 동안구 시민대로 23길 56(호계동)	1/1
	상속인 김 말 순	000000 -2000000	경기도 안양시 동안구 시민대로 23길 56(호계동)	
	홍 일 표	000000 -1000000	서울특별시 영등포구 신길로 54길 93(신길동)	
	홍 삼 표	000000 -1000000	경기도 안양시 동안구 시민대로 23길 56(호계동)	
⑦ 등기권리자	김 매수	000000 -1000000	경기도 안양시 동안구 관평로 33, 205-1016 (관양동 ○○아파트)	1/1

<table>
<tr><td colspan="6">⑧ 시가표준액 및 국민주택채권매입금액</td></tr>
<tr><td>부동산 표시</td><td colspan="2">부동산별 시가표준액</td><td colspan="3">부동산별 국민주택채권매입금액</td></tr>
<tr><td>1. 토지350㎡</td><td colspan="2" rowspan="2">금 210,000,000원</td><td colspan="3" rowspan="2">210,000,000 ×39/1,000=819만원</td></tr>
<tr><td>2.</td></tr>
<tr><td colspan="6"></td></tr>
<tr><td colspan="3">⑧ 국 민 주 택 채 권 매 입 총 액</td><td colspan="3">금8,190,000 원</td></tr>
<tr><td colspan="3">⑧ 국 민 주 택 채 권 발 행 번 호</td><td colspan="3">000-00-00000-0000</td></tr>
<tr><td colspan="2">⑨ 취득세 금20,00,000원
(거래가액의 40/1,000)</td><td colspan="2">⑨교육세 2,000,000원
(취득세액의 20/40의 20%)</td><td colspan="2">⑨농어촌특별세 1,000,000원
(취득세액의 20/40의 10%)</td></tr>
<tr><td colspan="2">⑨ 세 액 합 계</td><td colspan="4">금 23,000,000원</td></tr>
<tr><td colspan="2" rowspan="2">⑩ 등 기 신 청 수 수 료</td><td colspan="4">금14,000원 (토지 · 1건)</td></tr>
<tr><td colspan="4">은행수납번호 : 11-11-00001-5</td></tr>
<tr><td colspan="6">⑪ 첨 부 서 면</td></tr>
<tr><td colspan="3">1. 매매계약서 1통
1. 취득세(등록세)영수필확인서 1통
1. 인감증명서 1통
1. 가족관계증명서 및 기본증명서 각1통
1. 부동산거래계약 신고필증 1통</td><td colspan="3">1. 피상속인 및 상속인의 주민등록표등(초)본 각 1통
1. 매수인의 주민등(초)본 1통
1. 토지대장등본 1통
~~1. 위임장 1통~~ 삭1행
〈기 타〉</td></tr>
<tr><td colspan="6">2011년 9월 1일
⑫ 위 신청인
매도인 망 홍길동
상속인 김 말순 ㊞ (전화 : 354-4567)
홍 일표 ㊞ (전화 : 354-4567)
홍 삼표 ㊞ (전화 : 452-5572)
매수인 김 매 수 ㊞ (전화 : 478-6954)
(또는)위 대리인 (전화 :)
수원지방법원 안양지원 안양등기소 귀중</td></tr>
</table>

- 신청서 작성요령 및 등기수입증지 첩부란 -

* 1. 부동산표시란에 2개 이상의 부동산을 기재하는 경우에는 그 부동산의 일련번호를 기재하여야 합니다.
2. 신청인란 등 해당란에 기재할 여백이 없을 경우에는 별지를 이용합니다.
3. 등기신청수수료 상당의 등기수입증지를 이 난에 첨부합니다.

(6-2) 등기원인후 사망시, 상속인에 의한 등기신청 기재례

(가) 등기신청의 내역

이 서식은 토지에 관한 매매계약을 실행하고 소유권이전등기를 신청 하기 전에 등기의무자인 매도인이 사망하였으므로, 그의 상속인들이 등기권리자와 공동으로 신청하는 소유권이전등기로서, 상속으로 인한 등기절차 없이 매수인에게 직접 이전등기를 신청하는 예이다

(나) 등기신청서 기재요령

① **부동산의 표시 란,**

"전기(1-2)" 번 "상속으로 인한 소유권이전 등기신청 방법의 기재와 같다

② **등기원인과 그 연월일 란,**

"2011년 7월 1일 매매 " 라고 기재하는데, 연월일은 매매계약체결일이다

③ **등기의 목적 란**

"전기(1-2)" 번 "상속으로 인한 소유권이전 등기신청방법의 기재와 같다

⑥ **등기의무자란**

피상속인의 성명, 주민번호, 주소와 상속인의 주소성명을 함께 기재하되, 피상속인의 주소, 성명등은 등기부상 소유자 표시와 일치하여야 한다

⑦ **등기권리자란**

등기권리자는 매수인으로서 그의 성명, 주민번호, 주소를 기재하되, 주소는 주민등본에 표시된 도로명주소와 동일하게 기재 한다.

⑧ **시가표준액 및 국민주택채권 관련 란,** ⑨**등록세·교육세 및 세액합계 란,**
⑩ **등기신청수수료 란,** ⑪ **첨부서면 란**

직전 "(1-2)" 번 "상속으로 인한 소유권이전 등기신청방법의 기재와 같다

⑫ **신청인 란**

등기의무자(상속인포함)와 등기권리자의 성명 및 전화번호를 기재하고, 인장을 날인한다

(7-1) 등기 후, 소유권경정 등기신청의 기재례

소유권경정 등기신청

접수	년 월 일	처리인	접 수	기 입	교 합	각종 통지
	제 호					

① 부동산의 표시			
1. 서울특별시 영등포구 신길동 4930 대 250㎡ 2. 서울특별시 영등포구 신길동 4930 [도로명주소] 서울특별시 영등포구 신길로 54길 93 시멘트 벽돌조 슬래브지붕 단층 주택 84㎡ 이 상			
②등기원인과 그 연월일	2011년 7월 1일 협의분할로 인한 상속		
③ 등 기 의 목 적	소유권 경정		
④ 경 정 할 사 항	2009년 4월 15일 접수 제1231호로 경료한 갑구 순위 제5번의 소유권이전등기 사항중 "공유자 지분 2분의 1, 홍일표, 경기도 안양시 동안구 시민대로 23길 56(호계동), 지분 2분의 1, 홍삼표, 서울특별시 영등포구 신길로 54길 93(신길동)" 을 "소유자 홍삼표, 서울특별시 영등포구 신길로 54길 93(신길동)" 으로 경정		

구분	성 명 (상호·명칭)	주민등록번호 (등기용등록번호)	주 소 (소 재 지)	지 분 (개인별)
⑤ 등기의무자	홍 일 표	000000 -2000000	경기도 안양시 동안구 시민대로 23길 56 (호계동)	
⑥ 등기권리자	홍 삼 표	000000 -1000000	서울특별시 영등포구 신길로 54길 93 (신길동)	

⑦ 시가표준액 및 국민주택채권매입금액		
부동산 표시	부동산별 시가표준액	부동산별 국민주택채권매입금액
1. 주 택	금210,000,000원	금4,410,000원 (8,820,000-기매입4,410,000)
2.	금 원	금 원
3.	금 원	금 원
⑦ 국 민 주 택 채 권 매 입 총 액		금4,410,000원
⑦ 국 민 주 택 채 권 발 행 번 호		0000-00-000-0000

⑧ 등록세 금 6,000 원	⑧ 교육세 금1,200 원
⑨세 액 합 계	금 7,200 원
⑩ 등 기 신 청 수 수 료	금 6,000 원 은행수납번호 : 11-11-00001-5

⑪ 등기의무자의 등기필정보		
부동산고유번호	1102-2006-002095	
성명(명칭)	일련번호	비밀번호
홍일표	R77G-M071-35Y5	40-4636

⑫ 첨 부 서 면	
.상속재산분할협의서 1통 .등록세영수필확인서 1통 .인감증명서 2통 .등기필증 1통 삭1행 ~~.위임장 통~~	〈기 타〉

2011년 7월 1일

⑬ 위 신청인 홍 일 표 ㊞ (전화 : 390-1234)

홍 삼 표 ㊞ (전화 : 456-8765)

(또는)위 대리인 (전화 :)

서울남부지방법원 영등포등기소 귀중

- 신청서 작성요령 및 등기수입증지 첩부란 -

* 1. 부동산표시란에 2개 이상의 부동산을 기재하는 경우에는 부동산의 일련번호를 기재하여야 합니다.

2. 신청인란등 해당란에 기재할 여백이 없을 경우에는 별지를 이용합니다.
3. 등기신청수수료 상당의 등기수입증지를 이 난에 첩부합니다.

(7-2) 등기 후, 소유권 경정등기 신청서 기재요령

(가) 협의분할로 인한 소유권경정등기란

상속으로 인하여 공동상속인 명의로 상속등기를 한 후, 부동산을 공동상속인중 1인의 단독 또는 일부의 소유로 하는 상속재산분할협의를 하게 된 경우, 공동상속인 명의로 된 등기를 단독 또는 일부의 소유로 경정하는 등기를 말한다.

(나) 등기신청서 기재요령

① 부동산의 표시란

토지는 소재, 지번, 지목, 면적 순으로, 건물은 소재, 지번, 구조, 종류, 면적 순으로 등기부상 부동산의 표시와 일치되게 기재한다.

② 등기원인과 그 연월일란

등기원인은 "협의분할로 인한 상속"이라 기재하고, 그 연월일은 피상속인의 사망일이 아닌, 협의분할일자를 기재하여야 한다.

③ 등기의 목적란

"소유권경정" 이라 기재한다.

④ 경정할 사항란

경정의 대상인 등기의 접수연월일, 접수번호 및 순위번호와 경정의 내용을 기재한다. (기재예시) 2009년 4월 15일 접수 제1231호로 경료한 갑구순위 제5번의 소유권이전등기 사항중
"공유자 지분 2분의 1, 홍일표, 경기도 안양시 동안구 시민대로 23길 56, 지분 2분의 1, 홍삼표, 서울특별시 영등포구 신길로 54길 93" 을
"소유자 홍삼표, 서울특별시 영등포구 신길로 54길 93" 으로 경정

⑤ 등기의무자란

경정으로 인하여 권리를 상실하는 자로서 그 성명, 주민등록번호 및 주소를 기재하여야 한다. 그러나 소유자가 법인인 경우에는 상호(명칭), 본점(주사무소 소재지), 등기용등록번호를 기재하고, 법인 아닌 사단이나 재단인 경우에는 상호(명칭), 본점(주사무소 소재지), 등기용등록번호 및 대표자(관리인)의 성명, 주민등록번호, 주소를 기재하되 주소는 주민등본에 표시된 도로명주소와 동일하게 기재한다.

⑥ 등기권리자란

등기권리자는 권리를 추가로 취득하는 등기명의인으로서, 그 기재방법은 등기의무자란과 같다.

⑦ 시가표준액 및 국민주택채권매입금액, 국민주택채권매입총액란, 국민주택채권발행번호란

"전기(1-2)" 번의 "상속으로 인한 소유권이전 등기신청 방법의 기재와 같다. 다만, 상속등기 시 국민주택채권을 매입하였다면 상속인은 위 경정등기의 법정매입금액에서 상속등기 시에 상속인들이 매입한 채권 금액만큼 공제하고 나머지 금액만 매입하면 된다.

⑧ 등록세·교육세란

부동산 1개당 등록세 3,000원, 교육세 600원으로 계산하여 기재한다.

⑨ 세액합계란

등록세액과 교육세액의 합계를 기재한다.

⑩ 등기신청수수료란

부동산 1개당 3,000원의 등기수입증지금액을 기재한다(등기수입증지는 등기과·소 및 지정금융기관에서 판매). 다만, 등기신청수수료가 10만원 이상인 경우 지정금융기관에 현금으로 납부할 수 있으며, 현금납부 후 교부받은 '영수필확인서' 와 '영수필통지서' 를 등기신청서에 첨부하면 된다.

⑪ 등기의무자의 등기필정보란

㉮ 전자신청 지정등기소에서 소유권 취득에 관한 등기를 완료하고 등기필 정보를 교부 받은 경우, 그 등기필정보 상에 기재된 부동산고유번호, 성명, 일련번호, 비밀번호를 각 기재해야 하는데, 이를 분실하여 등기필 정보를 알 수 없을 때에는 부동산등기법 제49조에 의하여 확인서면이나 확인조서 또는 공증서면 중 하나를 첨부된다.

㉯ 등기신청서에 등기필증이나 확인서면 등을 첨부한 경우에는 등기필정보란은 기재하지 않아도 된다.

⑬ **신청인등란**

상속등기 후 분할협의 등으로 권리를 취득하는 등기권리자 및 권리를 상실하는 등기의무자가 공동으로 성명 및 전화번호를 기재하여 소유권경정등기를 신청 하되, 대리인이 등기신청을 하는 경우에는 그 대리인의 성명 및 전화번호를 기재하고 대리인이 날인 또는 서명한다.

특히 소유권 경정등기로 인하여 지분이 감소되거나, 소멸하는 자 등 이해관계인이 있을 때에는 그 들의 인감이 날인되 승낙서를 첨부하거나, 경정의 등기의무자로서 함께 신청, 날인(인감)하도록 하여야 한다

(다) 등기신청서에 첨부할 서면

< 위임장 >

등기신청을 타인에게 위임하는 경우에만 첨부한다 (법무사 위임시는 법무사가 작성한다)

〈상속재산분할협의서 또는 심판서 정본〉

경정사유를 증명하는 서면으로 첨부하며, 상속재산분할협의서가 여러장인 경우에는 공동상속인 전원의 인감으로 간인해야 하고, 또한 공동상속인 전원이 참가해서 작성해야 한다, 특히, 협의서에는 상속인 각자의 인감으로 날인후 상속인 전원의 인감증명서를 첨부해서 제출해야 하며, 심판에 의한 경우에는 그 심판서의 정본 등을 첨부해야 한다.

〈등기필증〉

소유권에 관한 등기필증으로서, 등기의무자가 소유권 취득 시 등기소로부터 교부받은 등기필증을 첨부한다. 단 전자신청의 등기를 완료하고 등기필정보를 교부받은 경우에는, 그 등기필정보 상에 기재된 부동산 고유번호, 성명, 일련번호, 비밀번호를 각 기재한다.(등기필정보는 제출하는 것이 아님)

다만, 등기필증(등기필정보)을 멸실하여 첨부(기재)할 수 없는 경우에는 부동산등기법 제49조에 의한 확인서면이나 확인조서 또는 공증서면 중 하나를 첨부하면 된다.

〈그 밖의 첨부서류〉

① 등록세영수필확인서

경정등기신청과 같이 정액등록세 납부대상의 경우에는 지방세인터넷납부시스템을 이용하여 간단하게 납부한 후 출력한 납부서를 첨부하거나, 대법원 인터넷등기소의 정액등록세 납부서 작성기능을 이용, 납부서용지를 출력, 은행에 납부한 후, 영수증은 본인이 보관하고 '등록세영수필확인서' 만 신청서의 등록세액 표시란의 좌측상단 여백에 첨부한다.

② 인감증명서

협의분할에 의한 상속등기를 신청하는 경우 분할협의서에 날인한 상속인 전원의 인감증명(발행일로부터 3월 이내) 을 첨부한다.

③ 주민등록표등(초)본

등기의무자 및 권리자의 주민등록표등본 또는 초본(각, 발행일로부터 3월 이내)을 첨부한다.

④ 기 타

㉮ 신청인이 법인인 경우에는 법인등기사항전부증명서 또는 법인등기사항일부증명서(각, 발행일로부터 3월 이내)를 첨부한다.

㉯ 신청인이 재외국민이나 외국인 또는 법인 아닌 사단 또는 재단인 경우에는 신청서의 기재사항과 첨부서면이 다르거나, 추가될 수 있다

㉰ 등기상 이해관계인이 있는 경우에는 그의 승낙서(인감증명 첨부) 또는 이에 대항할 수 있는 재판의 등본을 첨부하여야만 등기를 실행할 수 있다.

(라) 등기신청서류 편철순서

신청서, 등록세영수필확인서, 등기수입증지, 위임장, 상속재산분할협의서, 인감증명서, 등기필증 등의 순으로 편철하면 된다

(8-1) 상속관련 외국인토지 취득신고서 (외국인토지법 제5조)

※ 토지상속 취득 후 6월내 시,군,구청에 신고 (미신고시 과태료 처분)

[별지 제1호서식] <개정 2011.4..11> (앞 쪽)

■ 토지취득 신고서 □ 토지계속보유 신고서 □ 토지취득 허가신청서			처 리 기 간 신 고: 즉시 허가신청: 15일
접수일		일련번호	

신고인 (신청인)	성 명(법 인 명)		외국인(법인)등록번호	
	국 적		①국적 취득 연월일	
	생년월일(법인 설립 연월일)		전 화 번 호	
	②주 소	(거래지분: 분의)		
신 고 (신청) 사 항	③취 득 원 인		④상 세 원 인	
	⑤원인 발생일		⑥취 득 금 액	원
	⑦소 재 지 、지 번 /지 목/면 적/지 분	(법정지목:)/(토지면적: ㎡)/(지분: 분의)		
	⑧취 득 용 도			

「외국인토지법」 제4조부터 제6조까지 및 같은 법 시행령 제3조에 따라 위와 같이 신고(허가를 신청)합니다.

년 월 일

신고인(신청인) (서명 또는 인)

시장、군수、구청장 귀하

	구 분	신고인/신청인(대표자) 제출서류	시장、군수、구청장 확인사항
구비 서류	토지취득 신고의 경우	다음의 구분에 따른 서류 1. 증여의 경우: 증여계약서 2. 상속의 경우: 상속인임을 증명할 수 있는 서류 3. 경매의 경우: 경락결정서 4. 환매권 행사의 경우: 환매임을 증명할 수 있는 서류 5. 법원의 확정판결의 경우: 확정판결문 6. 법인의 합병의 경우: 합병사실을 증명할 수 있는 서류	토지등기부 등본, 건물등기부 등본(집합건물인 경우에만 해당합니다) ※「전자정부법」 제36조제1항에 따른 행정정보의 공동이용을 통하여 시장、군수、구청장이 위 사항을 확인합니다.
	토지계속보유 신고의 경우	대한민국의 법령에 따라 설립된 법인 또는 단체가 외국의 법인 또는 단체로 변경되었음을 증명할 수 있는 서류(신고인이 법인 또는 단체인 경우에만 해당합니다)	
	토지취득 허가신청의 경우	토지취득계약 당사자 간의 합의서	

210㎜×297㎜(일반용지 60g/㎡(재활용품))

(뒤 쪽)

유의 사항	1. 신고서나 허가신청서를 제출할 때에는 여권 등 신고인(신청인)의 신분을 확인할 수 있는 공인 신분증을 제시하여야 하고, 전자문서로 신고할 때에는 전자인증의 방법으로 신고인의 신분을 확인하게 됩니다. 2. 전자문서로 신고 또는 허가신청을 할 때에는 증명서류를 첨부하여야 하고 첨부가 곤란한 경우에는 그 사본을 우편 또는 모사전송의 방법으로 신고(허가) 관청에 따로 제출하여야 합니다. * 이 경우 신고확인증은 제출된 서류를 확인한 후 지체 없이 송부합니다.
작성 방법	① "국적 취득 연월일란은 토지계속보유 신고의 경우에는 반드시 적어야 합니다. ② "주소"란의 거래지분에는 공동 취득한 경우의 소유지분을 적습니다. ③ "취득 원인"란에는 계약, 계약 외, 계속보유 중에서 하나를 적습니다. ④ "상세 원인"란에는 매매, 교환, 증여, 상속, 경매, 환매권 행사, 법원의 확정판결, 법인의 합병, 국적 변경 중에서 하나를 적습니다. ⑤ "원인 발생일"란에는 계약일, 증여결정일, 상속일(피상속인의 사망일), 경락결정일, 환매계약일, 확정판결일, 합병일, 국적변경일 중에서 하나를 적습니다. ⑥ 아파트 등 집합건물의 토지지분에 대한 취득금액 산출이 곤란한 경우에는 "취득금액"란의 직싱을 생략할 수 있습니다. ⑦ "소재지、지번/지목/면적/지분"란에는 부동산의 소재지、지번(아파트 등 집합건물인 경우에는 동、호까지)、지목、면적을 정확하게 적고, 지분을 취득한 경우에는 지분을 적어야 합니다. ⑧ "취득 용도"란에는 주택용지(아파트), 주택용지(단독주택), 주택용지(기타), 레저용지, 상업용지, 공장용지, 기타 중에서 하나를 적습니다.

이 신고서(신청서)는 아래와 같이 처리합니다.

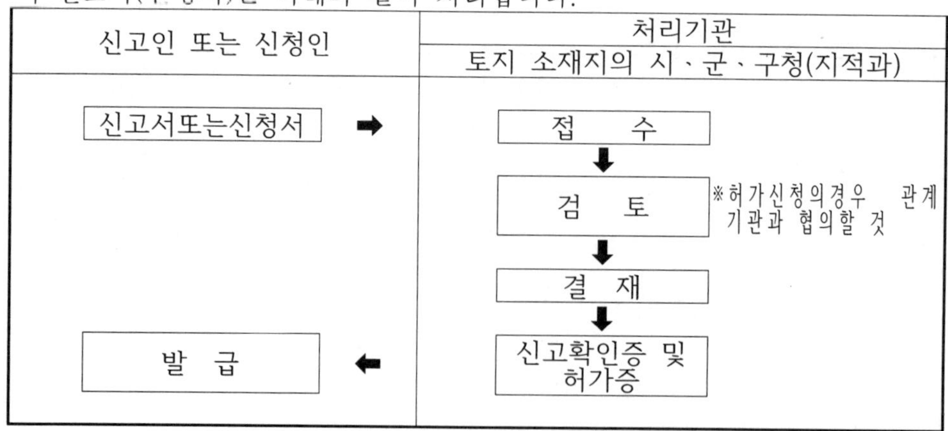

(9-1) 취득세 신고서식 (지방세법시행규칙, 별지 3호서식 발췌)

취득세 [ ]기한 내 [ ]기한 후 신고서

관리번호	접수 일자	처리기간 즉시

신고인			
신고인	취득자(신고자)	성명(법인명)	생년월일(법인등록번호)
		주소	전화번호
	전 소유자	성명(법인명)	생년월일(법인등록번호)
		주소	전화번호

취득물건내역

소재지						
취득물건	취득일	면적	종류(지목/차종)	용도	취득 원인	취득가액

세목			과세표준액	세율	① 산출세액	② 감면세액	③ 기납부세액	가산세 신고불성실	가산세 납부불성실	가산세 계 ④	신고세액 합계 (①-②-③+④)
합계											
취득세 등	취득세 신고세액			%							
	지방교육세 신고세액			%							
	농특세 신고세액 (취득세)	부과분		%							
		감면분		%							

첨부서류	1. 취득가액 등을 증명할 수 있는 서류(매매계약서등) 사본 각1부 2. 취득세 감면신청서 1부 3. 취득세 비과세 확인서 1부 4. 기납부세액 영수증 사본 1부 5. 위임장 1부(대리인만 해당합니다)	수수료 없음

「지방세법」 제20조제1항 및 같은 법 시행령 제33조제1항, 「지방세법」 제152조제1항 및 「농어촌특별세법」 제7조에 따라 위와 같이 신고합니다.

접수(영수)일자 인

년 월 일

신고인 (서명 또는 인)

대리인 (서명 또는 인)

시장・군수・구청장 귀하

위임장

위 신고인 본인은 위임받는 사람에게 취득세 신고에 관한 일체의 권리와 의무를 위임합니다.

위임자(신고인) (서명 또는 인)

위임받는 자	성명	위임자와의 관계
	주민등록번호	전화번호
	주소	

*위임장은 별도 서식을 사용할 수 있습니다.

접수증(취득세 신고서)

신고인(대리인)	취득물건 신고내용	접수 일자	접수번호

「지방세법」 제20조제1항 및 같은 법 시행령 제33조제1항, 「지방세법」 제152조제1항 및 「농어촌특별세법」 제7조에 따라 신고한 신고서의 접수증입니다.	접수자 (서명 또는 인)

210㎜×297㎜[일반용지 60g/㎡(재활용품)]

(9-2) 취득세 신고서 작성요령 (지방세법 시행규칙 별지서식 발췌)

1. 음영 처리된 란은 과세관청에서 적는 사항으로서 신고인은 적지 않습니다.
2. "기한 내 신고"란에는 취득일(잔금지급일 등)부터 60일 이내에 신고시 표기(○)하고, "기한 후 신고"란은 신고기간 경과 후 신고하는 경우에 표기(○)합니다.
3. "신고인"란에는 납세의무자를 적고, "전 소유자" 란에는 취득하는 과세대상인 부동산의 전 소유자를 적습니다.
4. "취득물건 내역"란에는 취득세 과세대상이 되는 물건의 내역 등을 적습니다.
   가. "소재지"란은 부동산(토지·건축물)은 토지·건축물의 소재지, 선박은 선적항, 골프회원권은 골프장 소재지, 차량(기계장비)은 등록지 등을 적습니다.
   나. "취득물건"란에는 취득세 과세대상이 되는 부동산(토지·건축물), 선박, 차량, 어업권, 광업권, 골프회원권, 종합체육시설이용회원권 등을 물건별로 적습니다.
   다. "취득일자"란에는 잔금지급일(잔금지급일 전에 등기·등록 또는 사실상 사용하거나 사용·수익하는 경우에는 등기·등록일 또는 사용·수익일) 등을 적습니다.
   라. "면적"란에는 ㅇㅇ㎡(지분의 경우 ㅇㅇ분의 ㅇ)으로, 차량의 경우에는 ㅇㅇcc, 선박의 경우에는 ㅇㅇ톤, 어업권의 경우에는 어업권 설정 면적 등을 적습니다.
   마. "종류(차종)"란에는 부동산의 경우에는 주거용·영업용·주상복합용 등 사용형태를 구분 적고, 차량의 경우에는 차종·연식 및 차량번호를 적습니다.
   바. "용도"란은 취득물건의 사용용도(주거용, 상업용, 법인용, 개인용등)를 적습니다.
   사. "취득원인"란에는 매매로 취득은 매매로, 상속 또는 증여의 경우에는 상속 또는 증여로 각각 적으며, 소유권 보존(신축 등) 취득은 원시취득 등을 적습니다.
   아. "취득가액"란에는 취득당시 가액이므로 매매계약서 또는 취득에 소요된 사실상 비용(법인의 경우 장부가액 등) 등 입증서류와 일치하여야 합니다.
5. "세율"란에는「지방세법에 따른 세율을 적되, 중과세 대상이 되는 대도시 부동산 취득 및 공장신증설 및 고급주택·오락장(유흥영업장,등)의 경우 중과세율을 적습니다.
6. "산출세액"란에는 취득가액에 세율을 곱하여 산출된 세액을 적습니다.
7. "감면세액"란은「지방세특례제한법」및 지자체감면조례에 따른 감면세액을 적습니다.
8. "기납부세액"란에는 동일한 과세물건에 대하여 취득가액의 변동, 경감취소 등으로 과소납부 또는 납부할 세액을 기한후 신고하는 경우로서 이미 납부한 세액을 적습니다.
9. 취득세 등 중 "가산세"란에는 취득세신고기한까지 과세표준신고서를 제출하지 아니한 자가 기한 후 신고를 하는 경우에만 해당됩니다.
10. "신고세액 합계"란에는 신고인이 납부하여야 할 세액(① - ② - ③ + ④)을 적습니다.
11. "농특세 신고세액"란에는 취득세와 동시에 신고·납부하는 농어촌특별세법 산 세액, "지방교육세 신고세액"란에는 「지방세법」따라 산출한 세액을 적습니다.
12. 첨부서류 : 취득가액을 입증할 수 있는 매매계약서, 위임장등 제출.

제8장

영업자 승계 및 자동차 이전 등

1. 영업자의 지위 승계

가. 공중위생영업 영업자의 지위승계 신고

(1) 공중위생업의 범위 : 숙박업, 목욕업, 세탁업, 건물위생용역업 등

(2) 영업자 지위승계 신고의 근거 (공중위생관리법 제3조의2)

※ 제3조의2(공중위생영업의 승계) ① 공중위생영업자가 그 공중위생영업을 양도하거나 사망한 때 또는 법인의 합병이 있는 때에는 그 양수인 · 상속인 또는 합병후 존속하는 법인이나 합병에 의하여 설립되는 법인은 그 공중위생영업자의 지위를 승계한다.

② 생략

③제1항 또는 제2항의 규정에 불구하고 이용업 또는 미용업의 경우에는 제6조의 규정에 의한 면허를 소지한 자에 한하여 공중위생영업자의 지위를 승계할 수 있다.

④제1항 또는 제2항의 규정에 의하여 공중위생영업자의 지위를 승계한 자는 1월 이내에 보건복지부령이 정하는 바에 따라 시장 · 군수 또는 구청장에게 신고하여야 한다.

(3) 신고기한 : 사망일로부터 1월 내 (미신고시 징역、벌금등 벌칙 :법제20조2항)

(4) 신청서 및 구비서류

- 영업지지위승계신고서에 기본증명서 가족관계증명서 등 상속인임을 증명할 수 있는 서류를 첨부하여 신고

※ 신고서식은 시·군·구에 비치되어 있고, 전자민원 (www.egov.go.kr) "공중위생영업의 영업자지위승계신고"에도 있음

(5) 신청절차

공중위생영업 영업자의 지위를 승계한 상속인이 영업자 지위승계 신고서등 서류를 구비하여 시·군·구에 방문, 신고

※ **상세 문의** : 관할 시·군·구의 공중위생업무 담당부서

(6) 공중위생영업 영업자 지위승계 신고 서식

[별지 제6호서식] <개정 2008.6.13> (앞 면)

<table>
<tr><td colspan="4">영업자지위승계신고서
※ 신고안내를 참고하시기 바라며, □는 ∨표를 합니다.</td><td>처리기간
즉시</td></tr>
<tr><td rowspan="2">① 승계를 하는 사람</td><td>성 명</td><td></td><td>주민등록번호</td><td></td></tr>
<tr><td>주 소</td><td colspan="3">(전화 :)</td></tr>
<tr><td rowspan="2">② 승계를 받는 사람</td><td>성 명</td><td></td><td>주민등록번호</td><td></td></tr>
<tr><td>주 소</td><td colspan="3">(전화 :)</td></tr>
<tr><td rowspan="4">③ 영 업 소</td><td rowspan="2">명칭(상호)</td><td colspan="2">변 경 전</td><td>변 경 후</td></tr>
<tr><td colspan="2"></td><td></td></tr>
<tr><td>영업의종류</td><td colspan="3"></td></tr>
<tr><td>소 재 지</td><td colspan="3">(전화 :)</td></tr>
<tr><td>④ 신 고 번 호</td><td colspan="2"></td><td>⑤ 승계사유</td><td>□ 영업양도 □ 상속
□ 기타( )</td></tr>
<tr><td colspan="5">「공중위생관리법」 제3조의2 및 같은 법 시행규칙 제3조의4에 따라 위와 같이 신고합니다.
년 월 일
신고인 (서명 또는 날인)
시장·군수·구청장 귀하</td></tr>
</table>

<table>
<tr><td rowspan="4">구비서류</td><td>구 분</td><td>신고인(대표자) 제출서류</td></tr>
<tr><td>영업양도의 경우</td><td>양도·양수를 증명할 수 있는 서류 사본 및 양도인의 인감증명서 [다만, 양도인의 행방불명(주민등록법상 무단전출을 포함합니다) 등으로 양도인의 인감증명서를 첨부하지 못하는 경우로서 시장·군수·구청장이 사실확인 등을 통하여 양도·양수가 이루어졌다고 인정할 수 있는 경우 또는 양도인과 양수인이 신고관청에 함께 방문하여 신고를 하는 경우에는 이를 생략할 수 있습니다]</td></tr>
<tr><td>상속의 경우</td><td>「가족관계의 등록 등에 관한 법률」 제15조제1항에 따른 가족관계 증명서 및 상속인임을 증명할 수 있는 서류</td></tr>
<tr><td>그 외의 경우</td><td>해당 사유별로 영업자의 지위를 승계하였음을 증명할 수 있는 서류</td></tr>
</table>

210㎜×297㎜[일반용지 60g/㎡(재활용품)]

(뒷 면)

행정처분 등의 내용고지 및 가중처분대상업소 확인서

1. 양도인은 최근 1년 이내에 다음과 같이 「공중위생관리법」 제7조 및 제10조, 제11조, 같은 법 시행규칙 제19조 및 별표 7에 따라 행정처분을 받았다는 사실 및 행정제재처분의 절차가 진행 중인 사실(최근 1년 이내에 행정처분을 받은 사실이 없는 경우에는 없다는 사실)을 양수인에게 알려 주었습니다.

가. 최근 1년 이내에 양도인이 받은 행정처분

처분받은 일자	행정처분내용	행정처분사유

나. 행정제재처분 절차 진행사항

적발일자	공중위생관리법령 위반내용	진행 중인 내용

(1) 최근 1년 이내에 행정처분을 받은 사실이 없는 경우에는 위표의 처분받은 일자란에 "없음"이라고 적어 넣어야 합니다.

(2) 양도·양수 담당공무원은 위 행정처분의 내용을 행정처분대장과 대조하여 일치하는지의 여부를 확인하여야 하며, 일치하지 아니하는 경우에는 양도인 및 양수인에게 그 사실을 알리고 위 난을 보완하도록 하여야 합니다.

2. 양수인은 위 행정처분에서 지정된 기간 내에 행정처분의 내용대로 이행하지 아니하거나, 행정처분을 받은 위반사항이 다시 적발된 때에는 「공중위생관리법 시행규칙」 제19조 및 별표 7에 따라 양도인이 받은 행정처분의 효과가 양수인에게 승계되어 가중처분된다는 사실을 알고 있음을 확인합니다.

년 월 일

양도인 성명 (인) 또는 서명(직접 방문하여 신고한 경우에만 해당됩니다)

주소

양수인 성명

주소 (서명 또는 날인)

나. 식품영업 영업자 지위승계신고

(1) 지위승계의 신고 근거 (식품위생법 제39조제 제1항)

제39조(영업 승계) ① 영업자가 영업을 양도하거나 사망한 경우 또는 법인이 합병한 경우에는 그 양수인・상속인 또는 합병 후 존속하는 법인이나 합병에 따라 설립되는 법인은 그 영업자의 지위를 승계한다.

② 생략

③ 제1항 또는 제2항에 따라 그 영업자의 지위를 승계한 자는 보건복지부령으로 정하는 바에 따라 1개월 이내에 그 사실을 식품의약품안전청장 또는 특별자치도지사・시장・군수・구청장에게 신고하여야 한다.

④ 생략

(2) 신고기한 : 1월 내 (미신고시 징역형、벌금 등 벌칙: 법제97조 제1호)

(3) 신청서 및 구비서류

- 영업자 지위승계 신고서에 기본증명서 및 가족관계증명서 등 상속인임을 증명할 수 있는 서류를 첨부하여 신고

※ 신고서식은 해당 지방식품의약품안전청 또는 시·군·구에 비치되어 있고, 전자민원 (www.egov.go.kr) “식품영업 영업자지위승계신고”에도 있음

(4) 신청절차

- 식품위생법상 영업자의 지위를 승계한 상속인이 해당 지방식품의약품안전청 또는 시·군·구를 방문하여 신고

※ 상세 문의 :

- 각 지방식품의약품안전청 (서울, 부산, 경인, 대구, 광주, 대전)
- 관할 시.군.구 식품위생업무 담당부서

(5) 식품영업 영업자 지위승계 신고 서식

식품위생법 시행규칙 [별지 제49호서식] <개정 2011.8.19>

영업자 지위승계 신고서

(앞쪽)

접수번호	접수일	발급일		처리기간	즉시

승계를 하는 사람	성명		주민등록번호
	주소		전화번호
승계를 받는 사람	성명		주민등록번호
	주소		전화번호
영업소	명칭(상호)	변경 전	
		변경 후	
	영업의 종류		
	소재지		전화번호
허가(신고)번호			
승계사유	[ ] 양도·양수 [ ] 상속 [ ] 기타( )		
분실사유			

「식품위생법」 제39조제3항 및 같은 법 시행규칙 제48조제1항에 따라 위와 같이 신고합니다.

년 월 일

신고인 (서명 또는 인)

지방식품의약품안전청장
특별자치도지사·시장·군수·구청장 귀하

첨부서류	1. 영업신고증이나 영업허가증 1부 2. 권리의 이전을 증명하는 서류 - 양도의 경우: 양도·양수를 증명할 수 있는 서류 사본 1부 - 상속의 경우: 「가족관계의 등록 등에 관한 법률」 제15조제1항 제1호의 가족관계 증명서와 상속인임을 증명하는 서류 1부 - 그 밖의 경우: 해당 사유별로 영업자의 지위를 승계하였음을 증빙할 수 있는 서류 1부 3. 교육이수증(법 제41조제2항 본문에 따라 미리 식품위생교육을 받은 경우만 해당한다) 4. 건강진단결과서(제49조에 따른 건강진단 대상자만 해당한다) 5. 위임인의 자필서명이 있는 위임인의 신분증명서 사본 및 위임장(양도인 또는 양수인이 영업자 지위승계 신고를 위임한 경우만 해당한다)	수수료 9,300원

210㎜×297㎜[일반용지 60g/㎡(재활용품)]

(뒤쪽)

행정처분 등의 내용 고지 및 가중처분 대상업소 확인서

1. 양도인은 최근 1년 이내에 다음과 같이 「식품위생법」 제71조, 제72조, 제74조부터 제76조까지, 제80조, 같은 법 시행규칙 제89조 및 별표 23에 따라 행정처분을 받았다는 사실 및 행정제재처분의 절차가 진행 중인 사실(최근 1년 이내에 행정처분을 받은 사실이 없는 경우에는 없다는 사실)을 양수인에게 알려주었습니다.

가. 최근 1년 이내에 양도인이 받은 행정처분

처분받은 일	행정처분의 내용	행정처분의 사유

나. 행정제재처분 절차 진행사항

적발일	식품위생법령 위반내용	진행 중인 내용

1) 최근 1년 이내에 행정처분을 받은 사실이 없는 경우에는 위 표의 처분받은 일란에 "없음"이라고 적어야 합니다.
2) 양도·양수허가 담당 공무원은 위 행정처분의 내용을 행정처분대장과 대조하여 일치하는지 여부를 확인하여야 하며, 일치하지 아니하는 경우에는 양도인 및 양수인에게 그 사실을 알리고 위란을 보완하도록 하여야 합니다.

2. 양수인은 위 행정처분에서 지정된 기간 내에 처분 내용대로 이행하지 아니하거나, 행정처분을 받은 위반사항이 다시 적발된 때에는 「식품위생법 시행규칙」 제89조 및 별표 23에 따라 양도인이 받은 행정처분의 효과가 양수인에게 승계되어 가중 처분된다는 사실을 알고 있음을 확인합니다.

년 월 일

양도인 성 명 (서명 또는 인)(직접 방문하여 신고한 경우만 해당합니다)

주 소

양수인 성 명 (서명 또는 인)

주 소

처리절차

신고서 작성	▶	접 수	▶	검 토	▶	결 재	▶	통 보
신고인		지방식품의약품안전청 특별자치도 시·군·구		지방식품의약품안전청 특별자치도 시·군·구		지방식품의약품안전청 특별자치도 시·군·구		

다. 기타 승계(상속이전)대상 주요종류 및 신고기한 등

지위승계 업종의 주요종류	신고·등록 기한	신고서 등 접수기관	신고처리기간
건강기능식품 영업자 지위승계신고	승계일로부터 1월내	지방식품의약품안전청	즉시
건설업(일반) 상속신고	상속개시일부터 60일내	시·도	7일
건설업(전문) 상속신고	상속개시일부터 60일내	시·군·구	7일
게임제작업(배급) 영업자 지위승계 신고	사유발생일 부터20일내	시·군·구	즉시
골재채취업 상속신고	상속일로부터 3월내	시·군·구	7일
관광사업 양수(지위승계) 신고	승계일로부터 1월내	문화체육부, 시·군·구	5일
광업권(조광권·저당권)이전등록	사망일로부터30일내	광업등록사무소	2일
국제물류주선업 상속신고	승계일로 부터15일내	시·도	2일
도시가스 사업자(도매) 지위승계신고	승계일로부터 30일내	지식경제부	
도시가스 사업자(일반) 지위승계신고	승계일로부터 30일내	시·도	즉시
부동산개발업 상속신고	상속개시일부터 60일내	시·도	7일
사행행위(사행기구 제조·판매)의 영업자 지위승계신고	승계일로부터 1월내	지방경찰청, 경찰서	5일
소방시설업 지위승계신고	승계일로부터 30일내	소방서	14일
시외고속버스 여객운송사업 상속신고	상속개시일부터 60일내	국토해양부	5일
시외고속버스외 여객운송사업 상속신고	상속개시일부터 60일내	시·도	5일
액화석유가스 충전사업등 지위승계신고	승계일로부터 30일내	시·군·구, 시·도	4일
어업허가지위 승계신고	승계일로부터 30일내	시·군·구, 시·도	
여객자동차터미널사업 상속신고	사망일로부터 90일내	시·도	2일
우표류판매소 이전 신청	승계일로부터 3월내	우체국	2일
위험물제조소 등 지위승계신고	승계일로부터 30일내	소방서	즉시
주류 제조·판매업 면허 상속신고	상속개시일부터3월내	세무서	7일
총포 등 제조업(판매업·화약류저장소) 영업자 지위승계신고	승계일로부터 1월내	경찰서	즉시
축산물 가공업 영업자 지위승계신고	사망일로부터30일내	시·도	3일
축산물 판매업 영업자 지위승계신고	사망일로부터30일내	시·군·구	3일
축산물 수입판매 영업자 지위승계신고	사망일로부터30일내	국립수의과학검역지원	3일
측량업 지위승계신고	사망일로부터30일내	국토지리정보원, 시·도	14일
항로표지 위탁관리업 상속인 사업승계신고	승계일로부터30일내	지방해양항만청	
해수면 유·도선사업 상속신고	사망일로부터 6월내	해양경찰 및, 시·도,, 시·군·구	7일
화물자동차(운송주선·운송가맹)사업 상속신고	사망일로부터 60일내	국토해양부, 시·도, 시·군·구	5일

※ 승계 상속인이 인허가 및 등록의 결격사유 해당의 경우에는 기간을 정해서 그 사업을 타에 양도하도록 관계법령에 규정된 경우도 있음

2. 개인사업자의 사업자등록 정정신고(세무서)

가. 사업자등록 정정신고의 개요

상속으로 인하여 사업자의 명의가 변경되는 때에는 부가가치세법 시행령 제11조 제1항 제6호의 규정에 의하여 사업자 등록 정정 신고서를 작성하여 관할 세무서에 제출하여야 한다.

나. 신청서 및 구비서류

- 사업자등록 정정 신고서
- 해당사업의 상속인임을 증명할 수 있는 서류
  (기본증명서 및 가족관계증명서 등)

※ 신고 서식은 관할 세무서에 비치되어 있고, 전자민원G4C (www.egov.go.kr) "사업자등록정정신고(개입사업자용)"에도 있음

다. 신고기한 및 절차 :

- 상속이 확정되는 때 지체없이 사업장 관할세무서에 신고
- 사업자등록증의 기재사항을 변경하여 재교부

라. 미 신고시 불이익 (벌금 또는 과료)

- 사업자등록 또는 그 등록 정정의 신청을 하지 아니한 자는 50만원 이하의 벌금 또는 과료 (조세범처벌법 제13조)

마. 개인사업자의 사업자등록 정정신고 서식

■ 부가가치세법 시행규칙 [별지 제7호서식] <개정 2011.3.24>	홈텍스(www.hometax.go.kr)에서도 신청할 수 있습니다.

[ ]사업자등록정정신고서
[ ]법인이 아닌 단체의 고유번호정정신고서

※ 뒤쪽의 작성방법을 읽고 작성하시기 바라며, [ ]에는 해당되는 곳에 √표를 합니다

.(앞쪽)

접수번호		변경연월일		처리기간	즉시(3일)

인적사항	상 호(법인명) (단 체 명)		사업자번호	- -		
	성 명(대 표 자)		전화번호	사 업 장	주 소 지	휴대전화

정정할 사항	신고 내용						
	상 호(법인명) (단 체 명)		전 화 번 호	사 업 장	주 소 지	휴대전화	
	성 명(대 표 자)		주민번호 (법인번호)	-			
	총괄사업장 소재지						
	사 업 장 소 재 지 (임 대 차 부 동 산)						
	전자우편 주소		국세청이 제공하는 국세정보수신동의여부	[ ]동의함 [ ]동의하지 않음			

사 업 의 종 류						
구 분	주업태	주종목	주업종코드	부 업 태	부 종 목	부업종 코드
추가할 사항						
삭제할 사항						
사이버몰 명칭				사이버몰 도메인		

사업장 구분 및 면적		도면 첨부		사업장을 빌려준 사람(임대인)		
자 가	타 가	여	부	성 명 (법 인 명)	사업자등록번호	주민(법인)등 록 번 호
㎡	㎡					
임대차 계약기간				(전 세)보 증 금	월 세(차 임)	
. . . ~ . . .				원	원	

주 류 면 허			개별소비세(해당란에 ○표)				부가가치세 해당 여부 ※법인사업자만 적음	
면 허 번 호	면 허 신 청		제 조	판매	장 소	유 흥	여	부
	여	부						

공동사업자 명세	출자금	원	변경일		변경 구분(해당란에 ○표)		
	성 명	주민등록번호	지 분 율	관계	성 립	지분 변경	탈 퇴
		-					
		-					

210mm×297mm[일반용지 60g/㎡(재활용품)]

(뒤 쪽)

<table>
<tr><td rowspan="4">서류를 송달받을 장소신고
(개인사업자만 기재)</td><td colspan="2">「국세기본법」 제9조 및 같은 법 시행령 제5조에 따라 사업장 외의 다음 장소에서 서류를 송달받고자 신고합니다.</td></tr>
<tr><td>사업자단위과세 적용 종된 사업장 정정신고 여부</td><td>[ ]여 [ ]부</td></tr>
<tr><td>송달받을 장소</td><td>[ ] 주소지
[ ] 기 타 ( )</td></tr>
<tr><td>신 고 이 유</td><td></td></tr>
</table>

신청 구분	[ ]사업자등록정정만 신고 [ ]사업자등록정정신고와 확정일자를 동시에 신청 [ ]확정일자를 이미 받은 자로서 사업자등록정정신고(확정일자 번호:) [ ]총괄사업장을 이전 또는 변경

납세자의 위임을 받아 대리인이 사업자등록정정신고를 하는 경우 아래 사항을 적어 주시기 바랍니다.

대리인 인적사항	성 명	주민등록번호
	전화번호	납세자와의 관계

「부가가치세법」 제5조제5항, 같은 법 시행령 제11조제1항, 같은 법 시행규칙 제7조 및 「상가건물임대차보호법」 제5조제2항에 따라 위와 같이 사업자등록 정정신고 및 확정일자를 신청합니다.

년 월 일

신고인(신청인) (서명 또는 인)

세무서장 귀하

신고인(신청인) 제출서류	1. 사업자등록증 원본 2. 임대차계약서 사본(사업장을 임차한 경우만 해당합니다) 1부 3. 「상가건물 임대차보호법」이 적용되는 상가건물의 일부분을 임차한 경우에는 해당 부분의 도면(「부가가치세법 시행령」 제11조제1항 각 호 외의 부분 본문에 따라 임대차 목적물·보증금 등 임대차 관련 사항의 변경 등을 이유로 정정신고하는 경우만 해당합니다) 1부	수수료 없음
담당공무원 확인사항	사업자등록증	

행정정보 공동이용 동의서

본인은 이 건 업무처리와 관련하여 담당 공무원이 「전자정부법」 제36조에 따른 행정정보의 공동이용을 통하여 위의 담당 공무원 확인 사항을 확인하는 것에 동의합니다. *동의하지 아니하는 경우에는 신청인이 직접 관련 서류를 제출하여야 합니다.

신고인 (서명 또는 인)

작 성 방 법

1. 「정정할 사항」란에는 사업자등록을 정정하여야 할 사항만 해당란에 적습니다.
2. 사업장을 임차한 경우 「상가건물 임대차보호법」의 적용을 받기 위하여 사업장 소재지를 임대차계약서 및 건축물관리대장 등 공부상의 소재지와 일치되도록 구체적으로 적어야 합니다.
   (작성 예) ○○동 ○○○○번지 ○○상가(빌딩) ○○동 ○○층 ○○○○호

3. 자동차의 소유권 이전등록 신청

사망자 소유의 자동차를 이전등록을 하기 위해서는 상속인이 신분증을 지참하고, 시·군·구 자동차 등록사업소를 방문, 신청하되, 대리인이 신청시는 인감날인 된 위임장과 인감증명을 첨부해야 한다

가. 신청방법

(1) 상속인이 직접 신청시 준비서류

등록사업소에 비치된 등록신청서에 가족관계기록사항에 관한 증명서와 자동차등록증을 첨부하여 신청하면 된다.

특히, 신청인이 동의할 경우에는 가족관계증명서류 제출 없이 담당공무원이 전산망을 통하여 제적등본이나 가족관계등록부상에 있는 상속인과 사망자의 관계 및 사망일자 등을 확인 한다

(2) 상속인 중 상속포기자가 있을 경우

상속인이 다수일 경우, 상속포기자가 있으면, 그 뜻 표시한 별지 상속포기서에 인감 날인하고, 인감증명서와 함께 제출

(3) 기타사항

자동차 등록 이전시 해당 지자체의 지하철공채 또는 지역개발공채 매입하고, 상속인 앞으로 의무보험가입 후 가입증서 제출

나. 신청 장소 :

상속인의 주민등록지 관할시·군·구 사업소를 방문, 신청

다. 이전등록의 기한 및 벌칙 (과태료)

- **이전등록의 기한 :** 상속개시일로부터 3월이내
- **벌 칙 :** 기간 내 이전등록 미행시 최고 50만원 과태료
  (신청일로부터 10일이내의 기간 경과시는 10만원, 10일을 초과한 때는 초과 1일당 1만원의 과태료 부과)

라. 자동차 이전등록 신청서 서식

[별지 제14호서식] <개정 2010.11.25>

이전등록 신청서

※ 뒤쪽의 신청 안내를 참고하시기 바라며, 색상이 어두운 란은 신청인이 적지 않습니다. (앞 쪽)

접수번호		접수일	발급일	처리기간 즉시

신 소유자(양수인)	성명(명칭)		주민(법인)등록번호
	사용본거지(차고지)		법정동 코드
	전자우편주소	전화번호	휴대전화번호

구 소유자(양도인)	성명(명칭)	주민(법인)등록번호
	사용본거지(차고지)	

자동차등록번호	신 자동차등록번호

등록원인	[ ]매매	[ ]증여	[ ]촉탁	[ ]상속	[ ]기타

「자동차관리법」 제12조제1항, 「자동차등록령」 제27조제1항 및 「자동차등록규칙」 제33조제1항에 따라 위와 같이 신청합니다.

년 월 일

신청인 주소

성명 (서명 또는 인)

주민번호

시・도지사 또는 시장・군수・구청장 귀하

신청인(대표자) 제출서류	시・도지사 또는 시장・군수・구청장 확인사항	수수료
1. 자동차양도증명서(매매의 경우만 제출합니다) 1부 2. 양도인의 인감증명서(매매로 인한 이전등록의 경우만 제출하며, 인감증명서의 사용용도란에 자동차 매도용임과 양수인의 성명, 주민등록번호를 적어야 합니다). 다만, 다음 각 목의 어느 하나에 해당하는 경우에는 양도인의 인감증명서를 첨부할 필요가 없다. 가. 자동차관리법 제53조에 따라 등록한 자동차매매업자 또는 같은 법 제60조에 따른 자동차경매장의 개설자가 매매하거나 알선한 경우 나. 양도자와 양수자가 직접 거래한 경우로서 양도인이 등록관청에서 직접 자동차의 양도 사실을 확인하는 경우 3. 증여증서(증여의 경우만 제출합니다) 1부 4. 매각결정서(자동차관리법 26조3항에 따라 매각된 경우만 제출) 1부 5. 확정판결 등본(판결에 따른 소유권이전의 경우만 제출한다) 1부	1. **가족관계기록사항에 관한 증명서(상속의 경우만 해당하며, 공증증서 등 상속 사실을 증명할 수 있는 서류로 갈음할 수 있다)** 2. 신청인이 개인인 경우에는 주민등록표 등본, 운전면허증 또는 외국인등록사실증명(주민등록증 사본 또는 운전면허증 사본이나 그 밖에 사용본거지를 알 수 있는 서류로 갈음할 수 있다) 3. 비사업용 자동차를 등록하는 법인 등의 경우에는 사업자등록증 또는 법인 등기사항증명서(사업자등록증 사본이나 그 밖에 사용본거지를 알 수 있는 서류로 갈음할 수 있다) 4. 자동차등록원부	1,000원. 다만, 사용본거지와 다른 시・도에 신청하는 경우에는 1,500원이다.

동의서

본인은 이 건 업무 처리와 관련하여 전산정보처리조직 및 「전자정부법」 제36조제1항에 따른 행정정보의 공동이용을 통하여 시・도지사 또는 시장・군수・구청장이 위의 확인사항을 확인하는 것에 동의합니다.

※ 신청인이 시・도지사 또는 시장・군수・구청장의 확인에 동의하지 않거나 전산정보처리조직 및 「전자정부법」 제36조제1항에 따른 행정정보의 공동이용을 통하여 확인할 수 없는 경우에는 해당 서류(법인 등기사항증명서는 제외합니다)를 신청인이 직접 제출해야 합니다.

신청인(대표자) (서명 또는 인)

210㎜×297㎜[일반용지 60g/㎡(재활용품)]

※ 자동차 등 등록물건의 소유명의를 특정상속인에 몰아주기 위한 잔여 상속인의 상속포기각서(간이) 작성 예시

상속포기각서

본인 등은 故 홍길동 님의 상속인들로서 아래 상속물건에 대한 일체의 상속을 포기하고, 아래 상속자에게 전권 상속되는 것에 동의 합니다

또한 향후 본건과 관련하여 어떠한 이의 제기도 하지 않을 것이며, 이를 각서하기 위하여 아래에 연명으로 날인하고, 각인의 인감증명서를 첨부합니다.

소유자(피상속인)성명	상속물건	차량번호
홍 길 동	중형승용(그랜져 hg2.4)	26라 4132

상기 상속물건의 전권 상속자

- ▸성 명 : 홍 일 남 (인)
- ▸주민번호 : 710203-12345767
- ▸주 소 : 경기도 과천시 별양로 44, 402동 502호
- ▸피상속인과의 관계 : 피상속인의 장남

2011년 7 월 1 일

상속포기자성명	회원과의 관계	주민등록번호	주 소	인감날인
홍이남	피상속인의 차남	741217-1234767	안양시 동안구 관평로 23길 52	(인)
홍삼숙	피상속인의 장녀	770507-2235678	광명시 일직로 21길 42	(인)

4. 신고 및 해지 등 기타 대상의 목록

가. 신고 및 해지 등 조치대상의 종류 (예시임)

▸ 국민건강보험 가입자 사망신고 (국민건강보험공단 : 1577-1000)

▸ 국방부 군인연금 수급권 상실신고 (국방부 군인연금 :02-793-0664)

▸ 각종 신상변동 신고 (국가유공자, 참전유공자, 독립유공자)

- 필요서류 "민원24 (minwon.go.kr)"에서 확인가능

▸ 유족연금특별부가금 (공무원연금공단 :1588-4321)

- 퇴직연금수급권자가 퇴직후 3년이내에 사망한 때

▸ 각종 보험금의 청구

▸ 각종 거래계약 등의 해지

▸ 신용카드의 해지,

▸ 휴대전화 해지,

▸ 인터넷 서비스 해지,

▸ 정기구독 신문 등 해지

▸ 유선방송 해지 등

※ 위의 사항 이외에도 조치대상이 다양함에 특히 유의

나. 해지 등 조치의 방법

▸ 각 업체에 따라 업체별 조치기한과 방법이 각기 다르기 때문에 자세한 내용은 해당 업체(대리점) 또는 관계기관 등에 문의하여 조치하여야 한다

제9장

상속세 계산 요약정보

1. 상속세 납부세액의 산출 체계도

총상속재산 (피상속인기준)	−	비과세재산 (가액 2억원 이내)	−	상속세과세가액 불 산입재산	−	· 공과금 · 장례비용 · 채무	+	증여재산
·본래의 상속재산 ·간주 상속재산 ·상속개시전 처분재산 등을 합계한 금액		·9,900㎡이내의 금양임야 ·1,980㎡이내의 묘토 (농지등)		·공익법인등 출연재산		·승계된 조세 및 공공요금(벌금등은 제외) ·장례비 :500~1천만원 ※ 봉안시설5백만별도 ·피상속인 부담 확정 채무액(입증자료 필수 첨부)		·상속일전 10년내 증여재산 (+)

=	상속세과세가액	−	상속공제	=	과세표준	×	세율 (10% ~ 50%)
	총상속재산에서 비과세 및 공과금, 장례비 등 뺀 뒤, 사망전 10년내 증여액을 합한 금액		·기초 공제 (2억원) ·배우자공제(5억 ~ 30억) ·기타인적공제(자녀1인당3천, 장애, 미성년, 연노자 등 추가공제) ·금융 상속공제 (2천~~2억) ·재해손실 공제(재난손실액) ·동거주택 공제 (10년이상동거시 주택가액40%, 5억원 까지) ·감평수수료 등(실소요 기준)		상속 과세가액중 기초 및 배우자 등의 상속공제를 빼고,남은금액임		1억이하 :10% 1억초과5억이하 :20% 5억초과10억이하:30% 10억초과30억이하 40% 30억초과 : 50%

=	산출세액	+	세대를 건너뛴 상속에 대한 할증과세	−	세액공제 등	=	납부할 세액
	과세 표준액에 세율을 곱해서 산출한 금액		피상속인 유산을 아들을 뛰어넘어 손자에게 상속시킨 경우 등 (대습상속은 제외)		·신고세액 공제(10%공제) ·증여세액 공제 (증여세 신고액의10%) ·단기 재산상속 세액공제 (상속세 납부한 상속재산이 10년내 재 상속 되는 경우에, 그 산출 세액의 10% ~ 100%) ·외국납부 세액공제 ·문화재 자료 등 징수유예		산출세액에 할증과세를 더한 후, 다시 세액 공제를 빼낸후 산출한 금액

2. 상속세 개요

가. 상속세의 의미와 납세의무자(법1조 및 법3조)

상속세란 피상속인의 사망 등을 원인으로 하여 그 가족 등이 피상속인의 유산을 물려받게 되는 경우, 당해 물려받은 유산에 대하여 부과되는 세금을 말하는데, 이러한 상속세의 납부의무자로는 유산을 물려받는 "상속인"과 유언이나 증여계약 후, 증여자의 사망으로 유산을 취득(유증、사인증여)하는 "수유자"가 있다.

나. 상속세의 법정 신고기한 (법67조)

상속개시일(보통은 피상속인이 사망한 날)이 속하는 달의 말일부터 6월 이내에 신고하여야 한다. 다만, 피상속인이나 상속인 전원이 외국에 주소(거소)를 둔 경우에는 상속개시일이 속하는 달의 말일부터 9월 이내에 신고하면 된다

※ 기한내 무신고 또는 과소신고 등의 경우에는 가산세를 부과

- 무신고 가산세 : 일반 무신고시 = 산출세액 × 20%,
  부당 무신고시 = 산출세액 × 40%

- 과소신고 가산세 : 일반 과소신고시 = 산출세액 × 10%,
  부당 과소신고시 = 산출세액 × 40%

* 부당(과소)신고라 함은 허위증빙, 재산은익, 거래 등의 조작과 은폐 등을 지칭

다. 신고장소 : 피상속인(망자)의 최후 주소지 관할 세무서

라. 상속세 및 증여세의 세율(법26조)

과세표준	1억원이하	1억원 초과 5억원이하	5억원 초과 10억원이하	10억원초과 30억원이하	30억원초과
기본세액	-	1천만원	9천만원	2억4천만원	10억4천만원
누진세율	과세표준의 10%	1억초과금의 20%	5억초과금의 30%	10억초과금의 40%	30억초과금의 50%

※ **세액 산출예시** (총상속재산14억 +증여2억 -각종공제액10억 =과세표준6억 일때)
▸ 기본세액 9천만원+【(과세표준6억-5억=5억초과금)×30%】 =산출세액: 1억 2천만원

마. 상속세 신고를 위한 증빙자료 등 수집 및 확인

(1) 피상속인 소유 부동산 내역 확인

- 소재지 및 규모, 인근 부동산의 실거래가 자료 등
- 상속개시일(피상속인 사망일)전 10년 이내에 증여재산 여부 등 확인 (있으면, 수증자 및 금액 등 확인)
- 상속개시일전 2년이내 피상속인의 재산처분 및 채무부담 내역과 그 입증서류 등 수집 (사용처 소명자료 포함)
- 상속인간 협의분할서를 작성한 경우는 그 분할서 첨부

(2) 금융재산 및 부채 현황 등 파악

- 예적금 : 거래은행 및 계좌번호, 상속일현재 잔액 등 확인
- 보험등 : 피상속인 가입의 보험, 퇴직금, 신탁재산 등 확인
- 유가증권 : 발행회사, 수량, 단가, 금액 등 확인
  (단가는 사망일기준 이전, 이후 각2월의 평균액임)
- 채무 : 금액 및 채권자 기재된 채무계약서 등 수집

(3) 공제관련 기타 서류 등 수집

- 공과금고지서 및 장례비영수증, 감평수수료 지급서류 등

3. 상속세 과세대상 재산의 범위와 상속세 할증

가. 상속재산의 본래적 범위 (법7조)

o 상속개시일(사망일) 현재, 피상속인 소유의 경제적 가치가 있는 모든 재산 (재산적 가치있는 사실상 권리 포함)

※ 재산 종류의 유형구분 : (법15조1항1호, 영11조5항)

① 금융재산 : 현금 · 예금 · 유가증권 등

② 부 동 산 : 부동산 및 부동산에 관한 권리,

③ 기 타 : ①②외 기타재산(유체동산 등)

나. 상속재산으로 간주하도록 특별규정 된 것 (법8조 내지 법제10조)

보험금 · 신탁재산 · 퇴직금의 경우에 있어서, 다음유형에 해당하면 이를 상속재산으로 본다.(간주 상속재산)

- **보 험 금** : 피상속인 사망으로 인해 지급받는 생명보험 또는 손해보험의 보험금으로서 피상속인이 보험계약자이거나, 보험료를 피상속인이 실제 불입한 경우(법8조)

- **신탁재산** : 피상속인이 신탁한 재산과 피상속인이 신탁으로 인하여 이익을 받을 권리가 있는 경우 당해이익(법9조, 영5조)

- **퇴직금 등** : 퇴직금, 퇴직수당, 공로금 등 피상속인 사망으로 인해 지급되는 금액, 다만 국민연금법, 공무원연금법등에 의한 유족연금 등은 제외(법10조, 영6조)

다. 피상속인 사망전 증여재산의 상속가액 합산 (법13조 1항)

ㅇ 피상속인이 사망하기 전, 일정기간 내에 증여한 다음 재산의 가액은 상속세 과세가액에 가산한다.

- 상속개시일전 10년이내에 피상속인이 상속인에게 증여한 재산가액
- 상속개시일전 5년 이내에 피상속인이 상속인이 아닌 자에게 증여한 재산가액

ㅇ 그러나, 비과세되는 증여재산, 영농자녀가 증여받은 증여세 감면농지, 공익법인 등에 출연한 재산의 가액 등은 가산하지 않는다.

※ 상속재산 가액에 가산하는 사망 전 증여재산의 가액은 증여일 현재 기준의 평가액으로 한다.

라. 추정 상속재산의 상속재산 가액 가산 (법15조)

(1) 상속재산에 가산되는 추정 상속재산의 대상범위

피상속인이 생전에 재산을 처분해서 받은 매매가액 또는 피상속인의 계좌에서 인출한 금액 또는 피상속인이 부담한 채무의 합계액이 각 재산의 유형별로

- 상속개시일전 1년 이내에 2억 원 이상이거나,
- 상속개시전 2년 이내에 5억 원 이상인 경우로서

- 사용처를 객관적 자료에 의해 입증하지 못하는 경우에는 이를 상속받은 추정 상속재산으로 간주해서 상속세 과세가액에 산입 한다.

위의 2억원이상 여부는 부동산 처분에 있어서는 매매가액 총액을 기준으로 판단하고, 예금의 경우에는 피상속인 예금계좌에서 인출된 금액의 합계금에서 피상속인 예금계좌로 재입금된 금액을 차감한 금액을 기준으로 판단하며, 예금계좌가 여러개 있는 경우에는 이를 합산하여 적용한다.

(2) 상속재산 추정금액의 산출방법 (영11조)

사용처 미소명 금액중에서 처분재산의 가액 또는 부담한 채무액의 20%에 상당액과 2억원 중 적은금액을 차감해서 산출한 금액이 추정상속재산 가액이다.

- **추정금액 산출공식 :**
  소명못한 금액 -(처분재산가액×20%, 2억원 중 적은금액) = 추정금액

- **과세금액 산입 추정금액 산출예시**
  - 상속개시전 1년 이내에 주택을 6억원에 처분하였으나, 용처가 확인된 것은 2억원 뿐이고, 나머지 4억원이 용처미상일 경우의 상속재산 추정금액 산출방법 예시
  - 미소명(4억)-(6억×20%=1억2천, 2억중 적은금액) = 2억 8천만원

그러나, 상속개시전에 처분한 재산의 매매대금 등이 상속개시전 1년 이내에 2억원에 미달하거나, 2년이내에 5억원에 미달하는 경우에는 용처를 밝히지 않아도 된다

다만, 1년내 2억원, 2년내 5억원에 미달되지만, 처분대금 등이 상속인에게 증여된 사실이 명백한 경우에는 그러하지 아니하다

(3) 재산 처분대금 등의 사용처 불분명시 대비요령

상속개시 전 처분재산이 1년 이내에 2억원 이상이거나, 2년 이내에 5억원 이상인 경우에는 반드시 사용처에 대한 증빙(영수증 및 입금표 등)을 확보해 두어야 한다.

따라서 금융거래에 있어서는 거래상대방이 피상속인과 특수관계에 있는 자일 수록 금융기관을 통해서 대금을 주고 받는 등, 그 사항이 통장 등에 기록되게 하거나, 송금영수증을 보관하는 등 방법으로 객관적인 증빙이 확보해 놓아야 상속 신고시 사용처 입증이 수월해 진다

마. 세대를 건너뛰는 상속의 경우, 상속세 할증 (법27조)

ㅇ 세대를 건너뛴 상속에 대한 할증과세

- 상속인 또는 수유자가 피상속인의 자녀가 아닌 손자녀 등 직계비속인 경우에는 아래와 같이 계산한 가액을 할증과세액으로 가산한다.

$$\text{상속세 할증과세액} = \text{상속세 산출세액} \times \frac{\text{직계비속이 받은 상속재산가액}}{\text{총상속재산가액 (상속인 또는 수유자가 증여받은 재산 포함)}} \times 30\%$$

- 다만, 상속개시전에 상속인이 사망하거나 결격자가 되어 그의 자녀가 대신하여 상속받는 대습상속인 경우에는 할증과세를 하지 않는다

4. 상속재산에 대한 가액의 평가

가. 상속 재산의 시가(市價)평가 방법 (법60조, 영49조)

(1) 상속재산 평가는 상속개시일(사망일)현재의 시가로 평가

시가는 불특정 다수인 사이에 자유로운 거래시 성립되는 가액을 말하는 것으로서, 상속개시일 전 6월 이내부터 상속세 신고일 까지의 기간 중 매매·감정·수용·경매 또는 공매가 있을 경우에는 그 확인되는 가액을 포함한다.

(2) 시가의 인정범위

○ **당해 재산에 대해 매매사실이 있는 경우**: 그 거래가액. 다만, 특수관계자와의 거래 등 그 거래가액이 객관적으로 부당하다고 인정되는 경우에는 제외된다.

○ **당해 재산(주식 및 출자지분 제외)에 대하여 2이상의 공신력있는 감정기관이 평가한 감정가액이 있는 경우**

: 그 감정가액의 평균액

○ **당해 재산에 대하여 수용·경매 또는 공매 사실이 있는 경우**: 그 보상가액·경매가액 또는 공매가액. 다만, 물납한 재산을 상속인·수증자 또는 그와 특수관계에 있는 자가 경매 또는 공매받은 경우 그 경매가액 또는 공매가액은 시가로 보지 아니한다.

○ 2004.1.1.이후 상속분부터 평가기간 중에 상속재산과 면적、위치、용도 및 종목 등이 동일하거나, 유사한 다른 재산에 대한 매매가액、감정가액 등이 있는 경우에는 당해 가액을 시가로 본다.

(3) 시가 적용시 판단 기준일

ㅇ 상속개시일 전후 6월 이내에 해당하는지 여부는 다음의 해당일을 기준으로 하여 판단한다.

- **거래가액** : 매매계약일
- **감정가액** : 감정평가서의 작성일
- **보상가액 등** : 보상가액 등이 결정된 날

ㅇ 시가로 보는 가액이 2이상인 경우에는 평가 기준일로 부터 가장 가까운 날에 해당하는 가액에 의한다.

나. 매매 등 시가형성 없을 때의 보충적 평가방법 (법61조)

상속재산에 대하여 시가를 산정하기 어려운 때에는 당해 재산의 종류·규모·거래상황 등을 감안, 다음의 보충적 방법으로 평가한다.

- **주택** : 개별 주택가격 및 공동주택가격으로 평가
- **토지** : 개별 공시지가에 의하여 평가
- **일반건물** : 매년 국세청장이 산정 고시하는 가액으로 평가
- **오피스텔 및 상업용 건물** : 국세청장이 지정하는 지역에 소재하면서 국세청이 산정·고시한 가액이 있는 경우에는 그 고시한 가액으로 평가하며, 고시한 가액이 없을 때에는 상기와 같이 토지와 일반건물을 별도로 평가한 가액으로 한다

다. 유가증권의 평가방법 (법63조)

(1) 상장주식 또는 코스닥상장주식 (영52조의2, 영53조)

ㅇ **상장주식 또는 출자지분** : 상속개시일 이전·이후 각 2월간에

공표된 매일의 한국증권선물거래소 최종시세가액(거래실적 유무 불문)의 평균액으로 평가한다. (코스닥 상장주식 등 동일)

※ 위의 규정을 적용함에 있어서 평가기준일 전후 기간이 4월에 미달하는 경우에는 동 기간에 대한 최종시세가액 평균액으로 한다. (평가기준일이 공휴일, 납회기간 등인 경우에는 전일을 기준으로 평균액을 계산)

(2) 비상장주식의 시가평가 (영54조)

- 비상장주식은 상속개시일 전후 6월 이내에 불특정다수인 사이의 객관적 교환가치를 반영한 거래가액 또는 경매 · 공매가액이 확인되는 경우에는 이를 시가로 보아 평가한다. (감정가액은 시가로 불인정)

(3) 비상장주식의 보충적 평가방법 (영54조)

- **원칙 :** 1주당 순손익 가치와 순자산가치를 각각 3과 2의 비율로 가중 평균한 가액으로 평가한다.

 、 **1주당 평가액** = (1주당 순손익가치 × 3 + 1주당 순자산가치 × 2) ÷ 5

- **예외 :** 자산가액 중 부동산 및 부동산에 관한 권리의 가액이 50% 이상인 법인은 순손익 가치와 순자산가치를 각각 2와 3의 비율로 가중 평균한 가액으로 평가한다.

 、 **1주당 평가액** = (1주당 순손익가치 × 2 + 1주당 순자산가치 × 3) ÷ 5

- 순자산가치로만 평가하는 경우

、 사업개시전 법인

、 사업개시후 3년 미만이거나 휴.폐업 중인 법인

、 최근 3년간 소득이 계속하여 결손인 법인 등

- 1주당 순손익가치의 평가

1주당 순손익가치 = 1주당 최근 3년간 순손익액의 가중평균액 ÷ 국세청 고시 이자율

※ 국세청장 고시 이자율 : 10% (2000.4.3.~현재)

※ 1주당 최근 3년간 순 손익액의 가중평균액의 계산방법

【(평가기준일 이전 1년이 되는 사업연도의 1주당 순손익액 × 3) + (평가기준일 이전 2년이 되는 사업연도의 1주당 순손익액 × 2) + (평가기준일 이전 3년이 되는 사업연도의 1주당 순손익액 × 1)】 ÷ 6

- 1주당 순자산가치의 평가

1주당 순자산가치 = 당해 법인의 순자산가액 ÷ 평가기준일 현재 발행주식 총수

※ **순자산가액이란** 평가기준일 현재 당해 법인의 자산총액에서 부채총액을 차감한 가액에서 영업권 평가액을 합한 금액을 말한다.

(4) 최대주주 등의 주식의 할증평가 (법63조3항)

최대주주 또는 최대출자자 및 그와 특수관계에 있는 주주 또는 출자자의 주식 등에 대하여는 그 평가액에 20%(중소기업 10%)를 가산하되, 최대주주 등이 당해법인의 발행주식 총수 등의 50%를 초과하여 보유하는 경우에는 30%(중소기업은 15%)를 가산한다.

라. 저당권 등이 설정된 재산의 평가방법 (법66조,영63조)

(1) 평가 특례재산의 범위

ㅇ 저당권,「동산ㆍ채권 등의 담보에 관한 법률」또는 질권이 설정된 재산 (2012. 1. 26시행)

ㅇ 양도담보재산

ㅇ 전세권이 등기된 재산 (임대보증금 받고 임대한 재산을 포함)

(2) 평가방법

위의 저당권 등이 설정된 재산의 평가는 시가 또는 보충적 평가방법으로 평가한 가액과 다음의 규정에 의한 평가액 중 큰 금액으로 한다.

ㅇ 저당권(공동저당권 및 근저당권을 제외함)이 설정된 재산의 가액은 당해 재산이 담보하는 채권액

ㅇ 공동저당권이 설정된 재산가액은 당해 재산이 담보하는 채권액을 공동저당된 재산의 평가기준일 현재의 가액으로 안분, 계산한 가액

ㅇ 근저당권이 설정된 재산가액은 평가기준일 현재 당해 재산이 담보하는 채권액

ㅇ 질권이 설정된 재산 및 양도담보재산의 가액은 당해 재산이 담보하는 채권액

ㅇ 전세권이 등기된 재산가액은 등기된 전세금 (임대한 경우에는 임대보증금)

5. 비과세되는 상속재산의 유형

가. 전사자 등에 대한 상속세 비과세 (법11조, 영7조)

전사 또는 전쟁에 준하는 공무 수행중 입은 부상(질병)에 의한 사망으로 상속이 개시되는 경우는 피상속인 소유의 모든 재산에 대해 상속세를 부과하지 않는다.

나. 비과세되는 기타 상속재산 (법12조, 영8조)

- 국가・지자체, 공공단체, 정당에 유증(사인증여)한 재산
- 문화재보호구역내 토지로서 문화재 등이 속한 토지와 국가 및 시・도 지정 문화재
- 피상속인 선조분묘에 속한 9,900㎡이내 금양임야 및 1,980㎡ 이내의 묘토인 농지 (총 가액 합계기준 2억원까지만 비과세)
- 사내근로복지기금, 우리사주조합 및 근로복지진흥기금에 유증한 재산
- 사회통념상 인정되는 이재구호금품, 치료비, 그 밖에 불우자를 돕기 위해 유증한 재산
- 상속재산 중 상속인이 신고 기한내에 국가・지자체, 공공단체에 증여한 재산

다. 공익법인에 출연한 재산의 과세가액 불산입 (법16조)

상속인이 종교·자선·학술목적 등의 공익법인에 출연한 재산에 대해서는 상속세 신고기한 내에 출연한 경우에 한해서 상속세 과세가액에 산입하지 아니한다

그러나 이 경우, 상속인이 그 출연 공익법인에 이사로 취임하거나, 이사의 선임, 기타 사업운영에 관한 중요사항을 결정할 권한을 가지고 있는 경우에는 공익법인에 재산을 출연했더라도 상속세를 과세하고 있다

6. 상속재산 가액을 차감하는 각종 공제금 및 상속 공제

가. 공과금의 공제 (법14조, 영9조)

○ 피상속인이 거주자(국내에 주소 있거나 1년 이상 거소를 둔자)인 경우

- 상속개시일 현재 피상속인에 납부의무가 있는 것으로서 상속인에 승계된 조세·공공요금 등은 상속재산 가액에서 차감 한다 (법14조 1항)

- 상속개시일 이후 상속인의 귀책사유로 납부하였거나, 납부할 가산세·가산금·벌금·과료·과태료등은 공제할 수 없다.

○ 피상속인이 비거주자(거주자가 아닌 사람)인 경우에는 당해 상속재산에 관한 공과금 및 당해상속재산 목적의 담보채무만 차감할 수 있다. (법14조 2항)

나. 피상속인 장례비용 등 공제 (법14조, 영9조)

ㅇ **장례비용 :** ①장례시 직접 소요된 비용은 영수증 등으로 입증시 1천만원까지 공제, 미입증시는 5백만원만 공제, ②봉안시설(수목장, 화초장 등 자연장지 포함) 사용액은 5백만원 한도로 별도공제(영제9조)

※ <u>장례비 공제 위하여 증빙자료 철저히 챙겨야 한다</u>

⁂ **피상속인 병원비** : 피상속인 재산(예치금)중에서 납부 하거나, 이를 피상속인 사망 후에 내면, 상속재산이 그 만큼 감소되어 상속세 역시 그 만큼 덜 낼 수 있다

다. 피상속인 채무의 공제(법14조, 영10조)

ㅇ 상속시 재산은 물론, 그의 채무도 함께 포괄 승계하므로 세무에서는 상속세 산출시 승계채무를 상속재산 가액에서 공제해 주고 있다 <u>(부채 입증자료 등 철저 수집 필요)</u>

(1) 공제가능한 채무의 입증방법 (영10조 제1항)

- **국가·지자체·금융기관 채무 : 그** 기관 채무임을 입증할 수 있는 서류(금융기관 대부계약서 등)
- **기타 자에 대한 채무 :** 채무부담계약서, 채권자확인서, 담보 및 이자지급에 관한 증빙 등에 의하여 그 사실을 확인할 수 있는 서류

(2) 공제 가능한 채무의 범위 (예시)

① **미지급 이자 :** 상속개시일 현재 피상속인의 채무 미지급 이자는 공제할 수 있는 채무에 해당한다

② **보증채무 :** 보증채무 중 주채무자가 변제불능 상태에 있어, 주채무자에게 구상권을 행사할 수 없다고 인정되는 부분에

상당하는 금액은 채무로써 공제한다.

③ **연대채무** : 피상속인이 연대채무자인 경우는 피상속인 부담부분에 상당하는 금액에 한해 공제 할 수 있다.

④ **임대보증금** : 피상속인이 소유자인 토지ㆍ건물의 임대차 계약에 의한 임대보증금은 채무로서 공제 된다

⑤ **사용인의 퇴직금 상당액에 대한 채무** : 피상속인이 사업상 고용한 피고용자에 대한 퇴직금 상당액(근기법상 요지급액)은 공제할 수 있는 채무에 해당한다

(3) 채무에 대한 입증책임

상속개시 당시 피상속인의 채무가 존재하는지 여부와 보증채무 등에 있어서 주채무자의 변제불능 상태에 대한 입증책임은 납세 의무자에게 있다

(4) 기타 유의사항

상속개시당시 피상속인이 부담해야할 채무의 경우에는 금액에 관계없이 모두 공제 가능하지만, 이를 공제 받기 위해서는 채무계약서 등 증빙자료를 철저하게 챙기고, 금액등의 가공도 없어야 한다

라. 상속공제의 종류 및 공제금액

(1) 기초공제 (법18조)

ㅇ 거주자 또는 비거주자의 사망으로 상속이 개시되는 경우, 피상속인 기준 2억 원을 공제한다.

ㅇ 가업(家業)상속인 경우에는 가업상속재산가액의 100분의 40에 상당하는 금액 (한도60억원~100억원)과 2억원 (가업상속 재산가액이

2억원에 미달하는 경우에는 그 가업상속재산 가액에 상당하는 금액) 중 큰 금액을 추가로 공제한다. (법18조2항1호)

ㅇ 영농상속의 경우에는 피상속인이 영농(양축·영어 및 영림 포함)에 종사한 경우로서 상속재산 중 영농에 종사하는 상속인 (상속개시일 현재 2년 전부터 계속하여 직접 재촌하여 영농에 종사할 것)이 상속받은 농지, 초지, 산림지, 어선 등에 대해 2억원을 한도로 공제한다.(법18조2항2호)

* 가업상속공제 및 영농상속공제는 피상속인이 거주자인 경우에만 적용된다.

(2) 배우자 상속공제 (법19조)

재산 상속 시, 피상속인의 배우자가 생존해 있으면 배우자 상속공제를 적용받을 수 있다. 특히 배우자는 배우자법정 상속분 내에서 배우자가 실제로 상속받은 가액을 공제 받는데 최소 5억원을 기본으로 하여 최고 30억 원까지 공제 받을 수 있다

ㅇ 배우자 상속 공제액 (법19조)

- 배우자가 실제 상속받은 금액이 없거나, 5억원 미만이면 5억원을 공제 (법19조4항)

- 배우자가 실제 상속받은 금액이 5억원 이상이면 실제 상속받은 금액(아래의 배우자공제 한도액 범위내 금액)을 공제한다. (법19조1항)

- **배우자공제 한도액 : 다음 ① ② 의 금액 중 적은금액**
  ① (배우자 법정상속분 가액) - (배우자에게 사전 증여한 재산의 증여세 과세표준액)
  ② 30억원

* **배우자 법정상속분의 가액** =【(상속재산 가액) + (추정 상속재산) - (상속인외의 자에게 유증·사인 증여한 재산가액) + (가산한 증여재산가액 중 상속인 수증분) - (비과세·과세가액 불산입 재산가액) - (공과금、채무)】×【배우자의 법정 상속지분】

○ 실제 상속받은 금액으로 배우자공제를 받기 위해서는 상속재산을 분할(등기·등록·명의개서 등을 요하는 경우에는 그 등기·등록·명의개서 등이 된 것에 한함)한 경우에만 적용한다.

이 경우 상속인은 상속재산의 분할사실을 배우자 상속분할 기한까지 납세지 관할세무서에 신고하여야 한다.

- 다만, 상속인 등이 상속재산에 대해 부득이한 사유로 분할을 할 수 없는 경우에는 그 사유를 배우자 상속재산 분할기한내에 신고하고, 배우자의 상속재산을 그 분할기한 다음 날부터 6월이 되는 날까지 분할을 신고하면 배우자 상속재산 분할기한 이내에 이를 신고한 것으로 본다.

(3) 그 밖의 인적공제 (법20조)

거주자 사망으로 상속이 개시되는 경우, 자녀 및 동거가족에 대해 공제받을 수 있다. (동거가족이란 상속개시일 현재 피상속인이 사실상 부양하고 있던 직계존비속(배우자의 직계존속 포함) 및 형제자매를 말한다)

- **자녀공제** : 자녀 1인당 3천만원

- **미성년자공제** : 상속인(배우자는 제외) 및 동거가족 중 미성년자에 대하여는 5백만원에 20세에 달하기까지의 연수를 곱하여 계산한 금액

- **연로자공제** : 상속인(배우자는 제외) 및 동거가족 중 60세 이상자에 대하여는 3천만원

- **장애자공제** : 상속인 및 동거가족 중 장애인에 대하여는 5백만원에 통계청이 매년12월 발표하는 기대여명(종전 75세)에 달하기 까지의 연수를 곱하여 계산한 금액

※ **자녀공제는** 미성년자 공제와 중복 적용되며, **장애자 공제는** 자녀、미성년자、연로자공제 및 배우자공제와 중복적용이 가능하다.

(4) 일괄공제 (법21조)

ㅇ 거주자 사망으로 인하여 상속이 개시되는 경우 기초공제 2억원 및 그 밖의 인적공제액의 합계액과 5억원중 큰 금액을 공제 받을 수 있다.

ㅇ 그러나 상속인이 배우자 단독인 때에는 일괄공제를 적용받을 수 없지만, 기초공제(가업・영농상속공제 포함)와 그 밖의 인적공제를 적용받는다.

※ 기초공제 2억원, 그 밖의 인적공제 1억 5천 만원인 경우, 기초 및 인적공제의 합계가 3억 5천에 불과하므로, 그보다 큰 금액인 일괄공제를 선택, 5억원을 공제받을 수 있다.

ㅇ 상속세 과세표준신고가 없는 경우에는 5억원(일괄공제)을 공제하며 배우자가 있는 경우 배우자공제를 추가로 적용받을 수 있다.

(5) 금융재산공제 (법22조)

ㅇ 거주자 사망으로 인하여 상속이 개시된 경우 상속개시일 현재 상속재산가액 중 금융재산의 가액이 포함되어 있는 경우 그 금융재산 가액에서 금융 채무를 차감한 가액 (이하 "순금융재산의 가액")중 다음 각호의 구분에 따른 금액을 공제한다.

ㅇ 공제금액

- 순금융재산 가액이 10억원 이상이면 2억원을 공제
- 순금융재산 가액이 1억초과 10억 미만이면 당해 순금융재산 가액 20%에 상당하는 가액을 공제
- 순금융재산 가액이 2천만원초과 1억원이하이면 2천만원 공제
- 순금융재산의 가액이 2천만원이하이면 당해 순금융재산 가액 공제

ㅇ 공제대상 금융재산가액은「금융 실명거래 및 비밀 보장에 관한 법률」제2조 제1호에 규정된 금융기관 취급의 예금.·적금·부금·주식 등이며 최대주주 등이 보유하고 있는 주식 등은 포함되지 않는다.

(6) 동거주택 상속공제 (법23조의2, 영20조의2)

ㅇ 다음의 요건을 모두 갖춘 경우에는 주택가액의 40% (5억원 한도)를 상속세 과세가액에서 공제한다.

① 2009.1.1. 이후 상속이 개시되는 분부터 적용

② 피상속인이 거주자일 것

③ 피상속인과 상속인이 상속개시일부터 소급하여 10년 이상 계속하여 하나의 주택에 함께 동거하였을 것.

④ 상속개시일 현재 소득세법 제89조 제1항 제3호에 따른 1세대 1주택(같은 호에 따른 고가주택을 포함)일 것

⑤ 상속개시일 현재 무주택자인 상속인이 상속받은 주택일 것

(7) 재해손실의 공제 (법23조)

ㅇ 거주자 사망으로 인하여 상속이 개시된 경우, 상속세신고 기한 이내에 발생한 재난으로 인하여 상속받은 재산이 멸실ㆍ훼손된 경우에는 그 손실가액을 상속세과세가액에서 공제한다.

(8) 공제적용의 한도 (법24조)

ㅇ 거주자 사망으로 인하여 상속이 개시되는 경우에 상속세과세가액에서 기초공제ㆍ배우자공제ㆍ그밖의 인적공제ㆍ일괄공제ㆍ금융재산상속공제ㆍ재해손실공제ㆍ동거주택 상속공제를 공제하게 되는데

- 이들 공제금액의 총합계액은 아래의 산식에 의해 계산한 공제적용한도액을 초과할 수 없으며, 공제한도액까지만 공제된다.

※ **공제적용한도액** = (상속세과세가액) – (상속인 아닌 자에게 유증ㆍ사인증여한 재산가액) – (상속인의 상속포기로 그 다음순위 상속인이 상속받은 재산가액) – (상속세 과세가액에 가산한 증여재산의 과세표준)

ㅇ 상속재산 중 상속개시전 사전증여한 재산가액이 있는 등 경우에는 상속세과세가액이 5억원 미만이라도 공제적용 한도액을 적용하여 상속세가 계산될 수 있으므로 반드시 상속공제 한도액을 계산해보아야 한다.

7. 산출세액을 차감하는 세액공제의 종류 및 내역

가. 증여세액의 공제 (법28조)

ㅇ 상속세과세가액에 가산한 증여재산에 대한 증여세액(증여당시의 당해재산에 대한 증여세액)은 산출세액에서 공제된다.

- 상속세과세가액에 가산하는 증여재산에 대하여 국세부과 제척기간의 만료로 인하여 증여세과 부과되지 않는 경우에는 공제하지 않는다.

ㅇ 증여세액공제의 한도액은 수증자가 상속인ㆍ수유자인 경우와 상속인ㆍ수유자 외의 자로 구분하여 다음과 같이 계산한다.

- 수증자가 상속인 또는 수유자인 경우

$$\text{상속인 등 각자가 납부할 상속세 산출세액} \times \frac{\text{상속인 등 각자의 증여재산에 대한 증여세 과세표준}}{\text{상속인 등 각자가 받았거나 받을 상속재산(사전 증여재산 포함)에 대한 상속세 과세표준 상당액}}$$

- 수증자가 상속인 및 수유자가 아닌 경우

$$\text{상속세 산출세액} \times \frac{\text{증여재산에 대산 증여세 과세표준}}{\text{상속세 과세표준}}$$

나. 단기 재상속 세액공제 (법30조, 영22조)

ㅇ 상속개시 후 10년 이내에 상속인 또는 수유자의 사망으로 상속세가 부과된 상속재산이 재상속되는 경우

- 전의 상속세가 부과된 상속재산중 재상속분에 대한 전의 상속세 상당액(재상속기간을 1년이내에서 10년 이내로 10단계로 구분하여 공제율 100%에서 10%로 10단계로 차등적용)을 산출세액에서 공제한다.

- 공제세액

$$\text{전의 상속세 출세액} \times \frac{\text{재상속분의 재산가액} \times \dfrac{\text{전의 상속세 과세가액}}{\text{전의 상속재산 가액}}}{\text{전의 상속세과세가액}} \times \text{공제율}$$

- 공 제 율

재상속 기간	공 제 율	재상속 기간	공 제 율
1년 이내	100분의 100	2년 이내	100분의 90
3년 이내	100분의 80	4년 이내	100분의 70
5년 이내	100분의 60	6년 이내	100분의 50
7년 이내	100분의 40	8년 이내	100분의 30
9년 이내	100분의 20	10년 이내	100분의 10

다. 상속세 연대납부 책임 (법3조)

ㅇ 상속인이나 수유자는 부과된 상속세에 대해 각자가 받았거나 받을 재산을 한도로 연대하여 납부할 의무가 있다.

- 따라서 상속인 중 일부가 상속세를 미납한 경우, 다른 상속인들이 미납상속세에 대해 자기가 받았거나 받을 재산을 한도로 연대하여 납부할 책임이 있다

8. 상속세의 납부 방법 및 절차

가. 상속세를 나누어서 납부하는 방법

상속세는 일시에 납부하는 것이 원칙이나 일시납부에 따른 과중한 세부담을 분산시키기 위하여, 일정요건이 성립되는 경우에는 분할하여 납부할 수 가 있다.

이 경우 2회에 나누어 내는 것을 분납, 장기간에 걸쳐 나누어 내는 것을 연부연납이라고 한다.

(1) 분　납 (법70조2항)

증여세의 납부할 세액이 1천만원을 초과하는 경우에는 납부기한 경과 후 2개월 동안, 다음의 방법으로 이자 부담없이 나누어 납부할 수 있다.

- **납부할 세액이 2천만원 이하일 때**
  : 1천만원을 초과하는 금액
- **납부할 세액이 2천만원을 초과할 때**
  : 그 세액의 50% 이하의 금액

(2) 연부 연납 (법71조)

o 상속세액이 2천만원을 초과하는 경우에는 그 세액의 분할 신청할 수 있으며, 이 경우 납세담보를 제공하여야 한다.

- **연부연납 신청기한**
  - ·신고와 동시 납부할 세액은 상속세 신고기한까지, 무신고、과소신고 세액은 고지서의 납부기한내 신청

- **납세 담보물 범위 :**
  - 금전, 국채 및 지방채, 통화안정증권, 납세보증보험증권, 기타 세무서 인정 보증인 납세보증서

o 연부 연납의 기간은 다음기간 범위내로 신청가능하다.

- 상속재산중 가업상속재산의 차지비율이 100분의 50이상인 경우에는 연부연납 허가 후 3년이 되는 날부터 12년
- 상속재산중 가업상속재산의 차지비율이 100분의 50미만인 경우에는 연부연납 허가 후 2년이 되는 날부터 5년
- 가업상속외의 경우에는 연부연납 허가일로부터 5년

나. 현금대신 상속받은 물건(재산)으로 납부하는 방법

o 현금으로 납부하기 곤란한 경우에는 일정요건을 갖추어 세무서장의 승인을 받으면 상속받은 재산으로도 납부(물납)할 수 있다.

o 물납의 요건 (법73조)

- 상속재산 중 부동산과 유가증권의 가액(비상장주식 등 제외)이 1/2를 초과하고, 상속세의 납부세액이 1천만원을 초과하는 경우,
- 자진 신고분은 신고기한까지, 무신고 또는 과소 신고분은 고지서상의 납부기한까지 물납을 신청 하여야 한다.

※ 비상장주식은 물납대상 제외이나, 다른 상속재산이 없는 등 부득이한 경우에는 물납 가능하다.

9. 상속세 납부에 관한 궁금한 사항

궁금한 사항	회답요지 및 근거
1)상속재산의 면세점	▸ 상속재산 가액에 대하여 돌아가신 분(피상속인)이 배우자가 없는분의 경우에는 5억원, 배우자가 생존해 있는 경우에는 10억원까지 기본적으로 공제를 해 주기 때문에 상속재산 총가액이 각각 위 금액 이하이면, 상속세에 대하여 크게 신경을 쓰지 않아도 된다
2)금양임야 및 묘토 승계시 비과세	▸ 피상속인이 제사를 모시고 있던 선조 분묘 주변의 금양임야(9,900㎡까지)와 묘토(농지 1,980㎡까지)에 대하여는 제사를 주재하는 자가 승계 할 수 있는데, 이경우 그의 총가액 2억원까지 상속세 비과세 된다(도시근교 선산 등을 집안 종손이 상속할 때 유용)
3)피상속인의 병원비와 상속세 절세방법	▸ 피상속인의 병원비를 피상속인 재산(예금)에서 납부하면 그 만큼 상속재산이 감소하므로 감소분에 대한 세금만큼 상속세를 덜 낼 수 있지만, 자녀 등의 재산으로 병원비를 납부하면 상속재산은 변동이 없기 때문에 그 만큼 세금을 더 내는 결과가 된다 ▸ 또한 피상속인이 돌아가시기 전까지 내지 못한 병원비는 승계채무로서 공제를 받을 수도 있다 ▸ 그러므로 피상속인의 병원비는 돌아가시고 난 뒤에 내거나, 그 전에 내게 되는 경우라도 피상속인 재산에서 내는 것이 상속세 계산 시 유리하다
4)상속세의 기간내 미신고, 미납부시 불이익	▸ 재산을 상속 받은자는 상속개시일로 부터 6개월이내에 상속세를 신고하여야 하며, 이기간 내에 신고를 하게 되면 산출된 세금의 10%를 공제해 준다 ▸ 만약 신고를 하지 아니하면, 내야할 세금의 20%(또는 40%), 미달하게 신고한 경우에는 내야할 세금의 10%(또는40%)에 상당하는 가산세를 물게 된다 ▸ 특히 납부할 세금을 납부하지 않았거나, 미달되게 납부한 때에는 납부하지 않은 기간에 1일당 0.03%를 곱한 금액을 추가로 내야한다
5)상속포기자의 납세의무 승계 여부	▸ 상속인들이 적법하게 상속포기를 한 경우, 피상속인이 납부하여야 할 양도소득세 납부의무를 승계하지 않는다 (대법원2006.6.29.선고 2004두3335판결)

10. 상속세 신고서 작성예시 (신고서식 국세청 홈택스에서 다운받아 사용하세요)

가. 과세가액 등의 계산 및 작성방법 요약

(1) 상속세 과세가액 확정

- 상속세 과세가액 = 【(본래 및 간주 상속재산) + (추정상속재산) + (상속개시전 증여재산)】 - 【(피상속인 채무 등) + (비과세 및 과세가액 불산입 재산가액) + (공과금) + (장례비)】

- 상속개시전 재산처분·채무부담 및 사용처 소명 명세서

(2) 협의분할서에 의거 상속인별 상속재산 평가명세서 작성(부표2)

(3) 각종 상속공제의 확인 및 서류의 작성

- 기초공제 2억원,

- 기타 인적공제

· 자녀 공제 : 1인당 3천만원

· 미성년자 : (500만원×20세까지의 연수)

· 연로자(60세이상) : 1인당 3천만원

· 장애자 : (5백만원×75세 까지의 연수)

- 일괄공제 : 5억원

※ 기초공제 및 기타인적공제의 합계액과 일괄공제 중 택일

- 금융재산 상속공제 (최고 한도 2억원)

·금융재산가액에서 금융부채를 뺀 순금융재산가액이 2천만원 이하이면 그 가액 전액을 공제하고, 2천만이상 1억원 이하는 2천만원을 공제하며, 1억 초과는 순금융재산 가액의 20%를 공제하되 그 공제상한은 2억원까지임

- 재해손실공제 : 신고기한내에 발생한 재해손실액 공제

- 동거주택 상속공제 (최고한도 5억원)

  · 무주택 상속인인 상속받은 주택으로서 10년이상 피상속인과 동거한 1세대 1주택에 대하여 그 동거주택가액에 대한 40%의 금액을 최고 5억원 까지 공제

※ 상속공제관련 작성대상 각종 서류의 명칭

· 채무 · 공과금 · 장례비용 및 상속공제 명세서 (부표3)
· 금융재산 상속공제신고서 (5호서식)
· 재산손실 공제신고서 (6호서식)
· 동거주택 상속 공제신고서 (6-2호서식) 등

(4) 상속세과세가액계산 명세서 (부표1) 작성

(5) 상속세과세표준신고 및 자진납부 계산서 (9호서식) 작성

나. 상속세 신고시 제출대상서류 주요 목록 (예시)

(1) 상속세 과세표준 신고 및 자진납부 계산서

(2) 상속인별 상속재산 평가명세서 (각 개인별로 작성)

(3) 상속세 과세가액 계산 명세서

(4) 각종 상속공제 신고서 (금융재산, 동거주택, 재해손실)

(5) 공과금 · 장례비 · 평가수수료 지급 및 채무부담 입증서류

(6) 상속개시전 재산처분 、채무부담 및 사용처 소명 명세서

(7) 기타 각종사실 입증서류 (협의분할서 및 장애인수첩사본)

다. 신고서 작성 “사례 A”

□ 재산상속의 개황

1. 상속인 등

상속인 내역	상속개시일(사망일)	상속세 신고일
배우자 및 자녀 2명	2011. 2. 7.	2011. 7. 21.

2. 상속재산 등

상속재산 명칭	재산평가액(시가)	상속자 (비율)
부동산(아파트 1채)	6억 원	배우자
금융재산 (예금 등)	4억7천	장남 1/2, 장녀 1/2

ㅇ 특이사항

- '09.2.6. 피상속인이 장남에게 현금1억원 증여 (증여공제 3,000만원)
- 피상속인 사망에 따른 피상속인 불입의 생명보험 1억원 장녀가 상속
- 장례 직접 소요금액(봉안시설 비용은 아님)은 12백만원

□ 상속세액의 산출내역

구 분	금 액(원)	산 출 내 역
⑩ 상속세과세가액	1,260,000,000	. 상속재산(아파트) 6억원 + 금융재산 4억 7천만원 + 상속으로 보는 보험금 1억원 + 사전증여재산 1억원 - 장례비 1천만원
⑪ 상속공제액	1,134,000,000	. 일괄공제 5억원, . 배우자공제 5억 4,428만원 . 금융재산공제 9,400만원 ⁂ 공제한도액 : 11억 9천만원 12억6천 -(증여1억-증여공제 3천)
⑫ 과세표준(⑩-⑪)	126,000,000	
⑬ 세율	20%	기본세액 1천만원 + 1억원초과금 20%
⑭, ⑮ 산출세액(⑫×⑬)	15,200,000	기본세액 1천만원 + (1억초과금 2,600만원 ×20%)
⑲ 증여세액공제	7,000,000	기납부 증여세액 7백만원 공제
㉒ 신고세액공제 (⑭-⑲×10%)	820,000	7,344,000×10%=820,000원 공제
㉖ 차가감자진납부할세액 (⑭-⑲-㉒	7,380,000	15,200,000-7,000,000 - 820,000

《 작성사례 "A"의 산출과정 상세설명》

1) **사전증여재산** :

상속개시일 전 10년 이내에 피상속인이 상속인에게 증여한 재산가액은 상속세과세가액에 가산합니다.

2) **상속재산으로 보는 보험금** :

피상속인의 사망으로 지급받는 생명보험 또는 손해보험의 보험금으로서 피상속인이 계약자이거나 보험료를 지불한 경우에 상속재산에 포함합니다.

3) **장례비** :

봉안시설에 소요된 금액 이외, 장례에 직접 사용한 금액중 증빙이 있는 것은 1천만원까지 공제합니다.(봉안시설 사용금액 5백만원 별도공제)

4) **일괄공제** :

기초공제와 기타인적공제의 합계액과 일괄공제 5억원 중 큰 금액을 공제합니다.

- 본건의 경우 기초공제 2억, 자녀공제 2명, 6천 등 그 합계액이 2억 6천만원에 불과하므로, 그보다 큰 일괄공제 5억 원을 선택하여 공제하였습니다

5) **배우자상속공제** :

배우자가 실제 상속받은 금액(배우자 법정상속지분내의 상속받은 금액을 한도) 중 30억원을 한도로 공제하며, 실제 상속받은 금액이 없거나 상속받은 금액이 5억원 미만인 경우에는 5억원을 공제 합니다.

- 본건의 경우 배우자가 실제 상속받은 재산가액은 6억원이지만, 9호서식 부표1의 ㉗항에 산출되어 있는 상속과세가액 12억 6천만원에 법정상속지분 3/7을 곱하여 산출된 배우자법정상속가액은 5억 4,000만원입니다

- 특히, 이는 5억원은 초과하지만, 30억원 한도내 금액이므로 이금액 5억 4천만원을 배우자 상속공제액으로 공제하였습니다.

6) **금융재산상속공제** :

순금융재산가액의 가액이 2천만 원을 초과하는 경우, 당해 순금융재산가액의 100분의 20 (2억원 한도)로 공제한다.

- 본건의 경우: 순금융재산가액 4억7천(금융부채 없음) × 20/100 = 9,400만원

7) **공제한도액** : 11억 9천만원

- 공제 한도액 산출공식

  상속세과세가액 - 상속인 외의 자에게 유증 등을 한 재산가액 - 상속포기로 그 다음 순위의 상속인이 상속받은 재산가액 - 상속세과세가액에 가산하는 증여재산가액(증여재산공제액이 있는 경우 차감한 금액) = 공제 한도액

- 공제한도액 계산= 12억6천만원-【(1억원-3천만원)】

  =11억 9천만원

8) **증여세액공제** :

증여세액공제는 증여당시의 증여세 산출세액과 한도액과 비교하여 적은 금액을 공제합니다.

- 장남의 증여세 산출세액 = (증여액1억원 - 증여공제 3천만원) × 세율10% = 7백만원
- 장남의 증여세액 공제한도액 =

상속세산출세액1,520만원 × $\frac{\text{장남이 받은 증여세과세표준 7천만원}}{\text{상속인등 각자가 받은 상속세의 과세표준액 7천만원}}$

= 1,520만원

[별지 제9호 서식 부표 2] (2002. 12. 31 개정)

상속인별 상속재산 및 평가명세서

가. 상속인별 상속현황

①피상속인과의 관계	②성 명	③주민등록번호	④주 소	⑤법성상속지분율 ⑦실제상속지분율	⑥법정상속재산가액 ⑧실제상속재산가액
배우자	김영숙	580515 -2234567	서울 서초 양재로 335, 102동 1001호	3/7 47/100	540,000,000 600,000,000

나. 상속재산명세

⑨종류	⑩소 재 지	⑪수량(면적)	⑫단 가	⑬평가가액	⑭평가기준
부동산 (아파트)	서울 서초구 양재로 335, 102동1001호	대지20.1㎡ 건물84.2㎡		600,000,000	시가
계				600,000,000	

※ 작성방법

1. 위 명세서는 상속인별 별지로 작성합니다.
2. ⑤란의 법정상속지분율은 $\frac{\text{당해 상속인지분}}{\text{총상속지분}}$ 으로 표시하여 기재합니다.
3. ⑥란에는 [별지 제9호 서식 부표 1]의 ⑩란 및 ㉓란의 금액 합계액에서 상속인이 아닌 수유자가 유증 등을 받은 재산가액과 동 서식의 ⑪・⑳ 및 ㉒란의 금액을 차감한 금액에 대하여 ⑤란의 법정상속지분을 곱하여 계산한 금액을 기재합니다.
4. ⑦란에는 당해 상속인이 협의분할에 의하여 취득한 재산가액(⑧란의 금액)을 총상속재산가액으로 나눈 비율을 기재합니다.
5. ⑧란에는 상속인간의 협의분할서에 의하여 당해 상속인이 실제 취득한 금액을 기재하고 협의분할서를 첨부하여야 합니다.
6. ⑨란의 종류가 주식(출자지분을 포함한다)인 경우에는 당해 주식을 발행한 법인의 명칭 및 법인의 사업자등록번호를 각각 기재합니다.
7. ⑭란은 시가・기타로 구분하여 기재합니다.

[별지 제9호 서식 부표 2] (2002. 12. 31 개정)

상속인별 상속재산 및 평가명세서

가. 상속인별 상속현황

①피상속인과의 관계	②성 명	③주민등록번호	④주 소	⑤법정상속지분율 ⑦실제상속지분율	⑥법정상속재산가액 ⑧실제상속재산가액
자(장녀)	홍일숙	780525 -2234567	서울 성북 돈암로 325, 12동 501호	2/7 -	362,860,000 -

나. 상속재산명세

⑨종류	⑩소 재 지	⑪수량(면적)	⑫단 가	⑬평가가액	⑭평가기준
예금	○○은행 ○○지점 (계좌번호xx-xx-xxx)			235,000,000	시가
보험금	○○보험 ○○지점 (계좌 xxx-xxxxxx)			100,000,000	시가
계				335,000,000	

※ 작성방법

1. 위 명세서는 상속인별 별지로 작성합니다.
2. ⑤란의 법정상속지분율은 $\frac{\text{당해 상속인지분}}{\text{총상속지분}}$ 으로 표시하여 기재합니다.
3. ⑥란에는 [별지 제9호 서식 부표 1]의 ⑩란 및 ㉓란의 금액 합계액에서 상속인이 아닌 수유자가 유증 등을 받은 재산가액과 동 서식의 ⑪·⑳ 및 ㉒란의 금액을 차감한 금액에 대하여 ⑤란의 법정상속지분을 곱하여 계산한 금액을 기재합니다.
4. ⑦란에는 당해 상속인이 협의분할에 의하여 취득한 재산가액(⑧란의 금액)을 총상속재산가액으로 나눈 비율을 기재합니다.
5. ⑧란에는 상속인간의 협의분할서에 의하여 당해 상속인이 실제 취득한 금액을 기재하고 협의분할서를 첨부하여야 합니다.
6. ⑨란의 종류가 주식(출자지분을 포함한다)인 경우에는 당해 주식을 발행한 법인의 명칭 및 법인의 사업자등록번호를 각각 기재합니다.
7. ⑭란은 시가·기타로 구분하여 기재합니다.

[별지 제9호 서식 부표 2] (2002. 12. 31 개정)

상속인별 상속재산 및 평가명세서

가. 상속인별 상속현황

①피상속인과의 관계	②성 명	③주민등록번호	④주 소	⑤법정상속지분율 ⑦실제상속지분율	⑥법정상속재산가액 ⑧실제상속재산가액
자(장남)	홍이표	800425 -1234567	경기 과천 중앙로 25, 121동402호	2/7 -	362,860,000 -

나. 상속재산명세

⑨종류	⑩소 재 지	⑪수량(면적)	⑫단 가	⑬평가가액	⑭평가기준
예금	○○은행 ○○지점 (계좌번호xx-xx-xxx)			235,000,000	시가
증여재산 (현금)				100,000,000	시가
계				335,000,000	

※ 작싱방빕

1. 위 명세서는 상속인별 별지로 작성합니다.
2. ⑤란의 법정상속지분율은 $\frac{\text{당해 상속인지분}}{\text{총상속지분}}$ 으로 표시하여 기재합니다.
3. ⑥란에는 [별지 제9호 서식 부표 1]의 ⑩란 및 ㉓란의 금액 합계액에서 상속인이 아닌 수유자가 유증 등을 받은 재산가액과 동 서식의 ⑪·⑳ 및 ㉒란의 금액을 차감한 금액에 대하여 ⑤란의 법정상속지분을 곱하여 계산한 금액을 기재합니다.
4. ⑦란에는 당해 상속인이 협의분할에 의하여 취득한 재산가액(⑧란의 금액)을 총상속재산가액으로 나눈 비율을 기재합니다.
5. ⑧란에는 상속인간의 협의분할서에 의하여 당해 상속인이 실제 취득한 금액을 기재하고 협의분할서를 첨부하여야 합니다.
6. ⑨란의 종류가 주식(출자지분을 포함한다)인 경우에는 당해 주식을 발행한 법인의 명칭 및 법인의 사업자등록번호를 각각 기재합니다.
7. ⑭란은 시가·기타로 구분하여 기재합니다.

[별지 제9호서식 부표 3]

<table>
<tr><th colspan="7">채무・공과금・장례비용 및 상속공제명세서</th></tr>
<tr><td rowspan="6">채
무</td><td rowspan="2">①종 류</td><td rowspan="2">② 발생 연월일</td><td colspan="3">채권자</td><td rowspan="2">⑥금액
(원)</td></tr>
<tr><td>③성명
(대표자)</td><td>④주민등록번호
(사업자등록번호)</td><td>⑤주소
(소재지)</td></tr>
<tr><td></td><td></td><td></td><td></td><td></td><td></td></tr>
<tr><td></td><td></td><td></td><td></td><td></td><td></td></tr>
<tr><td></td><td></td><td></td><td></td><td></td><td></td></tr>
<tr><td>계</td><td colspan="4"></td><td></td></tr>
<tr><td rowspan="5">공
과
금</td><td colspan="2">⑦구 분</td><td>⑧연 도 별</td><td colspan="2">⑨기 분 별</td><td>⑩금 액 (원)</td></tr>
<tr><td colspan="2"></td><td></td><td colspan="2"></td><td></td></tr>
<tr><td colspan="2"></td><td></td><td colspan="2"></td><td></td></tr>
<tr><td colspan="2"></td><td></td><td colspan="2"></td><td></td></tr>
<tr><td colspan="2">계</td><td></td><td colspan="2"></td><td></td></tr>
<tr><td rowspan="5">장
례
비
용</td><td colspan="2">⑪지 급 처</td><td colspan="2">⑫지 급 내 역</td><td colspan="2">⑬금 액 (원)</td></tr>
<tr><td colspan="2">○○장례병원</td><td colspan="2">장례비용</td><td colspan="2">10,000,000</td></tr>
<tr><td colspan="2"></td><td colspan="2"></td><td colspan="2"></td></tr>
<tr><td colspan="2"></td><td colspan="2"></td><td colspan="2"></td></tr>
<tr><td colspan="2">계</td><td colspan="2"></td><td colspan="2">10,000,000</td></tr>
<tr><td rowspan="16">상
속
공
제</td><td colspan="2" rowspan="6">기초공제 및
기타인적공제</td><td colspan="2">소 계</td><td colspan="2"></td></tr>
<tr><td colspan="2">⑭기 초 공 제</td><td colspan="2"></td></tr>
<tr><td colspan="2">⑮자 녀 공 제</td><td colspan="2"></td></tr>
<tr><td colspan="2">⑯미성년자공제</td><td colspan="2"></td></tr>
<tr><td colspan="2">⑰연 로 자 공 제</td><td colspan="2"></td></tr>
<tr><td colspan="2">⑱장 애 인 공 제</td><td colspan="2"></td></tr>
<tr><td colspan="4">⑲ 일 괄 공 제</td><td colspan="2">500,000,000</td></tr>
<tr><td colspan="2" rowspan="2">추가상속공제</td><td colspan="2">⑳가업상속공제</td><td colspan="2"></td></tr>
<tr><td colspan="2">㉑영농상속공제</td><td colspan="2"></td></tr>
<tr><td colspan="4">㉒배 우 자 상 속 공 제</td><td colspan="2">540,000,000</td></tr>
<tr><td colspan="4">㉓금 융 재 산 상 속 공 제</td><td colspan="2">94,000,000</td></tr>
<tr><td colspan="4">㉔재 해 손 실 공 제</td><td colspan="2"></td></tr>
<tr><td colspan="4">㉕동 거 주 택 상 속 공 제</td><td colspan="2"></td></tr>
<tr><td colspan="4">㉖공 제 적 용 한 도 액</td><td colspan="2">1,190,000,000</td></tr>
<tr><td colspan="4">㉗평 가 수 수 료 합 계</td><td colspan="2"></td></tr>
<tr><td colspan="4">㉘상 속 공 제 금 액 합 계</td><td colspan="2">1,134,000,000</td></tr>
<tr><td colspan="7">구비서류 : 채무부담 및 공과금・장례비・평가수수료 지급 입증서류
※ 채무와 공과금은 상속개시당시의 현황에 따라 적습니다.</td></tr>
</table>

[별지 제5호 서식] (99.5.7. 개정)

금 융 재 산 상 속 공 제 신 고 서

가. 피상속인

①성 명	홍길동	②주민등록번호	540414-1234567
③주 소	서울 서초구 양재로 335, 102동 1001호 (☎)		

나. 금융재산과 금융채무 명세

<table>
<tr><th>④금융재산의 종류</th><th>⑤수 량</th><th>⑥단 가</th><th>⑦가 액</th><th>⑨순금융재산의 가 액</th></tr>
<tr><td>정기예금</td><td>1</td><td></td><td>470,000,000</td><td rowspan="8">470,000,000</td></tr>
<tr><td></td><td></td><td></td><td></td></tr>
<tr><td>계</td><td></td><td></td><td>470,000,000</td></tr>
<tr><td>⑧금융채무의 종류</td><td></td><td></td><td></td></tr>
<tr><td></td><td></td><td></td><td></td></tr>
<tr><td></td><td></td><td></td><td></td></tr>
<tr><td>계</td><td></td><td></td><td></td></tr>
</table>

금 융 재 산 및 금 융 채 무 현 황

<table>
<tr><th rowspan="2">⑩보유형태</th><th colspan="4">금융재산·금융채무를 취급하는 법인 또는 금융기관</th><th rowspan="2">⑮비 고</th></tr>
<tr><th>⑪상 호 (법 인 명)</th><th>⑫사업자 등록번호</th><th>⑬성 명 (대 표 자)</th><th>⑭소 재 지</th></tr>
<tr><td>계좌번호 xx-xx-xxx</td><td>○○은행 (○○지점)</td><td>103-82-00000</td><td>000</td><td>서울 서초 00</td><td></td></tr>
<tr><td></td><td></td><td></td><td></td><td></td><td></td></tr>
<tr><td></td><td></td><td></td><td></td><td></td><td></td></tr>
</table>

상속세및증여세법 제22조 및 동법시행령 제19조 제3항의 규정에 의하여 금융재산상속 공제신고서를 제출합니다.

2011년 7월 21일

신고인 홍 이 표 (서명 또는 인)

서초 세 무 서 장 귀하

※ 구비서류

금융재산보유 및 금융채무 사실을 확인할 수 있는 서류

※ 작성방법

1. ⑨란에는 금융재산의 계에서 금융채무의 계를 차감한 금액을 기재합니다.
2. ⑩란에는 금융재산 및 금융채무의 개별 계좌번호 등을 기재합니다.

[별지 제9호서식 부표 1] (2008. 4. 30. 개정)

상속세과세가액계산명세서

①관리번호	-

가. 상속받은 총재산

②재산종류	③ 소 재 지		④수량(면적)	⑤가 액	⑥비고
	국외재산국가명				
부동산(아파트)		서울 서초구 양재로 335, 102동 1001호	대지20.1㎡ 건물84.2㎡	600,000,000	⑧
예 금		○○은행 ○○지점		470,000,000	⑧
보험금수령		○○보험 ○○지점		100,000,000	⑧
⑦ 계				1,170,000,000	

나. 상속세 과세가액 계산

총상속재산 가 액	⑧상 속 재 산 가 액	1,170,000,000
	⑨상속개시 전 처분재산등 산입액 (「상속세 및 증여세법」 제15조)	
	⑩ 합 계	1,170,000,000
비과세 재산가액 (「상속세 및 증여세법」 제12조)	⑪ 계	
	⑫금양(禁養)임야등 가액 (「민법」 제1008조의3)	
	⑬문 화 재 가 액	
	⑭기 타	
과세가액 불산입액	⑮ 계	
	⑯공익법인 출연재산가액 (「상속세 및 증여세법」 제16조)	
	⑰공익신탁 재산가액 (「상속세 및 증여세법」 제17조)	
	⑱기 타	
공제금액 (「상속세 및 증여세법」 제14조)	⑲ 계	10,000,000
	⑳공 과 금	
	㉑장 례 비 용	10,000,000
	㉒채 무	
가산하는 증여재산가액	㉓ 계 (㉔+㉕ 또는 ㉔+㉖)	100,000,000
	㉔「상속세 및 증여세법」 제13조	100,000,000
	㉕「조 세 특 례 제 한 법」 제30조의5	
	㉖「조 세 특 례 제 한 법」 제30조의6	
㉗ 상 속 세 과 세 가 액[⑩-(⑪+⑮+⑲)+㉓]		1,260,000,000

※ 작성방법

1. ③ 소재지 「국외재산 국가명」에는 재산 소재지가 국외인 경우 '재산소재지 국명'을 적고, 국외재산 소재지는 한글 또는 영문으로 적는 것이 원칙입니다.
2. ⑥비고란에는 ⑧・⑨・⑫・⑬・⑭・⑯・⑰・⑱・㉔・㉕・㉖에 해당되는 재산의 경우에 그 번호를 적습니다. 비과세재산과 과세가액불산입재산의 경우 그 번호와 ⑧을 중복하여 적습니다.
3. ⑧상속재산가액란에는 본래의 상속재산가액에 「상속세 및 증여세법」 제8조부터 제10조까지의 상속재산을 합산한 금액을 적습니다. ⑧상속재산가액란의 금액에는 「상속세 및 증여세법」 제13조 및 ㉕・㉖ 「조세특례제한법」 제30조의5 및 제30조의6에 따라 가산하는 증여재산가액을 포함하지 아니합니다.
4. ⑨법 제15조 상속개시전 처분재산등 산입액란에는 상속개시전 1(2)년 이내 재산처분・채무부담 내역 및 사용처명세서(별지 제9호서식 부표 4)의 ⑯상속추정 재산가액란의 금액을 적습니다.
5. ⑳공과금란부터 ㉒채무란까지는 채무・공과금・장례비용 및 상속공제명세서(별지 제9호서식 부표 3)의 각 해당금액을 적습니다.
6. ㉕・㉖ 「조세특례제한법」 제30조의5 및 제30조의6란은 증여당시의 창업자금, 가업승계 주식등 증여재산 평가가액을 적습니다.

[별지 제9호서식] (2008. 4. 30. 개정)

상속세과세표준신고 및 자진납부계산서

①관리번호	-

<table>
<tr><td rowspan="2">신고인</td><td>②성 명</td><td>홍이표</td><td>③주민등록번호</td><td>800425
-1234567</td><td>피상속인과의 관계</td><td>장남</td></tr>
<tr><td>④주 소</td><td colspan="3">경기 과천 중앙로 25, 121동 402호
(☎ 02-507-5575)</td><td>전자우편 주소</td><td>nds@hanmail.com</td></tr>
<tr><td rowspan="2">피상속인</td><td>⑤성 명</td><td colspan="2">홍길동</td><td>⑥주민등록번호</td><td colspan="2">540414-1234567</td></tr>
<tr><td>⑦주 소</td><td colspan="5">서울 서초구 양재로 335, 102동 1001호</td></tr>
<tr><td colspan="2">⑧상속원인</td><td colspan="2">사망</td><td>⑨상속개시일</td><td colspan="2">2011. 2. 24</td></tr>
</table>

<table>
<tr><td colspan="3">구 분</td><td>금 액</td><td colspan="2">구 분</td><td>금 액</td></tr>
<tr><td colspan="3">⑩상속세과세가액</td><td>1,260,000,000</td><td colspan="2">㉔신고불성실가산세</td><td></td></tr>
<tr><td colspan="3">⑪상속공제액</td><td>1,134,000,000</td><td colspan="2">㉕납부불성실가산세</td><td></td></tr>
<tr><td colspan="3">⑫과세표준 (⑩-⑪)</td><td>126,000,000</td><td colspan="2">㉖차가감납부할세액
(⑯-⑰-⑱+㉔+㉕)</td><td>7,380,000</td></tr>
<tr><td>⑬세율</td><td colspan="3">기본세액1천만원+(1억초과금2,600만원×20%)</td><td>납부방법</td><td>납부・신청일자</td><td></td></tr>
<tr><td colspan="3">⑭산출세액</td><td>15,200,000</td><td colspan="2">㉗연부연납세액</td><td></td></tr>
<tr><td colspan="3">⑮세대생략가산액
(「상속세 및 증여세법」 제27조)</td><td></td><td colspan="2">㉘물납</td><td></td></tr>
<tr><td colspan="3">⑯산출세액(⑭+⑮)</td><td>15,200,000</td><td rowspan="2">현금</td><td>㉙분납</td><td></td></tr>
<tr><td colspan="3">⑰문화재등징수유예세액</td><td></td><td>㉚신고납부</td><td>7,380,000</td></tr>
<tr><td rowspan="9">세액공제</td><td colspan="2">⑱ 계(⑲+⑳+㉑+㉒+㉓)</td><td>7,820,000</td><td colspan="3" rowspan="9">「상속세 및 증여세법」 제67조 및 같은 법 시행령 제64조제1항에 따라 상속세과세표준신고 및 자진납부계산서를 제출합니다.

2011 년 7월 21일
신고인 홍이표 (서명 또는 인)
세무대리인 (서명 또는 인)
(관리번호 : ☎)
서초세무서장 귀하</td></tr>
<tr><td rowspan="3">⑲증여세액공제</td><td>소계</td><td>7,000,000</td></tr>
<tr><td>상속세및증여세법제28조</td><td>7,000,000</td></tr>
<tr><td>조세특례제한법 제30조의5 및 제30조의6</td><td></td></tr>
<tr><td colspan="2">⑳외국납부세액공제
(상속세 및 증여세법 제29조)</td><td></td></tr>
<tr><td colspan="2">㉑단기세액 공제
(상속세 및 증여세법 제30조)</td><td></td></tr>
<tr><td colspan="2">㉒신고세액공제
(상속세 및 증여세법 제69조)</td><td>820,000</td></tr>
<tr><td colspan="2">㉓그 밖의 공제</td><td></td></tr>
</table>

<table>
<tr><td rowspan="2">구비서류</td><td>신고인 제출서류</td><td>담당 공무원 확인사항
(담당 공무원의 확인에 동의하지 아니하는 경우 신고인이 직접 제출하여야 하는 서류)</td></tr>
<tr><td>1. 피상속인의 가족관계증명서 1부
2. 상속인별 상속재산 및 평가명세서(부표2) 3건각1부
3. 채무・장례비용 및 상속공제 명세서(부표 3) 1부
4. 금융재산상속공제신고서(별지5호서식) 1부
5. 상속세과세가액계산명세서(부표 1) 1부</td><td>상속인의 가족관계증명서 (1부)
기타 각종사실 입증서류(협의분할서 및 금융재산・부채 및 보험금, 장례비 등 관련자료)</td></tr>
</table>

본인은 이 건 업무처리와 관련하여 「전자정부법」 제21조제1항에 따른 행정정보의 공동이용을 통하여 담당 공무원이 위의 담당 공무원 확인사항을 확인하는 것에 동의합니다.

신고인 홍이표 (서명 또는 인)

라. 신고서 작성 "사례 B"

□ 재산상속의 개황

1. 상속인 등

상속인 및 동거가족 내역	상속개시일(사망일)	상속세 신고일
배우자 및 자녀 2명, 모친	2011. 2. 7.	2011. 7. 21.

2. 상속재산 등

상속재산 명칭	재산평가액(시가)	상속자(비율)
부동산(아파트 1채)	6억 원	배우자
금융재산 (예금 등)	4억7천	장남 1/2, 장녀 1/2

o 특이사항

- 동거가족중 자1(장녀)은 21세장애자, 자2(장남)은 12세미성년, 모친 82세
- 피상속인의 사업상 개인 부채 1억원 있음
- 봉안시설 소요 600만원 기타 장례에 소요된 금액 800만원
- '10. 2. 6. 피상속인이 부동산을 처분(매매가액 6억원)하였으나 그 중 2억원만 사용처 확인되고, 4억원은 사용처 미 확인임

□ 상속세액의 산출결과

구 분	금 액(원)	산 출 내 역
⑩ 상속세과세가액	1,237,000,000	. 상속재산(아파트) 6억원 + 금융재산 4억 7천만원 + 처분재산 2억 8천만원 - 피상속인의 개인부채 1억원 - 장례비 1,300만원
⑪ 상속공제액	1,204,140,000	. 기초공제 2억원, . 기타인적공제 4억원 . 배우자공제 5억 3,014만원 . 금융재산공제 7,400만원 ⁂ 공제한도액 : 12억 3,700만원
⑫ 과세표준(⑩-⑪)	32,860,000	
⑬ 세율	10%	과표액 1억원 이하
⑭, ⑮ 산출세액(⑫×⑬)	3,286,000	32,860,000 × 10%
⑲ 증여세액공제		
㉒ 신고세액공제 (⑭-⑲×10%)	328,600	3,286,000×10%
㉖ 차가감자진납부할세액 (⑭-⑲-㉒)	2,957,400	3,286,000-328,600

《작성사례 "B"의 산출과정 상세설명》

1) **처분재산** : 상속개시일 전 재산종류별로 처분한 금액이 1년 이내 2억원 또는 2년 이내 5억원이상인 경우에는 용도가 객관적으로 명백하지 아니한 경우에는 상속세과세가액에 가산한다.

- 산입하는 금액 = 미소명금액 - (처분재산가액의 20%, 2억원중 적은금액)
  = 4억원 - (6**억원 × 20%**, 2억원)
  = 2억8천만원

2) **장례비** : 봉안시설에 소요된 금액을 제외한 장례에 직접 소요된 금액이 5백 내지 1천만원이하의 경우에는 그 금액을 공제하며, 봉안시설의 사용된 금액은 별도로 5백만원을 한도로 공제한다.

- 장례비산출액 : 장례 직접경비 800만원
  + 봉안시설 소요비 600만원중 500만원 = 1,300만원

3) **기초공제** : 2억원

4) **기타인적공제** : 자녀공제 + 미성년자공제 + 연로자공제 + 장애자공제로 구성되어 있다.

- 자녀공제 : 2명 × 30,000,000 = 60,000,000
- 미성년자공제 : (20-12) × 5,000,000 = 40,000,000
- 장애자공제 : (75-21) × 5,000,000 = 270,000,000
- 연로자 공제 : 30,000,000

※ 기초공제와 기타인적공제의 합계가 6억원으로서 일괄공제의 5억 보다 큰 금액이므로 일괄공제를 선택하지 않습니다.

5) **배우자상속공제** :

배우자가 실제 상속받은 금액(배우자 법정상속지분내의 상속받은 금액을 한도) 중 30억원을 한도로 공제하며, 실제 상속받은 금액이 없거나 상속받은 금액이 5억원 미만인 경우에는 5억원을 공제 합니다.

- 본건의 경우 배우자가 상속받은 재산가액은 6억원이나 상속과세가액 총액 12억 3,700만원중 법정상속지분 3/7에 해당하는 금액은 5억 3천14만원이고, 이는 5억은 초과하지만, 30억원 한도내의 금액이므로 동금액 5억 3천 14만원을 공제

6) **금융재산상속공제** : 순금융재산가액의 가액이 2천만원을 초과하는 경우 당해 순금융재산가액의 100분의 20 (2억원 한도)으로 공제한다.

- 본건의 경우 : 【(총금유재산 4억7천만원) -(금융부채 1억원) = (순금융재산가액 3억 7천만원)】 × 20/100 = 7,400만원

7) **공제한도액** : 12억 3,700만원

- 공제 한도액 산출공식

  상속세과세가액 - 상속인 외의 자에게 유증 등을 한 재산가액 - 상속포기로 그 다음 순위의 상속인이 상속받은 재산가액 - 상속세과세가액에 가산하는 증여재산가액(증여재산공제액이 있는 경우 차감한 금액) = 공제 한도액

- 공제한도액 계산= 상속세과세가액 12억3,700만원

[별지 제9호서식 부표4] (2003. 12. 31 신설)

상속개시전 1(2)년 이내 재산처분·채무부담 내역 및 사용처소명 명세서

가. 처분재산 및 부담부채 명세

① 재산소재지	② 종류	③ 면적	④ 처분일 (부담일)	⑤ 금 액	⑥ 양 수 자 (채 권 자)		
					주 소	성 명	주민등록 번 호
합 계				600,000,000			
경기 군포 당동 산 22-9번지	임야	2,000㎡	10.10.5	600,000,000	군포시 산본로 28길 77	김일수	650705-12334567

나. 사 용 처

⑦ 사 용 년월일	⑧ 금 액	⑨ 사 용 용 도	⑩ 거 래 상 대 방			
			주 소	성 명	주민등록 번 호	관 계
합 계	200,000,000					
'10. 11.5	200,000,000	병원비	서울 강남 일원	OO병원	121-81-XXXXX	

다. 상속재산가산액 계산

⑪ 재산처분 (부담채무)가액	⑫ 사용처소명 금 액	⑬ 미소명 금 액	⑭ ⑪금액의 20%와 2억원 중 적은 금액	⑮ 상속추정여부 ⑬>⑭	⑯ 상속추정 재산가액
600,000,000	200,000,000	400,000,000	120,000,000	여·부	280,000,000

작성방법

1. 이 명세서는 상속세 및 증여세법시행령 제11조 제5항 각호의 1에 해당하는 재산종류별 별지로
   작성합니다.
2. ⑤ 금액란은 처분재산종류별 금액 또는 채무부담액을 기재합니다.
3. ⑪ 처분재산(부담채무)가액란은 ⑤란의 합계금액을 기재합니다.
4. ⑫ 사용처소명금액란은 ⑧란의 합계금액을 기재합니다.
5. ⑬ 미소명금액란은 ⑪란의 금액에서 ⑫란의 금액을 차감한 금액을 기재합니다.
6. ⑮ 상속추정여부란은 여.부에 ○표를 기입합니다.
7. ⑯란은 ⑬란의 금액이 ⑭란의 금액보다 큰 경우 ⑬란의 금액에서 ⑭란의 금액을 차감한 금액을 기재합니다.

[별지 제9호 서식 부표 2] (2002. 12. 31 개정)

상속인별 상속재산 및 평가명세서

가. 상속인별 상속현황

①피상속인과의 관계	②성 명	③주민등록번호	④주 소	⑤법정상속지분율 / ⑦실제상속지분율	⑥법정상속재산가액 / ⑧실제상속재산가액
배우자	김영숙	580515 -2234567	서울 서초 양재로 335,102동 1001호	3/7	530,140,000
				-	-

나. 상속재산명세

⑨종류	⑩소 재 지	⑪수량(면적)	⑫단 가	⑬평가가액	⑭평가기순
부동산 (아파트)	서울 서초구 양재로 335, 102동 1001호	대지20.1㎡ 건물84.2㎡		600,000,000	시가
계				600,000,000	

※ 작성방법

1. 위 명세서는 상속인별 별지로 작성합니다.
2. ⑤란의 법정상속지분율은 $\frac{\text{당해 상속인지분}}{\text{총상속지분}}$ 으로 표시하여 기재합니다.
3. ⑥란에는 [별지 제9호 서식 부표 1]의 ⑩란 및 ㉓란의 금액 합계액에서 상속인이 아닌 수유자가 유증 등을 받은 재산가액과 동 서식의 ⑪·⑳ 및 ㉒란의 금액을 차감한 금액에 대하여 ⑤란의 법정상속지분을 곱하여 계산한 금액을 기재합니다.
4. ⑦란에는 당해 상속인이 협의분할에 의하여 취득한 재산가액(⑧란의 금액)을 총상속재산가액으로 나눈 비율을 기재합니다.
5. ⑧란에는 상속인간의 협의분할서에 의하여 당해 상속인이 실제 취득한 금액을 기재하고 협의분할서를 첨부하여야 합니다.
6. ⑨란의 종류가 주식(출자지분을 포함한다)인 경우에는 당해 주식을 발행한 법인의 명칭 및 법인의 사업자등록번호를 각각 기재합니다.
7. ⑭란은 시가·기타로 구분하여 기재합니다.

[별지 제9호 서식 부표 2] (2002. 12. 31 개정)

상속인별 상속재산 및 평가명세서

가. 상속인별 상속현황

①피상속인과의 관계	②성 명	③주민등록번호	④주 소	⑤법정상속지분율 / ⑦실제상속지분율	⑥법정상속재산가액 / ⑧실제상속재산가액
자(장녀)	홍일숙	900525 -2234567	서울 성북 돈암로 325, 12동 501호	2/7	-
				-	-

나. 상속재산명세

⑨종류	⑩소 재 지	⑪수량(면적)	⑫단 가	⑬평가가액	⑭평가기준
예금	○○은행 ○○지점 (계좌번호xx-xx-xxx)			235,000,000	시가
계				235,000,000	

※ 작성방법

1. 위 명세서는 상속인별 별지로 작성합니다.
2. ⑤란의 법정상속지분율은 $\frac{\text{당해 상속인지분}}{\text{총상속지분}}$ 으로 표시하여 기재합니다.
3. ⑥란에는 [별지 제9호 서식 부표 1]의 ⑩란 및 ㉓란의 금액 합계액에서 상속인이 아닌 수유자가 유증 등을 받은 재산가액과 동 서식의 ⑪·⑳ 및 ㉒란의 금액을 차감한 금액에 대하여 ⑤란의 법정상속지분을 곱하여 계산한 금액을 기재합니다.
4. ⑦란에는 당해 상속인이 협의분할에 의하여 취득한 재산가액(⑧란의 금액)을 총상속재산가액으로 나눈 비율을 기재합니다.
5. ⑧란에는 상속인간의 협의분할서에 의하여 당해 상속인이 실제 취득한 금액을 기재하고 협의분할서를 첨부하여야 합니다.
6. ⑨란의 종류가 주식(출자지분을 포함한다)인 경우에는 당해 주식을 발행한 법인의 명칭 및 법인의 사업자등록번호를 각각 기재합니다.
7. ⑭란은 시가·기타로 구분하여 기재합니다.

[별지 제9호 서식 부표 2] (2002. 12. 31 개정)

상속인별 상속재산 및 평가명세서

가. 상속인별 상속현황

①피상속인과의 관계	②성 명	③주민등록번호	④주 소	⑤법정상속지분율 / ⑦실제상속지분율	⑥법정상속재산가액 / ⑧실제상속재산가액
자(장남)	홍미표	990425-1234567	경기 과천 중앙로 25, 121동402호	2/7	-
				-	-

나. 상속재산명세

⑨종류	⑩소 재 지	⑪수량(면적)	⑫단 가	⑬평가가액	⑭평가기준
예금	○○은행 ○○지점 (계좌번호xx-xx-xxx)			235,000,000	시가
계				235,000,000	

※ 작성방법

1. 위 명세서는 상속인별 별지로 작성합니다.
2. ⑤란의 법정상속지분율은 $\frac{\text{당해 상속인지분}}{\text{총상속지분}}$ 으로 표시하여 기재합니다.
3. ⑥란에는 [별지 제9호 서식 부표 1]의 ⑩란 및 ㉓란의 금액 합계액에서 상속인이 아닌 수유자가 유증 등을 받은 재산가액과 동 서식의 ⑪·⑳ 및 ㉒란의 금액을 차감한 금액에 대하여 ⑤란의 법정상속지분을 곱하여 계산한 금액을 기재합니다.
4. ⑦란에는 당해 상속인이 협의분할에 의하여 취득한 재산가액(⑧란의 금액)을 총상속재산가액으로 나눈 비율을 기재합니다.
5. ⑧란에는 상속인간의 협의분할서에 의하여 당해 상속인이 실제 취득한 금액을 기재하고 협의분할서를 첨부하여야 합니다.
6. ⑨란의 종류가 주식(출자지분을 포함한다)인 경우에는 당해 주식을 발행한 법인의 명칭 및 법인의 사업자등록번호를 각각 기재합니다.
7. ⑭란은 시가·기타로 구분하여 기재합니다.

[별지 제9호서식 부표 3]

<table>
<tr><th colspan="7">채무 · 공과금 · 장례비용 및 상속공제명세서</th></tr>
<tr><td rowspan="7">채
무</td><td rowspan="2">①종 류</td><td rowspan="2">② 발생 연월일</td><td colspan="3">채권자</td><td rowspan="2">⑥금액 (원)</td></tr>
<tr><td>③성명 (대표자)</td><td>④주민등록번호 (사업자등록번호)</td><td>⑤주소 (소재지)</td></tr>
<tr><td>부채</td><td>10.5.2</td><td>김대부</td><td>560320 -1235678</td><td>서울 서초구 양재로 21길 5</td><td>100,000,000</td></tr>
<tr><td></td><td></td><td></td><td></td><td></td><td></td></tr>
<tr><td></td><td></td><td></td><td></td><td></td><td></td></tr>
<tr><td>계</td><td colspan="4"></td><td>100,000,000</td></tr>
</table>

구분	⑦구 분	⑧연 도 별	⑨기 분 별	⑩금 액 (원)
공과금				
	계			

구분	⑪지 급 처	⑫지 급 내 역	⑬금 액 (원)
장례비용	○○장례병원	장례비용	13,000,000
	계		13,000,000

<table>
<tr><td rowspan="17">상
속
공
제</td><td rowspan="6">기초공제 및 기타인적공제</td><td>소 계</td><td>600,000,000</td></tr>
<tr><td>⑭기 초 공 제</td><td>200,000,000</td></tr>
<tr><td>⑮자 녀 공 제 (2명)</td><td>60,000,000</td></tr>
<tr><td>⑯비성년사공제 (12세)</td><td>40,000,000</td></tr>
<tr><td>⑰연 로 자 공 제 (82세)</td><td>30,000,000</td></tr>
<tr><td>⑱장 애 인 공 제 (21세)</td><td>270,000,000</td></tr>
<tr><td colspan="3">⑲ 일 괄 공 제</td></tr>
<tr><td rowspan="2">추가상속공제</td><td>⑳가업상속공제</td><td></td></tr>
<tr><td>㉑영농상속공제</td><td></td></tr>
<tr><td colspan="2">㉒배 우 자 상 속 공 제</td><td>530,140,000</td></tr>
<tr><td colspan="2">㉓금 융 재 산 상 속 공 제</td><td>74,000,000</td></tr>
<tr><td colspan="2">㉔재 해 손 실 공 제</td><td></td></tr>
<tr><td colspan="2">㉕동 거 주 택 상 속 공 제</td><td></td></tr>
<tr><td colspan="2">㉖공 제 적 용 한 도 액</td><td>1,237,000,000</td></tr>
<tr><td colspan="2">㉗평 가 수 수 료 합 계</td><td></td></tr>
<tr><td colspan="2">㉘상 속 공 제 금 액 합 계</td><td>1,204,140,000</td></tr>
</table>

구비서류 : 채무부담 및 공과금 · 장례비 · 평가수수료 지급 입증서류

※ 채무와 공과금은 상속개시당시의 현황에 따라 적습니다.

[별지 제4호서식] <개정 2000.4.3>

<table>
<tr><td colspan="8">장 애 인 증 명 서</td></tr>
<tr><td>①성명</td><td colspan="2">홍일숙</td><td colspan="2">②주민등록번호</td><td colspan="3">900525 -2234567</td></tr>
<tr><td>③주 소</td><td colspan="5">서울 성북 돈암로 325 12동 501호</td><td colspan="2">(☎ : 02-345-3567)</td></tr>
<tr><td rowspan="2">④장애예상기간</td><td colspan="2">영 구</td><td rowspan="2">⑤장애 내용</td><td rowspan="2">별첨 장애인수첩사본 참조</td><td rowspan="2">⑥피상속인과의관계</td><td rowspan="2" colspan="2">자(장녀)</td></tr>
<tr><td>비영구</td><td>부터
까지</td></tr>
<tr><td colspan="8">위 사람은 상속세및증여세법 제20조·제52조의2 및 동법시행령 제18조 제3항·제45조의2제8항제3호의 규정에 의한 장애인에 해당됨을 증명합니다.

2011년 7 월 일

발행인 (서명 또는 인)

세무서장 귀하</td></tr>
<tr><td colspan="8">※ 위 장애인증명서는 국가유공자등예우및지원에관한법률에 의한 상이자의 증명서 또는 장애인복지법에 의한 장애인수첩의 사본의 제출로 갈음할 수 있습니다.
※ ⑤란에는 다음 중 해당번호를 기재합니다.
1. 심신상실자와 정신지체자
2. 국가유공자등예우및지원에관한법률에 의한 상이자
3. 청각장애인과 시각장애인
4. 제1호 내지 제3호 외에 항시 치료를 요하는 중증환자</td></tr>
</table>

22226-74911일 210㎜×297㎜

97.2.25 승인 (신문용지 54g/㎡)

[별지 제5호 서식] (99.5.7. 개정)

금 융 재 산 상 속 공 제 신 고 서

가. 피상속인

①성 명	홍 길 동	②주민등록번호	540414-1234567
③주 소	서울 서초구 양재로 335, 102동 1001호 (☎)		

나. 금융재산과 금융채무 명세

④금융재산의 종류	⑤수 량	⑥단 가	⑦가 액	⑨순금융재산의 가 액
정기예금	1		470,000,000	370,000,000
계			470,000,000	
⑧금융채무의 종 류				
부채	1		100,000,000	
계	1		100,000,000	

금 융 재 산 및 금 융 채 무 현 황

⑩보 유 형 태	금융재산·금융채무를 취급하는 법인 또는 금융기관				⑮비 고
	⑪상 호 (법 인 명)	⑫사업자 등록번호	⑬성 명 (대 표 자)	⑭소 재 지	
계 좌 번 호 xx-xx-xxx	○○은행 (○○지점)	103-82-00000	000	서울 서초구 서초중앙로 00	
개인부채	-	560320-1235678	김대부	서울 서초구 양재로 21길 5	

상속세및증여세법 제22조 및 동법시행령 제19조 제3항의 규정에 의하여 금융재산상속 공제신고서를 제출합니다.

2011년 7월 21일

신고인 김 영 숙 (서명 또는 인)

서초 세 무 서 장 귀하

※ 구비서류

금융재산보유 및 금융채무 사실을 확인할 수 있는 서류

※ 작성방법

1. ⑨란에는 금융재산의 계에서 금융채무의 계를 차감한 금액을 기재합니다.
2. ⑩란에는 금융재산 및 금융채무의 개별 계좌번호 등을 기재합니다.

[별지 제9호서식 부표 1] (2008. 4. 30. 개정)

상속세과세가액계산명세서

①관리번호	-

가. 상속받은 총재산

②재산종류	③ 소 재 지		④수량(면적)	⑤가 액	⑥비고
	국외재산국가명				
부동산(아파트)		서울 서초구 양재로 325, 102동1001호	대지20.1㎡ 건물84.2㎡	600,000,000	⑧
예 금		○○은행 ○○지점		470,000,000	⑧
⑦ 계				1,070,000,000	

나. 상속세 과세가액 계산

총상속재산 가 액	⑧상 속 재 산 가 액	1,070,000,000
	⑨상속개시 전 처분재산등 산입액 (「상속세 및 증여세법」 제15조)	280,000,000
	⑩ 합 계	1,350,000,000
비과세 재산가액 (「상속세 및 증여세법」 제12조)	⑪ 계	
	⑫금양(禁養)임야등 가액 (「민법」 제1008조의3)	
	⑬문 화 재 가 액	
	⑭기 타	
과세가액 불산입액	⑮ 계	
	⑯공익법인 출연재산가액 (「상속세 및 증여세법」 제16조)	
	⑰공익신탁 재산가액 (「상속세 및 증여세법」 제17조)	
	⑱기 타	
공제금액 (「상속세 및 증여세법」 제14조)	⑲ 계	113,000,000
	⑳공 과 금	
	㉑장 례 비 용	13,000,000
	㉒채 무	100,000,000
가산하는 증여재산가액	㉓ 계 (㉔+㉕ 또는 ㉔+㉖)	
	㉔ 「상속세 및 증여세법」 제13조	
	㉕ 「조 세 특 례 제 한 법」 제30조의5	
	㉖ 「조 세 특 례 제 한 법」 제30조의6	
㉗ 상 속 세 과 세 가 액[⑩-(⑪+⑮+⑲)+㉓]		1,237,000,000

※ 작성방법

1. ③ 소재지 「국외재산 국가명」에는 재산 소재지가 국외인 경우 '재산소재지 국명'을 적고, 국외재산 소재지는 한글 또는 영문으로 적는 것이 원칙입니다.
2. ⑥비고란에는 ⑧·⑨·⑫·⑬·⑭·⑯·⑰·⑱·㉔·㉕·㉖에 해당되는 재산의 경우에 그 번호를 적습니다. 비과세재산과 과세가액불산입재산의 경우 그 번호와 ⑧을 중복하여 적습니다.
3. ⑧상속재산가액란에는 본래의 상속재산가액에 「상속세 및 증여세법」 제8조부터 제10조까지의 상속재산을 합산한 금액을 적습니다. ⑧상속재산가액란의 금액에는 「상속세 및 증여세법」 제13조 및 ㉕·㉖ 「조세특례제한법」 제30조의5 및 제30조의6에 따라 가산하는 증여재산가액을 포함하지 아니합니다.
4. ⑨법 제15조 상속개시전 처분재산등 산입액란에는 상속개시전 1(2)년 이내 재산처분·채무부담 내역 및 사용처명세서(별지 제9호서식 부표 4)의 ⑯상속추정 재산가액란의 금액을 적습니다.
5. ⑳공과금란부터 ㉒채무란까지는 채무·공과금·장례비용 및 상속공제명세서(별지 제9호서식 부표 3)의 각 해당금액을 적습니다.
6. ㉕·㉖ 「조세특례제한법」 제30조의5 및 제30조의6란은 증여당시의 창업자금, 가업승계 주식등 증여재산 평가가액을 적습니다.

[별지 제9호서식] (2008. 4. 30. 개정)

상속세과세표준신고 및 자진납부계산서

①관리번호	-

신 고 인	②성 명	김영숙	③주민등록번호	580515 -2234567	피상속인과의 관계	배우자
	④주 소	서울 서초구 양재로 335, 102동 1001호 (☎ 02-367-5675)			전자우편 주소	hds@hanmail.com
피상속인	⑤성 명	홍 길 동		⑥주민등록번호	540414-1234567	
	⑦주 소	서울 서초구 양재로 335, 102동 1001호				
⑧상 속 원 인		사망		⑨상속개시일	2011. 2. 24	

구 분			금 액	구 분			금 액
⑩상 속 세 과 세 가 액			1,237,000,000	㉔신 고 불 성 실 가 산 세			
⑪상 속 공 제 액			1,204,140,000	㉕납 부 불 성 실 가 산 세			
⑫과 세 표 준 (⑩-⑪)			32,860,000	㉖차 가 감 납 부 할 세 액 (⑯-⑰-⑱+㉔+㉕)			2,957,400
⑬세 율	과세표준액 1억원 이하 10%			납부방법		납부·신청 일자	
⑭산 출 세 액			3,286,000	㉗연부연납세액			
⑮ 세대생략가산액 (「상속세 및 증여세법」 제27조)				㉘물 납			
⑯산 출 세 액(⑭+⑮)			3,286,000	현금	㉙분 납		
⑰문 화 재 등 징 수 유 예 세 액					㉚신고납부		2,957,400
세액공제	⑱ 계(⑲+⑳+㉑+㉒+㉓)		328,600	「상속세 및 증여세법」 제67조 및 같은 법 시행령 제64조제1항에 따라 상속세과세표준신고 및 자진납부계산서를 제출합니다.			
	⑲ 증여세액공제	소 계		2011 년 7월 21일			
		상속세및증여세법제28조		신 고 인 김영숙 (서명 또는 인)			
		조세특례제한법 제30조의5 및 제30조의6		세무대리인 (서명 또는 인)			
	⑳외국납부세액공제 (상속세 및 증여세법 제29조)			(관리번호 : ☎)			
	㉑단기세액 공제 (상속세 및 증여세법 제30조)			서초세무서장 귀하			
	㉒신고세액공제 (상속세 및 증여세법 제69조)		328,600				
	㉓그 밖의 공제						

구비서류	신고인 제출서류	담당 공무원 확인사항 (담당 공무원의 확인에 동의하지 아니하는 경우 신고인이 직접 제출하여야 하는 서류)
	1. 피상속인의 가족관계증명서1부 2. 상속개시전 재산처분내역 및 용처 소명서(부표4)1부 3. 상속인별 상속재산 및 평가명세서(부표2) 3건각1부 4. 채무·장례비용 및 상속공제 명세서(부표 3) 1부 5. 금융재산상속공제신고서(별지5호서식) 1부 6. 상속세과세가액계산명세서(부표 1) 1부	상속인의 가족관계증명서 (1부)

본인은 이 건 업무처리와 관련하여 「전자정부법」 제21조제1항에 따른 행정정보의 공동이용을 통하여 담당 공무원이 위의 담당 공무원 확인사항을 확인하는 것에 동의합니다.

신고인 김영숙 (서명 또는 인)

부록

상속관련 법규 및 판례

[부록]
상속관련 법규 및 판례

1. 민법 (상속 관련 발췌)

[시행 2013. 7. 1] [법률 제10645호, 2011. 5.19, 일부개정]

제181조 (상속재산에 관한 권리와 시효정지) 상속재산에 속한 권리나 상속재산에 대한 권리는 상속인의 확정, 관리인의 선임 또는 파산선고가 있는 때로부터 6월내에는 소멸시효가 완성하지 아니한다.

제187조 (등기를 요하지 아니하는 부동산물권취득) 상속, 공용징수, 판결, 경매 기타 법률의 규정에 의한 부동산에 관한 물권의 취득은 등기를 요하지 아니한다. 그러나 등기를 하지 아니하면 이를 처분하지 못한다.

제921조(친권자와 그 자간 또는 수인의 자간의 이해상반행위) ① 법정대리인인 친권자와 그 자사이에 이해상반되는 행위를 함에는 친권자는 법원에 그 자의 특별대리인의 선임을 청구하여야 한다.

②법정대리인인 친권자가 그 친권에 따르는 수인의 자사이에 이해상반되는 행위를 함에는 법원에 그 자 일방의 특별대리인의 선임을 청구하여야 한다. <개정 2005.3.31>

제1장 상속 <신설 1990.1.13.>

제1절 총칙

제997조(상속개시의 원인) 상속은 사망으로 인하여 개시된다. [제목개정 1990.1.13.]

제998조(상속개시의 장소) 상속은 피상속인의 주소지에서 개시한다.[전문개정 1990.1.13.]

제998조의2(상속비용) 상속에 관한 비용은 상속재산중에서 지급한다.[본조신설 1990.1.13]

제999조(상속회복청구권) ① 상속권이 참칭상속권자로 인하여 침해된 때에는 상속권자 또는 그 법정대리인은 상속회복의 소를 제기할 수 있다.

②제1항의 상속회복청구권은 그 침해를 안 날부터 3년, 상속권의 침해행위가

있은 날부터 10년을 경과하면 소멸된다. <개정 2002.1.14>[전문개정 1990.1.13]

제2절 상속인 <개정 1990.1.13>

제1000조(상속의 순위) ① 상속에 있어서는 다음 순위로 상속인이 된다. <개정 1990.1.13>

1. 피상속인의 직계비속
2. 피상속인의 직계존속
3. 피상속인의 형제자매
4. 피상속인의 4촌이내의 방계혈족

②전항의 경우에 동순위의 상속인이 수인인 때에는 최근친을 선순위로 하고 동친등의 상속인이 수인인 때에는 공동상속인이 된다.

③태아는 상속순위에 관하여는 이미 출생한 것으로 본다. <개정 1990.1.13> [제목개정 1990.1.13]

제1001조(대습상속) 전조제1항제1호와 제3호의 규정에 의하여 상속인이 될 직계비속 또는 형제자매가 상속개시전에 사망하거나 결격자가 된 경우에 그 직계비속이 있는 때에는 그 직계비속이 사망하거나 결격된 자의 순위에 가름하여 상속인이 된다.

제1002조 삭제 <1990.1.13>

제1003조(배우자의 상속순위) ① 피상속인의 배우자는 제1000조제1항제1호와 제2호의 규정에 의한 상속인이 있는 경우에는 그 상속인과 동순위로 공동상속인이 되고 그 상속인이 없는 때에는 단독 상속인이 된다. <개정 1990.1.13>

②제1001조의 경우에 상속개시전에 사망 또는 결격된 자의 배우자는 동조의 규정에 의한 상속인과 동순위로 공동상속인이 되고 그 상속인이 없는 때에는 단독상속인이 된다. <개정 1990.1.13>

제1004조(상속인의 결격사유) 다음 각 호의 어느 하나에 해당한 자는 상속인이 되지 못한다. <개정 1990.1.13, 2005.3.31>

1. 고의로 직계존속, 피상속인, 그 배우자 또는 상속의 선순위나 동순위에 있

는 자를 살해하거나 살해하려한 자

2. 고의로 직계존속, 피상속인과 그 배우자에게 상해를 가하여 사망에 이르게 한 자
3. 사기 또는 강박으로 피상속인의 상속에 관한 유언 또는 유언의 철회를 방해한 자
4. 사기 또는 강박으로 피상속인의 상속에 관한 유언을 하게 한 자
5. 피상속인의 상속에 관한 유언서를 위조·변조·파기 또는 은닉한 자

제3절 상속의 효력 <개정 1990.1.13>

제1관 일반적 효력

제1005조(상속과 포괄적 권리의무의 승계) 상속인은 상속개시된 때로부터 피상속인의 재산에 관한 포괄적 권리의무를 승계한다. 그러나 피상속인의 일신에 전속한 것은 그러하지 아니하다. <개정 1990.1.13.>

제1006조(공동상속과 재산의 공유) 상속인이 수인인 때에는 상속재산은 그 공유로 한다. <개정 1990.1.13>

제1007조(공동상속인의 권리의무 승계) 공동상속인은 각자의 상속분에 응하여 피상속인의 권리의무를 승계한다.

제1008조(특별수익자의 상속분) 공동상속인중에 피상속인으로부터 재산의 증여 또는 유증을 받은 자가 있는 경우에 그 수증재산이 자기의 상속분에 달하지 못한 때에는 그 부족한 부분의 한도에서 상속분이 있다. <개정 1977.12.31.>

제1008조의2(기여분) ① 공동 상속인 중에 상당한 기간 동거·간호 그 밖의 방법으로 피상속인을 특별히 부양하거나 피상속인의 재산의 유지 또는 증가에 특별히 기여한 자가 있을 때에는 상속개시 당시의 피상속인의 재산가액에서 공동상속인의 협의로 정한 그 자의 기여분을 공제한 것을 상속재산으로 보고 제1009조 및 제1010조에 의하여 산정한 상속분에 기여분을 가산한 액으로써 그 자의 상속분으로 한다. <개정 2005.3.31>

②제1항의 협의가 되지 아니하거나 협의할 수 없는 때에는 가정법원은 제1항에 규정된 기여자의 청구에 의하여 기여의 시기·방법 및 정도와 상속재산의 액 기타의 사정을 참작하여 기여분을 정한다.

③기여분은 상속이 개시된 때의 피상속인의 재산가액에서 유증의 가액을 공제한 액을 넘지 못한다.

④제2항의 규정에 의한 청구는 제1013조제2항 규정에 의한 청구가 있을 경우 또는 제1014조에 규정하는 경우에 할 수 있다.[본조신설 1990.1.13.]

제1008조의3(분묘등의 승계) 분묘에 속한 1정보이내의 금양임야와 600평 이내의 묘토인 농지, 족보와 제구의 소유권은 제사를 주재하는 자가 이를 승계한다.[본조신설 1990.1.13]

제2관 상속분

제1009조(법정상속분) ① 동순위의 상속인이 수인인 때에는 그 상속분은 균분으로 한다. <개정 1977.12.31, 1990.1.13>

②피상속인의 배우자의 상속분은 직계비속과 공동으로 상속하는 때에는 직계비속의 상속분의 5할을 가산하고, 직계존속과 공동으로 상속하는 때에는 직계존속의 상속분의 5할을 가산한다. <개정 1990.1.13>

제1010조(대습상속분) ① 제1001조의 규정에 의하여 사망 또는 결격된 자에 가름하여 상속인이 된 자의 상속분은 사망 또는 결격된 자의 상속분에 의한다.

②전항의 경우에 사망 또는 결격된 자의 직계비속이 수인인 때에는 그 상속분은 사망 또는 결격된 자의 상속분의 한도에서 제1009조의 규정에 의하여 이를 정한다. 제1003조제2항의 경우에도 또한 같다.

제1011조(공동상속분의 양수) ① 공동상속인중에 그 상속분을 제삼자에게 양도한 자가 있는 때에는 다른 공동상속인은 그 가액과 양도비용을 상환하고 그 상속분을 양수할 수 있다.

② 전항의 권리는 그 사유를 안 날로부터 3월, 그 사유 있은 날로부터 1년 내에 행사하여야 한다.

제3관 상속재산의 분할

제1012조(유언에 의한 분할방법의 지정, 분할금지) 피상속인은 유언으로

상속재산의 분할방법을 정하거나 이를 정할 것을 제삼자에게 위탁할 수 있고 상속개시의 날로부터 5년을 초과하지 아니하는 기간내의 그 분할을 금지할 수 있다.

제1013조(협의에 의한 분할) ① 전조의 경우 외에는 공동상속인은 언제든지 그 협의에 의하여 상속재산을 분할할 수 있다.

②제269조의 규정은 전항의 상속재산의 분할에 준용한다.

※ 제269조(분할의 방법) ① 분할의 방법에 관하여 협의가 성립되지 아니한 때에는 공유자는 법원에 그 분할을 청구할 수 있다.

②현물로 분할할 수 없거나 분할로 인하여 현저히 그 가액이 감손 될 염려가 있는 때에는 법원은 물건의 경매를 명할 수 있다

제1014조(분할후의 피인지자등의 청구권) 상속개시후의 인지 또는 재판의 확정에 의하여 공동상속인이 된 자가 상속재산의 분할을 청구할 경우에 다른 공동상속인이 이미 분할 기타 처분을 한 때에는 그 상속분에 상당한 가액의 지급을 청구할 권리가 있다.

제1015조(분할의 소급효) 상속재산의 분할은 상속 개시된 때에 소급하여 그 효력이 있다. 그러나 제삼자의 권리를 해하지 못한다.

제1016조(공동상속인의 담보책임) 공동상속인은 다른 공동상속인이 분할로 인하여 취득한 재산에 대하여 그 상속분에 응하여 매도인과 같은 담보책임이 있다.

제1017조(상속채무자의 자력에 대한 담보책임) ① 공동상속인은 다른 상속인이 분할로 인하여 취득한 채권에 대하여 분할당시의 채무자의 자력을 담보한다.

②변제기에 달하지 아니한 채권이나 정지조건 있는 채권에 대하여는 변제를 청구할 수 있는 때의 채무자의 자력을 담보한다.

제1018조(무자력공동상속인의 담보책임의 분담) 담보책임 있는 공동상속인

중에 상환의 자력이 없는 자가 있는 때에는 그 부담부분은 구상권자와 자력있는 다른 공동상속인이 그 상속분에 응하여 분담한다. 그러나 구상권자의 과실로 인하여 상환을 받지 못한 때에는 다른 공동상속인에게 분담을 청구하지 못한다.

제4절 상속의 승인 및 포기 <개정 1990.1.13>

제1관 총칙

제1019조(승인, 포기의 기간) ① 상속인은 상속개시있음을 안 날로부터 3월내에 단순승인이나 한정승인 또는 포기를 할 수 있다. 그러나 그 기간은 이해관계인 또는 검사의 청구에 의하여 가정법원이 이를 연장할 수 있다. <개정 1990.1.13>

②상속인은 제1항의 승인 또는 포기를 하기 전에 상속재산을 조사할 수 있다. <개정 2002.1.14>

③제1항의 규정에 불구하고 상속인은 상속채무가 상속재산을 초과하는 사실을 중대한 과실없이 제1항의 기간내에 알지 못하고 단순승인(제1026조제1호 및 제2호의 규정에 의하여 단순승인한 것으로 보는 경우를 포함한다)을 한 경우에는 그 사실을 안 날부터 3월내에 한정승인을 할 수 있다. <신설 2002.1.14>

제1020조(제한능력자의 승인·포기의 기간) 상속인이 제한능력자인 경우에는 제1019조제1항의 기간은 그의 친권자 또는 후견인이 상속이 개시된 것을 안 날부터 기산(起算)한다.[전문개정 2011.3.7.]

제1021조(승인, 포기기간의 계산에 관한 특칙) 상속인이 승인이나 포기를 하지 아니하고 제1019조제1항의 기간내에 사망한 때에는 그의 상속인이 그 자기의 상속개시있음을 안 날로부터 제1019조제1항의 기간을 기산한다.

제1022조(상속재산의 관리) 상속인은 그 고유재산에 대하는 것과 동일한 주의로 상속재산을 관리하여야 한다. 그러나 단순승인 또는 포기한 때에는 그러하지 아니하다.

제1023조(상속재산보존에 필요한 처분) ① 법원은 이해관계인 또는 검사의 청구에 의하여 상속재산의 보존에 필요한 처분을 명할 수 있다.

②법원이 재산관리인을 선임한 경우에는 제24조 내지 제26조의 규정을 준용한다.

※제23조(관리인의 개임) 부재자가 재산관리인을 정한 경우에 부재자의 생사가 분명하지 아니한 때에는 법원은 재산관리인, 이해관계인 또는 검사의 청구에 의하여 재산관리인을 개임할 수 있다

제24조(관리인의 직무) ① 법원이 선임한 재산관리인은 관리할 재산목록을 작성하여야 한다.

②법원은 그 선임한 재산관리인에 대하여 부재자의 재산을 보존하기 위하여 필요한 처분을 명할 수 있다.

③부재자의 생사가 분명하지 아니한 경우에 이해관계인이나 검사의 청구가 있는 때에는 법원은 부재자가 정한 재산관리인에게 전2항의 처분을 명할 수 있다.

④전3항의 경우에 그 비용은 부재자의 재산으로써 지급한다.

제25조(관리인의 권한) 법원이 선임한 재산관리인이 제118조에 규정한 권한을 넘는 행위를 함에는 법원의 허가를 얻어야 한다. 부재자의 생사가 분명하지 아니한 경우에 부재자가 정한 재산관리인이 권한을 넘는 행위를 할 때에도 같다.

제26조(관리인의 담보제공, 보수) ① 법원은 그 선임한 재산관리인으로 하여금 재산의 관리 및 반환에 관하여 상당한 담보를 제공하게 할 수 있다.

②법원은 그 선임한 재산관리인에 대하여 부재자의 재산으로 상당한 보수를 지급할 수 있다.

③전2항의 규정은 부재자의 생사가 분명하지 아니한 경우에 부재자가 정한 재산관리인에 준용한다.

제1024조(승인, 포기의 취소금지) ① 상속의 승인이나 포기는 제1019조제1항의 기간내에도 이를 취소하지 못한다. <개정 1990.1.13>

②전항의 규정은 총칙편의 규정에 의한 취소에 영향을 미치지 아니한다. 그러나 그 취소권은 추인할 수 있는 날로부터 3월, 승인 또는 포기한 날로부터 1년내에 행사하지 아니하면 시효로 인하여 소멸된다.

제2관 단순승인

제1025조(단순승인의 효과) 상속인이 단순승인을 한 때에는 제한없이 피상속인의 권리의무를 승계한다. <개정 1990.1.13>

제1026조(법정단순승인) 다음 각호의 사유가 있는 경우에는 상속인이 단순승인을 한 것으로 본다. <개정 2002.1.14>

1. 상속인이 상속재산에 대한 처분행위를 한 때
2. 상속인이 제1019조제1항의 기간내에 한정승인 또는 포기를 하지 아니한 때
3. 상속인이 한정승인 또는 포기를 한 후에 상속재산을 은닉하거나 부정소비하거나 고의로 재산목록에 기입하지 아니한 때

[96헌가22,97헌가2·3·9,96헌바81,98헌바24·25(병합) 1998.8.27

1. 민법 제1026조제2호(1958.2.22. 법률 제471호)는 헌법에 합치되지 아니한다.
2. 위 법률조항은 입법자가 1999.12.31.까지 개정하지 아니하면 2000.1.1부터 그 효력을 상실한다. 법원 기타 국가기관 및 지방자치단체는 입법자가 개정할 때까지 위 법률조항의 적용을 중지하여야 한다.]

제1027조(법정단순승인의 예외) 상속인이 상속을 포기함으로 인하여 차순위 상속인이 상속을 승인한 때에는 전조제3호의 사유는 상속의 승인으로 보지 아니한다.

제3관 한정승인

제1028조(한정승인의 효과) 상속인은 상속으로 인하여 취득할 재산의 한도에서 피상속인의 채무와 유증을 변제할 것을 조건으로 상속을 승인할 수 있다. <개정 1990.1.13>

제1029조(공동상속인의 한정승인) 상속인이 수인인 때에는 각상속인은 그 상속분에 응하여 취득할 재산의 한도에서 그 상속분에 의한 피상속인의 채무와 유증을 변제할 것을 조건으로 상속을 승인할 수 있다.

제1030조(한정승인의 방식) ① 상속인이 한정승인을 함에는 제1019조제1항 또는 제3항의 기간내에 상속재산의 목록을 첨부하여 법원에 한정승인의 신고를 하여야 한다. <개정 2005.3.31>

②제1019조제3항의 규정에 의하여 한정승인을 한 경우 상속재산 중 이미 처분한 재산이 있는 때에는 그 목록과 가액을 함께 제출하여야 한다. <신설 2005.3.31>

제1031조(한정승인과 재산상권리의무의 불소멸) 상속인이 한정승인을 한

때에는 피상속인에 대한 상속인의 재산상 권리의무는 소멸하지 아니한다.

제1032조(채권자에 대한 공고, 최고) ① 한정승인자는 한정승인을 한 날로부터 5일내에 일반상속채권자와 유증받은 자에 대하여 한정승인의 사실과 일정한 기간내에 그 채권 또는 수증을 신고할 것을 공고하여야 한다. 그 기간은 2월이상이어야 한다.

②제88조제2항, 제3항과 제89조의 규정은 전항의 경우에 준용한다.

※ 제88조(채권신고의 공고) ① 청산인은 취임한 날로부터 2월내에 3회 이상의 공고로 채권자에 대하여 일정한 기간내에 그 채권을 신고할 것을 최고하여야 한다. 그 기간은 2월이상이어야 한다.

②전항의 공고에는 채권자가 기간내에 신고하지 아니하면 청산으로부터 제외될 것을 표시하여야 한다.

③제1항의 공고는 법원의 등기사항의 공고와 동일한 방법으로 하여야 한다.

※ 제89조(채권신고의 최고) 청산인은 알고 있는 채권자에게 대하여는 각각 그 채권신고를 최고하여야 한다. 알고 있는 채권자는 청산으로부터 제외하지 못한다.

제1033조(최고기간중의 변제거절) 한정승인자는 전조제1항의 기간만료전에는 상속채권의 변제를 거절할 수 있다.

제1034조(배당변제) ① 한정승인자는 제1032조제1항의 기간만료후에 상속재산으로서 그 기간내에 신고한 채권자와 한정승인자가 알고 있는 채권자에 대하여 각채권액의 비율로 변제하여야 한다. 그러나 우선권있는 채권자의 권리를 해하지 못한다.

②제1019조제3항의 규정에 의하여 한정승인을 한 경우에는 그 상속인은 상속재산 중에서 남아있는 상속재산과 함께 이미 처분한 재산의 가액을 합하여 제1항의 변제를 하여야 한다. 다만, 한정승인을 하기 전에 상속채권자나 유증받은 자에 대하여 변제한 가액은 이미 처분한 재산의 가액에서 제외한다. <신설 2005.3.31>

제1035조(변제기전의 채무등의 변제) ① 한정승인자는 변제기에 이르지 아니한 채권에 대하여도 전조의 규정에 의하여 변제하여야 한다.

②조건있는 채권이나 존속기간의 불확정한 채권은 법원의 선임한 감정인의 평가에 의하여 변제하여야 한다.

제1036조(수증자에의 변제) 한정승인자는 전2조의 규정에 의하여 상속채권자에 대한 변제를 완료한 후가 아니면 유증받은 자에게 변제하지 못한다.

제1037조(상속재산의 경매) 전3조의 규정에 의한 변제를 하기 위하여 상속재산의 전부나 일부를 매각할 필요가 있는 때에는 민사집행법에 의하여 경매하여야 한다. <개정 1997.12.13, 2001.12.29>

제1038조(부당변제 등으로 인한 책임) ① 한정승인자가 제1032조의 규정에 의한 공고나 최고를 해태하거나 제1033조 내지 제1036조의 규정에 위반하여 어느 상속채권자나 유증 받은 자에게 변제함으로 인하여 다른 상속채권자나 유증 받은 자에 대하여 변제할 수 없게 된 때에는 한정승인자는 그 손해를 배상하여야 한다. 제1019조제3항의 규정에 의하여 한정승인을 한 경우 그 이전에 상속채무가 상속재산을 초과함을 알지 못한 데 과실이 있는 상속인이 상속채권자나 유증받은 자에게 변제한 때에도 또한 같다. <개정 2005.3.31>

②제1항 전단의 경우에 변제를 받지 못한 상속채권자나 유증 받은 자는 그 사정을 알고 변제를 받은 상속채권자나 유증받은 자에 대하여 구상권을 행사할 수 있다. 제1019조제3항의 규정에 의하여 한정승인을 한 경우 그 이전에 상속채무가 상속재산을 초과함을 알고 변제받은 상속채권자나 유증받은 자가 있는 때에도 또한 같다. <개정 2005.3.31>

③제766조의 규정은 제1항 및 제2항의 경우에 준용한다. <개정 2005.3.31>

※ 제766조(손해배상청구권의 소멸시효) ① 불법행위로 인한 손해배상의 청구권은 피해자나 그 법정대리인이 그 손해 및 가해자를 안 날로부터 3년간 이를 행사하지 아니하면 시효로 인하여 소멸한다.

②불법행위를 한 날로부터 10년을 경과한 때에도 전항과 같다.

제1039조(신고하지 않은 채권자등) 제1032조제1항의 기간내에 신고하지 아니한 상속채권자 및 유증받은 자로서 한정승인자가 알지 못한 자는 상속재산의 잔여가 있는 경우에 한하여 그 변제를 받을 수 있다. 그러나 상속재산에 대하여 특별담보권있는 때에는 그러하지 아니하다.

제1040조(공동상속재산과 그 관리인의 선임) ① 상속인이 수인인 경우에는 법원은 각상속인 기타 이해관계인의 청구에 의하여 공동상속인중에서 상속재산관리인을 선임할 수 있다.

②법원이 선임한 관리인은 공동상속인을 대표하여 상속재산의 관리와 채무의 변제에 관한 모든 행위를 할 권리의무가 있다.

③제1022조, 제1032조 내지 전조의 규정은 전항의 관리인에 준용한다. 그러나 제1032조의 규정에 의하여 공고할 5일의 기간은 관리인이 그 선임을 안 날로부터 기산한다.

제4관 포기

제1041조(포기의 방식) 상속인이 상속을 포기할 때에는 제1019조제1항의 기간내에 가정법원에 포기의 신고를 하여야 한다. <개정 1990.1.13>

제1042조(포기의 소급효) 상속의 포기는 상속개시된 때에 소급하여 그 효력이 있다.

제1043조(포기한 상속재산의 귀속) 상속인이 수인인 경우에 어느 상속인이 상속을 포기한 때에는 그 상속분은 다른 상속인의 상속분의 비율로 그 상속인에게 귀속된다.

제1044조(포기한 상속재산의 관리계속의무) ① 상속을 포기한 자는 그 포기로 인하여 상속인이 된 자가 상속재산을 관리할 수 있을 때까지 그 재산의 관리를 계속하여야 한다.

②제1022조와 제1023조의 규정은 전항의 재산관리에 준용한다.

제5절 재산의 분리

제1045조(상속재산의 분리청구권) ① 상속채권자나 유증받은 자 또는 상속인의 채권자는 상속개시된 날로부터 3월내에 상속재산과 상속인의 고유재산의 분리를 법원에 청구할 수 있다.

②상속인이 상속의 승인이나 포기를 하지 아니한 동안은 전항의 기간경과후에도 재산의 분리를 법원에 청구할 수 있다. <개정 1990.1.13>

제1046조(분리명령과 채권자등에 대한 공고, 최고) ① 법원이 전조의 청구에 의하여 재산의 분리를 명한 때에는 그 청구자는 5일내에 일반상속채권자와 유증받은 자에 대하여 재산분리의 명령있은 사실과 일정한 기간내에 그 채권 또는 수증을 신고할 것을 공고하여야 한다. 그 기간은 2월이상이어야 한다.

②제88조제2항, 제3항과 제89조의 규정은 전항의 경우에 준용한다.

※제88조(채권신고의 공고) ① 청산인은 취임한 날로부터 2월내에 3회 이상의 공고로 채권자에 대하여 일정한 기간내에 그 채권을 신고할 것을 최고하여야 한다. 그 기간은 2월이상이어야 한다.

②전항의 공고에는 채권자가 기간내에 신고하지 아니하면 청산으로부터 제외될 것을 표시하여야 한다.

③제1항의 공고는 법원의 등기사항의 공고와 동일한 방법으로 하여야 한다.

※제89조(채권신고의 최고) 청산인은 알고 있는 채권자에게 대하여는 각각 그 채권신고를 최고하여야 한다. 알고 있는 채권자는 청산으로부터 제외하지 못한다.

제1047조(분리후의 상속재산의 관리) ① 법원이 재산의 분리를 명한 때에는 상속재산의 관리에 관하여 필요한 처분을 명할 수 있다.

②법원이 재산관리인을 선임한 경우에는 제24조 내지 제26조의 규정을 준용한다.

※제24조(관리인의 직무) ① 법원이 선임한 재산관리인은 관리할 재산목록을 작성하여야 한다.

②법원은 그 선임한 재산관리인에 대하여 부재자의 재산을 보존하기 위하여 필요한 처분을 명할 수 있다.

③부재자의 생사가 분명하지 아니한 경우에 이해관계인이나 검사의 청구가 있는 때에는 법원은 부재자가 정한 재산관리인에게 전2항의 처분을 명할 수 있다.

④전3항의 경우에 그 비용은 부재자의 재산으로써 지급한다.

제25조(관리인의 권한) 법원이 선임한 재산관리인이 제118조에 규정한 권한을 넘는 행위를 함에는 법원의 허가를 얻어야 한다. 부재자의 생사가 분명하지 아니한 경우에 부재자가 정한 재산관리인이 권한을 넘는 행위를 할 때에도 같다.

제26조(관리인의 담보제공, 보수) ① 법원은 그 선임한 재산관리인으로 하여금 재산의 관리 및 반환에 관하여 상당한 담보를 제공하게 할 수 있다.

②법원은 그 선임한 재산관리인에 대하여 부재자의 재산으로 상당한 보수를 지급할 수 있다.

③전2항의 규정은 부재자의 생사가 분명하지 아니한 경우에 부재자가 정한 재산관리인에 준용한다

제1048조(분리후의 상속인의 관리의무) ① 상속인이 단순승인을 한 후에도 재산분리의 명령이 있는 때에는 상속재산에 대하여 자기의 고유재산과 동일한 주의로 관리하여야 한다.

②제683조 내지 제685조 및 제688조제1항, 제2항의 규정은 전항의 재산관리에 준용한다.

※제683조(수임인의 보고의무) 수임인은 위임인의 청구가 있는 때에는 위임사무의 처리상황을 보고하고 위임이 종료한 때에는 지체없이 그 전말을 보고하여야 한다.

제684조(수임인의 취득물등의 인도, 이전의무) ① 수임인은 위임사무의 처리로 인하여 받은 금전 기타의 물건 및 그 수취한 과실을 위임인에게 인도하여야 한다.

②수임인이 위임인을 위하여 자기의 명의로 취득한 권리는 위임인에게 이전하여야 한다.

제685조(수임인의 금전소비의 책임) 수임인이 위임인에게 인도할 금전 또는 위임인의 이익을 위하여 사용할 금전을 자기를 위하여 소비한 때에는 소비한 날 이후의 이자를 지급하여야 하며 그 외의 손해가 있으면 배상하여야 한다.

제688조(수임인의 비용상환청구권등) ① 수임인이 위임사무의 처리에 관하여 필요비를 지출한 때에는 위임인에 대하여 지출한 날 이후의 이자를 청구할 수 있다.

②수임인이 위임사무의 처리에 필요한 채무를 부담한 때에는 위임인에게 자기에 갈음하여 이를 변제하게 할 수 있고 그 채무가 변제기에 있지 아니한 때에는 상당한 담보를 제공하게 할 수 있다

제1049조(재산분리의 대항요건) 재산의 분리는 상속재산인 부동산에 관하여는 이를 등기하지 아니하면 제삼자에게 대항하지 못한다.

제1050조(재산분리와 권리의무의 불소멸) 재산분리의 명령이 있는 때에는 피상속인에 대한 상속인의 재산상 권리의무는 소멸하지 아니한다.

제1051조(변제의 거절과 배당변제)① 상속인은 제1045조 및 제1046조의

기간만료전에는 상속채권자와 유증받은 자에 대하여 변제를 거절할 수 있다.

②전항의 기간만료후에 상속인은 상속재산으로써 재산분리의 청구 또는 그 기간내에 신고한 상속채권자, 유증받은 자와 상속인이 알고 있는 상속채권자, 유증받은 자에 대하여 각채권액 또는 수증액의 비율로 변제하여야 한다. 그러나 우선권 있는 채권자의 권리를 해하지 못한다.

③제1035조 내지 제1038조의 규정은 전항의 경우에 준용한다.

제1052조(고유재산으로부터의 변제) ① 전조의 규정에 의한 상속채권자와 유증 받은 자는 상속재산으로써 전액의 변제를 받을 수 없는 경우에 한하여 상속인의 고유재산으로부터 그 변제를 받을 수 있다.

②전항의 경우에 상속인의 채권자는 상속인의 고유재산으로부터 우선변제를 받을 권리가 있다

제6절 상속인의 부존재 <개정 1990.1.13>

제1053조(상속인없는 재산의 관리인) ① 상속인의 존부가 분명하지 아니한 때에는 법원은 제777조의 규정에 의한 피상속인의 친족 기타 이해관계인 또는 검사의 청구에 의하여 상속재산관리인을 선임하고 지체없이 이를 공고하여야 한다. <개정 1990.1.13>

※ 제777조 (친족의 범위) 친족관계로 인한 법률상 효력은 이 법 또는 다른 법률에 특별한 규정이 없는 한 다음 각호에 해당하는 자에 미친다.

1. 8촌이내의 혈족
2. 4촌이내의 인척
3. 배우자 [전문개정 1990.1.13]

②제24조 내지 제26조의 규정은 전항의 재산관리인에 준용한다.

※제24조(관리인의 직무) ① 법원이 선임한 재산관리인은 관리할 재산목록을 작성하여야 한다.

②법원은 그 선임한 재산관리인에 대하여 부재자의 재산을 보존하기 위하여 필요한 처분을 명할 수 있다.

③부재자의 생사가 분명하지 아니한 경우에 이해관계인이나 검사의 청구가 있는 때에는 법원은 부재자가 정한 재산관리인에게 전2항의 처분을 명할 수 있다.

④전3항의 경우에 그 비용은 부재자의 재산으로써 지급한다.

第25조(관리인의 권한) 법원이 선임한 재산관리인이 제118조에 규정한 권한을 넘는 행위를 함에는 법원의 허가를 얻어야 한다. 부재자의 생사가 분명하지 아니한 경우에 부재자가 정한 재산관리인이 권한을 넘는 행위를 할 때에도 같다.

第26조(관리인의 담보제공, 보수) ① 법원은 그 선임한 재산관리인으로 하여금 재산의 관리 및 반환에 관하여 상당한 담보를 제공하게 할 수 있다.

②법원은 그 선임한 재산관리인에 대하여 부재자의 재산으로 상당한 보수를 지급할 수 있다.

③전2항의 규정은 부재자의 생사가 분명하지 아니한 경우에 부재자가 정한 재산관리인에 준용한다

제1054조(재산목록제시와 상황보고) 관리인은 상속채권자나 유증받은 자의 청구가 있는 때에는 언제든지 상속재산의 목록을 제시하고 그 상황을 보고하여야 한다.

제1055조(상속인의 존재가 분명하여진 경우) ① 관리인의 임무는 그 상속인이 상속의 승인을 한 때에 종료한다.

②전항의 경우에는 관리인은 지체없이 그 상속인에 대하여 관리의 계산을 하여야 한다.

제1056조(상속인없는 재산의 청산) ① 제1053조제1항의 공고있은 날로부터 3월내에 상속인의 존부를 알 수 없는 때에는 관리인은 지체없이 일반상속채권자와 유증받은 자에 대하여 일정한 기간내에 그 채권 또는 수증을 신고할 것을 공고하여야 한다. 그 기간은 2월이상이어야 한다.

②제88조제2항, 제3항, 제89조, 제1033조 내지 제1039조의 규정은 전항의 경우에 준용한다.

※제88조(채권신고의 공고) ① 청산인은 취임한 날로부터 2월내에 3회 이상의 공고로 채권자에 대하여 일정한 기간내에 그 채권을 신고할 것을 최고하여야 한다. 그 기간은 2월이상이어야 한다.

②전항의 공고에는 채권자가 기간내에 신고하지 아니하면 청산으로부터 제외될 것을 표시하여야 한다.

③제1항의 공고는 법원의 등기사항의 공고와 동일한 방법으로 하여야 한다.

제89조(채권신고의 최고) 청산인은 알고 있는 채권자에게 대하여는 각각 그 채권신고를 최고하여야 한다. 알고 있는 채권자는 청산으로부터 제외하지 못한다

제1057조(상속인수색의 공고) 제1056조제1항의 기간이 경과하여도 상속인의 존부를 알 수 없는 때에는 법원은 관리인의 청구에 의하여 상속인이 있으면 일정한 기간내에 그 권리를 주장할 것을 공고하여야 한다. 그 기간은 1년 이상이어야 한다. <개정 2005.3.31>

제1057조의2(특별연고자에 대한 분여) ① 제1057조의 기간내에 상속권을 주장하는 자가 없는 때에는 가정법원은 피상속인과 생계를 같이 하고 있던 자, 피상속인의 요양간호를 한 자 기타 피상속인과 특별한 연고가 있던 자의 청구에 의하여 상속재산의 전부 또는 일부를 분여할 수 있다. <개정 2005.3.31>

②제1항의 청구는 제1057조의 기간의 만료후 2월이내에 하여야 한다. <개정 2005.3.31>[본조신설 1990.1.13]

제1058조(상속재산의 국가귀속) ① 제1057조의2의 규정에 의하여 분여(分與)되지 아니한 때에는 상속재산은 국가에 귀속한다. <개정 2005.3.31>

②제1055조제2항의 규정은 제1항의 경우에 준용한다. <개정 2005.3.31>

제1059조(국가귀속재산에 대한 변제청구의 금지) 전조제1항의 경우에는 상속재산으로 변제를 받지 못한 상속채권자나 유증을 받은 자가 있는 때에도 국가에 대하여 그 변제를 청구하지 못한다.

제2장 유언

제1절 총칙

제1060조(유언의 요식성) 유언은 본법의 정한 방식에 의하지 아니하면 효력이 생하지 아니한다.

제1061조(유언적령) 만17세에 달하지 못한 자는 유언을 하지 못한다.

제1062조(제한능력자의 유언) 유언에 관하여는 제5조, 제10조 및 제13조를

적용하지 아니한다.[전문개정 2011.3.7]

※제5조(미성년자의 능력) ① 미성년자가 법률행위를 함에는 법정대리인의 동의를 얻어야 한다. 그러나 권리만을 얻거나 의무만을 면하는 행위는 그러하지 아니하다.

②전항의 규정에 위반한 행위는 취소할 수 있다.

제10조(피성년후견인의 행위와 취소) ① 피성년후견인의 법률행위는 취소할 수 있다.

② 제1항에도 불구하고 가정법원은 취소할 수 없는 피성년후견인의 법률행위의 범위를 정할 수 있다.

③ 가정법원은 본인, 배우자, 4촌 이내의 친족, 성년후견인, 성년후견감독인, 검사 또는 지방자치단체의 장의 청구에 의하여 제2항의 범위를 변경할 수 있다.

④ 제1항에도 불구하고 일용품의 구입 등 일상생활에 필요하고 그 대가가 과도하지 아니한 법률행위는 성년후견인이 취소할 수 없다.[전문개정 2011.3.7]

제13조(피한정후견인의 행위와 동의) ① 가정법원은 피한정후견인이 한정후견인의 동의를 받아야 하는 행위의 범위를 정할 수 있다.

② 가정법원은 본인, 배우자, 4촌 이내의 친족, 한정후견인, 한정후견감독인, 검사 또는 지방자치단체의 장의 청구에 의하여 제1항에 따른 한정후견인의 동의를 받아야만 할 수 있는 행위의 범위를 변경할 수 있다.

③ 한정후견인의 동의를 필요로 하는 행위에 대하여 한정후견인이 피한정후견인의 이익이 침해될 염려가 있음에도 그 동의를 하지 아니하는 때에는 가정법원은 피한정후견인의 청구에 의하여 한정후견인의 동의를 갈음하는 허가를 할 수 있다.

④ 한정후견인의 동의가 필요한 법률행위를 피한정후견인이 한정후견인의 동의 없이 하였을 때에는 그 법률행위를 취소할 수 있다. 다만, 일용품의 구입 등 일상생활에 필요하고 그 대가가 과도하지 아니한 법률행위에 대하여는 그러하지 아니하다.[전문개정 2011.3.7]

제1063조(피성년후견인의 유언능력) ① 피성년후견인은 의사능력이 회복된 때에만 유언을 할 수 있다.

② 제1항의 경우에는 의사가 심신회복의 상태를 유언서에 부기(附記)하고 서명날인하여야 한다.[전문개정 2011.3.7]

제1064조(유언과 태아, 상속결격자) 제1000조제3항, 제1004조의 규정은 수증자에 준용한다. <개정 1990.1.13>

제2절 유언의 방식

제1065조(유언의 보통방식) 유언의 방식은 자필증서, 녹음, 공정증서, 비밀증서와 구수증서의 5종으로 한다.

제1066조(자필증서에 의한 유언) ① 자필증서에 의한 유언은 유언자가 그 전문과 년월일, 주소, 성명을 자서하고 날인하여야 한다.

②전항의 증서에 문자의 삽입, 삭제 또는 변경을 함에는 유언자가 이를 자서하고 날인하여야 한다.

제1067조(녹음에 의한 유언) 녹음에 의한 유언은 유언자가 유언의 취지, 그 성명과 년월일을 구술하고 이에 참여한 증인이 유언의 정확함과 그 성명을 구술하여야 한다.

제1068조(공정증서에 의한 유언) 공정증서에 의한 유언은 유언자가 증인 2인이 참여한 공증인의 면전에서 유언의 취지를 구수하고 공증인이 이를 필기낭독하여 유언자와 증인이 그 정확함을 승인한 후 각자 서명 또는 기명날인하여야 한다.

제1069조(비밀증서에 의한 유언) ① 비밀증서에 의한 유언은 유언자가 필자의 성명을 기입한 증서를 엄봉날인하고 이를 2인이상의 증인의 면전에 제출하여 자기의 유언서임을 표시한 후 그 봉서표면에 제출 년월일을 기재하고 유언자와 증인이 각자 서명 또는 기명날인 하여야 한다.

②전항의 방식에 의한 유언봉서는 그 표면에 기재된 날로부터 5일내에 공증인 또는 법원서기에게 제출하여 그 봉인상에 확정일자인을 받아야 한다.

제1070조(구수증서에 의한 유언) ① 구수증서에 의한 유언은 질병 기타 급박한 사유로 인하여 전4조의 방식에 의할 수 없는 경우에 유언자가 2인이상의 증인의 참여로 그 1인에게 유언의 취지를 구수하고 그 구수를 받은 자가 이를

필기낭독하여 유언자의 증인이 그 정확함을 승인한 후 각자 서명 또는 기명날인하여야 한다.

②전항의 방식에 의한 유언은 그 증인 또는 이해관계인이 급박한 사유의 종료한 날로부터 7일내에 법원에 그 검인을 신청하여야 한다.

③제1063조제2항의 규정은 구수증서에 의한 유언에 적용하지 아니한다.

第1071条(비밀증서에 의한 유언의 전환) 비밀증서에 의한 유언이 그 방식에 흠결이 있는 경우에 그 증서가 자필증서의 방식에 적합한 때에는 자필증서에 의한 유언으로 본다.

第1072条(증인의 결격사유) ① 다음 각 호의 어느 하나에 해당하는 사람은 유언에 참여하는 증인이 되지 못한다.

1. 미성년자
2. 피성년후견인과 피한정후견인
3. 유언으로 이익을 받을 사람, 그의 배우자와 직계혈족

② 공정증서에 의한 유언에는 「공증인법」에 따른 결격자는 증인이 되지 못한다.[전문개정 2011.3.7]

※ 공증인법 제13조 (임명공증인의 결격사유) 다음 각 호의 어느 하나에 해당하는 사람은 임명공증인이 될 수 없다.

1. 금치산자 또는 한정치산자
2. 파산선고를 받고 복권(復權)되지 아니한 사람
3. 금고 이상의 형을 선고받고 그 집행이 끝나거나 집행을 받지 아니하기로 확정된 후 5년이 지나지 아니한 사람
4. 금고 이상의 형의 집행유예를 선고받고 그 유예기간이 끝난 날부터 2년이 지나지 아니한 사람
5. 금고 이상의 형의 선고유예를 받고 그 유예기간 중에 있는 사람
6. 법원의 판결에 따라 자격이 상실되거나 정지된 사람
7. 탄핵이나 징계에 의하여 파면 또는 면직 처분을 받거나 「변호사법」에 따라 제명된 날부터 5년이 지나지 아니한 사람
8. 징계에 의하여 해임 처분을 받은 날부터 3년이 지나지 아니한 사람

제3절 유언의 효력

제1073조(유언의 효력발생 시기) ① 유언은 유언자가 사망한 때로부터 그 효력이 생긴다.

②유언에 정지조건이 있는 경우에 그 조건이 유언자의 사망후에 성취한 때에는 그 조건성취한 때로부터 유언의 효력이 생긴다.

제1074조(유증의 승인, 포기) ① 유증을 받을 자는 유언자의 사망후에 언제든지 유증을 승인 또는 포기할 수 있다.

②전항의 승인이나 포기는 유언자의 사망한 때에 소급하여 그 효력이 있다.

제1075조(유증의 승인, 포기의 취소금지) ① 유증의 승인이나 포기는 취소하지 못한다.

②제1024조제2항의 규정은 유증의 승인과 포기에 준용한다.

제1076조(수증자의 상속인의 승인, 포기) 수증자가 승인이나 포기를 하지 아니하고 사망한 때에는 그 상속인은 상속분의 한도에서 승인 또는 포기할 수 있다. 그러나 유언자가 유언으로 다른 의사를 표시한 때에는 그 의사에 의한다.

제1077조(유증의무자의 최고권) ① 유증의무자나 이해관계인은 상당한 기간을 정하여 그 기간내에 승인 또는 포기를 확답할 것을 수증자 또는 그 상속인에게 최고할 수 있다.

②전항의 기간내에 수증자 또는 상속인이 유증의무자에 대하여 최고에 대한 확답을 하지 아니한 때에는 유증을 승인한 것으로 본다.

제1078조(포괄적 수증자의 권리의무) 포괄적 유증을 받은 자는 상속인과 동일한 권리의무가 있다. <개정 1990.1.13>

제1079조(수증자의 과실취득권) 수증자는 유증의 이행을 청구할 수 있는 때로부터 그 목적물의 과실을 취득한다. 그러나 유언자가 유언으로 다른 의사를 표시한 때에는 그 의사에 의한다.

제1080조(과실수취비용의 상환청구권) 유증의무자가 유언자의 사망후에 그 목적물의 과실을 수취하기 위하여 필요비를 지출한 때에는 그 과실의 가액의 한도에서 과실을 취득한 수증자에게 상환을 청구할 수 있다.

제1081조(유증의무자의 비용상환청구권) 유증의무자가 유증자의 사망후에 그 목적물에 대하여 비용을 지출한 때에는 제325조의 규정을 준용한다.

※ 제325조(유치권자의 상환청구권) ①유치권자가 유치물에 관하여 필요비를 지출한 때에는 소유자에게 그 상환을 청구할 수 있다.

②유치권자가 유치물에 관하여 유익비를 지출한 때에는 그 가액의 증가가 현존한 경우에 한하여 소유자의 선택에 좇아 그 지출한 금액이나 증가액의 상환을 청구할 수 있다. 그러나 법원은 소유자의 청구에 의하여 상당한 상환기간을 허여할 수 있다.

제1082조(불특정물유증의무자의 담보책임) ① 불특정물을 유증의 목적으로 한 경우에는 유증의무자는 그 목적물에 대하여 매도인과 같은 담보책임이 있다.

②전항의 경우에 목적물에 하자가 있는 때에는 유증의무자는 하자없는 물건으로 인도하여야 한다.

제1083조(유증의 물상대위성) 유증자가 유증목적물의 멸실, 훼손 또는 점유의 침해로 인하여 제삼자에게 손해배상을 청구할 권리가 있는 때에는 그 권리를 유증의 목적으로 한 것으로 본다.

제1084조(채권의 유증의 물상대위성) ① 채권을 유증의 목적으로한 경우에 유언자가 그 변제를 받은 물건이 상속재산중에 있는 때에는 그 물건을 유증의 목적으로 한 것으로 본다.

②전항의 채권이 금전을 목적으로 한 경우에는 그 변제받은 채권액에 상당한 금전이 상속 재산중에 없는 때에도 그 금액을 유증의 목적으로 한 것으로 본다.

제1085조(제삼자의 권리의 목적인 물건 또는 권리의 유증) 유증의 목적인 물건이나 권리가 유언자의 사망당시에 제삼자의 권리의 목적인 경우에는 수증자는 유증의무자에 대하여 그 제삼자의 권리를 소멸시킬 것을 청구하지 못한다.

제1086조 (유언자가 다른 의사표시를 한 경우) 전3조의 경우에 유언자가 유언으로 다른 의사를 표시한 때에는 그 의사에 의한다.

제1087조(상속재산에 속하지 아니한 권리의 유증) ① 유언의 목적이 된 권리가 유언자의 사망당시에 상속재산에 속하지 아니한 때에는 유언은 그 효력이 없다. 그러나 유언자가 자기의 사망당시에 그 목적물이 상속 재산에 속하지 아니한 경우에도 유언의 효력이 있게 할 의사인 때에는 유증의무자는 그 권리를 취득하여 수증자에게 이전할 의무가 있다.

②전항 단서의 경우에 그 권리를 취득할 수 없거나 그 취득에 과다한 비용을 요할 때에는 그 가액으로 변상할 수 있다.

제1088조(부담있는 유증과 수증자의 책임) ① 부담있는 유증을 받은 자는 유증의 목적의 가액을 초과하지 아니한 한도에서 부담한 의무를 이행할 책임이 있다.

②유증의 목적의 가액이 한정승인 또는 재산분리로 인하여 감소된 때에는 수증자는 그 감소된 한도에서 부담할 의무를 면한다.

제1089조(유증효력발생전의 수증자의 사망) ① 유증은 유언자의 사망전에 수증자가 사망한 때에는 그 효력이 생기지 아니한다.

②정지조건있는 유증은 수증자가 그 조건 성취전에 사망한 때에는 그 효력이 생기지 아니한다.

제1090조(유증의 무효, 실효의 경우와 목적재산의 귀속) 유증이 그 효력이 생기지 아니하거나 수증자가 이를 포기한 때에는 유증의 목적인 재산은 상속인에게 귀속한다. 그러나 유언자가 유언으로 다른 의사를 표시한 때에는 그 의사에 의한다.

제4절 유언의 집행

제1091조(유언증서, 녹음의 검인) ① 유언의 증서나 녹음을 보관한 자 또는 이를 발견한 자는 유언자의 사망후 지체없이 법원에 제출하여 그 검인을 청구하여야 한다.

②전항의 규정은 공정증서나 구수증서에 의한 유언에 적용하지 아니한다.

제1092조(유언증서의 개봉) 법원이 봉인된 유언증서를 개봉할 때에는 유언자의 상속인, 그 대리인 기타 이해관계인의 참여가 있어야 한다.

제1093조(유언집행자의 지정) 유언자는 유언으로 유언집행자를 지정할 수 있고 그 지정을 제삼자에게 위탁할 수 있다.

제1094조(위탁에 의한 유언 집행자의 지정) ① 전조의 위탁을 받은 제삼자는 그 위탁 있음을 안 후 지체없이 유언집행자를 지정하여 상속인에게 통지하여야 하며 그 위탁을 사퇴할 때에는 이를 상속인에게 통지하여야 한다.

②상속인 기타 이해관계인은 상당한 기간을 정하여 그 기간 내에 유언 집행자를 지정할 것을 위탁 받은 자에게 최고할 수 있다. 그 기간내에 지정의 통지를 받지 못한 때에는 그 지정의 위탁을 사퇴한 것으로 본다.

제1095조(지정유언집행자가 없는 경우) 전2조의 규정에 의하여 지정된 유언집행자가 없는 때에는 상속인이 유언집행자가 된다.

제1096조(법원에 의한 유언집행자의 선임) ① 유언집행자가 없거나 사망, 결격 기타 사유로 인하여 없게된 때에는 법원은 이해 관계인의 청구에 의하여 유언집행자를 선임하여야 한다.

②법원이 유언집행자를 선임한 경우에는 그 임무에 관하여 필요한 처분을 명할 수 있다.

제1097조 (유언집행자의 승낙, 사퇴) ① 지정에 의한 유언집행자는 유언자의 사망후 지체없이 이를 승낙하거나 사퇴할 것을 상속인에게 통지하여야 한다.

②선임에 의한 유언집행자는 선임의 통지를 받은 후 지체없이 이를 승낙하거나 사퇴할 것을 법원에 통지하여야 한다.

③상속인 기타 이해관계인은 상당한 기간을 정하여 그 기간내에 승낙여부를 확답할 것을 지정 또는 선임에 의한 유언집행자에게 최고할 수 있다. 그 기간내에 최고에 대한 확답을 받지 못한 때에는 유언집행자가 그 취임을 승낙한 것으로 본다.

제1098조(유언집행자의 결격사유) 제한능력자와 파산선고를 받은 자는 유언

집행자가 되지 못한다[전문개정 2011.3.7]

제1099조(유언집행자의 임무착수) 유언집행자가 그 취임을 승낙한 때에는 지체없이 그 임무를 이행하여야 한다.

제1100조(재산목록작성) ① 유언이 재산에 관한 것인 때에는 지정 또는 선임에 의한 유언집행자는 지체없이 그 재산목록을 작성하여 상속인에게 교부하여야 한다.

②상속인의 청구가 있는 때에는 전항의 재산목록작성에 상속인을 참여하게 하여야 한다.

제1101조(유언집행자의 권리의무) 유언집행자는 유증의 목적인 재산의 관리 기타 유언의 집행에 필요한 행위를 할 권리의무가 있다.

제1102조(공동유언집행) 유언집행자가 수인인 경우에는 임무의 집행은 그 과반수의 찬성으로써 결정한다. 그러나 보존행위는 각자가 이를 할 수 있다.

제1103조(유언집행자의 지위) ① 지정 또는 선임에 의한 유언집행자는 상속인의 대리인으로 본다.

②제681조 내지 제685조, 제687조, 제691조와 제692조의 규정은 유언집행자에 준용한다.

※제681조 (수임인의 선관의무) 수임인은 위임의 본지에 따라 선량한 관리자의 주의로써 위임사무를 처리하여야 한다.

제682조 (복임권의 제한) ① 수임인은 위임인의 승낙이나 부득이한 사유없이 제삼자로 하여금 자기에 갈음하여 위임사무를 처리하게 하지 못한다.

②수임인이 전항의 규정에 의하여 제삼자에게 위임사무를 처리하게한 경우에는 제121조,제123조의 규정을 준용한다.

제683조 (수임인의 보고의무) 수임인은 위임인의 청구가 있는 때에는 위임사무의 처리상황을 보고하고 위임이 종료한 때에는 지체없이 그 전말을 보고하여야 한다.

제684조 (수임인의 취득물등의 인도, 이전의무) ① 수임인은 위임사무의 처리로

인하여 받은 금전 기타의 물건 및 그 수취한 과실을 위임인에게 인도하여야 한다.

②수임인이 위임인을 위하여 자기의 명의로 취득한 권리는 위임인에게 이전하여야 한다.

제685조 (수임인의 금전소비의 책임) 수임인이 위임인에게 인도할 금전 또는 위임인의 이익을 위하여 사용할 금전을 자기를 위하여 소비한 때에는 소비한 날 이후의 이자를 지급하여야 하며 그 외의 손해가 있으면 배상하여야 한다.

제687조 (수임인의 비용선급청구권) 위임사무의 처리에 비용을 요하는 때에는 위임인은 수임인의 청구에 의하여 이를 선급하여야 한다.

제691조 (위임종료시의 긴급처리) 위임종료의 경우에 급박한 사정이 있는 때에는 수임인, 그 상속인이나 법정대리인은 위임인, 그 상속인 이나 법정대리인이 위임사무를 처리할 수 있을 때까지 그 사무의 처리를 계속하여야 한다. 이 경우에는 위임의 존속과 동일한 효력이 있다.

제692조 (위임종료의 대항요건) 위임종료의 사유는 이를 상대방에게 통지하거나 상대방이 이를 안 때가 아니면 이로써 상대방에게 대항 하지 못한다.

제1104조(유언집행자의 보수) ① 유언자가 유언으로 그 집행자의 보수를 정하지 아니한 경우에는 법원은 상속재산의 상황 기타 사정을 참작하여 지정 또는 선임에 의한 유언집행자의 보수를 정할 수 있다.

②유언집행자가 보수를 받는 경우에는 제686조제2항, 제3항의 규정을 준용한다.

※제686조 (수임인의 보수청구권) ②수임인이 보수를 받을 경우에는 위임사무를 완료한 후가 아니면 이를 청구하지 못한다. 그러나 기간으로 보수를 정한 때에는 그 기간이 경과한 후에 이를 청구할 수 있다.

③수임인이 위임사무를 처리하는 중에 수임인의 책임없는 사유로 인하여 위임이 종료된 때에는 수임인은 이미 처리한 사무의 비율에 따른 보수를 청구할 수 있다.

제1105조(유언집행자의 사퇴) 지정 또는 선임에 의한 유언집행자는 정당한 사유 있는 때에는 법원의 허가를 얻어 그 임무를 사퇴할 수 있다.

제1106조(유언집행자의 해임) 지정 또는 선임에 의한 유언집행자에 그 임무를 해태하거나 적당하지 아니한 사유가 있는 때에는 법원은 상속인 기타 이해관계인의 청구에 의하여 유언집행자를 해임할 수 있다.

제1107조(유언집행의 비용) 유언의 집행에 관한 비용은 상속재산중에서 이를 지급한다.

제5절 유언의 철회

제1108조(유언의철회) ① 유언자는 언제든지 유언 또는 생전행위로써 유언의 전부나 일부를 철회할 수 있다.

②유언자는 그 유언을 철회할 권리를 포기하지 못한다.

제1109조(유언의 저촉) 전후의 유언이 저촉되거나 유언후의 생전행위가 유언과 저촉되는 경우에는 그 저촉된 부분의 전유언은 이를 철회한 것으로 본다.

제1110조(파훼로 인한 유언의 철회) 유언자가 고의로 유언증서 또는 유증의 목적물을 파훼한 때에는 그 파훼한 부분에 관한 유언은 이를 철회한 것으로 본다.

제1111조(부담있는 유언의 취소) 부담있는 유증을 받은 자가 그 부담의무를 이행하지 아니한 때에는 상속인 또는 유언집행자는 상당한 기간을 정하여 이행할 것을 최고하고 그 기간내에 이행하지 아니한 때에는 법원에 유언의 취소를 청구할 수 있다. 그러나 제삼자의 이익을 해하지 못한다.

제3장 유류분

제1112조(유류분의 권리자와 유류분) 상속인의 유류분은 다음 각호에 의한다.

1. 피상속인의 직계비속은 그 법정상속분의 2분의 1
2. 피상속인의 배우자는 그 법정상속분의 2분의 1
3. 피상속인의 직계존속은 그 법정상속분의 3분의 1
4. 피상속인의 형제자매는 그 법정상속분의 3분의 1[본조신설 1977. 12.31]

제1113조(유류분의 산정) ① 유류분은 피상속인의 상속개시시에 있어서 가진 재산의 가액에 증여재산의 가액을 가산하고 채무의 전액을 공제하여 이를 산정한다.

②조건부의 권리 또는 존속기간이 불확정한 권리는 가정법원이 선임한 감정인의 평가에 의하여 그 가격을 정한다.[본조신설 1977.12.31]

제1114조(산입될 증여) 증여는 상속개시전의 1년간에 행한 것에 한하여 제1113조의 규정에 의하여 그 가액을 산정한다. 당사자쌍방이 유류분 권리자에 손해를 가할 것을 알고 증여를 한 때에는 1년 전에 한 것도 같다.[본조신설 1977.12.31]

제1115조(유류분의 보전) ① 유류분 권리자가 피상속인의 제1114조에 규정된 증여 및 유증으로 인하여 그 유류분에 부족이 생긴 때에는 부족한 한도에서 그 재산의 반환을 청구할 수 있다.

②제1항의 경우에 증여 및 유증을 받은 자가 수인인 때에는 각자가 얻은 유증가액의 비례로 반환하여야 한다.[본조신설 1977.12.31]

제1116조(반환의 순서) 증여에 대하여는 유증을 반환받은 후가 아니면 이것을 청구할 수 없다.[본조신설 1977.12.31]

제1117조(소멸시효) 반환의 청구권은 유류분권리자가 상속의 개시와 반환하여야 할 증여 또는 유증을 한 사실을 안 때로부터 1년내에 하지 아니하면 시효에 의하여 소멸한다. 상속이 개시한 때로부터 10년을 경과한 때도 같다.[본조신설 1977.12.31]

제1118조(준용규정) 제1001조, 세1008조, 제1010조의 규징은 유류분에 이를 준용한다.[본조신설 1977.12.31]

2. 국제사법(國際私法)(발췌)

[시행 2001. 7. 1] [법률 제6465호, 2001. 4. 7, 전부개정]

제1장 총칙

제1조 (목적) 이 법은 외국적 요소가 있는 법률관계에 관하여 국제 재판관할에 관한 원칙과 준거법을 정함을 목적으로 한다.

제3조 (본국법) ① 당사자의 본국법에 의하여야 하는 경우에 당사자가 둘 이상의 국적을 가지는 때에는 그와 가장 밀접한 관련이 있는 국가의 법을 그 본국법으로 정한다. 다만, 그 국적중 하나가 대한민국인 때에는 대한민국 법을 본국법으로 한다.

②당사자가 국적을 가지지 아니하거나 당사자의 국적을 알 수 없는 때에는 그의 상거소(常居所)가 있는 국가의 법(이하 "상거소지법"이라 한다)에 의하고, 상거소를 알 수 없는 때에는 그의 거소가 있는 국가의 법에 의한다.

③당사자가 지역에 따라 법을 달리하는 국가의 국적을 가지는 때에는 그 국가의 법 선택규정에 따라 지정되는 법에 의하고, 그러한 규정이 없는 때에는 당사자와 가장 밀접한 관련이 있는 지역의 법에 의한다.

제7장 상속

제49조 (상속) ① 상속은 사망 당시 피상속인의 본국법에 의한다.

②피상속인이 유언에 적용되는 방식에 의하여 명시적으로 다음 각호의 법중 어느 것을 지정하는 때에는 상속은 제1항의 규정에 불구하고 그 법에 의한다.

1. 지정 당시 피상속인의 상거소가 있는 국가의 법. 다만, 그 지정은 피상속인이 사망시까지 그 국가에 상거소를 유지한 경우에 한하여 그 효력이 있다.
2. 부동산에 관한 상속에 대하여는 그 부동산의 소재지법

제50조 (유언) ① 유언은 유언 당시 유언자의 본국법에 의한다.

②유언의 변경 또는 철회는 그 당시 유언자의 본국법에 의한다.

③유언의 방식은 다음 각호중 어느 하나의 법에 의한다.

1. 유언자가 유언 당시 또는 사망 당시 국적을 가지는 국가의 법
2. 유언자의 유언 당시 또는 사망 당시 상거소지법
3. 유언당시 행위지법
4. 부동산에 관한 유언의 방식에 대하여는 그 부동산의 소재지법

부칙□<법률 제6465호,□2001. 4. 7>

①(시행일) 이 법은 2001년 7월 1일부터 시행한다.

3. 외국인토지법 (상속관련 발췌)

[시행 2009. 6.27] [법률 제9186호, 2008.12.26, 일부개정]

제1조 (목적) 이 법은 대한민국영토에서 외국인의 토지취득 등에 필요한 사항을 규정함을 목적으로 한다.[전문개정 2008.12.26.]

제2조(정의) 이 법에서 "외국인"이란 다음 각 호의 어느 하나에 해당하는 개인·법인 또는 단체를 말한다.

1. 대한민국의 국적을 보유하고 있지 아니한 개인
2. 다음 각 목의 어느 하나에 해당하는 법인 또는 단체 :생략

제5조 (계약 외의 토지취득 신고) 외국인등은 **상속**·경매, 그 밖에 대통령령으로 정하는 계약 외의 원인으로 대한민국 안의 토지를 취득한 때에는 토지를 취득한 날부터 6개월 이내에 대통령령으로 정하는 바에 따라 시장·군수 또는 구청장에게 신고하여야 한다.

[전문개정 2008.12.26.]

제9조 (과태료) ① 생략

② 다음 각 호의 어느 하나에 해당하는 자에게는 100만원 이하의 과태료를 부과한다.

1. 제5조에 따른 토지취득의 신고를 하지 아니하거나 거짓으로 신고한 자

③ 제1항 및 제2항에 따른 과태료는 대통령령으로 정하는 바에 따라 시장·군수 또는 구청장이 부과·징수한다.[전문개정 2008.12.26]

외국인토지법 시행령 (상속관련 발췌)

제3조 (토지취득의 신고 등) ① 외국인, 외국정부 또는 제2조에 따른 국제기구(이하 "외국인등"이라 한다)는 법 제4조제1항, 제5조 또는 제6조에 따라 토지취득 신고 또는 계속보유 신고를 할 때에는 토지취득 신고서 또는 토지계속보유 신고서에 국토해양부령으로 정하는 서류를 첨부하여 토지 소재지를 관할하는 시장(구가 설치되지 아니한 시의 시장과 「제주특별자치도 설치 및 국제자유도시 조성을 위한 특별법」 제17조에 따른 시장을 말한다. 이하 같다)·군수 또는 구청장에게 제출하여야 한다.

② 내지 ③ : 생략

제7조 (과태료의 부과) ① 법 제9조제1항 및 제2항에 따른 과태료의 부과기준은 별표 2와 같다.

외국인토지법 시행규칙 (상속관련 발췌)

제2조(토지취득 신고서 등) ①「외국인토지법 시행령」(이하 "영"이라 한다) 제3조제1항에 따른 토지취득 신고서, 토지계속보유 신고서(전자문서로 된 신고서를 포함한다) 및 같은 조 제2항에 따른 토지취득 허가신청서(전자문서로 된 신청서를 포함한다)는 별지 제1호 서식에 따른다.

② 제1항의 토지취득 신고서에는 다음 각 호의 구분에 따른 서류(전자문서를 포함한다. 이하 이 조에서 같다)를 첨부하여야 한다.

1. 증여의 경우: 증여계약서
2. <u>상속의 경우: 상속인임을 증명할 수 있는 서류</u>

③ 내지 ⑤항 :생략

⑥ 제1항에 따른 신고서 또는 신청서를 전자문서로 제출하는 경우에는 제2항부터 제4항까지의 규정에 따라 서류를 첨부하여야 하고, 서류의 첨부가 곤란한 경우에는 그 사본을 신고일 또는 신청일부터 14일 이내에 우편 또는 모사전송의 방법으로 따로 제출하여야 한다.

⑦ 생략

⑧ 제1항에 따른 토지취득 신고, 토지계속보유 신고 및 토지취득 허가신청(전자문서로 신고하거나 신청하는 경우는 제외한다)은 외국인인 당사자의 위임을 받은 자가 대리할 수 있다. 이 경우 대리인은 주민등록증 등 대리인의 신분을 확인할 수 있는 증명서를 보여 주고 외국인인 당사자의 신분을 확인할 수 있는 증명서 사본을 시장·군수 또는 구청장에게 제출하여야 한다.[전문개정 2009.6.26.]

제3조(토지취득고확인증 등) 영 제4조제1항에 따른 토지취득 신고확인증, 토지계속보유 신고확인증 및 토지취득 허가증은 별지 제2호 서식에 따른다. [전문개정 2009.6.26]

4. 가사소송법 (상속관련 부분 등 발췌)

[법률 제10212호, 2010. 3.31, 일부개정]

제2조(가정법원의 관장 사항) ① 다음 각 호의 사항(이하 "가사사건"이라 한다)에 대한 심리(審理)와 재판은 가정법원의 전속관할(專屬管轄)로 한다.

2. 가사비송사건
   가. 라류(類) 사건
      2) 「민법」 제22조부터 제26조까지의 규정에 따른 부재자 재산의 관리에 관한 처분
      3) 「민법」 제27조부터 제29조까지의 규정에 따른 실종의 선고와 그 취소
      15) 「민법」 제918조(같은 법 제956조에 따라 준용되는 경우를 포함한다)에 따른 재산관리인의 선임(選任) 또는 개임(改任)과 재산관리에 관한 처분
      16) 「민법」 제921조(후견인과 피후견인, 여러 피후견인들 사이에 이해가 상반되는 경우를 포함한다)에 따른 특별대리인의 선임
      17) 「민법」 제927조에 따른 친권자의 법률행위 대리권 및 재산관리권의 사퇴(辭退) 또는 회복에 대한 허가
      31) 「민법」 제1023조(같은 법 제1044조에 따라 준용되는 경우를 포함한다)에 따른 상속재산 보존을 위한 처분
      32) 「민법」 제1024조제2항, 제1030조 및 제1041조에 따른 상속의 한정승인신고 또는 포기신고의 수리(受理)와 한정승인 취소신고 또는 포기 취소신고의 수리
      33) 「민법」 제1035조제2항(같은 법 제1040조제3항, 제1051조 제3항 및 제1056조제2항에 따라 준용되는 경우를 포함한다) 및 제1113조제2항에 따른 감정인(鑑定人)의 선임
      34) 「민법 제1040조제1항에 따른 공동상속재산을 위한 관리인의 선임
      35) 「민법」 제1045조에 따른 상속재산의 분리
      36) 「민법」 제1047조에 따른 상속재산 분리 후의 상속재산 관리에 관한 처분
      37) 「민법」 제1053조에 따른 관리인의 선임 및 그 공고와 재산관리에 관한 처분
      38) 「민법 제1057조에 따른 상속인 수색(搜索)의 공고

39) 「민법」 제1057조의2에 따른 상속재산의 분여(分與)
40) 「민법」 제1070조제2항에 따른 유언의 검인(檢認)
41) 「민법」 제1091조에 따른 유언의 증서 또는 녹음(錄音)의 검인
42) 「민법」 제1092조에 따른 유언증서의 개봉
43) 「민법」 제1096조에 따른 유언집행자 선임 및 그 임무에 관한 처분
44) 「민법 제1097조제2항에 따른 유언집행자의 승낙 또는 사퇴를 위한 통지의 수리
45) 「민법」 제1104조제1항에 따른 유언집행자에 대한 보수의 결정
46) 「민법」 제1105조에 따른 유언집행자의 사퇴에 대한 허가
47) 「민법」 제1106조에 따른 유언집행자의 해임
48) 「민법」 제1111조에 따른 부담(負擔) 있는 유언의 취소

나. 마류(類) 사건
9) 「민법」 제1008조의2제2항 및 제4항에 따른 기여분(寄與分)의 결정
10) 「민법」 제1013조제2항에 따른 상속재산의 분할에 관한 처분

② 가정법원은 다른 법률이나 대법원규칙에서 가정법원의 권한으로 정한 사항에 대하여도 심리·재판한다.
③ 제2항의 사건에 관한 절차는 법률이나 대법원규칙으로 따로 정하는 경우를 제외하고는 라류 가사비송사건의 절차에 따른다.
[전문개정 2010.3.31.]

第39조(재판의 방식) ① 가사비송사건에 대한 제1심 종국재판(終局裁判)은 심판으로써 한다. 다만, 절차상의 이유로 종국재판을 하여야 하는 경우에는 그러하지 아니하다.
② 심판서에는 다음 각 호의 사항을 적고 심판한 법관이 기명날인하여야 한다. 심판한 법관이 기명날인하는 데 지장이 있는 경우에는 다른 법관이 그 사유를 적고 기명날인하여야 한다.
1. 당사자와 법정대리인
2. 주문(主文)
3. 이유
4. 법원
③ 라류 가사비송사건의 심판서에는 이유를 적지 아니할 수 있다.
④ 심판에 관하여는 「민사소송법」 중 결정에 관한 규정을 준용한다. [전

문개정 2010.3.31]

제2장 라류 가사비송사건 <개정 2010.3.31>

第44조(관할) 라류 가사비송사건은 다음 각 호의 가정법원이 관할한다.

2. 부재자의 재산관리에 관한 사건은 부재자의 마지막 주소지 또는 부재자의 재산이 있는 곳의 가정법원
6. 상속에 관한 사건은 상속 개시지(開始地)의 가정법원
7. 유언에 관한 사건은 상속 개시지의 가정법원. 다만, 「민법」 제1070조 제2항에 따른 유언의 검인(檢認) 사건은 상속 개시지 또는 유언자 주소지의 가정법원

第45조(심리 방법) 라류 가사비송사건의 심판은 사건관계인을 심문하지 아니하고 할 수 있다.

[전문개정 2010.3.31]

제3장 마류 가사비송사건 <개정 2010.3.31>

第46조(관할) 마류 가사비송사건은 상대방의 보통재판적이 있는 곳의 가정법원이 관할한다. 다만, 친족회의 결의에 대한 이의(異議) 사건은 피후견인의 주소지의 가정법원이 관할한다.

[전문개정 2010.3.31.]

第47조(공동소송에 관한 규정의 준용) 마류 가사비송사건의 청구인 또는 상대방이 여러 명일 때에는 「민사소송법」 중 공동소송에 관한 규정을 준용한다.

[전문개정 2010.3.31.]

第48조(심리 방법) 마류 가사비송사건의 심판은 특별한 사정이 없으면 사건관계인을 심문하여 하여야 한다.

[전문개정 2010.3.31.]

第50조(조정 전치주의) ① 나류 및 다류 가사소송사건과 마류 가사비송사건에 대하여 가정법원에 소를 제기하거나 심판을 청구하려는 사람은 먼저 조정을 신청하여야 한다.

② 제1항의 사건에 관하여 조정을 신청하지 아니하고 소를 제기하거나 심판

을 청구한 경우에는 가정법원은 그 사건을 조정에 회부하여야 한다. 다만, 공시송달의 방법이 아니면 당사자의 어느 한쪽 또는 양쪽을 소환할 수 없거나 그 사건을 조정에 회부하더라도 조정이 성립될 수 없다고 인정하는 경우에는 그러하지 아니하다.

[전문개정 2010.3.31.]

제57조(관련 사건의 병합신청) ① 조정의 목적인 청구와 제14조에 규정된 관련 관계에 있는 나류, 다류 및 마류 가사사건의 청구는 병합하여 조정신청할 수 있다.

② 당사자 간의 분쟁을 일시에 해결하기 위하여 필요하면 당사자는 조정위원회 또는 조정담당판사의 허가를 받아 조정의 목적인 청구와 관련 있는 민사사건의 청구를 병합하여 조정신청할 수 있다.

[전문개정 2010.3.31.]

제59조(조정의 성립) ① 조정은 당사자 사이에 합의된 사항을 조서에 적음으로써 성립한다.

② 조정이나 확정된 조정을 갈음하는 결정은 재판상 화해와 동일한 효력이 있다. 다만, 당사자가 임의로 처분할 수 없는 사항에 대하여는 그러하지 아니하다.

[전문개정 2010.3.31.]

제60조(이의신청 등에 의한 소송으로의 이행) 제57조제2항에 따라 조정신청된 민사사건의 청구에 관하여는 「민사조정법」 제36조를 준용한다. 이 경우 가정법원은 결정으로 그 민사사건을 관할법원에 이송하여야 한다.

[전문개정 2010.3.31]

5. 가사소송규칙 (상속관련 부분 등 발췌)

[대법원규칙 제2281호, 2010. 3.30, 일부개정]

제3절 부재자의 재산관리

제39조(부재자 재산관리 사건부의 작성) ①부재자의 재산관리에 관한 사건의 심판을 청구받은 재산소재지의 가정법원은 그 부재자의 최후주소지를 관할하는 가정법원(최후주소가 없거나 이를 알 수 없을 때에는 대법원 소재지의 가정법원, 이하 같다)에 그 청구의 내용과 심판의 요지를 통지하여야 한다.

②부재자의 최후주소지를 관할하는 가정법원은 부재자의 재산관리 사건에 관하여 부재자별로 심판의 청구와 그에 대한 심판의 요지를 기재한 사건부를 작성, 비치하여야 한다.

③부재자의 재산관리에 관한 사건의 심판을 청구받은 재산소재지의 가정법원은 심판에 앞서 그 부재자의 최후주소지를 관할하는 가정법원에 제2항의 규정에 의한 사건부의 존부와 심판의 내용에 관하여 조회하여야 한다.

제40조(사건의 이송) 부재자의 재산관리에 관한 사건의 심판을 청구받은 가정법원은 제39조제3항의 규정에 의한 조회 기타의 방법으로 다른 가정법원이 이미 동일한 부재자의 재산관리에 관한 사건을 심판을 하였음이 밝혀진 경우에는, 그 가정법원으로 사건을 이송하여야 한다. 그러나 긴급을 필요로 하는 경우에는 그러하지 아니하다.

제41조(관리인의 선임·개임) ①가정법원이 재산관리인을 선임하거나 개임할 경우에는 이해관계인의 의견을 들을 수 있다.

②부재자가 정한 재산관리인을 개임할 때에는 그 재산관리인을 절차에 참가하게 하여야 한다.

제42조(선임한 관리인의 개임) ①가정법원은 언제든지 그 선임한 재산관리인을 개임할 수 있다.

②가정법원이 선임한 재산관리인이 사임하고자 할 때에는 가정법원에 그 사유를 신고하여야 한다. 이 경우, 가정법원은 다시 재산관리인을 선임하여야 한다.

第43條(심판의 고지) 재산관리인의 선임, 개임 또는 해임의 심판은 당사자 및 절차에 참가한 이해관계인외에 그 재산관리인에게도 고지하여야 한다.

제4절 실종

第53條(공시최고) 실종을 선고함에는 공시최고의 절차를 거쳐야 한다.

第54條(공시최고의 기재 사항) ①공시최고에는 다음 사항을 기재하여야 한다. <개정 2007.12.31>

1. 청구인의 성명과 주소
2. 부재자의 성명, 출생년월일, 등록기준지 및 주소
3. 부재자는 공시최고 기일까지 그 생존의 신고를 할 것이며, 그 신고를 하지 않으면 실종의 선고를 받는다는 것
4. 부재자의 생사를 아는 자는 공시최고 기일까지 그 신고를 할 것
5. 공시최고 기일

②공시최고의 기일은 공고종료일부터 6월이후로 정하여야 한다.

第55條(공시최고의 공고) 공시최고의 공고는 제26조의 규정에 의한다.

第56條(사망간주일자의 기재) 실종선고의 심판서에는 부재자가 사망한 것으로 간주되는 일자를 기재하여야 한다.

第57條(즉시항고) 실종을 선고한 심판과 실종선고의 취소청구를 기각한 심판에 대하여는 사건본인 또는 이해관계인이, 실종선고를 취소한 심판에 대하여는 이해관계인이 즉시항고를 할 수 있다.

第58條(비용의 부담) 제52조의 규정은 실종선고의 심판이 있은 때의 절차비용에 이를 준용한다.

第59條(심판의 공고) 제37조의 규정은 실종선고의 심판 및 실종선고의 취소심판에 이를 준용한다.

제10절 상속에 관한 사건 <개정 2007.12.31>

第75조(한정승인 · 포기의 신고) ①상속의 한정승인 또는 포기의 신고는 법 제36조제3항에 규정한 사항외에 다음 각호의 사항을 기재하고, 신고인 또는 대리인이 기명날인 또는 서명한 서면에 의하여야 한다. <개정 2002.6.28>

1. 피상속인의 성명과 최후주소
2. 피상속인과의 관계
3. 상속개시 있음을 안 날
4. 상속의 한정승인 또는 포기를 하는 뜻

②제1항의 신고서에는 신고인 또는 대리인의 인감증명서를 첨부하여야 한다.

③가정법원이 제1항의 신고를 수리할 때에는, 그 신고의 일자 및 대리인에 의한 신고인 경우에는 그 대리인의 주소와 성명을 기재한 심판서를 작성하여야 한다.

第76조(한정승인 · 포기의 취소) ①상속의 한정승인 또는 포기의 취소는, 제75조제3항의 심판을 한 가정법원에 신고인 또는 대리인이 기명날인 또는 서명한 서면으로 신고함으로써 한다. <개정 2002.6.28>

②제1항의 신고서에는 제75조제1항제1호 및 제2호의 사항외에 다음 각호의 사항을 기재하여야 한다.

1. 상속의 한정승인 또는 포기신고가 수리된 일자
2. 상속의 한정승인 또는 포기를 취소하는 원인
3. 추인할 수 있게 된 날
4. 상속의 한정승인 또는 포기의 취소를 하는 뜻

③제75조제2항 및 제3항의 규정은 제1항의 신고 및 그 수리에 이를 준용한다.

第77조(상속재산의 분리) 상속재산과 상속인의 고유재산의 분리를 명한 심판에 대하여는 청구인 또는 「민법」 제1045조제1항에 규정한 자가 즉시항고를 할 수 있다. <개정 2006.3.23.>

第78조(상속재산의 관리와 보존) 제41조 내지 제52조의 규정은 「민법」 제1023조(제1044조의 규정에 의하여 준용되는 경우를 포함한다), 제1040조제1항, 제1047조 및 「민법」 제1053조의 규정에 의한 상속재산의 관리와 보존에 관한 처분에 이를 준용한다.

[전문개정 2008.6.5.]

제79조(상속재산관리인의 공고) 「민법」 제1053조제1항의 공고에는 다음 각호의 사항을 기재하여야 한다. <개정 2006.3.23>

1. 청구인의 성명과 주소
2. 피상속인의 성명, 직업과 최후주소
3. 피상속인의 출생과 사망장소 및 그 일자
4. 상속재산관리인의 성명과 주소

제80조(상속인 수색의 공고) 「민법」 제1057조의 공고에는 다음 각호의 사항을 기재하여야 한다. <개정 2006.3.23>

1. 제79조제1호 내지 제3호의 사항
2. 상속인은 일정한 기간 내에 그 권리를 주장하라는 뜻의 최고

제81조(공고비용의 부담) 제79조 및 제80조의 공고에 필요한 비용은 상속재산의 부담으로 한다.

제82조(감정인 선임등의 비용의 부담) 「민법」 제1035조제2항(제1040조제3항, 제1051조제3항, 제1056조제2항의 규정에 의하여 준용되는 경우를 포함한다) 및 「민법」 제1113조제2항의 규정에 의한 감정인의 선임과 그 감정인의 감정에 소요된 비용은 상속재산의 부담으로 한다. <개정 2006.3.23.>

제83조(상속재산의 분여) 「민법」 제1057조의2의 규정에 의한 상속재산 분여의 심판에 대하여는 「민법」 제1057조의2제1항에 규정한 자가 즉시항고를 할 수 있다. <개정 2006.3.23>

제11절 유언에 관한 사건 <개정 2007.12.31>

제84조(유언집행자의 선임·해임) ①유언집행자를 선임한 심판에 대하여는 이해관계인이 즉시항고를 할 수 있다.

②유언집행자를 해임할 때에는 그 유언집행자를 절차에 참가하게 하여야 한다.

③제2항의 심판에 대하여는 그 유언집행자가 즉시항고를 할 수 있다.

第85조(구수증서에 의한 유언의 검인) ①「민법」 제1070조제2항의 규정에 의하여 유언을 검인함에 있어서는 유언방식에 관한 모든 사실을 조사하여야 한다. <개정 2006.3.23>

②유언검인의 심판에 대하여는 이해관계인이, 유언검인의 청구를 기각한 심판에 대하여는 「민법」 제1070조제2항에 규정한 자가 즉시항고를 할 수 있다. <개정 2006.3.23.>

第86조(유언증서, 녹음의 검인) ①「민법」 제1091조제1항의 규정에 의한 유언의 증서 또는 녹음의 검인을 청구함에는 그 유언의 증서 또는 녹음대를 제출하여야 한다. <개정 2006.3.23>

②봉인한 유언증서를 개봉하고자 할 때에는 미리 그 기일을 정하여 상속인 또는 그 대리인을 소환하고, 기타 이해관계인에게 통지하여야 한다.

③유언의 증서 또는 녹음을 검인함에 있어서는 유언방식에 관한 모든 사실을 조사하여야 한다.

第87조(조서작성) ①유언증서의 개봉과 검인에 관하여는 조서를 작성하여야 한다.

②조서에는 다음 각호의 사항을 기재하고, 판사, 법원사무관등이 기명날인하여야 한다. <개정 1998.12.4>

1. 제출자의 성명과 주소
2. 제출, 개봉과 검인의 일자
3. 참여인의 성명과 주소
4. 심문한 증인, 감정인, 상속인, 기타 이해관계인의 성명, 주소와 그 진술의 요지
5. 사실조사의 결과

第88조(불출석한 자등에 대한 고지) 가정법원이 유언증서의 개봉과 검인을 한 때에는 출석하지 아니한 상속인 기타 유언의 내용에 관계있는 자에게 그 사실을 고지하여야 한다.

第90조(비용의 부담) ①가정법원이 유언에 관한 청구에 상응한 심판을 한 경우에 심판 전의 절차비용과 심판의 고지비용은 유언자 또는 상속재산의 부담으로 한다.

②제1항의 규정은 항고법원이 항고인의 신청에 상응한 재판을 한 경우의 항

고절차의 비용과 항고인의 부담이 된 제1심의 비용에 관하여 이를 준용한다.

제7절 상속에 관한 사건

제110조(당사자) 「민법」 제1008조의2제2항, 제4항의 규정에 의한 기여분의 결정 및 「민법」 제1013조제2항의 규정에 의한 상속재산의 분할에 관한 심판은 상속인 중의 1인 또는 수인이 나머지 상속인 전원을 상대방으로 하여 청구하여야 한다. <개정 2006.3.23.>

제111조(기여분의 결정) 기여분의 결정을 구하는 심판청구서에는 제75조제1항제1호 및 제2호에 규정한 사항외에 다음 각호의 사항을 기재하여야 한다.

1. 기여의 시기, 방법, 정도 및 기타의 사정
2. 동일한 상속재산에 관한 다른 기여분결정 청구사건 또는 상속재산분할 청구사건이 있는 경우에는 그 사건 및 가정법원의 표시

제112조(사건의 병합) ①동일한 상속재산에 관한 수개의 기여분결정 청구 사건은 병합하여 심리, 재판하여야 한다.

②기여분 결정 청구사건은 동일한 상속재산에 관한 상속재산분할청구사건에 병합하여 심리, 재판하여야 한다.

③제1항 및 제2항의 규정에 의하여 병합된 수개의 청구에 관하여는 1개의 심판으로 재판하여야 한다.

제113조(청구기간의 지정) ①상속재산 분할 청구가 있는 때에는, 가정법원은 당사자가 기여분의 결정을 청구할 수 있는 기간을 정하여 고지할 수 있다. 그 기간은 1월이상이어야 한다.

②가정법원은 제1항의 규정에 의하여 정한 기간을 도과하여 청구된 기여분 결정 청구는 이를 각하할 수 있다.

제114조(상속재산의 분할청구) 상속재산 분할의 심판청구서에는 다음 각호의 사항을 기재하여야 한다.

1. 이해관계인의 성명과 주소
2. 공동상속인중 상속재산으로부터 증여 또는 유증을 받은 자가 있는 때에는 그 내용

3. 상속재산의 목록

第115조(상속재산 분할의 심판) ①가정법원은 제1심 심리종결시까지 분할이 청구된 모든 상속재산에 대하여 동시에 분할의 심판을 하여야 한다.

②가정법원은 분할의 대상이 된 상속재산 중 특정의 재산을 1인 또는 수인의 상속인의 소유로 하고, 그의 상속분 및 기여분과 그 특정의 재산의 가액의 차액을 현금으로 정산할 것을 명할 수 있다.

③제97조의 규정은 상속재산분할의 심판에 이를 준용한다.

第116조(즉시항고) ①기여분 결정의 심판과 상속재산분할의 심판에 대하여는 당사자 또는 이해관계인이 즉시항고를 할 수 있다.

②제112조제3항 또는 제115조제1항의 규정에 의한 심판이 있는 경우에, 즉시항고권자 중 1인의 즉시항고는 당사자 전원에 대하여 그 효력이 있고, 심판의 일부에 대한 즉시항고는 심판전부에 대하여 그 효력이 있다

6. 채무자 회생 및 파산에 관한 법률 (상속 관련부분 발췌)

제3조(재판관할) ①항 내지 ⑦항 생략

⑧상속재산에 관한 파산사건은 상속개시지를 관할하는 지방법원본원의 관할에 전속한다.

⑨제1항 내지 제3항, 제8항의 규정에 의하여 서울동부지방법원·서 울남부지방법원·서울북부지방법원 또는 서울서부지방법원의 관할에 속할 사건은 서울중앙지방법원의 관할에 전속한다

제4조(손해나 지연을 피하기 위한 이송) 법원은 현저한 손해 또는 지연을 피하기 위하여 필요하다고 인정하는 때에는 직권으로 회생사건·파산사건 또는 개인회생사건을 다음 각호의 어느 하나에 해당하는 지방법원본원으로 이송할 수 있다.

1. 채무자의 다른 영업소 또는 사무소나 채무자재산의 소재지를 관할하는 지방법원본원
2. 채무자의 주소 또는 거소를 관할하는 지방법원본원

제5조(법원간의 공조) 이 법에 의한 절차에서 법원은 서로 법률상의 협조를 구할 수 있다.

제8조(송달) ① 이 법의 규정에 의한 재판은 직권으로 송달하여야 한다.

②회사인 채무자의 사채권자 또는 주주·지분권자에 대한 송달은 사채권자 또는 주주·지분권자가 이 법에 의하여 주소를 신고한 때에는 그 주소에, 주소를 신고하지 아니한 때에는 사채원부·주주명부·사원명부 또는 등기부에 기재된 주소 또는 그 자가 회사인 채무자에 통지한 주소에 서류를 우편으로 발송하여 할 수 있다.

③등기된 담보권을 가진 담보권자에 대한 송달은 그 담보권자가 이 법의 규정에 의하여 주소를 신고한 때에는 그 주소에, 주소를 신고하지 아니한 때에는 등기부에 기재된 주소에 서류를 우편으로 발송하여 할 수 있다.

④제2항 및 제3항의 규정에 의하여 서류를 우편으로 발송한 때에는 그 우편물이 보통 도달할 수 있는 때에 송달된 것으로 본다.

⑤제2항 및 제3항의 경우 법원서기관·법원사무관·법원주사 또는 법원주사보(이

하 "법원사무관등"이라 한다)는 서면을 작성하여 다음 각호의 사항을 기재하고 기명날인하여야 한다.
1. 송달을 받을 자의 성명 및 주소
2. 발송의 연·월·일·시
⑥제1항 내지 제5항의 규정은 이 법에 특별한 정함이 있는 때에는 적용하지 아니한다.

제9조(공고) ① 이 법의 규정에 의한 공고는 관보에의 게재 또는 대법원규칙이 정하는 방법에 의하여 행한다.
②제1항의 규정에 의한 공고는 관보에 게재된 날의 다음 날 또는 대법원규칙이 정하는 방법에 의한 공고가 있은 날의 다음 날에 그 효력이 생긴다.
③제1항의 규정에 의하여 재판의 공고가 있는 때에는 모든 관계인에 대하여 그 재판의 고지가 있은 것으로 본다. 다만, 이 법에 특별한 정함이 있는 때에는 그러하지 아니하다.

제10조(송달에 갈음하는 공고) ① 이 법의 규정에 의하여 송달을 하여야 하는 경우 송달하여야 하는 장소를 알기 어렵거나 대법원규칙이 정하는 사유가 있는 때에는 공고로써 송달을 갈음할 수 있다.
②제1항의 규정은 이 법에 특별한 정함이 있는 때에는 적용하지 아니한다.

제11조(공고 및 송달을 모두 하여야 하는 경우) ① 이 법의 규정에 의하여 공고 및 송달을 모두 하여야 하는 경우에는 송달은 서류를 우편으로 발송하여 할 수 있다.
②제1항의 규정에 의한 공고는 모든 관계인에 대하여 송달의 효력이 있다.

제12조(임의적 변론과 직권조사) ① 이 법의 규정에 의한 재판은 변론을 열지 아니하고 할 수 있다.
②법원은 직권으로 회생사건·파산사건·개인회생사건 및 국제도산사건에 관하여 필요한 조사를 할 수 있다.

제20조(채권자협의회의 구성) ① 관리위원회(관리위원회가 설치되지 아니한 때에는 법원을 말한다. 이하 이 조에서 같다)는 회생절차개시신청 또는 파산신청이 있은 후 채무자의 주요채권자를 구성원으로 하는 채권자협의회를 구성하여야 한다. 다만, 채무자가 개인 또는 「중소기업기본법」 제2조제1항의 규정

에 의한 중소기업자(이하 "중소기업자"라 한다)인 때에는 채권자협의회를 구성하지 아니할 수 있다.
②채권자협의회는 10인 이내로 구성한다.

제21조(채권자협의회의 기능 등) ① 채권자협의회는 채권자간의 의견을 조정하여 다음 각호의 행위를 할 수 있다.
1. 회생절차 및 파산절차에 관한 의견의 제시
2. 관리인·파산관재인 및 보전관리인의 선임 또는 해임에 관한 의견의 제시
3. 법인인 채무자의 감사(「상법」 제415조의2의 규정에 의한 감사위원회의 위원을 포함한다. 이하 같다) 선임에 대한 의견의 제시

②채권자협의회의 의사는 출석한 구성원 과반수의 찬성으로 결정한다.
③법원은 결정으로 채권자협의회의 활동에 필요한 비용을 채무자에게 부담시킬 수 있다.
④채권자협의회의 구성 및 운영에 관하여 필요한 사항은 대법원규칙으로 정한다.
⑤채권자협의회가 구성되어 있지 아니한 때에는 제50조제1항·제62조제2항·제132조제3항·제203조제4항·제259조·제287조제3항 및 제288조제2항 중 채권자협의회에 관한 사항은 적용하지 아니한다.

제22조(채권자협의회에 대한 자료제공) ① 법원은 회생절차 또는 파산절차의 신청에 관한 서류·결정서·감사보고서 그 밖에 대법원규칙이 정하는 주요자료의 사본을 채권자협의회에 제공하여야 한다.
②관리인 또는 파산관재인은 법원에 대한 보고서류 중 법원이 지정하는 주요서류를 채권자협의회에 분기별로 제출하여야 한다.
③채권자협의회는 대법원규칙이 정하는 바에 따라 관리인 또는 파산관재인에게 필요한 자료의 제공을 청구할 수 있다.
④제3항의 규정에 의하여 자료제공을 요청받은 자는 대법원규칙이 정하는 바에 따라 자료를 제공하여야 한다.
⑤채권자협의회에 속하지 아니하는 채권자의 요청이 있는 때에는 채권자협의회는 제1항 내지 제3항의 규정에 의하여 제공받은 자료를 제공하여야 한다.

제26조(부인의 등기) ① 등기의 원인인 행위가 부인된 때에는 관리인, 파산관재인 또는 개인회생절차에서의 부인권자는 부인의 등기를 신청하여야 한다. 등

기가 부인된 때에도 또한 같다.
②제1항의 규정에 의한 등기에 관하여는 등록세를 부과하지 아니한다.
③제23조제1항제1호 내지 제3호 및 제5호의 규정은 제1항의 경우에 관하여 준용한다.
④법원은 관리인 또는 파산관재인이 제1항의 부인의 등기가 된 재산을 임의매각한 경우에 그 임의매각을 원인으로 하는 등기가 된 때에는 이해관계인의 신청에 의하여 제1항의 부인의 등기, 부인된 행위를 원인으로 하는 등기, 부인된 등기 및 위 각 등기의 뒤에 되어 있는 등기로서 회생채권자 또는 파산채권자에게 대항할 수 없는 것의 말소를 촉탁하여야 한다.

제27조(등록된 권리에의 준용) 제24조 내지 제26조의 규정은 채무자의 재산, 파산재단 또는 개인회생재단에 속하는 권리로서 등록된 것에 관하여 준용한다.

제28조(사건기록의 열람 등) ① 이해관계인은 법원에 사건기록(문서 그 밖의 물건을 포함한다)의 열람·복사, 재판서·조서의 정본·등본이나 초본의 교부 또는 사건에 관한 증명서의 교부를 청구할 수 있다.
②제1항의 규정은 사건기록 중 녹음테이프 또는 비디오테이프(이에 준하는 방법에 의하여 일정한 사항을 기록한 물건을 포함한다. 이하 이 조에서 같다)에 관하여는 적용하지 아니한다. 다만, 이해관계인의 신청이 있는 때에는 법원은 그 복제를 허용할 수 있다.
③제1항 및 제2항의 규정에 불구하고 다음 각호의 자는 당해 각호의 각목에서 정하는 재판의 어느 하나가 있을 때까지는 제1항 및 제2항의 규정에 의한 신청을 할 수 없다. 다만, 그 자가 회생절차개시의 신청인인 때에는 그러하지 아니하다.
1. 채무자 외의 이해관계인
가. 제43조제1항의 규정에 의한 보전처분
나. 제43조제3항의 규정에 의한 보전관리명령
다. 제44조제1항의 규정에 의한 중지명령
라. 제45조제1항의 규정에 의한 포괄적 금지명령
마. 회생절차개시신청에 대한 재판
2. 채무자
가. 제1호 각목의 재판
나. 회생절차개시신청에 관한 변론기일의 지정
다. 채무자를 소환하는 심문기일의 지정

④법원은 채무자의 사업유지 또는 회생에 현저한 지장을 초래할 우려가 있거나 채무자의 재산에 현저한 손해를 줄 우려가 있는 때에는 제1항 및 제2항의 규정에 의한 열람·복사, 정본·등본이나 초본의 교부 또는 녹음테이프 또는 비디오테이프의 복제를 허가하지 아니할 수 있다.
⑤제4항의 규정에 의한 불허가결정에 대하여는 즉시항고를 할 수 있다.

제29조(채무자의 재산 등에 관한 조회) ① 법원은 필요한 경우 관리인·파산관재인 그 밖의 이해관계인의 신청에 의하거나 직권으로 채무자의 재산 및 신용에 관한 전산망을 관리하는 공공기관·금융기관·단체 등에 채무자명의의 재산에 관하여 조회할 수 있다.
②면책의 효력을 받을 이해관계인이 제1항의 규정에 의한 신청을 하는 때에는 조회할 공공기관·금융기관 또는 단체를 특정하여야 한다. 이 경우 법원은 조회에 드는 비용을 미리 납부하도록 명하여야 한다.
③제1항의 규정에 의한 조회에 관하여는 「민사집행법」 제74조(재산조회)제3항·제4항 및 제75조 (재산조회의 결과 등)제1항의 규정을 준용한다.
④제1항 내지 제3항의 규정에 따라 조회를 할 공공기관·금융기관 또는 단체 등의 범위 및 조회절차, 이해관계인이 납부하여야 할 비용, 조회결과의 관리에 관한 사항 등은 대법원규칙으로 정한다.

제32조의2(차별적 취급의 금지) 누구든지 이 법에 따른 회생절차·파산절차 또는 개인회생절차 중에 있다는 이유로 정당한 사유 없이 취업의 제한 또는 해고 등 불이익한 처우를 받지 아니한다.[본조신설 2006.3.24.]

제33조(「민사소송법」 및 「민사집행법」의 준용) 회생절차·파산절차·개인회생절차 및 국제도산절차에 관하여 이 법에 규정이 없는 때에는 「민사소송법」 및 「민사집행법」을 준용한다.

제299조(상속재산의 파산신청권자) ① 상속재산에 대하여 상속채권자, 유증을 받은 자, 상속인, 상속재산관리인 및 유언집행자는 파산신청을 할 수 있다.
②상속재산관리인, 유언집행자 또는 한정승인이나 재산분리가 있은 경우의 상속인은 상속재산으로 상속채권자 및 유증을 받은 자에 대한 채무를 완제할 수 없는 것을 발견한 때에는 지체 없이 파산신청을 하여야 한다.
③상속인·상속재산관리인 또는 유언집행자가 파산신청을 하는 때에는 파산의 원인인 사실을 소명하여야 한다.

제300조(상속재산에 대한 파산신청기간) 상속재산에 대하여는「민법」제1045조(상속재산의 분리청구권)의 규정에 의하여 재산의 분리를 청구할 수 있는 기간에 한하여 파산신청을 할 수 있다. 이 경우 그 사이에 한정승인 또는 재산분리가 있은 때에는 상속채권자 및 유증을 받은 자에 대한 변제가 아직 종료하지 아니한 동안에도 파산신청을 할 수 있다.

민법 제1045조 (상속재산의 분리청구권) ① 상속채권자나 유증 받은 자 또는 상속인의 채권자는 상속 개시된 날로부터 3월내에 상속재산과 상속인의 고유재산의 분리를 법원에 청구할 수 있다.

② 상속인이 상속의 승인이나 포기를 하지 아니한 동안은 전항의 기간경과 후에도 재산의 분리를 법원에 청구할 수 있다. <개정 1990.1.13.>

제302조(신청서) ① 파산신청은 다음 각호의 사항을 기재한 서면으로 하여야 한다.

1. 신청인 및 그 법정대리인의 성명 및 주소
2. 채무자가 개인인 경우에는 채무자의 성명·주민등록번호 및 주소
3. 채무자가 개인이 아닌 경우에는 채무자의 상호, 주된 사무소 또는 영업소의 소재지, 대표자의 성명
4. 신청의 취지
5. 신청의 원인
6. 채무자의 사업목적과 업무의 상황
7. 채무자의 발행주식 또는 출자지분의 총수, 자본의 액과 자산, 부채 그 밖의 재산상태
8. 채무자의 재산에 관한 다른 절차 또는 처분으로서 신청인이 알고 있는 것
9. 채권자가 파산신청을 하는 때에는 그가 가진 채권의 액과 원인
10. 주주·지분권자가 파산신청을 하는 때에는 그가 가진 주식 또는 출자지분의 수 또는 액

②제1항의 규정에 의한 서면에는 다음 각호의 서류를 첨부하여야 한다. 다만, 신청과 동시에 첨부할 수 없는 때에는 그 사유를 소명하고 그 후에 지체 없이 제출하여야 한다.

1. 채권자목록
2. 재산목록

3. 채무자의 수입 및 지출에 관한 목록
4. 그 밖에 대법원규칙에서 정하는 서류

제303조(파산절차비용의 예납) 파산신청을 하는 때에는 법원이 상당하다고 인정하는 금액을 파산절차의 비용으로 미리 납부하여야 한다.

제304조(파산절차비용의 가지급) 파산신청인이 채권자가 아닌 때에는 파산절차의 비용을 국고에서 가지급할 수 있다. 예납금이 부족하게 된 때, 법원이 직권으로 파산선고를 한 때 또는 파산신청인이 채권자인 경우 미리 비용을 납부하지 아니하였음에도 불구하고 법원이 파산선고를 한 때에도 같다.

제307조(상속재산의 파산원인) 상속재산으로 상속채권자 및 유증을 받은 자에 대한 채무를 완제할 수 없는 때에는 법원은 신청에 의하여 결정으로 파산을 선고한다.

제308조(파산신청 또는 선고 후의 상속) 파산신청 또는 파산선고가 있은 후에 상속이 개시된 때에는 파산절차는 상속재산에 대하여 속행된다.

제310조(파산선고) 파산결정서에는 파산선고의 연·월·일·시를 기재하여야 한다.

제311조(파산의 효력발생시기) 파산은 선고를 한 때부터 그 효력이 생긴다.

제312조(파산선고와 동시에 정하여야 하는 사항) ① 법원은 파산선고와 동시에 파산관재인을 선임하고 다음 각호의 사항을 정하여야 한다.

1. 채권신고의 기간. 이 경우 그 기간은 파산선고를 한 날부터 2주 이상 3월 이하이어야 한다.
2. 제1회 채권자집회의 기일. 이 경우 그 기일은 파산선고를 한 날부터 4월 이내이어야 한다.
3. 채권조사의 기일. 이 경우 그 기일과 제1호의 규정에 의한 채권신고기간의 말일과의 사이에는 1주 이상 1월 이하의 기간이 있어야 한다.

②제1항제2호 및 제3호의 규정에 의한 기일은 병합할 수 있다.

제313조(파산선고의 공고 및 송달) ① 법원은 파산선고를 한 때에는 즉시 다음 각호의 사항을 공고하여야 한다.

1. 파산결정의 주문
2. 파산관재인의 성명 및 주소 또는 사무소
3. 제312조의 규정에 의한 기간 및 기일
4. 파산선고를 받은 채무자의 채무자와 파산재단에 속하는 재산의 소유자는 파산선고를 받은 채무자에게 변제를 하거나 그 재산을 교부하여서는 아니된다는 뜻의 명령
5. 파산선고를 받은 채무자의 채무자와 파산재단에 속하는 재산의 소유자에 대하여 다음 각목의 사항을 일정한 기간 안에 파산관재인에게 신고하여야 한다는 뜻의 명령

가. 채무를 부담하고 있다는 것

나. 재산을 소지하고 있다는 것

다. 소지자가 별제권을 가지고 있는 때에는 그 채권을 가지고 있다는 것

②법원은 알고 있는 채권자·채무자 및 재산소지자에게는 제1항 각호의 사항을 기재한 서면을 송달하여야 한다.

③제1항 및 제2항의 규정은 제1항제2호 내지 제5호의 사항에 변경이 생긴 경우에 관하여 준용한다.

④제1항제5호의 규정에 의한 신고를 게을리한 자는 이로 인하여 파산재단에 생긴 손해를 배상하여야 한다.

제319조(파산선고를 받은 채무자의 구인) ① 법원은 필요하다고 인정하는 때에는 파산선고를 받은 채무자를 구인하도록 명할 수 있다.
②제1항의 구인에는 「형사소송법」의 구인에 관한 규정을 준용한다.
③제1항의 규정에 의한 결정에 대하여는 즉시항고를 할 수 있다.

제320조(파산선고를 받은 채무자의 법정대리인 등의 구인) 제319조의 규정은 다음 각호의 자에 관하여 준용한다.

1. 파산선고를 받은 채무자의 법정대리인
2. 파산선고를 받은 채무자의 이사
3. 파산선고를 받은 채무자의 지배인

4. 상속재산에 대한 파산의 경우 상속인과 그 법정대리인 및 지배인

제321조(채무자 등의 설명의무) ① 다음 각호의 자는 파산관재인·감사위원 또는 채권자집회의 요청에 의하여 파산에 관하여 필요한 설명을 하여야 한다.

1. 채무자 및 그 대리인
2. 채무자의 이사
3. 채무자의 지배인
4. 상속재산에 대한 파산의 경우 상속인, 그 대리인, 상속재산관리인 및 유언집행자

②제1항의 규정은 종전에 제1항의 규정에 의한 자격을 가졌던 자에 관하여 준용한다.

제322조(파산선고 전의 구인) ① 파산의 신청이 있는 때에는 법원은 파산선고 전이라도 채무자와 제320조에 규정된 자의 구인을 명할 수 있다.

②제319조제2항 및 제3항의 규정은 제1항의 경우에 관하여 준용한다.

제323조(파산선고 전의 보전처분) ① 법원은 파산선고 전이라도 이해관계인의 신청에 의하거나 직권으로 채무자의 재산에 관하여 가압류·가처분 그 밖에 필요한 보전처분을 명할 수 있다. 법원이 직권으로 파산선고를 하는 때에도 같다.

②법원은 제1항의 규정에 의한 처분을 변경하거나 취소할 수 있다.

③제1항 또는 제2항의 규정에 의한 재판은 결정으로 한다.

④제1항 또는 제2항의 규정에 의한 재판에 대하여는 즉시항고를 할 수 있다.

⑤제4항의 규정에 의한 즉시항고는 집행정지의 효력이 없다.

제346조(파산과 한정승인 및 재산분리) 상속인이나 상속재산에 대한 파산선고는 한정승인 또는 재산분리에 영향을 미치지 아니한다. 다만, 파산취소 또는 파산폐지의 결정이 확정되거나 파산종결의 결정이 있을 때까지 그 절차를 중지한다.

제385조(파산선고 후의 단순승인) 파산선고 전에 채무자를 위하여 상속개시가 있는 경우 채무자가 파산선고 후에 한 단순승인은 파산재단에 대하여는 한

정승인의 효력을 가진다.

제386조(파산선고 후의 상속포기) ① 파산선고 전에 채무자를 위하여 상속개시가 있는 경우 채무자가 파산선고 후에 한 상속포기도 파산재단에 대하여는 한정승인의 효력을 가진다.

②파산관재인은 제1항의 규정에 불구하고 상속포기의 효력을 인정할 수 있다. 이 경우 포기가 있은 것을 안 날부터 3월 이내에 그 뜻을 법원에 신고하여야 한다.

제387조(파산과 포괄적 유증) 제385조 및 제386조의 규정은 포괄적 유증에 관하여 준용한다.

제388조(파산과 특정유증) ① 파산선고 전에 채무자를 위하여 특정유증이 있는 경우 채무자가 파산선고 당시 승인 또는 포기를 하지 아니한 때에는 파산관재인이 채무자에 갈음하여 그 승인 또는 포기를 할 수 있다.

②「민법」 제1077조(유증의무자의 최고권)의 규정은 제1항의 경우에 관하여 준용 한다.

제389조(상속재산의 파산) ① 상속재산에 대하여 파산선고가 있는 때에는 이에 속하는 모든 재산을 파산재단으로 한다.

②상속재산에 대하여 파산선고가 있는 경우 피상속인이 상속인에 대하여 가지는 권리와 상속인이 피상속인에 대하여 가지는 권리는 소멸하지 아니한다.

③상속재산에 대하여 파산선고가 있는 때에는 상속인은 한정승인한 것으로 본다. 다만, 「민법」 제1026조제3호에 의하여 상속인이 단순승인한 것으로 보는 때에는 그러하지 아니하다.

제390조(상속인의 재산처분) ① 상속인이 상속재산의 전부 또는 일부를 처분한 후 상속재산에 대하여 파산선고가 있는 때에는 상속인이 반대급부에 관하여 가지는 권리는 파산재단에 속한다.

②제1항의 경우 상속인이 이미 반대급부를 받은 때에는 이를 파산재단에 반환하여야 한다. 다만, 그 반대급부를 받은 때에 상속인이 파산의 원인인 사실 또는 파산신청이 있은 것을 알지 못한 때에는 그 이익이 현존하는 한도 안에서 반환하면 된다.

제391조(부인할 수 있는 행위) 파산관재인은 파산재단을 위하여 다음 각호의 어느 하나에 해당하는 행위를 부인할 수 있다.

1. 채무자가 파산채권자를 해하는 것을 알고 한 행위. 다만, 이로 인하여 이익을 받은 자가 그 행위 당시 파산채권자를 해하게 되는 사실을 알지 못한 경우에는 그러하지 아니하다.

2. 채무자가 지급정지 또는 파산신청이 있은 후에 한 파산채권자를 해하는 행위와 담보의 제공 또는 채무소멸에 관한 행위. 다만, 이로 인하여 이익을 받은 자가 그 행위 당시 지급정지 또는 파산신청이 있은 것을 알고 있은 때에 한한다.

3. 채무자가 지급정지나 파산신청이 있은 후 또는 그 전 60일 이내에 한 담보의 제공 또는 채무소멸에 관한 행위로서 채무자의 의무에 속하지 아니하거나 그 방법 또는 시기가 채무자의 의무에 속하지 아니하는 것. 다만, 채권자가 그 행위 당시 지급정지나 파산신청이 있은 것 또는 파산채권자를 해하게 되는 사실을 알지 못한 경우를 제외한다.

4. 채무자가 지급정지 또는 파산신청이 있은 후 또는 그 전 6월 이내에 한 무상행위 및 이와 동일시할 수 있는 유상행위

제392조(특수관계인을 상대방으로 한 행위에 대한 특칙) ① 제391조제2호 단서의 규정을 적용하는 경우 이익을 받는 자가 채무자와 대통령령이 정하는 범위의 특수관계에 있는 자(이하 이 조에서 "특수관계인"이라 한다)인 때에는 그 특수관계인이 행위 당시 지급정지 또는 파산신청이 있은 것을 알고 있었던 것으로 추정한다.

②제391조제3호의 규정을 적용하는 경우 특수관계인을 상대방으로 하는 행위에 대하여는 같은 호 본문에 규정된 "60일"을 "1년"으로 하고, 같은 호 단서를 적용하는 경우에는 그 특수관계인이 그 행위 당시 지급정지 또는 파산신청이 있은 것과 파산채권자를 해하는 사실을 알고 있었던 것으로 추정한다.

③제391조제4호의 규정을 적용하는 경우 특수관계인을 상대방으로 하는 행위인 때에는 같은 호에 규정된 "6월"을 "1년"으로 한다.

제393조(어음지급의 예외) ① 제391조의 규정은 채무자로부터 어음의 지급을 받은 자가 그 지급을 받지 아니하면 채무자의 1인 또는 여럿에 대한 어음상의 권리를 상실하게 되었을 경우에는 적용하지 아니한다.

②제1항의 경우 최종의 상환의무자 또는 어음의 발행을 위탁한 자가 그 발행 당시에 지급정지 또는 파산신청이 있었음을 알았거나 또는 과실로 인하여 이를 알지 못한 때에는 파산관재인은 그로 하여금 채무자가 지급한 금액을 상환하게 할 수 있다.

제398조(상대방의 지위) ① 채무자의 행위가 부인된 경우 그가 받은 반대급부가 파산재단 중에 현존하는 때에는 상대방은 그 반환을 청구할 수 있으며, 반대급부로 인하여 생긴 이익이 현존하는 때에는 그 이익의 한도 안에서 재단채권자로서 그 권리를 행사할 수 있다.

②채무자의 행위가 부인된 경우 반대급부로 인하여 생긴 이익이 현존하지 아니하는 때에는 상대방은 그 가액의 상환에 관하여 파산채권자로서 권리를 행사할 수 있다. 반대급부의 가액이 현존하는 이익보다 큰 경우 그 차액에 관하여도 또한 같다.

제399조(상대방의 채권의 회복) 채무자의 행위가 부인된 경우 상대방이 그가 받은 급부를 반환하거나 그 가액을 상환한 때에는 상대방의 채권은 원상으로 회복된다.

제400조(상속재산의 파산의 경우의 부인권) 제391조·제392조·제393조·제398조 및 제399조의 규정은 상속재산에 대하여 파산선고가 있은 경우 피상속인·상속인·상속재산관리인 및 유언집행자가 상속재산에 관하여 한 행위에 관하여 준용한다.

제401조(유증을 받은 자에 대한 변제 등의 부인) 상속재산에 대하여 파산선고가 있은 경우 유증을 받은 자에 대한 변제 그 밖의 채무의 소멸에 관한 행위가 그 채권에 우선하는 채권을 가진 파산채권자를 해하는 때에는 이를 부인할 수 있다.

제402조(부인의 상대방에 대한 변제) 상속재산에 대하여 파산선고가 있은 경우 피상속인·상속인·상속재산관리인 및 유언집행자가 상속재산에 관하여 한 행위가 부인된 때에는 상속채권자에게 변제한 후 부인된 행위의 상대방에게 그 권리의 가액에 따라 잔여재산을 분배하여야 한다.

제411조(별제권자) 파산재단에 속하는 재산상에 존재하는 유치권·질권·저당권 또는 전세권을 가진 자는 그 목적인 재산에 관하여 별제권을 가진다.

제412조(별제권의 행사) 별제권은 파산절차에 의하지 아니하고 행사한다.

제413조(별제권자의 파산채권행사) 별제권자는 그 별제권의 행사에 의하여 변제를 받을 수 없는 채권액에 관하여만 파산채권자로서 그 권리를 행사할 수 있다. 다만, 별제권을 포기한 채권액에 관하여 파산채권자로서 그 권리를 행사하는 것에 영향을 미치지 아니한다.

제414조(준별제권자) ① 파산재단에 속하지 아니하는 채무자의 재산상에 질권 또는 저당권을 가진 자는 그 권리의 행사에 의하여 변제를 받을 수 없는 채권액에 한하여 파산채권자로서 그 권리를 행사할 수 있다.

②제1항의 규정에 의한 권리를 가진 자에 대하여는 별제권에 관한 규정을 준용한다.

제415조(주택임차인 등) ①주택임대차보호법 제3조(대항력 등)제1항의 규정에 의한 대항요건을 갖추고 임대차계약증서상의 확정일자를 받은 임차인은 파산재단에 속하는 주택(대지를 포함한다)의 환가대금에서 후순위권리자 그 밖의 채권자보다 우선하여 보증금을 변제받을 권리가 있다.

②「주택임대차보호법」 제8조(보증금중 일정액의 보호)의 규정에 의한 임차인은 같은 조의 규정에 의한 보증금을 파산재단에 속하는 주택(대지를 포함한다)의 환가대금에서 다른 담보물권자보다 우선하여 변제받을 권리가 있다. 이 경우 임차인은 파산신청일까지 「주택임대차보호법」 제3조(대항력 등)제1항의 규정에 의한 대항요건을 갖추어야 한다.

③제1항 및 제2항의 규정은「상가건물 임대차보호법」제3조 (대항력 등)의 규정에 의한 대항요건을 갖추고 임대차계약증서상의 확정일자를 받은 임차인과 같은 법 제14조(보증금중 일정액의 보호)의 규정에 의한 임차인에 관하여 준용한다.

제434조(상속인의 파산) 상속인이 파산선고를 받은 경우에는 재산의 분리가 있는 때에도 상속채권자 및 유증을 받은 자는 그 채권의 전액에 관하여 파산재단에 대하여 파산채권자로서 그 권리를 행사할 수 있다.

제435조(상속재산 및 상속인의 파산) 상속재산 및 상속인에 대하여 파산선고가 있는 때에는 상속채권자 및 유증을 받은 자는 그 채권의 전액에 관하여 각 파산재단에 대하여 파산채권자로서 그 권리를 행사할 수 있다.

제436조(상속인의 한정승인) 제434조 및 제435조의 경우 파산선고를 받은 상속인이 한정승인을 한 때에는 상속채권자와 유증을 받은 자는 그 상속인의 고유재산에 대하여 파산채권자로서 그 권리를 행사할 수 없다. 제385조 또는 제386조제1항의 규정에 의하여 한정승인의 효력이 있는 때에도 또한 같다.

제437조(상속인의 피상속인에 대한 채권 등) 상속재산에 대하여 파산선고가 있는 때에는 상속인은 그 피상속인에 대한 채권 및 피상속인의 채무소멸을 위하여 한 출연에 관하여 상속채권자와 동일한 권리를 가진다.

제438조(상속인의 채권자) 상속재산에 대하여 파산선고가 있는 때에는 상속인의 채권자는 그 파산재단에 대하여 파산채권자로서 그 권리를 행사할 수 없다.

제443조(상속채권자의 우위) 상속재산에 대하여 파산선고가 있는 때에는 상속채권자의 채권은 유증을 받은 자의 채권에 우선한다.

제444조(상속인이 파산한 경우의 채권자간의 순위) 상속재산에 대한 파산신청기간안의 신청에 의하여 상속인에 대한 파산선고가 있는 때에는 상속인의 채권자의 채권은 그 고유재산에 대하여 상속채권자 및 유증을 받은 자의 채권에 우선하고, 상속채권자 및 유증을 받은 자의 채권은 상속재산에 대하여 상속인의 채권자의 채권에 우선한다.

제445조(상속재산 및 상속인의 파산재단의 순위) 상속재산 및 상속인에 대

하여 파산선고가 있는 때에는 상속인의 채권자의 채권은 상속인의 파산재단에 대하여는 상속채권자 및 유증을 받은 자의 채권에 우선한다.

제474조(부담있는 유증의 부담의 청구권) 파산관재인이 부담있는 유증의 이행을 받은 때에는 부담의 이익을 받을 청구권은 유증목적의 가액을 초과하지 아니하는 한도 안에서 재단채권으로 한다.

제503조(상속인의 파산과 상속재산의 처분) ① 상속인이 파산선고를 받은 후에 한정승인을 하거나 재산분리가 있는 때에는 상속재산의 처분은 파산관재인이 하여야 한다. 한정승인 또는 재산분리가 있은 후에 상속인이 파산선고를 받은 때에도 또한 같다.

②파산관재인이 제1항의 규정에 의한 처분을 종료한 때에는 잔여재산에 대하여 파산재단의 재산목록 및 대차대조표를 보충하여야 한다.

③제1항 및 제2항의 규정은 포괄적 유증을 받은 자가 파산선고를 받은 경우에 관하여 준용한다.

제504조(준용규정) 제503조의 규정은 제385조 또는 제386조제1항의 규정에 의하여 한정승인의 효력이 있는 경우에 관하여 준용한다.

제537조(상속재산의 잔여재산) 상속재산에 대하여 파산선고가 있는 때에는 최후의 배당으로부터 제외된 상속채권자와 유증을 받은 자는 잔여재산에 관하여 그 권리를 행사할 수 있다.

제650조(사기파산죄) 채무자가 파산선고의 전후를 불문하고 자기 또는 타인의 이익을 도모하거나 채권자를 해할 목적으로 다음 각호의 어느 하나에 해당하는 행위를 하고, 그 파산선고가 확정된 때에는 10년 이하의 징역 또는 1억원 이하의 벌금에 처한다.

1. 파산재단에 속하는 재산을 은닉 또는 손괴하거나 채권자에게 불이익하게 처분을 하는 행위
2. 파산재단의 부담을 허위로 증가시키는 행위
3. 법률의 규정에 의하여 작성하여야 하는 상업장부를 작성하지 아니하거나, 그 상업장부에 재산의 현황을 알 수 있는 정도의 기재를 하지 아니하거나, 그 상업장부에 부실한 기재를 하거나, 그 상업장부를 은닉 또는 손괴하는 행위

4. 第481조의 규정에 의하여 법원사무관등이 폐쇄한 장부에 변경을 가하거나 이를 은닉 또는 손괴하는 행위

第651조(과태파산죄) 채무자가 파산선고의 전후를 불문하고 다음 각호의 어느 하나에 해당하는 행위를 하고, 그 파산선고가 확정된 경우 그 채무자는 5년 이하의 징역 또는 5천만원 이하의 벌금에 처한다.

1. 파산의 선고를 지연시킬 목적으로 신용거래로 상품을 구입하여 현저히 불이익한 조건으로 이를 처분하는 행위
2. 파산의 원인인 사실이 있음을 알면서 어느 채권자에게 특별한 이익을 줄 목적으로 한 담보의 제공이나 채무의 소멸에 관한 행위로서 채무자의 의무에 속하지 아니하거나 그 방법 또는 시기가 채무자의 의무에 속하지 아니하는 행위
3. 법률의 규정에 의하여 작성하여야 하는 상업장부를 작성하지 아니하거나, 그 상업장부에 재산의 현황을 알 수 있는 정도의 기재를 하지 아니하거나, 그 상업장부에 부정의 기재를 하거나, 그 상업장부를 은닉 또는 손괴하는 행위
4. 第481조의 규정에 의하여 법원사무관등이 폐쇄한 장부에 변경을 가하거나 이를 은닉 또는 손괴하는 행위

第652조(일정한 지위에 있는 자의 사기파산 및 과태파산죄) 다음 각호의 어느 하나에 해당하는 자가 第650조 및 第651조에 규정된 행위를 하고, 채무자에 대한 파산선고가 확정된 때에는 第650조 및 第651조의 예에 의한다. 상속재산에 대한 파산의 경우 상속인 및 그 법정대리인과 지배인에 관하여도 또한 같다.

1. 채무자의 법정대리인
2. 법인인 채무자의 이사
3. 채무자의 지배인

7. 상속관련 가사비송 첨부서류 목록 및 송달료 등

사건명	첨부서류	신청서	인지액	송달료	관할법원	비고
실종신고	가족관계증명서 주민등록등본 (청구인, 사건본인) 인우보증서 (2인 인감증명서)	1통	사건본인 각5,000원	30,600원	사건본인 최후 주소지	★관보료: 15,600원 (인지)
부재선고	가족관계증명서 기본증명서 주민등록등본 잔류자확인서	1통	비용면제 (우표 6,120원)		사건본인 등록 기준지	1월이상 기간 공시
상속재산 관리인선임	제적등본 (2007.12.31.이전 사망신고의 경우) 또는 기본증명서 (2008.1.1. 이후 사망신고의 경우) 가족관계증명서 기본증명서 주민등록등본 재산증명서류 기타 이해관계서류	1통	사건본인 각5,000원	30,600원 (10회분)	피상속인 최후 주소지	★신문공고료: 33,000원 ★관보료: 7,800원 (인지)
특별대리인 (가사비송)	제적등본 (2007.12.31.이전 사망신고의 경우) 또는 기본증명서 (2008.1.1. 이후 사망신고의 경우) 가족관계증명서 기본증명서 주민등록등본 (청구인,사건본인,특별대리인) 기타원인서류	1통	사건본인 각5,000원	30,600원 (10회분)	사건본인 주소지	
후견인선임,	주민등록등본 (청구인, 사건본인) 제적등본 (2007.12.31.이전 사망신고의 경우) 또는 기본증명서 (2008.1.1. 이후 사망신고의 경우) 가족관계증명서	1통	사건본인 각5,000원	30,600원 (10회분)	사건본인 주소지	

사건명	첨부서류	신청서	인지액	송달료	관할법원	비고
친족회선임 친족회소집	가족관계증명서 기본증명서 주민등록등본 (청구인, 사건본인, 친족회원) 친족회원 가족관계증명서 기타이해관계서류	1통	1,000원	청구인 친족회원수 각12,240원	사건본인 주소지	
상속포기 한정승인	주민등록등본 인감증명(청구인) 기본증명서 주민등록등본 제적등본 (2007.12.31.이전 사망신고의 경우) 또는 기본증명서 (2008.1.1. 이후 사망신고의 경우) 가족관계증명서 말소자등본(사망자) 상속재산목록(한정승인)	1통	청구인 각5,000원	청 구 인 각 12,240원	사망자 최후 주소지	* 상속포기 - 사망한 날로부터 3개월 이내 * 한정승인 - 사망한 날로부터 또는 채무가 있음을 안날로부터 3개월이내 (결정 송달 받은 후 5일 안에 신문 공고할 것.)
유언검인	주민등록등본 (청구인, 상속인) 제적등본 (2007.12.31.이전 사망신고의 경우) 또는 기본증명서 (2008.1.1. 이후 사망신고의 경우) 가족관계증명서 기본증명서 말소자등본(사망자) 유언서사본	1통	5,000원	청구인, 상속인 각12,240원	사망자 최후 주소지	

※ 2011. 10. 1.부터 법원송달료 변경

- 1회당 송달료 : 종전 3,020원 → 변경 3,060원

8. 상속관련 주요 판결

가. 상속개시 전 처분 증여재산, 유류분 산정 기초재산 제외여부

부산지법 2007.5.16. 선고 2006가합17563,17570 판결

【판시사항】

[1] 공동상속인 중의 1인이 피상속인으로부터 증여를 받은 경우, 그 증여가 상속개시 전의 1년간에 행해진 것인지 여부와 관계없이 전부 유류분 산정을 위한 기초재산에 산입되는지 여부(적극)

[2] 증여재산 일부가 상속개시 전에 이미 처분된 경우, 유류분 산정을 위한 기초재산에서 제외되는지 여부(소극) 및 유류분액의 산정에 있어서 증여재산의 시가 산정 기준(=상속개시 당시의 시가)

[3] 기여분이 결정되기 전에 유류분반환청구소송에서 피고가 된 기여상속인은 상속재산 중 자신의 기여분을 공제할 것을 항변으로 주장할 수 있는지 여부(소극) 및 상속재산분할의 심판청구 없이 단지 유류분반환청구가 있다는 사유만으로 기여분결정청구가 허용되는지 여부(소극)

【판결요지】

[1] 유류분은 피상속인의 상속개시시의 적극재산 가액에 상속개시 전의 1년간 증여한 재산의 가액을 가산하고 상속채무액을 공제한 금액을 기초로 산정하되, 공동상속인 중의 1인이 피상속인으로부터 증여를 받은 경우에는 그 증여가 상속개시 전의 1년간에 행해진 것인지 여부와 관계없이 전부 유류분 산정을 위한 기초재산에 산입된다.

[2] 유류분 반환범위는 상속개시 당시 피상속인의 순재산과 문제된 증여재산을 합한 재산을 평가하여 그 재산액에 유류분청구권자의 유류분 비율을 곱하여 얻은 유류분액을 기준으로 하는 것으로, 그 유류분액을 산정함에 있어 반환의무자가 증여받은 재산의 시가는 상속개시 당시를 기준으로 산정하여야 하는 것이 법리이므로, 증여재산 일부가 상속개시 전에 이미 처분되었다 하더라도 유류분 산정을 위한 기초재산에서 제외될 수는 없고, 이 경우에도 그 처분 당시의 시가나 실제 처분대금이 아니라 상속개시 당시의 시가를 기준으로 유류분액을 산정하여야 한다.

[3] 공동상속인 간의 협의 또는 가정법원의 심판으로 기여분이 결정되기 전에 유류분반환청구소송에서 피고가 된 기여상속인은 상속재산 중 자신의 기여분을 공제할 것을 항변으로 주장할 수 없을 뿐 아니라, 상속재산분할의 심판청구 없이 단지 유류분반환청구가 있다는 사유만으로 기여분결정청구가 허용되는 것도 아니다.

【참조조문】

[1] 민법 제1113조, 제1115조 / [2] 민법 제1113조, 제1115조 / [3] 민법 제1008조의2, 제1113조

【참조판례】

[1][2] 대법원 2005. 6. 23. 선고 2004다51887 판결(공2005하, 1228) / [2] 대법원 1996. 2. 9. 선고 95다17885 판결(공1996상, 904) / [3] 대법원 1999. 8. 24.자 99스28 결정(공1999하, 2211)

【전 문】

【원 고】 원고 1외 3인 (소송대리인 변호사 허영수)

【피 고】 피고 (소송대리인 변호사 장원용)

【변론종결】 2007. 4. 18.

【주 문】

1. 피고는 원고들에게 별지 제1목록 기재 각 부동산 중 각 12분의 1 지분에 관하여 각 2006. 5. 12. 유류분반환을 원인으로 한 소유권이전등기절차를 이행하라.
2. 피고는 원고들에게 각 64,519,138원 및 이에 대하여 2006. 5. 13.부터 2007. 5. 16.까지 연 5%, 그 다음날부터 다 갚는 날까지 연 20%의 비율에 의한 돈을 지급하라.
3. 소송비용은 피고가 부담한다.
4. 제2항은 가집행할 수 있다.

【청구취지】 주문과 같다.

【이 유】

1. 인정 사실

다음 각 사실은 당사자 사이에 다툼이 없거나, 갑2호증의 1 내지 26, 갑3호증의 1 내지 17, 갑4호증의 1 내지 26, 갑5호증의 1 내지 5, 을1호증, 을2호증의 1, 2의

각 기재, 이 법원의 부산광역시 건설본부장, 부산광역시 강서구청장에 대한 각 사실조회결과, 감정인 박종만에 대한 감정촉탁결과에 변론 전체의 취지를 종합하여 인정된다.

가. 소외 1(이하 '망인'이라 한다)이 2006. 4. 10. 사망하여 그 아들인 피고, 딸인 원고들 및 소외 2가 망인을 상속하게 되었는데, 이들의 상속분은 각 1/6이다.

나. 피고는 망인으로부터, (1) 1990. 10. 5. 별지 제1목록 1, 4, 5, 7, 9 내지 13항 기재 각 부동산에 관하여 1990. 9. 7. 증여를 원인으로 한 소유권이전등기를, (2) 2006. 3. 29. 별지 제1목록 2, 3, 6, 8항 기재 각 부동산에 관하여 2006. 3. 15. 증여를 원인으로 한 소유권이전등기를, (3) 1990. 10. 5. 별지 제2목록 1 내지 11항 기재 각 부동산에 관하여 1990. 9. 7. 증여를 원인으로 한 소유권이전등기를 각 경료받는 한편, (4) 부산광역시가 2004. 5. 28. 망인에게 지급한 망인 명의의 별지 제2목록 12, 13항 기재 각 부동산에 관한 협의취득 보상금 132,815,000원(93,425,000원 + 39,390,000원)을 증여받았다(이하 별지 제1, 2목록 기재 각 부동산 중 별지 제2목록 12, 13항 기재 각 부동산을 제외한 나머지 부동산을 이 사건 각 부동산이라 하고, 이 사건 각 부동산 및 협의취득 보상금을 이 사건 증여재산이라 한다).

다. 한편, 위 나.(3)항의 부동산은 아래 〈표〉와 같이 피고가 다른 데 매도하거나 부산광역시가 협의 취득하였는데, 상속개시 당시 위 부동산의 시가는 아래 〈표〉와 같이 합계 641,414,670원이다.

항목	증여 후 처분	상속 개시 당시 시가 (원)
1	2004. 5. 28. 부산광역시 협의취득	24,244,000
2		1,653,000
3		54,896,000
4	1999. 3. 5. 부산광역시 협의취득	80,367,000
5		49,063,000
6	2004. 5. 28. 부산광역시 협의취득	46,136,000
7	1999. 3. 5. 부산광역시 협의취득	45,150,000
8	1998. 11. 23. 피고가 소외 3에게 매각	35,072,130
9		13,722,540
10	2002. 3. 4. 피고가 소외 4에게 매각	43,845,000
11	1998. 11. 23. 피고가 소외 3에게 매각	247,266,000
합계		641,414,670

라. 원고들이 피고에게 유류분반환을 구하는 의사표시가 담긴 이 사건 소장이 2006. 5. 12. 피고에게 송달되었다.

2. 판 단

가. 유류분 반환 책임의 발생

위 인정 사실에 의하면, 피고는 민법 제1112조, 제1113조, 제1115조의 규정에 따라 원고들에게 이 사건 증여재산 중 아래 (1), (2), (3)항에서 보는 바와 같은 원고들의 유류분 부족액을 반환할 책임이 있다.

(1) 유류분 부족액의 산정 방식

원고들의 각 유류분 부족액의 산정방식은 아래의 계산 방법과 같다.

유류분 부족액 = 유류분액[유류분 산정의 기초재산액{상속재산 중 적극재산액 + 증여액 - 상속채무액} × 원고들의 각 유류분 비율 - 원고들의 특별수익액] - 원고들의 순상속분액(상속받을 적극재산액 - 상속채무액)

(2) 유류분 산정의 기초재산액

유류분은 피상속인의 상속개시시의 적극재산 가액에 상속개시 전의 1년간 증여한 재산의 가액을 가산하고 상속채무액을 공제한 금액을 기초로 산정하되, 공동상속인 중의 1인이 피상속인으로부터 증여를 받은 경우에는 그 증여가 상속개시 전의 1년간에 행해진 것인지 여부에 관계없이 전부 유류분 산정을 위한 기초재산에 산입되는바, 위 인정 사실에 의하면, 피고는 망인으로부터 이 사건 각 부동산 및 협의취득 보상금을 상속개시 전에 증여받고, 상속개시 당시 이 사건 증여재산 외에 다른 적극적 상속재산이나 망인의 상속채무가 있었다는 사정이 변론에 나타나지 아니하므로, 이 사건 증여재산만 유류분 산정을 위한 기초재산에 산입된다.

(3) 유류분액 및 유류분 부족액의 산정

원고들의 유류분액 및 유류분 부족액을 보건대, 그 유류분액은 이 사건 증여재산의 총 가액에 대한 원고들의 유류분 각 1/12(상속분 1/6 × 1/2)의 비율로 계산한 가액 상당이 되지만, 유류분 반환은 원물반환이 원칙이고, 원고들의 순상속분액이 없는 점에 비추어, 원고들의 유류분 부족액은 이 사건 증여재산 중 각 1/12 지분만큼이 된다.

나. 피고의 주장에 대한 판단

(1) 유류분 산정의 기초재산 및 그 가액 산정 기준에 관한 주장 부분

피고는, 이 사건 증여재산 중 별지 제2목록 1 내지 11항 기재 각 부동산은 피고가 망인의 뜻에 따라 처분하여, 그 처분대금으로 원고들의 학자금, 결혼비용 등을 마련하느라고 진 망인의 채무를 변제하고, 망인을 부양하는 데 대부분 사용한 것으로서, 그 실제 처분대금이 상속개시 당시의 시가보다 훨씬 적을 뿐만 아니라, 이 사건 각 부동산의 시가가 피고의 지목변경 및 성토 등의 노력으로 많이 상승된 것이므로, 이러한 사정을 잘 알고 있는 원고들이 이 사건 증여재산 모두에 대하여 (특히, 이미 처분된 증여재산에 대하여까지) 더욱이 그 시가를 상속개시 당시를 기준으로 유류분 반환을 구할 수 없다고 주장한다.

그런데 유류분 반환범위는 상속개시 당시 피상속인의 순재산과 문제된 증여재산을 합한 재산을 평가하여 그 재산액에 유류분청구권자의 유류분 비율을 곱하여 얻은 유류분액을 기준으로 하는 것으로, 그 유류분액을 산정함에 있어 반환의무자가 증여받은 재산의 시가는 상속개시 당시를 기준으로 산정하여야 하는 것이 법리이므로, 이 사건의 경우처럼 증여재산 일부가 상속개시 전에 이미 처분되었다 하더라도 유류분 산정을 위한 기초재산에서 제외될 수는 없고, 이 경우에도 그 처분 당시의 시가나 실제 처분대금이 아니라 상속개시 당시의 시가를 기준으로 유류분액을 산정하여야 한다고 봄이 상당하고, 피고가 내세우는 위와 같은 사정이나 그 증거만으로는 이와 달리 볼 수 없다.

따라서 이와 다른 입장에서 나온 피고의 위 주장은 받아들이지 아니한다.

(2) 기여분 참작에 관한 주장 부분

피고는, 피고가 1981.경부터 망인의 사망시까지 상당한 기간 동안 지병을 앓던 망인과 동거하면서 간병하는 등 망인을 부양하고, 이 사건 각 부동산의 지목을 대지로 변경하고 매립하는 등 그 재산적 가치를 높여 증여재산의 유지 또는 증가에 기여하였으므로, 원고들의 유류분을 계산하는 데 있어 피고의 기여분을 80% 정도 참작하여야 한다고 주장한다.

그러나 공동상속인 간의 협의 또는 가정법원의 심판으로 기여분이 결정되기 전에 유류분반환청구소송에서 피고가 된 기여상속인은 상속재산 중 자신의 기여분을 공제할 것을 항변으로 주장할 수 없을 뿐만 아니라 상속재산분할의 심판청구 없이 단지 유류분반환청구가 있다는 사유만으로 기여분결정청구가 허용되는 것도 아니므로, 피고의 위 주장은 그 자체로 받아들일 수 없다.

다. 유류분 반환의 범위

따라서 피고는 원고들에게 이 사건 증여재산 중 원고들의 유류분 부족액에 대하여 아래 (1), (2)항에서 보는 바와 같이 원물반환 또는 원물반환이 불가능한 경우에는 그 가액을 반환하여야 한다.

(1) 원물반환 부분

피고는 원고들에게 이 사건 증여재산 중 별지 제1목록 기재 각 부동산의 각 12분의 1 지분에 관하여 각 2006. 5. 12. 유류분반환을 원인으로 한 소유권이전등기절차를 이행할 의무가 있다.

(2) 가액반환 부분

위 인정 사실에 의하면, 이 사건 증여재산 중 별지 제2목록 1 내지 11항 기재 각 부동산은 이미 다른 데 처분되어 원물반환이 불가능하게 되었고, 피고가 망인으로부터 별지 제2목록 중 12, 13항 기재 각 부동산에 관한 협의취득 보상금 132,815,000원을 증여받은 바 있으므로, 피고는 가액반환으로서 원고들에게 이들 증여재산에 대한 유류분 부족액 각 64,519,139원[774,229,670원(별지 제2목록 1 내지 11항 기재 각 부동산의 가액 합계 641,414,670원 + 협의취득 보상금 132,815,000원) × 1/12, 원 미만 버림] 중 원고들이 구하는 각 64,519,138원 및 이에 대하여 이 사건 소장 송달 다음날인 2006. 5. 13.부터 이 판결 선고일인 2007. 5. 16.까지 민법에 정한 연 5%, 그 다음날부터 다 갚는 날까지 소송촉진 등에 관한 특례법에 정한 연 20%의 각 비율에 의한 지연손해금을 지급할 의무가 있다.

3. 결 론

그렇다면 원고들의 이 사건 청구는 이유 있으므로 이를 모두 인용하기로 하여 주문과 같이 판결한다.

[[별 지] 부동산 목록 : 생략]

나. 기여분 인정요건 및 증여재산과 상속채무의 분할대상 여부

서울가법 2006.5.12. 자 2005느합77 심판

【판시사항】

[1] 민법 제1008조의2의 기여분제도의 취지 및 기여분을 인정하기 위한 요건

[2] 피상속인의 사망 전에 상속인들에게 증여된 재산과 상속채무가 상속재산분할의 대상이 되는지 여부(소극)

[3] 특별수익자의 상속분에 관한 민법 제1008조의 규정 취지 및 생전 증여가 특별수익에 해당하는지 여부의 결정 기준

【심판요지】

[1] 민법 제1008조의2가 정한 기여분제도는 공동상속인 중에 피상속인을 특별히 부양하였거나 피상속인의 재산의 유지 또는 증가에 관하여 특별히 기여하였을 경우 이를 상속분 산정에 있어 고려함으로써 공동상속인 사이의 실질적 공평을 도모하려는 것이므로, 기여분을 인정하기 위해서는 공동상속인 사이의 공평을 위하여 상속분을 조정하여야 할 필요가 있을 만큼 피상속인을 특별히 부양하였다거나 피상속인의 상속재산의 유지 또는 증가에 특별히 기여하였다는 사실이 인정되어야 한다.

[2] 피상속인의 사망 전에 상속인들에게 증여된 재산은 이른바 특별수익으로서 구체적 상속분을 산정함에 있어 고려요소가 될 뿐 상속재산분할의 대상이 되지 아니하고, 또한 상속채무는 본래 민법이 예정하고 있는 상속재산분할의 대상에 해당한다고 볼 수 없을 뿐만 아니라 이를 분할하더라도 분할의 내용으로 채권자에게 대항할 수 없다는 점에서 분할로 인한 실익이 없다.

[3] 특별수익자의 상속분에 관한 민법 제1008조는 수증재산을 상속분의 선급으로 취급하고 법정상속분에서 이를 공제한 부분만을 특별수익자의 최종적인 상속분으로 인정함으로써 공동상속인 간의 실질적 형평을 확보하려는 데 그 취지가 있으므로, 어떠한 생전 증여가 특별수익에 해당하는지는 피상속인의 생전의 자산, 수입, 생활수준, 가정상황 등을 참작하고 공동상속인들 사이의 형평을 고려하여 당해 생전 증여가 장차 상속인으로 될 사람에게 돌아갈 상속재산 중의 그의 몫의 일부를 미리 주는 것이라고 볼 수 있는지에 의하여 결정하여야 한다.

【참조조문】

[1] 민법 제1008조의2 / [2] 민법 제1009조, 제1012조 / [3] 민법 제1008조

【전 문】

【청 구 인】 청구인 (대리인 법무법인 디지털 담당변호사 이강진)
【상 대 방】 상대방 (대리인 법무법인 대륙 담당변호사 전경희)

【주 문】

1. 청구인의 기여분결정청구를 기각한다.
2. 청구인이 상대방에게 1,004,362,687원을 지급함과 동시에 별지 제1목록 제1항 기재 토지와 같은 목록 제2항 기재 건물 중 1/2 지분을 청구인의 소유로 분할하고, 같은 목록 제3항 기재 각 예금채권을 상대방의 소유로 분할한다.
3. 심판비용 중 4분의 3은 청구인이, 나머지는 상대방이 각 부담한다.

【청구취지】

1. 피상속인 망 심판외 1(이하 '피상속인'이라고만 한다)의 상속재산에 대한 청구인의 기여분을 100%로 정한다.
2. 별지 제1목록 제1항 기재 토지, 별지 제1목록 제2항 기재 건물 중 1/2 지분, 별지 제1목록 제3항 기재 각 예금채권, 별지 제2목록 제2항 기재 각 예금채권을 청구인의 소유로, 별지 제2목록 제1항 기재 건물, 별지 제2목록 제3항 기재 각 예금채권 및 보험금청구권을 상대방의 소유로 각 분할한다.

【이 유】

1. 인정 사실

가. 피상속인은 1940. 5. 23. 망 심판외 2와 혼인신고를 마치고 혼인생활을 유지하였으나 그 사이에 자녀를 낳지 못하자, 1963. 2. 12. 망 심판외 2의 혼외자인 상대방을 친생자로 출생신고하고 상대방이 성년이 될 때까지 양육하였다.

나. 망 심판외 2가 40여 년 동안 철도공무원으로 일하다가 1974. 4. 10. 사망하자, 피상속인은 1974. 5. 31. 호주승계를 위해 어릴 적부터 키워 오던 시조카인 청구인을 망 심판외 2와 피상속인의 양자로 입양신고하였다.

다. 피상속인은 망 심판외 2로부터 상속받은 서울 용산구 효창동 소재 주택의 매도대금, 망 심판외 2의 퇴직금 등으로 1976. 5.경 별지 제1목록 제1항 기재 토지

(이하 '역삼동 토지'라고 한다)와 별지 제2목록 제1항 기재 건물(이하 '신당동 점포'라고 한다)을 취득하고, 1990. 4.경 당시 설계전문회사에서 일하고 있던 청구인으로부터 건축설계 및 시공에 관한 도움을 받아 역삼동 토지 위에 별지 제1목록 제2항 기재 건물(이하 '역삼동 건물'이라고 한다)을 신축하여 1991. 2. 2. 역삼동 건물 중 각 1/2 지분에 관하여 피상속인과 청구인 명의의 소유권보존등기를 마쳤다.

라. 피상속인은 역삼동 건물과 신당동 점포에서 얻은 월세 수입으로 많은 재산을 형성하여, 1998. 7.경 신당동 점포를 상대방에게 증여하고, 청구인 및 그 가족들 명의로 별지 제2목록 제2항 기재 각 예금을, 상대방 및 그 가족들 명의로 같은 목록 제3항 기재 각 예금 및 보험을 예치 또는 가입해 주었다.

마. 한편, 청구인은 2004. 1.경 역삼동 토지 및 역삼동 건물을 담보로 주식회사 국민은행으로부터 60,000,000원을 대출받아 이를 개인 용도로 소비하였다.

비. 피상속인은 청구인 가족과 함께 역삼동 건물에서 생활하다가 2004. 7. 22. 사망하였는데, 사망 당시 별지 제1목록 제3항 기재 각 예금을 자신 명의로 예치해 두고 있었다.

사. 한편, 역삼동 토지와 역삼동 건물 중 1/2 지분 가액은 피상속인 사망 당시 2,039,958,240원이었다가 현재 2,285,371,200원으로 앙등하였고, 신당동 점포의 피상속인 사망 당시 기액은 200,000,000원이있다.

[인정 근거 : 갑 제1 내지 6호증, 갑 제10호증, 갑 제12호증, 을 제1, 2호증의 각 기재(각 가지번호 포함), 증인 1의 증언, 감정인 방상종의 각 시가감정 결과, 심문 전체의 취지]

2. 기여분결정청구에 대한 판단

청구인은, 자신이 건설회사 등에 근무하면서 받은 급여로 1975. 11.경부터 피상속인이 사망할 때까지 생활비를 조달하며 피상속인을 부양하고, 역삼동 건물 신축공사비용과 그 유지보수비용도 모두 부담하였을 뿐만 아니라, 상대방의 교육비와 결혼비용까지 부담하여 피상속인의 재산의 유지 또는 증가에 특별히 기여하였으므로, 상속재산인 역삼동 토지, 역삼동 건물 중 1/2 지분, 별지 제1목록 제3항 기재 각 예금채권 전부가 자신의 기여분으로 인정되어야 한다고 주장한다.

살피건대, 민법 제1008조의2가 정한 기여분제도는 공동상속인 중에 피상속인을 특별히 부양하였거나 피상속인의 재산의 유지 또는 증가에 관하여 특별히 기여하였을 경우 이를 상속분 산정에 있어 고려함으로써 공동상속인 사이의 실질적 공평을 도모하고자 하는 것이므로, 이 사건에서 청구인의 기여분이 인정되기 위해서는 공동상속인인 상대방과의 공평을 위하여 상속분을 조정하여야 할 필요가 있을 만큼 청구인이 피상속인을 특별히 부양하였다거나 피상속인의 상속재산의 유지 또는 증가에 특별히 기여하였다는 사실이 인정되어야 할 것이다.

그런데 위 주장사실에 부합하는 듯한 갑 제20호증, 갑 제35호증의 각 기재와 증인 2의 증언은 을 제1, 2호증의 각 기재와 증인 1의 증언에 비추어 믿을 수 없고, 갑 제11호증, 갑 제17, 18, 19호증, 갑 제21 내지 31호증의 각 기재(각 가지번호 포함)만으로는 위 주장사실을 인정하기에 부족하며, 달리 이를 인정할 증거가 없고,

다만 앞서 본 바와 같이 청구인이 역삼동 건물 신축 당시 피상속인에게 어느 정도 도움을 준 사실은 인정되나, 이미 청구인은 그에 대한 대가로 역삼동 건물 중 1/2 지분을 취득한 것으로 보이고, 그 이후에 청구인이 역삼동 건물의 유지보수를 위한 일부 비용을 지출하고 역삼동 건물에서 청구인과 함께 거주한 것은 역삼동 건물의 공유자로서 자신의 재산을 유지하기 위한 행위로 봄이 상당하며,

나아가 본래 피상속인 소유로 볼 수 있는 상당한 가치의 역삼동 건물 중 1/2 지분을 이미 취득한 청구인에게 위와 같은 사정만으로 기여분을 인정해 주는 것은 오히려 공동상속인인 상대방과의 공평을 해하는 것이 되어 기여분제도의 취지에도 매우 어긋난다고 할 것이므로, 어느 모로 보나 청구인의 기여분결정청구는 이유 없다.

3. 상속재산분할청구에 대한 판단

가. 상속인 및 법정상속분의 확정

위 인정 사실에 의하면, 청구인은 위 입양신고로 인하여 피상속인과 사이에 양친자관계가 성립하였고, 상대방은 비록 피상속인의 친생자가 아니나 피상속인이 친생자로 출생신고하고 성년이 되기까지 양육함으로써 역시 양친자관계가 성립하였으므로, 청구인과 상대방은 피상속인의 법률상 자녀로서 피상속인의 재산을 공동상속하였다고 할 것이고, 그 법정상속분은 각 1/2 지분이다.

나. 분할대상 재산의 확정

위 인정 사실에 의하면, 피상속인이 사망 당시 소유하고 있던 역삼동 토지, 역삼동 건물 중 1/2 지분과 피상속인 명의로 잔존하고 있는 별지 제1목록 제3항 기재 각 예금채권이 이 사건 분할대상 재산에 해당한다.

청구인은 이에 더하여 별지 제2목록 기재 각 재산과 역삼동 건물의 임대보증금반환채무에 대한 분할도 구하고 있으나, 위 각 재산 중 적극재산은 피상속인 사망 이전에 청구인과 상대방에게 증여된 재산으로서 그와 같은 수증재산은 이른바 특별수익으로 구체적 상속분을 산정함에 있어 고려요소가 될 뿐 상속재산분할의 대상이 되는 것이 아니고, 또한 상속채무는 본래 민법이 예정하고 있는 상속재산분할의 대상에 해당한다고 볼 수 없을 뿐만 아니라 이를 분할하더라도 분할의 내용으로 채권자에게 대항할 수 없다는 점에서 분할로 인한 실익이 없다고 할 것이므로, 위 각 재산에 대한 분할청구는 모두 이유 없다.

다. 구체적 상속분의 확정

(1) 특별수익

(가) 위 인정 사실에 의하면, 피상속인으로부터 청구인이 별지 제2목록 제2항 기재 각 예금채권과 역삼동 토지 및 역삼동 건물을 담보로 대출받은 60,000,000원을, 상대방이 신당동 점포와 별지 제2목록 제3항 기재 각 예금채권 및 보험금청구권을 각 증여받았다고 봄이 상당하므로, 위 각 분할대상 재산에 대한 구체적 상속분을 산정함에 있어 청구인과 상대방의 위 각 수증재산을 특별수익으로 고려하기로 한다.

(나) 이에 대하여 청구인은, 상대방이 1998. 10.경부터 역삼동 건물 중 2층 점포를 무상사용한 데 따른 이익과 피상속인이 상대방의 남편 조철호에게 대여한 40,000,000원도 상대방의 특별수익으로 고려되어야 한다고 주장하고, 한편 상대방은, 역삼동 건물 중 청구인 명의의 1/2 지분과 청구인이 역삼동 건물 4층에 무상으로 거주한 데 따른 이익도 청구인의 특별수익으로 고려되어야 한다고 주장한다

살피건대, 민법 제1008조가 특별수익으로 인해 법정상속분이 조정되도록 규정한 것은 수증재산을 상속분의 선급으로 취급하고 법정상속분에서 이를 공제한

부분만을 특별수익자의 최종적인 상속분으로 인정함으로써 공동상속인 간의 실질적 형평을 확보하려는 데 그 취지가 있으므로, 어떠한 생전 증여가 특별수익에 해당하는지는 피상속인의 생전의 자산, 수입, 생활수준, 가정상황 등을 참작하고 공동상속인들 사이의 형평을 고려하여 당해 생전 증여가 장차 상속인으로 될 자에게 돌아갈 상속재산 중의 그의 몫의 일부를 미리 주는 것이라고 볼 수 있는지에 의하여 결정된다고 할 것이다.

이에 비추어 보면, 청구인과 상대방이 각 역삼동 건물 중 일부를 무상으로 사용하여 얻게 된 이익은 우선 쌍방의 사용이익이 엇비슷할 것으로 보이는 데다가 피상속인의 자산이나 수입 등을 참작할 때 상속재산 중 청구인과 상대방의 몫의 일부를 미리 준 것으로 보기는 어렵고, 또한 위 조철호에 대한 대여금은 그와 같은 대여사실을 인정할 수 있다 하더라도 그로 인하여 상속재산인 대여금채권이 발생하였다고 인정될 뿐 그것이 특별수익이 되는 것은 아니며, 청구인이 취득한 역삼동 건물 중 1/2 지분은 앞서 본 바와 같이 청구인이 역삼동 건물 신축에 기여한 대가로 취득한 청구인의 고유재산으로 봄이 상당하므로, 청구인과 상대방의 위 각 주장은 모두 이유 없다.

(2) 구체적 상속분 산정

(가) 간주상속재산

가액 합계 2,549,995,830원{= 역삼동 토지와 역삼동 건물 중 1/2 지분의 상속개시 당시 가액 합계 2,039,958,240원 + 별지 제1목록 제3항 기재 각 예금채권 합계 26,037,590원 + 청구인의 특별수익 합계 130,000,000원(= 별지 제2목록 제2항 기재 각 예금채권 합계 70,000,000원 + 역삼동 토지 및 역삼동 건물을 담보로 한 대출금 60,000,000원) + 상대방의 특별수익 합계 354,000,000원(= 신당동 점포 200,000,000원 + 별지 제2목록 제3항 기재 각 예금채권 및 보험금청구권 합계 154,000,000원)}

(나) 법정상속분액

청구인, 상대방 : 각 1,274,997,915원(= 간주상속재산 2,549,995,830원 × 법정상속지분 1/2)

(다) 구체적 상속분

① 청구인 : 1,144,997,915원(= 법정상속분액 1,274,997,915원 - 청구인의 특별수익 합계 130,000,000원)

② 상대방 : 920,997,915원(= 법정상속분액 1,274,997,915원 -

상대방의 특별수익 합계 354,000,000원)

(라) 최종 상속분

분할대상 재산의 현재 가액 합계 2,311,408,790원(= 역삼동 토지와 역삼동 건물 중 1/2 지분의 현재 가액 합계 2,285,371,200원 + 별지 제1목록 제3항 기재 각 예금채권 합계 26,037,590원)

① 청구인 : 1,281,008,512원(= 위 2,311,408,790원 × 청구인의 구체적 상속분 1,144,997,915원/구체적 상속분 합계 2,065,995,830원, 원 미만 버림, 이하 같음)

② 상대방 : 1,030,400,277원(= 위 2,311,408,790원 × 상대방의 구체적 상속분 920,997,915원/구체적 상속분 합계 2,065,995,830원)

(3) 분할방법

청구인이 역삼동 건물 중 1/2 지분을 소유하면서 역삼동 건물에 거주하고 있는 점, 청구인과 상대방 모두 상속재산인 역삼동 토지와 역삼농 건물의 1/2 지분을 청구인이 취득하고 상대방에게 그 상속분에 상응하는 정산금을 지급하는 방식으로의 분할을 원하고 있는 점 등 이 사건 심문에 나타난 제반 사정을 종합적으로 고려하면,

역삼동 토지와 역삼동 건물의 1/2 지분은 청구인의 소유로, 별지 제1목록 제3항 기재 각 예금채권은 상대방의 소유로 각 분할하는 대신, 청구인으로 하여금 상대방에게 상대방의 위 최종 상속분 1,030,400,277원에서 상대방에게 귀속되는 위 각 예금채권 합계 26,037,590원을 공제한 나머지 정산금 1,004,362,687원을 지급하도록 명하되, 청구인과 상대방이 동등한 조건 아래 이 사건 상속으로 인한 이익을 실현할 수 있도록 위 각 부동산의 취득은 위 정산금지급의 조건에 걸리도록 명함이 상당하다.

4. 결 론

그렇다면 청구인의 기여분결정청구는 이유 없어 이를 기각하고, 상속재산분할청구에 관하여는 위와 같이 정하기로 하여 주문과 같이 심판한다.

[[별 지] 목록 생략. 끝.]

다. 피상속인 대출채무 등 상속재산분할의 대상 여부

서울가법 2003.6.26. 자 2001느합86 심판 : 확정

【판시사항】

[1] 피상속인의 대출금 채무 등 가분채무가 상속재산분할의 대상이 되지 아니한다고 한 사례

[2] 피상속인의 처의 기여분청구를 일부 인용한 사례

【참조조문】

[1] 민법 제1007조 , 제1013조 제2항 / [2] 민법 제1008조의2

【전 문】

【청구인청구인】 (소송대리인 성심종합법무법인 담당변호사 박형래)
【상대방】 상대방 1 외 5인 (소송대리인 법무법인 로서브 담당변호사 이경룡 외 1인)

【주 문】

1. 청구인의 기여분을 29,000,000원으로 정한다.
2. 별지 상속재산목록 제1, 2항 기재 각 부동산을 상대방 1 내지 5가 각 1/5지분씩 공유하는 것으로, 별지 상속재산목록 제3항 기재 부동산을 청구인의 소유로, 별지 상속재산목록 제2항 기재 부동산의 임차인들에 대한 임차보증금반환채무를 상대방 1 내지 5의 부담으로 각 분할한다.
3. 상대방 1 내지 5는 청구인에게 각 4,230,769원 및 이에 대하여 이 심판확정일 다음날부터 갚는 날까지 연 5%의 비율에 의한 금액을 지급하라.
4. 심판비용은 각자 부담한다.

【청구취지】

별지 상속재산목록 기재 각 부동산에 대한 청구인의 기여분을 50%로 정한다. 별지 상속재산목록 기재 각 부동산을 경매하여 그 대금에서 경매절차비용을 공제한 금액을 청구인에게 18/30, 상대방들에게 각 2/30의 비율에 의하여 분배한다.

【이유】

1. 상속인과 법정상속분

갑 제1호증, 을 제25, 26호증의 각 기재에 의하면, 피상속인 망 청구외 1 (310921-1019713)은 1955. 11. 17. 망 청구외 2와 혼인신고를 마치고 그 사이에 상대방 1, 상대방 2, 상대방 3, 상대방 4, 상대방 5를 낳았으며, 망 청구외 2의 사

망 후인 1979. 6. 1. 청구인과 혼인신고를 마치고 그 사이에 상대방 6을 낳았으며, 2000. 11. 13. 사망한 사실을 인정할 수 있다.

위 인정 사실에 의하면 피상속인의 상속인은 청구인과 상대방들이고, 청구인의 법정상속분은 3/15, 상대방들의 법정상속분은 각 2/15이다.

2. 상속재산의 범위와 그 가액

가. 사망 당시 피상속인의 재산

(1) 갑 제2, 3호증의 각 기재와 심문 전체의 취지를 종합하면, 피상속인은 사망 당시 별지 상속재산목록 기재 각 부동산을 소유하고 있었는데, 사망 당시의 시가는 위 목록 제1, 2항 기재 각 부동산(이하 이 둘을 합하여 '이 사건 주택'이라 한다)이 합계 250,000,000원 정도, 위 목록 제3항 기재 부동산(이하 '순대타운 19호'라 한다)이 40,000,000원 정도였고, 현재 시가도 그 때와 별 차이가 없는 사실, 피상속인은 사망 당시 이 사건 주택 중 일부를 박봉규에게 보증금 20,000,000원에, 홍선순에게 보증금 15,000,000원에, 이문희에게 보증금 10,000,000원에, 김형중에게 보증금 10,000,000원에 각 임대하였던 사실을 각 인정할 수 있다.

(2) 위 인정 사실에 의하면 다음 재산이 이 사건 상속재산분할의 대상이 된다.

① 이 사건 주택 250,000,000원 상당
② 순대타운 19호 40,000,000원 상당
③ 이 사건 주택의 임차인들에 대한 임차보증금 합계 55,000,000원(=20,000,000원 + 15,000,000원 + 10,000,000원 + 10,000,000원)의 반환채무(불가분채무)

합계 : 235,000,000원(=250,000,000원 + 40,000,000원 - 55,000,000원)

(3) 청구인은 피상속인의 조흥은행에 대한 대출금 4,300,000원의 채무, 피상속인의 비씨카드 사용금 2,800,000원의 채무도 상속재산분할의 대상이라고 주장하나, 위 주장과 같은 채무들은 금전의 지급을 목적으로 하는 가분채무로서 상속개시와 동시에 공동상속인들에게 법정상속분에 따라 법률상 당연히 분할·귀속되어 상속재산분할의 대상이 되지 아니하므로, 위 주장은 이유 없다.

나. 특별수익

(1) 갑 제4호증의 기재와 조흥은행 구의동지점장에 대한 각 사실조회결과에 심문 전체의 취지를 종합하면, 피상속인은 1998. 12. 21. 상대방 6 명의 조흥은행 계좌(계좌번호 : 338-33-074382)와 청구인 명의의 조흥은행 계좌(계좌번호 :

338-33-074373)에 각 20,000,000원씩을 입금하였고, 1999. 6. 5. 별지 기재 특별수익 부동산(이하 '순대타운 20호'라 한다)을 매수하여 1999. 12. 29. 상대방 6 명의로 소유권이전등기를 마쳤는데, 위 부동산의 피상속인 사망 당시 시가는 40,000,000원 정도인 사실을 인정할 수 있다.

(2) 위 인정 사실에 의하면, 청구인이 피상속인으로부터 조흥은행 계좌로 입금받은 20,000,000원, 상대방 6이 피상속인으로부터 조흥은행 계좌로 입금받은 20,000,000원 및 자신 명의로 소유권이전등기를 마친 순대타운 20호 시가 40,000,000원 상당이 그들의 특별수익이라고 할 것이므로, 구체적 상속분의 산정시 이를 참작하기로 한다(청구인은, 청구인과 상대방 6 명의의 계좌로 입금된 위 각 20,000,000원의 예금은 실질적으로 피상속인의 소유인데, 피상속인이 위 각 예금을 인출하여 그 중 15,000,000원은 이 사건 주택의 임차인 박봉규에게 임차보증금 일부 반환을 위하여 지급하고, 나머지 금액은 순대타운의 각종 세금과 인테리어비용으로 지출하는 등 모두 사용하였다고 주장하므로 살피건대, 조흥은행 구의동지점장에 대한 각 사실조회 결과에 심문 전체의 취지를 종합하면 청구인과 상대방 6이 1999. 12. 21. 위 각 예금을 인출하여 이를 보유하고 있었으리라 추정될 뿐이고, 청구인의 주장에 부합하는 듯한 갑 제25, 26호증의 각 기재는 을 제24호증의 1, 2의 각 기재와 심문 전체의 취지에 비추어 믿기 어렵고, 달리 위 추정을 번복할 만한 증거가 없다).

(3) 청구인은, 상대방 2가 1982.경 피상속인 몰래 피상속인의 인감도장을 도용하여 영신상호신용금고로부터 10,000,000원, 사채업자로부터 5,000, 000원, 건국대학교로부터 5,000,000원 등 합계 20,000,000원을 임의로 차용한 후 모두 사용하여 청구인이 생활비 등을 아껴 이를 대신 변제하였으므로, 위 20,000,000원은 상대방 2의 특별수익이라는 취지의 주장을 하나, 이에 부합하는 듯한 윤순자의 일부 증언은 믿지 아니하고, 달리 이를 인정할 증거가 없으므로, 위 주장은 받아들이지 아니한다.

3. 기여분 청구에 관한 판단

가. 갑 제6, 16, 18, 19호증의 각 기재와 윤순자의 일부 증언에 심문 전체의 취지를 종합하면, 청구인이 1983.경부터 피상속인의 어머니 청구외 3을 봉양하여 왔고, 전처 소생인 상대방 4, 상대방 5를 양육하여 혼인시켰으며, 피상속인의 사망시까지 혼자서 피상속인을 간병하였을 뿐만 아니라, 피상속인을 대신하여 이 사건 주택의 신축을 위하여 필요한 자금을 조달하고 그 신축공사 과정을 직접 주도하였고, 2000. 1.경부터 수개월간 순대타운 19호를 직접 운영한 사실을 인정할 수 있다.

나. 위 인정 사실에 의하면, 청구인은 고령인 시어머니의 봉양과 전처 소생 자녀

들의 양육, 그리고 이 사건 주택 신축자금 조달 등을 통하여 이 사건 주택과 순대타운 19호 등 상속재산의 취득 및 그 유지를 위하여 특별한 기여를 하였다 할 것이다.

나아가 기여분의 비율에 관하여 살피건대, 피상속인과 청구인의 혼인생활의 과정 및 혼인기간, 이 사건 주택과 순대타운 19호의 취득 및 유지 경위, 현재 가액, 피상속인과 20년 이상 혼인생활을 하였던 청구인의 법정상속분이 전체 상속재산의 1/5에 불과하여 이혼할 경우 그 배우자에게 인정되는 재산분할의 일반적인 비율에 비추어 균형이 맞지 않는 점 등 이 사건 심문과정에 나타난 모든 사정을 종합하면 청구인의 기여분을 위 각 부동산의 시가 합계 290,000,000원의 10%인 29,000,000원으로 정함이 상당하다.

4. 상속재산분할 청구에 관한 판단

가. 구체적 상속분의 산정

(1) 간주상속재산가액 합계

286,000,000원(= 분할대상 상속재산가액 합계 235,000,000원 + 특별수익 20,000, 000원 + 20,000,000원 + 40,000,000원 - 기여분 29,000,000원)

(2) 법정상속분

(가) 청구인 : 57,200,000원(=286,000,000원×3/15)

(나) 상대방 1, 상대방 2, 상대방 3, 상대방 4, 상대방 5, 상대방 6 : 각 38, 133,333원(= 286,000,000원×2/15, 원 미만 버림, 이하 같다)

(3) 구체적 상속분

(가) 청구인 : 66,200,000원(=57,200,000원 - 특별수익 20,000,000원 + 기여분 29,000,000원)

(나) 상대방 1, 상대방 2, 상대방 3, 상대방 4, 상대방 5 : 각 38,133,333원

(다) 상대방 6 : - 21,866,667원(= 38,133,333원 - 특별수익 60,000,000원)

(4) 초과특별수익 분담 후의 최종상속분

상대방 6은 초과특별수익자이므로, 그의 구체적 상속분은 0이 되고, 그의 초과특별수익은 나머지 상속인들의 법정상속분에 따라 안분한다.

(가) 청구인 : 61,153,846원(=66,200,000원 - 초과특별수익 21,866,667원 × 상대방 6을 제외하고 계산한 법정상속분 3/13)

(나) 상대방 1, 상대방 2, 상대방 3, 상대방 4, 상대방 5 :
각 34,769,230원(= 38,133,333원 - 21,866,667원×2/13)

(다) 상대방 6 : 0원

나. 분할방법

을 제2, 6, 7호증의 각 기재에 심문 전체의 취지를 종합하면 이 사건 주택은 피상속인이 가족과 함께 거주하면서 그 제자들과 연구활동을 하던 곳으로서 상대방 6을 제외한 나머지 상대방들이 피상속인의 사망 후 현재까지 이를 실질적으로 관리하면서 피상속인의 제자들의 연구활동을 위하여 제공하고 있고 앞으로도 위와 같은 용도로 사용되기를 원하고 있으며, 순대타운 19호는 청구인이 실질적으로 관리하고 있는 사실을 인정할 수 있는바,

이와 같은 사정 및 공동상속인들인 청구인과 상대방들 사이에 상속재산분할에 관한 협의가 장기간 이루어지지 아니하고 있는 점, 그 밖에 청구인과 상대방들의 관계, 상속재산분할에 관한 다툼의 경위와 내용, 위 분할대상 상속재산의 가액, 청구인과 상대방들의 직업, 나이, 그들의 의사와 희망 등 이 사건 심문과정에 나타난 제반 사정을 종합하여 보면, 다음과 같이 분할함이 상당하다.

(1) 이 사건 주택은 상대방 6을 제외한 나머지 상대방들이 각 1/5지분씩 공유하는 것으로, 순대타운 19호는 청구인의 소유로, 이 사건 주택의 임차인들에 대한 임차보증금반환채무는 상대방 6을 제외한 나머지 상대방들의 부담으로 각 분할한다.

(2) 상대방 6을 제외한 나머지 상대방들은 청구인에게 위 분할의 정산을 위하여 청구인의 상속분 가액에 미달하는 21,153,846원(= 61,153,846원 - 40,000,000원)을 각자의 지분으로 나누어 계산한 각 4,230,769원 및 이에 대하여 이 심판 확정일 다음날부터 갚는 날까지 민법에 정한 연 5%의 비율에 의한 지연손해금을 지급한다.

5. 결 론

그렇다면 이 사건 상속재산분할청구에 대하여 위 인정과 같이 정하기로 하여 주문과 같이 심판한다.

[별 지] 상속재산목록 생략

[별 지] 특별수익 부동산의 표시 생략

라. 유류분 반환청구와 기여분 청구의 병합여부

광주지법 1999.12.2. 선고 99가합207 판결 : 항소

【판시사항】

유류분반환청구와 기여분 청구를 병합할 수 있는지 여부(소극)

【판결요지】

기여분 청구는 가사소송법 제2조 소정의 마류 가사비송사건으로서 민사사건인 유류분반환 청구사건과는 소송절차를 달리하여 심판되는 것으로서 청구의 병합이 허용되지 않을 뿐만 아니라, 기여분의 결정은 상속재산 분할의 청구가 있을 경우 또는 피인지자 등의 상속분에 상당한 가액의 지급 청구가 있는 경우에 한하여 비로소 할 수 있는 것이므로 기여분 청구가 상속재산분할의 청구를 전제로 함이 없이 일반 민사사건인 유류분반환청구사건에 추가적으로 병합 청구된 경우, 기여분반환청구 부분에 대한 소는 부적법하다.

【참조조문】

가사소송법 제2조, 민법 제1008조의2

【전 문】

【원 고】 원고(소송대리인 변호사 박도영)
【피 고】 피고(소송대리인 변호사 박찬주외 3인)

【주 문】

1. 원고의 이 사건 기여분 청구를 각하한다.

2. 피고는 원고에게 별지목록 기재 각 부동산의 1/17 지분에 관하여 1998. 1. 3. 유류분반환을 원인으로 한 소유권이전등기절차를 이행하라.

3. 원고의 나머지 청구를 기각한다.

4. 소송비용은 2분하여 그 1는 원고의, 나머지는 피고의 각 부담으로 한다.

【청구취지】

피고는 원고에게, 별지목록 기재 각 부동산의 1/17 지분에 관하여 이 사건 소장부본 송달일자 유류분반환을 원인으로 한 소유권이전등기절차를 이행하고, 같은 목록 기재 부동산의 각 1/2 지분에 관하여 1997. 1. 22. 기여분상속을 원인으로 하는 소유권이전등기절차를 이행하고, 금 21,176,470원 및 이에 대한 1997. 1. 22.부터 이 사건 청구취지 및 청구원인변경신청서 송달일까지는 연 5푼의, 그 다음날부터 완제일까지는 연 2할 5푼의 각 비율에 의한 금원을 지급하라.

【이 유】

1. 재산상속 및 원고의 유류분 비율

망 소외인이 1997. 1. 22. 사망하여, 처인 소외 1, 자녀인 원고와 피고 및 소외 2, 3, 4, 5, 6이 상속한 사실은 당사자 사이에 다툼이 없으므로, 원고의 상속재산에 대한 유류분은 1/17이 됨이 명백하다.

2. 유류분 청구 부분에 대한 판단

원고는, 위 망 소외인에게는 사망 당시 채무가 없고, 그 재산으로 별지목록 기재 1, 2 부동산(이하 '이 사건 대지와 주택'이라 한다)과 피고의 명의로 취득한 별지목록 기재 3 임야(이하 '이 사건 임야'라 한다)가 있었는데 피고가 이를 모두 증여 또는 유증받았으며, 그 밖에 위 망 소외인의 생전에 그의 소유였던 광주 광산구 송정동 1465(구 번지 1003의 66) 대 298㎡가 광주광역시에 수용되어 5억 8,800만 원 상당의 보상금이 나왔는데 그 중 피고가 자신의 명의로 1억 6,000만 원, 처인 소외 7의 명의로 2억 원을 증여받아 소비함으로써 원고의 유류분을 침해하였다고 주장한다.

가. 우선 이 사건 대지와 주택에 관하여 살피건대, 갑 제1호증, 갑 제2호증, 갑 제3호증, 갑 제4호증, 갑 제5호증, 갑 제6호증, 갑 제8호증의 각 기재와 증인 소외 3, 증인 소외 1의 각 증언에 변론의 전취지를 보태어 보면, 위 망 소외인이 1993. 5.경 폐암 진단을 받은 후 자신의 재산을 정리할 필요를 느껴 이 사건 대지와 주택을 장남인 피고에 유증하기로 결정하고 그러한 내용을 같은 달 7. 공증인가 광주합동법률사무소 증서 93년 제3483호로서 공정증서를 작성한 사실, 피고가 망인의 사후인 1997. 6. 5. 이 사건 대지와 주택에 관하여 같은 해 1. 22. 유증을 원인으로 한 소유권이전등기를 마친 사실이 인정되므로 이 사건 대지와 주택은 위 망 소외인이 상속개시시에 가진 재산으로서 유류분 산정의 기초 재산에 포함된다.

이에 대하여 피고는, 피고를 제외한 나머지 상속인들은 1995. 5.경 위 망 소외인 소유의 일부 부동산이 광주광역시에서 시행하는 도로확장부지로 편입되어 보상금이 나오게 될 경우 그 보상금을 증여받기로 하고 이 사건 대지와 주택에 대한 상속지분을 포기하였으므로 원고의 청구는 이유 없으며, 가사 이러한 상속포기 약정이 없었다고 하더라도 위 보상금 중 원고가 위 망 소외인으로부터 지급받은 금 3,000만 원은 유류분 산정시 공제되어야 한다고 주장하나 이에 부합하는 증인 소외 1 및 증인 소외 3의 각 일부 증언은 믿지 아니하고 달리 원고가 이 사건 대지와 주택에 대한 상속지분을 포기하기로 약정하였다거나, 위 망 소외인으로부터 금 3,000만 원을 증여받았다는 점을 인정할 증거가 없을 뿐만 아니라 상속인 중의 1인이 피상속인의 생존시에 피상속인에 대하여 상속을 포기하기로 약정하였다고 하더라도, 상속의 포기는 상속이 개시된 이후에만 가능하며 가정법원에 신고를 하는 등 민법이 정하는 절차와 방식에 따라야 하는 것이고, 사전 상속포기는 그 효력이 없으므로 이 점에 관한 피고의 주장은 이유 없다.

나. 다음으로 이 사건 임야에 관하여 살피건대, 갑 제10호증의 1, 2, 갑 제20호증의 1, 2, 갑 제21호증, 갑 제26호증, 갑 제34호증의 1, 2의 각 기재외 증인 소외 1, 증인 소외 3의 각 일부 증언 및 당원의 장안대학장에 대한 사실조회 결과에 변론의 전취지를 보태어 보면, 위 망 소외인은 가족농원을 만들기 위해 1988. 6. 16. 이 사건 임야를 매수한 후 같은 달 17. 피고 앞으로 소유권이전등기를 경료한 사실, 그 후 피고가 수년간 이 사건 임야를 개간하고 나무를 심어 선산을 만든 후 위 망 소외인의 사후에 망인의 분묘를 설치한 사실이 인정되므로, 이 사건 임야는 공동상속인인 피고가 위 망 소외인의 생전에 증어받은 특별수익분으로서 그 증여가 상속개시 1년 이전의 것인지 또는 당사자 쌍방이 유류분권리자에게 손해를 가할 것을 알고서 하였는지 여부에 관계없이 유류분 산정의 기초 재산에 포함된다 할 것이다.

다. 다음으로 위 토지수용보상금에 관하여 살피건대, 갑 제7호증의 1, 2, 갑 제19호증, 갑 제29호증, 을 제2호증, 을 제3호증의 각 기재와 증인 소외 1, 소외 3의 각 일부 증언 및 당원의 남광주세무서에 대한 사실조회 결과에 변론의 전취지를 보태어 보면, 위 망 소외인의 소유였던 광주 광산구 송정동 1465(구 번지 1003의 66) 대 298㎡가 1995.경 광주광역시에서 시행하는 동곡로 도로확장공사 부지로 수용되어 1995. 5. 6. 금 588,039,780원의 손실보상금이 나온 사실, 그 중 1995. 5.경 피고가 금 1억 6,000만 원, 그의 처인 위 소외 7이 금 2억 원을 인출한 사실이 인정되나,

위 인정 사실만으로는 위 망 소외인이 피고에게 위 금원을 증여하였다고 단정

짓기 어려우며 오히려 증인 소외 1 및 증인 소외 3의 일부 증언에 의하면 위 망 소외인의 한의원 운영을 돕는 것 외에는 별다른 소득이 없던 피고가 1993. 5.경부터 1997. 1. 22. 위 망 소외인의 사망시까지 그의 병간호를 하면서 위 손실보상금으로 치료비와 세금에 충당하고, 그 일부는 위 망 소외인이 상속인들에게 나누어 준 사실이 인정되므로 피고가 위 보상금을 증여 받았음을 전제로 하는 원고의 청구는 이유 없다.

따라서 피고는 원고에게 별지목록 기재 각 부동산에 관하여 이 사건 소장 부본 송달일인 1998. 1. 3. 유류분반환을 원인으로 한 소유권이전등기절차를 이행할 의무가 있다.

3. 기여분 청구 부분의 적법 여부

원고는 또 망인이 이 사건 대지와 주택 및 임야를 구입할 당시인 1978. 11. 경 모인 위 소외 1의 부탁으로 위 망 소외인에게 그 구입자금 1,400만 원 중 금 780만 원을 빌려주었고 그 외에도 부모를 대신해 피고를 비롯한 형제들을 뒷바라지하는 등 위 망 소외인의 재산의 유지 또는 증가에 특별히 기여하였으므로 피고는 이 사건 주택과 임야의 1/2지분에 대하여 기여분상속을 원인으로 한 소유권이전등기를 이행할 의무가 있다고 주장한다.

그러나 기여분 청구는 가사소송법 제2조 소정의 마류 가사비송사건으로서 민사사건인 유류분반환 청구사건과는 소송절차를 달리하여 심판되는 것으로서 청구의 병합이 허용되지 않을 뿐만 아니라, 기여분의 결정은 상속재산분할의 청구가 있을 경우 또는 피인지자 등의 상속분에 상당한 가액의 지급 청구가 있는 경우에 한하여 비로소 할 수 있는 것인데(민법 제1008조의2 제2항, 제4항) 이 사건의 경우 기여분 청구가 상속재산분할의 청구를 전제로 함이 없이 일반 민사사건인 유류분반환 청구사건에 추가적으로 병합 청구되었음은 기록상 명백하므로 원고의 이 부분에 관한 소는 부적법하다.

4. 결론

그렇다면 원고의 이 사건 기여분 청구는 부적법하여 이를 각하하고, 원고의 피고에 대한 이 사건 유류분반환청구는 위 인정 범위 내에서 이유 있어 이를 인용하고 나머지는 이유 없어 이를 기각한다.

마. 피상속인 채무의 상속재산 분할대상 포함여부 및 기여분 청구 기각 사례

서울가법 1996. 7. 24. 선고 95드74936,74943,96느273 판결 : 항소

【판시사항】

[1] 피상속인의 채무가 재판상 상속재산 분할대상에 포함되는지 여부(소극)

[2] 피상속인의 딸이 결혼 후 피상속인의 사망시까지 30년 정도 피상속인과 동거하였다는 사정만으로는 특별기여 행위가 있었다고 볼 수 없다는 이유로, 기여분 청구를 기각한 사례

【판결요지】

[1] 상속채무는 권리와는 별도로 법정상속분의 비율에 따라 공동상속인이 당연히 상속하게 되는 것이어서 재판에 의하여 상속재산을 분할함에 있어서는 채무는 그 분할의 대상이 되지 않는다.

[2] 피상속인의 딸이 결혼 후 피상속인의 사망시까지 30년 정도 피상속인과 동거하였다는 사정만으로는 특별기여 행위가 있었다고 볼 수 없다는 이유로, 기여분 청구를 기각한 사례.

【참조조문】

[1] 민법 제1013조 / [2] 민법 제1008조의2

【전 문】

【원고(반소피고), 병합사건 청구인】 원고 (소송대리인 변호사 김병영)

【피고(반소원고), 병합사건 상대방】 피고 1외 2인 (소송대리인 변호사 임흥종외 1인)

【주 문】

1. 원고(반소피고)는 피고(반소원고)들에게 각 금 17,441,445원 및 이에 대하여 이 판결확정 다음날부터 완제일까지 연 5푼의 비율에 의한 금원을 각 지급하라.

2. 원고(반소피고)는 피고(반소원고)들에게 별지목록 기재 제1, 2 부동산에 대한 각 원고 명의의 4분의 1 지분에 관하여 각 이 판결확정일 상속재산분할을 원인으로 한 지분소유권이전등기절차를 각 이행하라.

3. 별지목록 기재 제3 부동산에 관한 사용·수익·처분권한이 피고(반소원고)들에게 있음을 확인한다.

4. 원고(반소피고)의 기여분 청구를 기각한다.

5. 소송비용은 이를 4분하여 그 3은 원고(반소피고)의, 나머지는 피고(반소원고)들의 각 부담으로 한다.

【청구취지】

본소 : 피고(반소원고, 이하 피고라고만 한다)들은 원고(반소피고, 이하 원고라고만 한다)에게 별지목록 기재 제1, 2 부동산에 대한 각 4분의 1지분에 관하여 상속재산분할을 원인으로 한 소유권이전등기절차를 이행하라. 원고와 피고들 간의 사이에 별지목록 기재 제3 부동산에 대한 사용·수익·처분권한이 원고에게 있음을 확인한다는 판결.

반소 : 원고는 피고들에게 각 금 36,121,445원 및 이에 대하여 1994. 2.부터 이 사건 소장부본 송달 다음날부터 완제일까지 연 2할 5푼의 비율에 의한 금원을 지급하라는 판결.

【이 유】

1. 상속인과 법정상속분

갑 제1호증의 1, 2, 갑 제2호증의 1 내지 4의 각 기재에 변론의 전취지를 종합하면 망 소외 1(이하, 망인이라 한다)은 1994. 1. 26. 사망하였는데(호적상으로는 1994. 2. 3. 사망한 것으로 기재되어 있다), 사망 당시 그의 재산상속인으로는 딸들인 원·피고들 4자매가 있었던 사실을 인정할 수 있고 달리 반증이 없는바, 이에 의하면, 망인이 사망함으로써 원·피고들은 위 망인의 재산을 망인의 사망 당시 민법이 정하는 법정상속비율인 각 4분의 1 비율로 공동으로 상속받게 되었다 할 것이다.

2. 상속재산

가. 망인이 사망 당시 소유하고 있었던 재산

(1) 아래 사실들은 당사자 사이에 다툼이 없거나, 갑 제4호증의 1, 2, 갑 제5호증, 을 제2호증의 8 내지 22, 24, 26, 28의 각 기재와 증인 1의 증언(다만 뒤에서 믿지 않는 부분 제외)에 변론의 전취지를 종합하면 이를 인정할 수 있고 달리 반증이 없다.

(가) 망인은 그 사망 당시 별지목록 기재 각 부동산을 소유하고 있었으며, 주택은행과 한국투자신탁에 합계 금 82,485,782원의 예금채권을 갖고 있었다.

(나) 망인이 사망할 당시 별지목록 기재 각 부동산의 가액은 별지목록 기재 제1, 2 부동산의 경우 각 그 평당 가격이 금 4,500,000원 정도였으며, 별지목록 기재 제3 부동산은 미등기건물로서 무시해도 좋을 정도로 가격이 형성되지 않고 있었다.

(다) 별지목록 기재 제1, 2 부동산에 관하여 1994. 12. 1. 서울지방법원 서대문등기소 접수 제39972호로 상속을 원인으로 한 원·피고들 공유의 지분소유권이전등기가 경료되어 있으며, 망인 명의의 위 금융기관 예금액은 원고가 수회에 걸쳐 이를 인출하여 한국투자신탁 신촌지점에 원고의 부(부)인 증인 1 명의로 입금하여 이를 보관하고 있다.

(2) 위 인정 시실들에 의하면, 별지목록 기재 각 부동산과 위 예금액은 이 사건 상속재산 분할대상이 된다고 할 것이고(다만 별지목록 기재 제3 부동산의 경우 원·피고들의 구체적 상속분을 산정함에 있어서는 이를 무시하나 그 권리관계를 명백히 하기 위하여 그 권리의 귀속에 있어서는 그 부지인 별지목록 기재 제2 부동산과 동일하게 정하기로 한다) 별지목록 기재 제1, 2 부동산의 가액의 합계액은 금 146,160,000원(금 4,500,000원×32.48평, 별지목록 기재 제1, 2부동산은 합계 107.4㎡인데 이를 평으로 환산하면 약 32.48평 정도이다) 정도이다.

(3) 이에 대하여, 원고는 망인이 별지목록 기재 제3 부동산을 타에 임차하여 합계 금 7,000,000원의 임대보증금 반환채무가 있으므로 위 상속재산에서 위 채무액이 공제되어야 한다고 주장하나, 상속채무는 권리와는 별도로 법정상속분의 비율에 따라 공동상속인이 당연히 상속하게 되는 것이어서 재판에 의하여 상속재산을 분할함에 있어서는 채무는 그 분할의 대상이 되지 않는다 할 것이므로, 결국 원고의 위 주장은 더 나아가 살펴볼 필요 없이 이유 없다 할 것이다.

나. 특별수익

한편 을 제2호증의 24의 기재에 변론의 전취지를 종합하면, 원고는 망인의 사망 전인 1993. 8. 19.경 금 47,000,000원, 같은 해 11. 24.경 금 15,000,000원을 망인으로부터 각 증여받은 사실을 인정할 수 있고 이에 반하여 위 금원은 망인이 원고의 남편인 증인 1에게 증여한 것이다라는 취지의 증인 1의 증언은 쉽사리 믿기 어렵고 달리 반증이 없는바,

이에 의하면, 공동상속인인 원고가 피상속인인 망 소외 1으로부터 망인의 사망 전에 증여받은 위 금 62,000,000원(47,000,000원 + 15,000,000원)은 민법 제1008조 소정의 특별수익에 해당한다 할 것이므로 위 금원을 이 사건 상속재산 분할대상에 포함시켜야 할 것이다(이에 대하여 원고는 위 금원은 망인이 원고 부부의 부양과 협조를 받아 재산을 유지 형성하며 별탈 없이 안정된 생활을 하여온 데 대하여 보답할 의사로서 원고에게 그 상속분과는 관계없이 자연적 애정을 바탕으로 배려하는 의미에서 증여한 것이어서 민법 제1008조 소정의 특별수익에 해당되지 아니한다고 주장하나, 원고의 위 주장에 부합하는 증인 1의 일부 증언은 쉽사리 믿기 어렵고 그 밖에 달리 이를 인정할 아무런 증거가 없으므로 원고의 위 주장은 받아들이지 아니한다).

다. 상속비용 등

한편, 원고가 망인의 장례비용으로 금 17,000,000원, 망인이 1993. 8.경부터 1994. 1.경 사망할 때까지의 병원비 등 간병비용으로 금 9,000,000원을 각 지출한 사실은 당사자 사이에 다툼이 없는바, 원래 장례비용은 공동상속인들이 균분하여 부담하여야 하는 것으로서 원칙적으로 상속재산 분할의 대상이 아니나, 이 사건에서는 원·피고들의 법정상속비율이 모두 동일할 뿐만 아니라 원·피고들 모두 위 장례비용 등을 이 사건 상속재산 분할에 있어 그 대상으로 할 것을 원하고 있으므로 위 합계 금 26,000,000원 또한 이 사건 상속재산 분할의 대상으로 삼기로 한다.

3. 원고의 주장에 대한 판단

가. 유증 주장

원고는, 망인은 사망하기 전인 1994. 1. 20.경 망인이 사망하면 별지목록 기재 각 부동산과 망인 명의의 위 예금채권을 모두 원고에게 증여하되 다만 원고가 망인의 사망 후 피고 1, 2, 3에게 알아서 분배하여 주라는 내용의 유언을 하

였다고 주장하므로 살피건대, 원래 유언은 민법 제1065조 내지 제1072조에서 정한 방식인 자필증서, 녹음, 공정증서, 비밀증서, 구수증서 등 5가지 방식의 어느 하나에 의하지 아니하면 그 효력이 생길 수 없는 것이므로 위 망인이 위와 같은 방식 중 어느 하나에 의하여 유언을 하였다는 점에 관한 아무런 주장·입증이 없는 이 사건에 있어서는 원고의 위 주장은 더 나아가 살펴볼 필요 없이 이유 없다 할 것이고, 가사 원고의 위 주장이 원고와 망인 사이에 사인증여계약이 체결된 것이라는 취지의 주장으로 본다고 하더라도 원고의 위 주장에 부합하는 듯한 을 제2호증의 9, 10, 24, 26, 28의 각 기재와 증인 1의 증언은 쉽사리 믿기 어렵고 그 밖에 달리 이를 인정할 아무런 증거가 없으므로, 결국 원고의 위 주장은 어느 모로 보나 그 이유 없다.

나. 기여분 청구에 관한 판단

(1) **원고는** 이 사건 기여분 청구 원인사실로서, 원고는 망 소외 1의 둘째 딸로서 아들이 없는 망인을 남편인 증인 1과 함께 1965. 3. 22. 결혼한 이래 한 집에서 살면서 원고는 편물기계를 이용하여 집에서 옷을 만들어 팔고, 위 증인 1은 아모레 화장품 영업사원으로 일하면서 받는 월급으로 망인과 망 소외 2 및 원고의 동생들인 피고 2, 3을 부양하였고, 1969. 11. 4.경부터는 증인 1이 매입한 서울 서대문구 북아현동 (지번 생략) 소재 주택에서 망인 및 위 피고들과 함께 살았고, 별지목록 기재 제3 부동산을 방 6개로 개조 수리하여 망인이 이를 임대하여 임대수입을 얻을 수 있도록 도왔으며, 또한 망인이 사망하기까지 별지목록 기재 제3 부동산을 사실상 관리하면서 건물의 수리, 임대 등 제반 일을 원고 부부가 처리하여 위 망인은 돈 관리만을 하였으며, 피고 2, 3이 시집갈 때에도 결혼비용을 원고 부부가 일부 부담하였으며, 망인이 사망 전에 병원에 입원하였을 때에도 사망 직전까지 원고 부부가 그 수발을 다하는 등 원고 부부는 물심양면으로 위 망인을 부양하여 왔으므로 이러한 점을 참작하여 원고의 기여분으로 별지목록 기재 각 부동산을 원고의 소유로 정하여 줄 것을 구하고 있다.

(2) **살피건대,** 원고의 위 주장에 부합하는 듯한 을 제2호증의 9, 10, 24, 26, 28의 각 기재와 증인 2, 1의 각 일부 증언은 쉽사리 믿기 어렵고 달리 이를 인정할 아무런 증거가 없음에 반하여 오히려, 을 제1호증의 기재와 위 증인들의 각 증언 및 증인 3의 증언에 변론의 전취지를 종합하면, 원·피고들의 선친인 망 소외 2는 원래 야채장사를 하여 돈을 모아서 별지목록 기재 각 부동산을 매수하였고, 별지목록 기재 제3 부동산은 그 방이 모두 6개였는데, 그 중 하나에 모든

식구들이 거주하고 나머지 5개의 방은 모두 세를 주어서 그 임대수입으로 생활한 사실, 원고와 증인 1은 1965.경 결혼하였는데 당시 증인 1은 혈혈단신으로 월남하여 아무런 재산이 없던 상태여서 처가집의 방 1칸에 신혼살림을 차린 사실, 위 증인 1은 경동호텔 직원으로 근무하기도 하고 화장품대리점 영업사원으로 일하기도 하다가 1974.경에야 자기 명의의 화장품대리점을 내어 운영하기 시작한 사실, 서울 서대문구 북아현동 (지번 생략) 대 39평 4홉은 1969. 12. 15. 자로 증인 1 명의의 소유권이전등기가 경료된 사실, 망인은 돈계산에 철저하여 항상 임대료 수입을 자신이 직접 관리하였으며, 가까운 사람에게 돈을 빌려 줄 때도 반드시 이자를 받았고 위 임대료 수입 외에 타인에게 돈을 빌려주어 이자수입으로 돈을 불려 나가기도 한 사실, 피고 2와 피고 3은 결혼 전 원고 부부와 동거할 당시 각 직장에 다니고 있었으며 월급 중 일부를 생활비로 내어 놓았던 사실 등을 인정할 수 있는바, 이에 의하면 원고와 증인 1이 1965.경 결혼한 이후 망인이 사망하기까지 오랜 기간 동안 망인을 모시고 함께 살았던 사실은 인정되나 나아가 원고 부부가 망인과 피고 2, 3을 상당 기간 동안 사실상 부양하였다고 인정하기 어렵고 오히려 원고 부부가 결혼 초부터 위 망인의 도움을 받으며 생활하면서 재산을 증식하였다고 봄이 상당하므로, 사정이 이러하다면 단순히 원고 부부가 망인을 사망시까지 모시고 살았다는 사정만으로는 원고나 원고의 부(부)인 증인 1에게 피상속인인 망인의 재산에 관한 어떠한 특별기여 행위가 있었다고 볼 수는 없다 할 것이므로 결국 원고의 위 기여분 청구 주장은 이유 없어 받아들이지 않기로 한다.

4. 구체적 상속분의 산정

가. 앞에서 인정한 사실들에 의하면, 이 사건 상속재산 분할의 대상이 되는 상속재산의 상속개시 당시의 가액은 별지목록 기재 제1, 2 부동산의 가액합계액인 금 146,160,000원에 은행예금 금 82,485,782원을 합한 금 228,645,782원(146,160,000 + 82,485,782)이고, 원고가 망인으로부터 증여받은 특별수익은 금 62,000,000원이며, 망인의 장례비용 및 사망직전의 병원치료비로 지출된 비용이 합계 금 26,000,000원이므로, 위 상속재산에 특별수익을 더하고 여기에서 장례비용 등을 공제한 간주상속재산은 금 264,645,782원(228,645,782 + 62,000,000 - 26,000,000)이 되는바, 이를 기초로 원·피고들의 구체적 상속분을 산정하기로 한다.

나. 특별수익을 받은 원고를 제외한 피고들은 위 간주상속재산에 그들 각자의 법정상속비율을 곱한 것이 구체적 상속분이 되는바, 그 구체적 상속분은 각 금 66,161,445원(264,645,782×1/4, 원 미만은 버림)이 되고, 원고의 구체적 상속분은 위 간주상속재산에 원고의 법정상속비율을 곱한 금 66,161,445원에서 그의 특별수익을 공제한 금 4,161,445원(66,161,445 - 62,000,000)이 된다.

5. 상속재산의 분할 방법

가. 원고와 피고들은 이 사건 상속재산의 분할과 관련하여 현재 감정이 크게 악화되어 있어 상속재산의 분할 방법에 관하여 전혀 협의가 이루어지지 않고 있는 점, 별지목록 기재 제3 부동산은 그 가액은 무시해도 좋을 정도이나 그 권리관계를 명백히 할 필요가 있어 그 처분방법을 그 부지인 별지목록 기재 제2 부동산과 같이 하는 것이 바람직 한 점, 현재 별지목록 기재 제1, 2 부동산에 관하여는 상속을 원인으로 한 원·피고들 명의의 지분소유권이전등기가 경료되어 있으며, 상속재산 중 예금채권은 이를 원고가 보관하고 있는 점, 원고의 구체적 상속분이 금 4,161,445원에 불과한 점 등이 사건 변론에 나타난 제반사정을 고려하여 볼 때, 별지목록 기재 각 부동산을 피고들 3인의 공유로 하고(별지목록 기재 각 부동산의 가액은 합계 금 146,160,000원이므로 이를 피고들 3인의 공유로 하면 1인당 금 48,720,000원 정도씩 돌아간다), 원고가 피고들에게 피고들의 구체적 상속분에 미달하는 금 17,441,445원(66,161,445 - 48,720,000)을 각 지급하도록 하는 방법으로 이 사건 상속재산을 분할하는 것이 바람직하다고 본다.

나. 따라서, 원고는 피고들에게 별지목록 기재 제1, 2 부동산에 대한 각 원고 명의의 4분의 1지분에 관하여 이 사건 상속재산 분할 판결확정을 원인으로 한 지분소유권이전등기절차를 이행하고, 각 금 17,441,445원 및 이에 대하여 이 판결확정 다음날부터 완제일까지 민법 소정의 연 5푼의 비율에 의한 지연손해금을 각 지급할 의무가 있다 할 것이며, 별지목록 기재 제3 부동산에 대한 사용·수익·처분권한은 피고들에게 있음을 확인한다.

6. 결 론

그렇다면, 원고의 기여분 청구는 이유 없어 이를 기각하고, 별지목록 기재 각 부동산 및 위 예금액은 위에서 본 바와 같이 분할하여 그에 따르는 각자의 소유권지분이전 및 금전지급 의무는 위와 같이 정하기로 하여 주문과 같이 판결한다.

바. 배우자 기여분 인정사례 및 상속재산 분할대상에 포함되는 채무의 범위

서울가법 1995. 9. 7. 자 94느2926 심판 : 항고

【판시사항】

[1] 배우자의 기여분을 적극재산의 20%로 정한 사례
[2] 상속재산 분할 대상에 포함되는 채무의 범위 및 상속재산 분할 방법

【심판요지】

[1] 피상속인과 함께 분식점 등을 운영하면서 종업원을 관리하는 등 피상속인의 사업에 주도적으로 노무를 제공함으로써 상속재산을 형성하는 데 기여한 배우자의 기여분을 적극재산의 20%로 정한 사례.

[2] 피상속인의 임대차보증금 반환채무는 불가분의 채무로서 상속재산 분할 대상에 포함되나, 피상속인의 차용금 채무는 상속개시와 동시에 상속인들에게 그 법정상속분에 따라 법률상 당연히 분할되어 승계되는 것으로서 상속재산 분할 대상에 포함되지 아니하고, 상속인이 상속개시 후 상속재산을 임대함으로써 발생한 임대차보증금 반환채무는 그 상속인 개인의 채무에 불과하여 상속재산 분할 대상에 포함되지 아니한다. 이 사건 상속재산의 분할방법은 피상속인의 배우자인 상속인이 상속재산인 부동산을 임대하는 등 직접 관리하고 있고 그 부동산에 대하여 기여분을 인정받았을 뿐만 아니라 다른 상속인들의 일부와 이해관계가 대립하는 등의 사정을 고려하여, 상속재산인 부동산을 배우자인 상속인에게 귀속시키고 나머지 상속인들에게 상속분에 해당하는 금원을 분할하게 함이 적당하다.

【참조조문】

[1] 민법 제1008조의2 , /[2] 민법 제1013조

【전 문】

【청구인】 청구인 (소송대리인 변호사 백형구)
【상대방】 상대방 1외 4인 (소송대리인 변호사 조창영)

【주 문】

1. 망 청구외 1의 상속재산 중 별지 제1목록 기재 각 부동산에 대한 청구인의 기여

분을 20%로 정한다.

2. 가. 망 청구외 1의 상속재산 중 별지 제1목록 기재 각 부동산을 청구인의 소유로 분할한다.

   나. 청구인은 상대방 1, 2에게 각 금 166,582,549원, 상대방 3에게 금 57,678,235원, 상대방 4, 5에게 각 금 38,452,156원 및 위 각 금원에 대한 이 판결확정일 부터 완제일까지 연 5푼의 비율에 의한 금원을 지급하라.

3. 심판비용은 이를 5분하여 그 2는 상대방들의, 나머지는 청구인의 각 부담으로 한다.

【심판취지】

망 청구외 1의 상속재산 중 별지 제1목록 기재 각 부동산에 대한 청구인의 기여분을 60%로 정한다. 망 청구외 1의 상속재산 중 별지 제1목록 기재 각 부동산에 대한 각 45분의 6 지분을 청구인에게 분할하고, 현물분할이 부적당한 때에는 별지 제1목록 기재 각 부동산을 경매에 붙여 그 대금에서 경매비용을 공제한 나머지 금액 중 45분의 6 지분을 청구인에게 분배한다.

【이 유】

1. 상속인

갑 제1호증의 1, 2의 각 기재, 이 법원의 조사관 작성의 조사보고서 내용에 심문의 전취시를 종합하면, 망 청구외 1은 청구인과 혼인하기 이전에 다른 여자와 사이에 망 청구외 2를 낳았고, 1967. 2. 24. 청구인과 혼인하여 그들 사이에 상대방 1을 낳았으며, 청구인과의 혼인기간 중 또 다른 여자와 사이에 상대방 2를 낳았는데, 위 청구외 2 및 상대방 2를 모두 청구인과 사이의 친생자로 출생신고한 사실, 위 청구외 1은 1993. 3. 27. 사망하였고, 위 청구외 2는 1993. 4. 6. 사망하였는데. 상대방 3 및 상대방 4, 5는 위 청구외 2의 처 및 자녀들인 사실을 인정할 수 있다.

위 인정사실에 의하면, 위 청구외 2와 상대방 2는 위 청구외 1의 혼인 외의 자로서 위 청구외 1이 자신의 친생자로 출생신고를 하여 인지하였다고 할 것인바, 위 청구외 1의 사망으로 그 처인 청구인과 자녀인 위 청구외 2, 상대방 1, 2가 공동상속인이 되었고, 위 청구외 2의 사망으로 그 처인 상대방 3과 자녀인 상대방 4, 5가 그 공동상속인이 되었다고 할 것이다.

2. 상속재산

가. 갑 제3호증의 1 내지 5, 갑 제4호증의 1 내지 13, 갑 제6호증의 1 내지 9의

각 기재, 감정인 이광호의 시가감정 결과에 심문의 전취지를 종합하면, 위 청구외 1은 사망 당시 아래 3항에서 보는 바와 같이 별지 제1목록 기재 각 부동산을 소유하고 있었고, 별지 제1목록 기재 제1, 2부동산(이하 이 사건 1, 2 각 부동산이라고 한다)을 임대차보증금 합계 금 80,000,000원에 타에 임대하고 있었던 사실, 1995. 2. 현재 이 사건 제1, 2 각 부동산의 시가는 금 460,273,210원이고, 별지 제1목록 기재 제3 내지 8 각 부동산(이하 이 사건 제3 내지 8 각 부동산이라고 한다)의 시가는 합계 금 465,869,000원이며, 별지 제1목록 기재 제9부동산(이하 이 사건 제9부동산이라고 한다)의 시가는 금 110,884,630원인 사실을 인정할 수 있으므로, 적극재산인 이 사건 부동산과 소극재산으로서 불가분채무인 위 임대차보증금 반환채무가 상속재산 분할 대상이 된다고 할 것이다.

나. 청구인은, 위 청구외 1이 소외 3 등에게 합계 금 313,000,000원의 차용금 채무를 부담하고 있었으므로, 위 차용금 채무를 분할 대상인 적극재산에서 공제하여야 한다고 주장하나, 위와 같은 차용금 채무는 상속개시와 동시에 상속인들에게 그 법정상속분에 따라 법률상 당연히 분할되어 승계되는 것으로서 상속재산 분할 대상에 포함되지 아니하는 것이므로 위 차용금 채무의 존재 여부에 대하여는 판단할 필요도 없이 청구인의 위 주장은 이유 없다.

다. 청구인은, 청구인이 위 청구외 1의 사망 후에 이 사건 제9부동산을 임대차보증금 110,000,000원에 임대하여 금 110,000,000원의 임대차보증금 반환채무를 부담하고 있으므로, 위 임대차보증금 반환채무도 상속재산 분할 대상에 포함시켜야 한다고 주장하므로 살피건대, 갑 제8호증의 3의 기재, 증인 심용순의 증언에 심문의 전취지를 종합하면, 청구인이 1993. 7. 16. 이 사건 제9부동산을 금 100,000,000원에 임대한 사실은 인정되나, 위 금 100,000,000원의 임대차보증금 반환채무는 피상속인인 위 청구외 1의 사망 후에 청구인이 부담하게 된 채무로서 청구인 자신의 채무에 불과할 뿐 상속재산이 아니므로, 위 채무는 상속재산 분할 대상에 포함시키지 아니한다.

라. 상대방 2, 3, 4, 5는, 위 청구외 1이 주식회사 포천상사에 금 200,000,000원 상당을 투자하였고, 운천리 시장에 있던 가옥을 처분하여 금 50,000,000원을 소지하고 있었으며, 금 60,000,000원을 타에 대여하였는바, 위 각 재산도 상속재산 분할 대상에 포함시켜야 한다고 주장하나, 위 주장사실을 인정할 증거가 없으므로, 위 각 재산은 상속재산 분할 대상에 포함시키지 아니한다.

3. 기여분 청구에 대한 판단

가. 앞서 든 각 증거 및 을 제2호증의 1, 2, 을 제4호증의 각 기재, 증인 인춘서, 심용순, 이순배, 이수경의 각 증언에 심문의 전취지를 종합하면, 위 청구외 1은 1965. 2.경 경기 양주군 동두천읍 생연리에 있는 무허가 판자집에서 위 청구외 2를 데리고 살고 있었는데, 청구인과 동거하기 시작한 이후인 1965. 8.경 경기 포천군 영북면 운천3리로 이사하였고, 그 무렵 주식회사 성업공사로부터 분할 전의 이 사건 제5, 6부동산을 매수하여 그 지상 건물에서 청구인과 함께 분식점 및 대중음식점 등을 운영하였는바, 청구인은 처음에는 위 대중음식점에서 음식을 만드는 일 등을 직접하여 오다가 장사가 잘 되어 규모를 확장하면서 종업원을 고용하여 관리하는 등 위 대중음식점 등의 영업에 주도적으로 참여하여 온 사실, 위 청구외 1과 청구인은 위 대중음식점을 운영하여 얻은 수입으로 1975. 6. 30.경 이 사건 제1, 2부동산을 매수하여 위 청구외 1 명의로 소유권이전등기를 경료하였고, 1978. 12. 26.경 별지 제2목록 기재 각 부동산을 매수하여 청구인 명의로 소유권이전등기를 경료하였으며, 1983. 7. 16. 및 1984. 12. 24. 이 사건 제5, 6 부동산에 관하여 위 청구외 1 명의로 소유권이전등기를 경료하였고, 1986. 4. 24.경부터 1988. 2. 16. 경까지 사이에 이 사건 제3, 4 및 7, 8 각 부동산을 매수히여 위 청구외 1 명의로 소유권이전등기를 경료하였으며, 1991. 7.경 이 사건 제3 내지 6 각 부동산 지상에 이 사건 제9부동산을 신축하여 유흥음식점 및 룸살롱, 예식장을 운영한 사실, 한편 청구인 명의로 되어 있는 별지 제2목록 기재 각 부동산의 시가는 금 250,000,000원 정도인 사실을 인정할 수 있다.

청구인은, 청구인이 1975. 6. 30.경 이 사건 제1, 2 각 부동산을 금 16,240,000원에 매수할 당시 청구인의 특유재산인 금원으로 위 매수대금 중 2분의 1에 해당하는 8,500,000원을 충당하였으므로 이러한 점도 기여분 산정에 참작되어야 한다고 주장하나, 증인 심용순, 이순배의 각 증언만으로는 이를 인정하기 부족하고, 달리 이를 인정할 증거가 없으므로, 청구인의 위 주장은 받아들이지 아니한다.

나. 위 인정사실에 의하면, 청구인은 위 청구외 1의 사업에 노무를 제공함으로써 피상속인인 위 청구외 1이 적극재산인 이 사건 각 부동산을 취득함에 있어 특별한 기여를 하였다 할 것이고, 나아가 그 기여분의 비율에 관하여 보건대, 이 사건 각 부동산의 시가, 이용상황 및 청구인이 별지 제2목록 기재 각 부동산을 청구인 명의로 소유하고 있는 점 등 이 사건 심문 과정에 나타난 여러 사정을 참작하면, 위 청구외 1의 상속재산 중 적극재산인 이 사건 각 부동산에 대한 청구인의 기여비율을 20%로 정함이 상당하다.

4. 상속재산 분할청구에 대한 판단

가. 구체적 상속분의 산정

(1) 청구인과 상대방들의 상속 개시 당시 법정상속분을 살펴보면 청구인이 3/9, 상대방 1, 2가 각 2/9, 상대방 3이 6/63(2/9×3/7)이고, 상대방 4, 5가 각 4/63(2/9×2/7)이다.

(2) 한편 갑 제8호증의 1의 기재, 증인 인춘서, 심용순의 각 증언에 심문의 전취지를 종합하면, 청구인은 1993. 8. 30. 상대방 3에게 상대방 3, 4, 5의 거처를 임차하는데 사용하라고 금 32,000,000원을 교부한 사실을 인정할 수 있는바, 이는 청구인이 상대방 3, 4, 5에게 상속재산을 선급한 것으로 볼 수 있으므로 이를 현실의 구체적 상속분 산정시 이를 참작하기로 한다.

청구인은, 위 청구외 1이 1987. 4.경부터 1989. 3.경까지 사이에 위 청구외 2에게 치료비로 많은 금원을 주었고, 영업자금으로도 금 30,000,000원을 주었으므로, 이를 상속재산 분할에 있어서 참작하여야 한다고 주장하나, 갑 제5호증의 1 내지 3의 각 기재, 증인 심용순, 이수경의 각 증언만으로는 위 주장사실을 인정하기에 부족하고, 달리 이를 인정할 증거가 없으므로, 이러한 사정은 상속재산 분할에 참작하지 아니한다.

상대방 2, 3, 4, 5는, 청구인이 이 사건 각 부동산의 임대수익으로 매월 금 5,000,000원씩을 혼자 계속 수령하였으므로, 이를 상속재산 분할에 있어서 참작하여야 한다고 주장하므로 살피건대, 갑 제8호증의 2, 3, 4의 각 기재, 증인 인춘서의 증언에 심문의 전취지를 종합하면, 청구인은 위 청구외 1이 사망한 후 이 사건 제1, 2 각 부동산의 임료로 매월 금 1,900,000원 및 이 사건 제9부동산이 임료로 매월 금 2,300,000원을 혼자 계속 수령한 사실이 인정되나, 한편 앞서 든 각 증거에 의하면, 청구인이 1993. 8. 31.경부터 자기 소생인 상대방 1 및 상대방 2를 부양하여 왔고, 그 무렵부터 상대방 3, 4, 5에게 생활비로 월 금 1,000,000원 정도를 지급하기도 한 사실이 인정되므로 청구인에게 위 임대수익을 귀속시키는 것이 형평에 부합한다 할 것이므로, 이러한 사정은 구체적 상속분 산정시 이를 참작하지 아니하기로 한다.

(3) 그러므로 위 청구외 1의 상속재산 합계액 금 957,026,840원 이 사건 각 부동산 합계 금 1,037,026,840원(이 사건 제1, 2 각 부동산 금 460,273,210원 + 이 사건 제3 내지 8 각 부동산 금 465,869,000원 + 이 사건 제9부동산 금 110,884,630원) - 임대차보증금 반환채무 금 80,000,000원 에

서 청구인의 기여분 상당액(적극재산인 이 사건 각 부동산 금 1,037,026,840원×0.2 = 금 207,405,368원)을 공제하면 금 749,621,472원(금 957,026,840원 - 금 207,405,368원)이 되고, 앞서 본 바와 같이 청구인이 상대방 3, 4, 5에게 금 32,000,000원을 미리 지급한 점을 참작한 각자의 구체적 상속분은 다음과 같으며, 이를 비율로 표시하면 별지 제3목록 기재와 같다.

청구인 : 금 749,621,472원×3/9 + 기여분 상당액 금 207,405,368원 + 금 32,000,000원 = 금 489,279,192원(계산의 편의상 원미만은 버림, 이하 같다)

상대방 1 : 금 749,621,472원×2/9 = 금 166,582,549원
상대방 2 : 금 749,621,472원×2/9 = 금 166,582,549원
상대방 3 : (금 749,621,472원×2/9) - 32,000,000원 ×3/7 = 금 57,678,235원
상대방 4 : (금 749,621,472원×2/9) - 32,000,000원 ×3/7 = 금 38,452,156원
상대방 5 : (금 749,621,472원×2/9) - 32,000,000원 ×2/7 = 금 38,452,156원

나. 분할방법

앞서 본 바와 같은 이 사건 각 부동산의 현황, 가액 및 구체적 상속분율 등과 앞서 든 증거들에 의하여 인정되는 상속인들간의 관계, 상속인들의 나이, 직업, 경제력 등 이 사건 심리에 나타난 여러 사정을 종합하면, 이 사건 각 부동산 및 이 사건 제1, 2 각 부동산의 임치인들에 대한 금 80,000,000원의 임대차보증금 반환채무를 모두 청구인에게 확정적으로 귀속시키기로 하되, 청구인으로 하여금 상대방들에게 상대방들의 상속분에 해당하는 금원을 지급하여 분할하게 함이 적당하다고 할 것이다.

다. 따라서 이 사건 각 부동산에 대하여 청구인이 상속등기를 경료하고, 청구인은 상대방 1, 2에게 각 금 166,582,549원, 상대방 3에게 금 57,678,235원, 상대방 4, 5에게 각 금 38,452,156원 및 위 각 금원에 대하여 이 판결확정일부터 민법 소정의 연 5푼의 비율에 의한 지연손해금을 지급하도록 함이 상당하다.

5. 결 론

그렇다면, 청구인의 기여분 청구 및 상속재산 분할 청구는 위와 같이 정함이 상당하여 주문과 같이 심판한다. [별지 제1 내지 3 부동산 목록 생략]

사. 상속재산 분할심판청구 미전제의 상속기여분 결정가능 여부

서울가법 1994.10.20. 자 93느7142 제3부심판 : 즉시항고

【판시사항】

상속재산분할심판청구를 전제로 하지 않고 상속기여분결정을 할 수 있는지 여부

【심판요지】

공동상속인 중 피상속인의 재산의 유지, 증가에 특별한 기여를 한 자가 있는 경우 그 기여행위를 가액 또는 상속재산에 대한 비율로 평가하는 기여분의 결정은 법정상속분의 수정요소로서 상속재산분할의 전제문제인 성격을 가지므로 상속 기여분 청구는 상속재산분할심판청구가 있는 경우에만 제기할 수 있으나 예외적으로 당해 재산이 상속재산에 해당하는지 여부가 불명확하여 민사소송에서 상속재산인지의 여부가 확정되어야 할 경우에는 당해 재산이 상속재산에 해당하는 것임을 조건으로 하는 이른바 조건부권리에 대한 특정인의 기여분결정을 상속재산분할심판과 별도로 할 수 있다.

【참조조문】

민법 제1008조의2 , 제1013조 제2항 , 가사소송규칙 제111조 , 제112조 , 제115조

【전 문】

【원 고】 원고

【상 대 방】 상대방 1외 15인

【주 문】

1. 청구인의 망 청구외인의 상속재산에 대한 기여분을 15퍼센트로 정한다.
2. 심판비용은 이를 2분하여 그 1은 상대방들의, 나머지는 청구인의 각 부담으로 한다.

【청구취지】

청구인의 망 청구외인의 상속재산에 대한 기여분을 40퍼센트로 정한다는 심판

【이 유】

1. 상속인 및 상속재산의 범위

갑 제1호증의 1,2, 갑 제2호증, 갑 제3호증의 1 내지 5, 갑 제4호증, 갑 제5호증의 1,2, 갑 제9호증의 각 기재에 의하면, 망 청구외인은 1993.4.29. 사망하였고 위 망인을 중심으로 청구인 및 상대방 1, 2, 3, 4, 5, 망 소외 1(1990.11.19. 사망), 2(1993.1.30. 사망)는 위 망 청구외인의 자녀들이며, 상대방 6, 7, 8, 9, 10, 11은 위 망 소외 1의 처 및 자녀들이고, 상대방 12, 13, 14, 15, 16은 위 망 소외 2의 남편 및 자녀들인 사실, 한편 위 망 소외 1이 사망하자 그 공동재산상속인인 상대방 6, 7, 8, 9, 10, 11은 위 망 소외 1의 소유로 등기되어 있던 별지목록 제1항 기재 부동산 및 그 지상 미등기건물인 같은 목록 제2항 기재 부동산을 상대방 6, 10, 11 명의로 각 3분지 1 지분씩 공동상속하기로 상속재산 분할협의를 하고 1991.5.1. 위와 같은 내용의 소유권이전등기 및 보존등기를 각 경료한 사실, 그러자 위 망 청구외인은 1991.9.경 별지목록 제1항 기재 부동산은 자신이

매수하여 편의상 장남인 위 망 소외 1 앞으로 명의신탁하여 놓은 것이고 같은 목록 제2항 기재 부동산은 자신이 신축한 것이라고 주장하면서 상대방 6, 10, 11을 공동피고로 하여 서울지방법원 남부지원에 명의신탁해지를 원인으로 하는 소유권이전등기소송을 제기하여 1992.6.10. 원고승소판결을 받았고 위 상대방들은 이에 불복 항소하여 위 사건이 항소심에 계속중 위 망 청구외인은 사망한 사실, 현재 소송계속중인 위 각 부동산은 위 망 청구외인이 소유하고 있는 재산의 전부인 사실을 인정할 수 있다.

위 인정사실에 의하면 청구인 및 상대방들은 위 망 청구외인의 상속인 및 대습상속인들로서 위 민사소송 결과 별지목록 기재 각 부동산이 피상속인인 위 망 청구외인이 위 망 소외 1 및 상대방 6, 10, 11에게 명의신탁하여 놓은 재산이라는 것이 인정되어 상속재산으로 확정되는 것을 조건으로 하여 특별한 사정이 없는 한 위 각 부동산을 그 상속지분에 따라 공동상속한다 할 것이다.

한편 공동상속인 중 피상속인의 재산의 유지 또는 증가에 특별한 기여를 한 자가 있는 경우 그 기여행위를 가액 또는 상속재산에 대한 비율로 평가하는 기여분의 결정은 공동상속인이 가지는 법정상속분의 수정요소로서 상속재산분할의 전제문제인 성격을 가지므로 상속재산분할심판청구가 있는 경우에만(그 외에 상속재산분할 후 피인지자 등의 가액지급청구가 있는 경우에도 할 수 있으나 이 사건과는 관련이 없다.) 제기할 수 있다 할 것이나 예외적으로 이 사건과 같이 당해 재산이 상속재산에 해당하는지 여부가 불명확하여 먼저 민사소송에서 그 유무가 확정되어야 할 경우에는 가정법원이 미리 당해 재산이 피상속인의 상속재산임을 전제로 상속재산분할심판을 할 수는 없다 할 것이고(이 경우 가정법원이 당해 재산이 상속재산에 해당하는지 여부를 심판하는 것은 그 권한에 속하지 않는 민사소송사항에 대하여 미리 판단을 하는 것이 되어 타당하지 않다.), 따라서 이러한 경우에는 당해 재산이 상속재산에 해당하는 것임을 조건으로 하는 이른바 조건부권리에 대한 특정 상속인의 기여분결정을 상속재산분할심판과 별도로 할 수 있다 할 것이다.

2. 기여분

위에서 인정한 각 증거와 갑 제6호증, 갑 제7호증의 1 내지 5, 을 제5호증의 각 기재와 증인 1, 2, 3의 각 일부 증언에 심리의 전취지를 종합하면, 망 청구외인은 1977.3.경 충남 천안군 풍세면에서 농사를 지으면서 생활하던 중 처인 소외 3이 사망하고 청구인 또한 나이가 들어 더 이상 농사를 짓기 힘들게 되자 농토를 처분하고 고향을 떠나 서울로 이주하여 집을 마련한 다음 소매점을 하거나 월세를 놓아 미혼 자녀들을 양육하기로 마음먹고 1977.3.15.부터 다음달 22.경까지 사이에 자신의 소유이던 충남 천안군 풍세면 남관리 373 전 3075평, 같은 리 437의 2 전 1157평, 같은 리 437의 1 대 231평 및 충남 아산군 배방면 세교리 108 답 1254평, 같은 리 118 답 954평 등 5필지를 처분한 사실, 청구인은 위 망 청구외인이 전재산을 처분하여 상경한다고 하자 그 소유인 충남 천안군 풍세면 남관리 568 답 633평을 처분하여 그 대금을 위 망 청구외인에게 주었고 위 망 청구외인은 자신의 부동산을 처분한 대금과 청구인으로부터 받은 대금을 그 전에 이미 서울에 상경하여 자리를 잡고 있던 장남인 위 망 소외 1에게 주어 동인으로 하여금 별지목록 제1항 기재 부동산을 매수하고 그 지상에 같은 목록 제2항 기재 점포주택을 건축하게 한 후 상경하여 사망할 때가지 위 점포주택에서 거주한 사실, 당시 청구인이 소유하고 있었던 위 충남 천안군 풍세면 남관리 568 답 633평은 위 망 청구외인이 소유하고 있었던 위 각 부동산에 비하여 상당히 비옥하여 상대적으로 높은 가격에 처분된 사실을 각 인정할 수 있는 반면 위 망 청구외인 및 청구인이 처분한 각 부동산의 처분가액 및 위 망 청구외인이 취득한 별지목록 기재 각 부동산의 취득가액에 관한 위 증인들의 각 증언부분은 이를 믿을 수 없고, 달리 이를 인정할 만한 증거를 찾아볼 수 없다.

청구인은, 그 이외에도 청구인이 1980.경 상경하여 위 부동산에 입수할 때 위 망 청구외인을 대신하여 종전 세입자의 전세보증금을 반환하여 주었고, 위 망 청구외인이 위와 같은 민사소송을 제기하였을 때 청구인이 전적으로 소송비용을 부담하고 주도적으로 소송을 수행하여 상속재산인 위 각 부동산의 유지, 보존에 기여하였으므로 이러한 점도 기여분산정에 있어 참작되어야 한다고 주장하나, 이에 부합하는 듯한 증인 1, 2의 각 일부 증언은 믿지 아니하고 달리 청구인이 위와 같은 기여행위를 하였음을 인정할 증거가 없으므로 청구인의 위 주장은 이유 없다.

청구인은 또한, 청구인이 1980.경부터 다른 자녀들을 대신하여 위 망 청구외인을 부양하여 왔으므로 이러한 점도 기여분산정에 있어 참작되어야 한다고 주장하므로 살피건대, 청구인이 위 망 청구외인에 대하여 법률상 친족간의 부양의무를 초과하는 특별한 기여행위를 하였다는 점을 인정할 증거가 없으므로 청구인의 위 주장 또한 이유 없다.

결국 위 인정사실에 의하면 청구인은 망 청구외인이 별지목록 기재 각 부동산을 매수하거나 신축할 때 자신이 소유하는 부동산을 처분한 대금을 출연함으로써 피상속인인 위 망 청구외인이 위 재산을 취득함에 있어 특별한 기여를 하였다 할 것이므로 나아가 그 기여분의 비율에 관하여 보건대, 위 망 청구외인 및 청구인이 처분한 각 부동산의 처분가액과 위 망 청구외인이 취득한 재산의 취득가액을 확정할 수 없는 이 사건에 있어서 앞서 인정된 범위 내에서의 사유 즉 처분된 위 각 부동산의 면적, 토지의 비옥도, 위치, 그 밖에 위 재산의 상속 당시의 가액 및 이용상황 등 일건 기록에 나타난 여러 사정을 참작하여 청구인의 기여비율을 15퍼센트로 결정함이 상당하다.

3. 결 론

그렇다면 청구인의 망 청구외인의 상속재산에 대한 기여분은 15퍼센트로 정함이 상당하여, 주문과 같이 심판한다.[별지생략]

아. 장례비 부담원칙을 밝힌 사례

서울가법 2010. 11. 2.자 2008느합**, 상속재산분할, 2008느합**(병합) 제2부심판

【주 문】

1. 이 사건 각 심판 청구 중 상대방 무에 대한 청구부분을 각하한다.
2. 청구인의 상대방 갑, 을, 병, 정에 대한 기여분결정 청구를 모두 기각한다.
3. [별지1] 기재 예금채권은 상대방 갑, 을, 병, 정이 각 1/4 지분씩 공유하는것으로 분할한다.
4. 청구인은 상대방 갑, 을, 병, 정에게 각 4,426,403원을 지급하라.
5. 심판비용은 청구인이 부담한다.

【청 구 취 지】

청구인의 기여분을 100%로 정한다. [별지1] 기재 예금채권을 청구인의 소유로 분할한다.

【이 유】

1. 기초사실

이 사건 기록 및 심문 전체의 취지를 종합하면 다음 사실을 인정할 수있다.

가. 피상속인 망 000(이하, '피상속인'이라고 한다)은 2007. 11. 10. 사망하였는데, 사망 당시 상속인으로는 이혼한 망 @@@와 사이의 자녀들인 상대방들과 혼인외 자녀인 청구인이 있었다.

나. 상대방 무는 청구인이 실종선고의 심판을 청구하여 청주지방법원 충주지원 2008느단***호로 심리가 진행된 결과 1972. 12. 15. 그 실종기간이 만료되었다는 이유로 2009. 4. 21. 실종선고를 받았다.

2. 상대방 무에 대한 청구에 관한 판단

청구인은 상대방 무에 대하여도 기여분결정 및 상속재산분할을 구하고 있으나, 앞서 인정한 바에 따르면 상대방 무는 1972. 12. 15. 그 실종기간이 만료됨으로써 피상속인 사망 이전에 사망한 것으로 간주된다 할 것이므로, 이는 사망자를 상대로 한 청구로써 부적법하다.

따라서, 청구인의 상대방 무에 대한 기여분결정 및 상속재산분할 청구는모두 부적법하여 각하함이 마땅하다.

3. 기여분결정 청구에 관한 판단

청구인은 피상속인이 사망하기까지 피상속인과 단둘이 거주하면서 홀로피상속인을 부양하였고 이 사건 상속재산은 사실상 청구인이 취득하였거나, 전적으로 청구인의 기여로 형성된 재산이며 향후 피상속인의 묘지관리비용에 충당되어야 할 것이므로, 청구인의 기여분은 상속재산의 100%로 인정되어야 한다고 주장하므로

살피건대, 민법 제1008조의2에서 정한 기여분 제도는 공동상속인 중에 피상속인을 특별히 부양하였거나 피상속인의 재산의 유지 또는 증가에 관하여 특별히 기여하였을 경우 이를 상속분 산정에 고려함으로써 공동상속인 사이의 실질적 공평을 도모하려는 것이므로, 기여분을 인정하기 위해서는 공동상속인 사이의 공평을 위하여 상속분을 조정하여야 할 필요가 있을 만큼 피상속인을 특별히 부양하였다거나 피상속인의 상속재산의 유지 또는 증가에 특별히 기여하였다는 사실이 인정되어야 할 것인바,

이사건 기록에 의하면 청구인은 피상속인의 2남 4녀 자녀들 중 유일하게 혼인외 자녀로서 막내인 사실, 피상속인이 사망하기까지 청구인과 함께 거주한사실은 인정되나, 위 인정사실 및 그 밖에 이 사건 기록에 나타난 제반 증거들을 모두 종합하여 보아도 그와 같은 사정만으로는 청구인이 피상속인의재산 형성, 유지에 특별히 기여했다거나 특별히 피상속인을 부양하였다고 인정하기 어려우므로, 청구인의 기여분 주장은 받아들일 수 없다.

4. 상속재산분할 청구에 관한 판단

가. 상속인 및 법정상속분

위 인정사실에 의하면, 청구인과 상대방 갑, 을, 병, 정은 피상속인의 자녀들로서 그 법정상속분은 각 1/5 지분이다

나. 분할대상이 되는 상속재산의 범위

이 사건 기록에 의하면, 피상속인은 사망 당시 [별지1, 2] 각 기재 예금채권을 보유하고 있었던 사실, 청구인이 상속개시 후인 2009. 11. 13.경 [별지2] 기재 예금을 모두 인출하여 간 사실을 인정할 수 있으므로, 위 인정사실에 의하면 [별지1] 기재 예금채권 뿐만 아니라 청구인이 선지급 받아 간 [별지2] 기재 예금채권 상당의 대상물도 분할대상이 되는 이 사건 상속재산이라 할 것이다(비록 [별지2] 기재 예금채권에 관하여는 청구취지에 명시되어 있지 아니하나, 위 예금채권이 상속재산

인지 여부에 관하여 심리가 이루어졌고 청구인이 그와 같이 청구취지에 열거한 재산에 국한하여 상속재산분할을 구하는 취지를 명백히 하지 않은 이상, 상속재산 전체가 분할대상이라고 봄이 상당하다.

이와 같이 보지 않으면, 상속인들은 각 상속재산분할결과에 따라상속재산이 모두 드러날 때까지 거듭하여 상속재산분할을 청구하여야 한다는 결론에 이르게 되어 부당하므로, [별지2] 기재 예금채권 또한 이 사건 상속재산분할청구의 심판대상이라 할 것이다).청구인은, [별지2] 기재 예금채권의 각 금융계좌는 청구인이 피상속인의의를 차용하여 거래한 이른바 차명계좌이고, 이는 청구인의 자산일 뿐이므로 분할대상이 되는 상속재산이라 볼 수 없다고 주장하나, 기록에 나타난 증거들만으로는 이를 인정하기 어렵다. 따라서, 청구인의 위 주장은 이유 없다.

또한, 상대방 을은, 청구인과 피상속인이 함께 거주하던 청주시 흥덕구 봉명동 1170-2 주택은 피상속인이 25,000,000원의 임대차보증금으로 임차하였으므로, 위 임대차보증금 역시 분할대상이라고 주장하나, 이를 인정할 만한증거가 진혀 있다. 따라서 상대방 을의 주장은 이유 없다.

다. 분할의 방법

(1) [별지1] 기재 예금채권

위 인정사실에 의하면, 청구인과 무를 제외한 나머지 상대방들의 [별지1] 기재 예금채권에 관한 구체적 상속지분 상당의 가액은 각 3,200,000원(=16,000,000 ÷ 5)이라 할 것이다.

(2) 청구인의 장례비 소요액

① 인정사실

이 사건 기록에 의하면 피상속인의 사망과 관련하여 장례비용으로 총합계 9,544,950원이 소요된 사실, 상속인들의 지인들로부터 받은 부의금 중장례비용으로 소요된 비용이 총 합계 1,880,000원(청구인 : 880,000원, 상대방갑 : 140,000원, 상대방 을 : 710,000원, 상대방 정 : 150,000원)인 사실을 인정할 수 있는바, 위 인정사실에 의하면 청구인은 적어도 장례비용 중 7,664,950원(= 9,544,950 - 1,880,000)을 자신이 부담한 것으로 볼 수 있다

<u>② 장례비용 부담에 관한 원칙</u>

살피건대, 조리에 비추어 볼 때, 특별한 사정이 없는 한 장례비용은 민법 제1000조 및 제1003조에 규정된 상속의 순위에 의하여 가장 선순위에 놓인 자들이 각 법정상속분의 비율에 따라 부담함이 원칙이라 할 것이고, 이러한 원칙은 특정 상속인이 상속을 포기하였다고 하더라도 동일하게 적용됨이 마땅하다{예를 들어, 1순위 상속인들이 상속을 포기하였다고 하더라도 그들의 장례비용 부담의무는 면해지지 않는다.

비록 장례비용은 상속비용의 일부로 취급되어 상속재산분할절차에서 고려되나(대법원1997. 4. 25. 선고 97다3996 판결 참조), 장례비용의 부담은 상속에서 근거를두는 것이 아니라, 망인과의 친족관계에서 비롯된 것으로 파악함이 옳을 것이므로, 위 법리는 장례비용을 부담하는 자와 상속인이 일치하는 경우 상속재산분할절차에서 장례비용을 고려할 수 있다는 의미로 이해함이 상당하다}.

한편, 부의금이란 장례비에 먼저 충당될 것을 조건으로 한 금전의증여로 이해함이 상당할 것이므로, 접수된 부의금 금액이 상속인 또는 상속인이 아닌 가족(편의상 이들을 '부의금 피교부자'라고 한다)별로 다르더라도 동 금원은 모두 장례비로 먼저 충당되어야 하며, 이 점은 부의금 피교부자가 후순위상속인이거나 상속자격이 없는 경우라 하더라도 마찬가지이다.

이러한 점은 생존해 있는 자들과는 별도로 오로지 망인과 관련하여 접수된 부의금도 역시 마찬가지인데, 이러한 부의금은 위에서 본 원칙에 따라 장례비용을부담할 자들에게 그들이 상속받을 경우 적용될 법정상속분의 비율에 따라증여된 것으로 봄이 상당하다.

그런데, 만일 부의금의 총 합계액이 장례비를 상회한다면 부의금 피교부자별로 접수된 금액의 비율대로 각 금액에서 충당하고, 나머지 금액은 각 부의금 피교부자별로 귀속되게 함이 옳다. 이 경우 각 부의금 피교부자별 금액이 확정되지 않는다면, 각 부의금 피교부자의 지위에 상관없이 나머지 금액을 평등하게 분배함이 옳다.

한편, 부의금의 총 합계액이 장례비에 미치지 못한다면 접수된 부의금은 모두 장례비에 충당되고, 나머지 장례비용은 위에서 본 원칙에 따라 장례비용을 부담하여야 할 자들이, 그들이 상속을 받을 경우 적용되었을 법정상속분에 따라 분담함이 옳다.

③ 소결론

위에서 본 바에 따르면, 피상속인의 사망 후 접수된 부의금으로 장례비용이 모두 충당되지 못한 점과 이 사건 청구인 및 상대방들이 1순위 상속인이 되므로, 결국 부의금으로 충당하고도 부족한 나머지 7,664,950원은 청구인과 상대방들이 각 법정상속분에 따라 **1/5**씩 부담하여야 할 성질의 것인데 이를 모두 청구인이 부담하였으므로, 청구인은 상대방 갑, 을, 병, 정으로부터 장례비용 중 이들의 부담분에 해당하는 1,532,990원(= 7,664,950 ÷ 5)을 지급받을 권리가 있다 할 것이어서 이를 구체적 분할방법에서 고려하기로 한다.

(3) 청구인이 선수령한 [별지2] 기재 예금채권 33,796,965원 상당액

앞서 본 바와 같이 청구인은 피상속인 사망 직후인 2009. 11. 13.경 인출하여 간 [별지2] 기재 예금 원리금 합계 33,796,965원 상당은 결국 상속재산의 대상물로서 공동상속인들이 구체적 상속지분에 따라 나누어 청구인으로부터 지급받음이 마땅하다. 따라서, 청구인은 상대방 갑, 을, 병, 정에게 각 구체적 상속분인 1/5 상당액인 6,759,393원(= 33,796,965 ÷ 5)을 지급하여야 하므로, 이 또한구체적 분할방법에서 고려하기로 한다.

(4) 최종 정산금액

살피건대, 앞서 본 바에 따르면 청구인은 [별지1] 예금채권 중3,200,000원 상당의 구체적 상속지분을 갖고 있으나, 상대방 갑, 을, 병, 정에게 선수령한 상속재산에 관하여 각 6,759,393원을 지급할 의무가 있는 반면, 이들로부터 자신의 비용을 부담한 장례비 명목으로 각 1,532,990원을 지급받을 권한이 있으므로, 이를 정산하여 계산해 보면 결국 [별지2] 기재 예금채권은 청구인을 제외한 나머지 상속인들 4인에게 균등하게 분할하고도 청구인은 상대방 갑, 을, 병, 정에게 각 4,426,403원{= 6,759,393 - 1,532,990 -800,000(= [별지2] 예금채권 중 자신의 몫 3,200,000 ÷ 4) }을 지급하여야 한다.

5. 결 론

그렇다면, 청구인의 이 사건 기여분결정 및 상속재산분할심판 청구는 상대방 무에 대한 청구 부분은 부적법하여 이를 각하하고, 나머지 청구 중 기여분결정 청구는 이유 없어 이를 기각하며, 상속재산분할심판 청구는 위와 같이 정하기로 하여 주문과 같이 심판한다.

자. 상속포기 취소신고 수리의 요건

2007. 4. 25. 서울가법 2007브14 제1부 결정

□ 결정 요지

ㅇ 사안의 개요

피상속인은 1944. 10. 28. 안▽▽과 혼인하여 슬하에 청구인들을 두었으나 1967. 4. 13. 재판상 이혼하였고, 1967. 9. 23. 홍ㅇㅇ 혼인하여 그 사이에 이◈◈, 이▣▣, 이◉◉, 이⊗⊗을 두었다. 피상속인은 홍ㅇㅇ와 살던 시기인 1970. 4. 10. 서울 동작구 상도동 196-1 대 1,101㎡(이하 '이 사건 대지'라고 한다)에 관하여 매매예약을 하고 2000. 12. 29. 소유권을 취득하였으며, 사망 당시까지 이를 보유하였다. 피상속인이 사망한 후 청구인들은 2005. 3. 22. 함께 이 법원에 상속포기 신고를 하였고, 2005. 4. 6. 위 신고는 수리되었다.

ㅇ 청구인들의 주장

이▣▣ 및 그의 처 박◎◎가 피상속인의 상속재산으로 이 사건 대지가 있다는 사실은 숨기고 빚이 많다고 기망하여 청구인들이 위 상속포기에 이르게 된 것이므로 이를 취소한다.

ㅇ 쟁 점

상속포기취소신고를 수리하기 위한 요건

ㅇ 법원의 판단

가정법원의 상속포기취소신고수리의 심판은 일응 상속포기취소의 요건을 구비한 것으로 인정한다는 것일 뿐 그 효력을 확정하는 것이 아니고 상속포기의 취소가 효력이 있는지 여부의 최종적인 판단은 실체법에 따라 민사소송에서 결정될 문제이므로, 상속포기취소신고의 수리 여부를 심판하는 가정법원으로서는 그 신고가 형식적 요건을 구비한 이상 그 취소가 취소로서의 실체적 요건을 갖추었는지 여부에 대하여는 이를 구비하지 아니하였음이 명백한 경우 이외에는 이를 문제로 삼아 상속포기취소신고를 불수리할 수 없다.

이 사건 기록에 의하면, 청구인들은 피상속인이 홍ㅇㅇ와 혼인한 이후 피상속인이 사망할 때까지 피상속인과 거의 왕래가 없어 피상속인의 재산에 대하여 정확히 알 수 없었던 점, 이▣▣을 비롯하여 피상속인과 홍ㅇㅇ 사이의 자녀가 지키고 있던 피상속인의 빈소에 다녀온 청구인 이○○가 주도하여 청구인들이 상속포기를 하기에 이른 점, 청구인들은 2005. 10. 27.경 금융감독원을 비롯한 여러 금융기관에

금융거래 조회 신청을 하여 2005. 11. 11.경 피상속인에게 채무가 없다는 회신을 받고 이 사건 상속포기취소신고를 한 점 등이 인정되는바,

이와 같은 사정을 참작하면 위 박◎◎가 2005. 4. 15.경 청구인 이○○의 남편인 김⊗⊗에게 이 사건 대지가 상속재산임을 알려 준 사실만으로는 이 사건 상속포기취소의 실체적 요건인 이▣▣ 및 박◎◎의 청구인들에 대한 기망을 구비하지 아니하였음이 명백하다고 볼 수는 없다. 따라서 청구인들이 피상속인의 채무가 상속재산을 초과하지 아니함을 확인한 날부터 3개월 이내이자 상속포기를 한 날부터 1년 이내에 제기한 이 사건 상속포기취소신고는 적법하다.

□ 결정의 의미

가정법원은 상속포기 취소신고가 형식적 요건을 구비한 이상 그 취소가 취소로서의 실체적 요건을 갖추었는지 여부에 대하여는 이를 구비하지 아니하였음이 명백한 경우 이외에는 이를 문제로 삼아 상속포기취소신고를 불수리할 수 없다고 결정함

□ 서울가정법원 제1부 2007.4.25.결정문 전문 (사건번호 2007브14)

【주 문】

1. 원심판을 취소한다.
2. 청구인들이 2005. 3. 22. 이 법원에 신고하여서 한 피상속인 망 이■■에 대한 상속포기의 취소신고는 이를 수리한다.

【청구취지 및 항고취지】

주문과 같다.

【이 유】

1. 기초사실

이 사건 기록에 의하면 다음 각 사실을 인정할 수 있다.

가. 피상속인은 1944. 10. 28. 안▽▽과 혼인하여 슬하에 청구인들을 두었으나 1967. 4. 13. 재판상 이혼하였고, 1967. 9. 23. 홍●●와 혼인하여 그 사이에 이◈◈, 이▣▣, 이◉◉, 이⊗⊗을 두었다.

나. 피상속인은 홍●●와 살던 시기인 1970. 4. 10. 서울 동작구 상도동 196-1 대 1,101㎡(이하 '이 사건 대지'라고 한다)에 관하여 매매예약을 하고 2000. 12. 29. 소유권을 취득하였으며, 사망 당시까지 이를 보유하였다.

다. 피상속인이 사망한 후 청구인들은 2005. 3. 22. 함께 이 법원에 상속포기 신고를 하였고, 2005. 4. 6. 위 신고는 수리되었다.

2. 청구인들의 주장

청구인들은 이■■ 및 그의 처 박◎◎가 피상속인의 상속재산으로 이 사건 대지가 있다는 사실은 숨기고 빚이 많다고 기망하여 청구인들이 위 상속포기에 이르게 된 것이므로 이를 취소한다고 주장한다.

3. 판단

가정법원의 상속포기취소신고수리의 심판은 일응 상속포기취소의 요건을 구비한 것으로 인정한다는 것일 뿐 그 효력을 확정하는 것이 아니고 상속포기의 취소가 효력이 있는지 여부의 최종적인 판단은 실체법에 따라 민사소송에서 결정될 문제이므로, 상속포기취소신고의 수리 여부를 심판하는 가정법원으로서는 그 신고가 형식적 요건을 구비한 이상 그 취소가 취소로서의 실체적 요건을 갖추었는지 여부에 대하여는 이를 구비하지 아니하였음이 명백한 경우 이외에는 이를 문제로 삼아 상속포기취소신고를 불수리할 수 없다.

이 사건 기록에 의하면, 위 박◎◎가 2005. 4. 15.경 청구인 이○○의 남편인 김⊗⊗에게 이 사건 대지가 상속재산임을 알려 준 사실을 인정할 수 있으나, 한편 청구인들은 피상속인이 홍●●와 혼인한 이후 피상속인이 사망할 때까지 피상속인과 거의 왕래가 없어 피상속인의 재산에 대하여 정확히 알 수 없었던 점, 이■■을 비롯하여 피상속인과 홍●● 사이의 자녀가 지키고 있던 피상속인의 빈소에 다녀온 청구인 이○○가 주도하여 청구인들이 상속포기를 하기에 이른 점, 청구인들은 2005. 10. 27.경 금융감독원을 비롯한 여러 금융기관에 금융거래 조회 신청을 하여 2005. 11. 11.경 피상속인에게 채무가 없다는 회신을 받고 이 사건 상속포기취소신고를 한 점 등도 인정되는바, 이와 같은 사정을 참작하면 앞서 인정한 사실만으로는 이 사건 상속포기취소의 실체적 요건인 이■■ 및 박◎◎의 청구인들에 대한 기망을 구비하지 아니하였음이 명백하다고 볼 수는 없다.

따라서 청구인들이 피상속인의 채무가 상속재산을 초과하지 아니함을 확인한 날부터 3개월 이내이자 상속포기를 한 날부터 1년 이내에 제기한 이 사건 상속포기취소신고는 적법하다.

4. 결론

그렇다면, 청구인들의 이 사건 상속포기취소신고는 적법하여 이를 수리하여야 할 것인바, 원심판은 이와 결론을 달리하여 부당하므로 이를 취소하고, 청구인들의 상속포기취소신고를 수리하기로 하여 주문과 같이 결정한다.

차. 상속인이 행방불명인 경우 상속재산관리인 선임여부.

서울가법 2006. 9. 18.심판 2006느단 7162

□ 심판요지

ㅇ 사안의 개요
피상속인은 2006. 7. 18. 사망하여 상속인으로는 자녀인 0 0 0가 있으나, 그 생사나 행방이 불명임.

ㅇ 쟁점
상속인의 생사나 행방이 불명인 경우의 상속재산관리인 선임여부.

ㅇ 청구인 주장
청구인은 상속인의 행방을 알 수 없으므로 피상속인의 재산을 관리하기 위한 상속재산관리인 선임을 청구.

ㅇ 법원의 판단
상속재산관리인은 상속인의 존부가 분명하지 않은 경우라야 하고, 사건본인의 4촌 이내의 혈족이 모두 사망하였거나 상속포기를 하였다는 점이 소명된때에 한하여 선임할 수 있음. 상속인의 행방불명은 상속재산관리인 선임의 요건에 해당하지 않으므로 청구 기각.

□ 심판의 의미

상속재산관리인은 상속인의 존부가 분명하지 않은 때, 즉 피상속인과 관련되는 호적/제적등본을 모두 추적 조사하여도 상속인을 발견할 수 없을 때에만선임할 수 있음.

따라서 호적등본 상 상속인이 존재하지만 그 생사 및 행방이 불명인 때에는그 상속인에 대하여 부재자재산관리인을 선임하거나 실종선고를 청구하여야함.

□ 서울가정법원 2006. 9. 18. 심판문 전문 (사건번호 : 2006느단7162)

【주 문】
청구인의 청구를 기각한다.

【청 구 취 지】
피상속인 망 000의 상속재산관리인으로 0 0 0를 선임한다.

【이 유】
상속재산관리인은 상속인의 존부가 분명하지 않은 경우라야 하고, 사건본인의 4촌 이내의 혈족이 모두 사망하였거나 상속포기를 하였다는 점이 소명된 때에 한하여 선임할 수 있는바, 호적등본의 기재상으로도 피상속인의 사망 당시 상속인으로는 최선순위자로서 그의 딸인 0 0 0 및 차순위 상속인인 청구인이 있으므로, 청구인의 주장은 이유 없다

(다만 청구인은 선순위 상속인인 0 0 0이 행방 및 생사가 불명이라는 취지의 주장을 하나, 이러한 때에는 0 0 0에 대하여 부재자재산관리인을 선임하거나 실종선고를 청구하여야 할 것이다).

따라서, 청구인의 청구를 기각한다.

카. 상속채무가 상속재산 분할대상 재산에 포함되는지 여부

서울가법 2006. 5. 12. 판결선고 (사건번호 : 2005느합77)

□ 심판요지

ㅇ 사안의 개요

가. 피상속인은 1940. 5. 23. 망 함OO과 혼인신고를 마치고 혼인생활을 유지하였으나 그 사이에 자녀를 낳지 못하자, 1963. 2. 12. 망 함OO의 혼외자인 상대방을 친생자로 출생신고하고 상대방이 성년이 될 때까지 양육하였다

나. 망 함OO이 40여 년 동안 철도공무원으로 일하다가 1974. 4. 10. 사망하자, 피상속인은 1974. 5. 31. 호주승계를 위해 어릴 적부터 키워 오던 시조카인 청구인을 망 함OO과 피상속인의 양자로 입양신고하였다.

다. 피상속인은 망 함OO으로부터 상속받은 재산으로 1976. 5.경 OO동 토지와 OO동 점포를 취득하고, 1990. 4.경 당시 설계전문회사에서 일하고 있던 청구인으로부터 건축설계 및 시공에 관한 도움을 받아 OO동 토지 위에 OO동 건물을 신축하여 1991. 2. 2. OO동 건물 중 각 1/2지분에 관하여 피상속인과 청구인 명의의 소유권보존등기를 마쳤다.

라. 피상속인은 청구인 가족과 함께 OO동 건물에서 생활하다가 2004. 7. 22. 사망하였고, 상대방은 OO동 건물의 2층에서 점포를 운영하고 있다.

ㅇ 쟁 점

1. 상속채무가 상속재산분할청구 사건에서 분할대상재산에 포함되는지 여부
2. 특별수익자의 상속분에 관한 민법 제1008조의 취지 및 생전 증여가 특별수익에 해당하는지 여부의 판단 방법
3. 대상분할 방법에 의한 상속재산분할에 있어서, 당사자 사이에 공평을 확보할 수 있는 절차적 방안

ㅇ 청구인 주장

상속채무인 OO동 건물의 임대보증금반환채무도 이 사건 분할대상 재산에 포함되어야 하고, 상대방이 OO동 건물 중 2층 점포를 무상사용한 데 따른 이익이 상대방의 특별수익으로 고려되어야 하며, 청구인이 OO동 건물 중 1/2 지분을 소유하고 있으므로 상속재산인 OO동 토지와 OO동 건물 중 1/2 지분을 청구인이 단독소유하는 방식으로 상속재산분할이 이루어져야 한다.

ㅇ 상대방 주장

청구인이 OO동 건물 4층에 무상으로 거주한 데 따른 이익이 청구인의 특별수익으로 고려되어야 하고, 상속재산인 OO동 토지와 OO동 건물 중1/2 지분을 청구인

이 단독소유하더라도 그에 대신하여 정산금을 지급받게 되는 상대방의 이익이 동등하게 보호되어야 한다.

ㅇ 법원의 판단

1. 상속채무는 본래 민법이 예정하고 있는 상속재산분할의 대상에 해당한다고 볼 수 없을 뿐만 아니라 이를 분할하더라도 분할의 내용으로 채권자에게 대항할 수 없다는 점에서 분할로 인한 실익이 없다고 할 것이므로,상속채무에 대한 분할청구는 이유 없다.

2. 민법 제1008조가 특별수익으로 인해 법정상속분이 조정되도록 규정한 것은 수증재산을 상속분의 선급으로 취급하고 법정상속분에서 이를 공제한 부분만을 특별수익자의 최종적인 상속분으로 인정함으로써 공동상속인간의 실질적 형평을 확보하려는데 그 취지가 있으므로, 어떠한 생전 증여가 특별수익에 해당하는지는 피상속인의 생전의 자산, 수입, 생활수준, 가정상황 등을 참작하고 공동상속인들 사이의 형평을 고려하여 당해 생전증여가 장차 상속인으로 될 자에게 돌아갈 상속재산 중의 그의 몫의 일부를 미리 주는 것이라고 볼 수 있는지에 의하여 결정된다.

3. 청구인이 OO동 건물 중 1/2 지분을 소유하면서 OO동 건물에 거주하고 있는 점, 청구인과 摠sE@상대방 모두 상속재산인 OO동 토지와 OO동 건물의 1/2 지분을 청구인이 취득하고 상대방에게 그 상속분에 상응하는 정산금을 지급하는 방식으로의 분할을 원하고 있는 점 등 이 사건 심문에 나타난 제반 사정을 종합적으로 고려하면, OO동 토지와 OO동 건물의 1/2지분은 청구인의 소유로 분할하는 대신, 청구인으로 하여금 상대방에게상대방의 구체적 상속분에 해당하는 정산금을 시급하도록 명하되, 청구인과상대방이 동등한 조건 아래 이 사건 상속으로 인한 이익을 실현할 수 있도록 위 각 부동산의 취득은 위 정산금지급의 조건에 걸리도록 명함이 상당하다.

□ 심판의 의미

1. 상속채무가 재판에 의한 상속재산분할의 대상이 될 수 없는 이유를 밝힘

2. 특별수익자의 상속분에 관한 민법 제1008조의 취지 및 생전 증여가 특별수익에 해당하는지 여부의 판단 방법을 밝힘

3. 대상분할 방법으로 상속재산분할을 할 경우, 공동상속인 사이에 공평을 확보하기 위하여 상속재산인 부동산의 취득을 정산금지급의 조건에 걸리도록 해야 한다고 밝힘

□ 2006. 5. 12.심판문 전문(사건번호 : 2005느합77, 서울가법 제1부)

【주　　문】

1. 청구인의 기여분결정청구를 기각한다.

2. 청구인이 상대방에게 1,004,362,687원을 지급함과 동시에 별지 제1목록 제1항 기재토지와 같은 목록 제2항 기재 건물 중 1/2 지분을 청구인의 소유로 분할하고, 같은 목록 제3항 기재 각 예금채권을 상대방의 소유로 분할한다.
3. 심판비용 중 4분의 3은 청구인이, 나머지는 상대방이 각 부담한다.

【청 구 취 지】

1. 피상속인 망 ○○○(이하 '피상속인'이라고만 한다)의 상속재산에 대한 청구인의 기여분을 100%로 정한다.
2. 별지 제1목록 제1항 기재 토지, 별지 제1목록 제2항 기재 건물 중 1/2 지분, 별지 제1목록 제3항 기재 각 예금채권, 별지 제2목록 제2항 기재 각 예금채권을 청구인의 소유로, 별지 제2목록 제1항 기재 건물, 별지 제2목록 제3항 기재 각 예금채권 및 보험금청구권을 상대방의 소유로 각 분할한다.

【이 유】

1. 인정사실

가. 피상속인은 1940. 5. 23. 망 함○○과 혼인신고를 마치고 혼인생활을 유지하였으나 그 사이에 자녀를 낳지 못하자, 1963. 2. 12. 망 함○○의 혼외자인 상대방을 친생자로 출생신고하고 상대방이 성년이 될 때까지 양육하였다.

나. 망 함○○이 40여 년 동안 철도공무원으로 일하다가 1974. 4. 10. 사망하자, 피상속인은 1974. 5. 31. 호주승계를 위해 어릴 적부터 키워 오던 시조카인 청구인을 망 함○○과 피상속인의 양자로 입양신고 하였다.

다. 피상속인은 망 함○○으로부터 상속받은 서울 용산구 효창동 소재 주택의 매도대금, 망 함○○의 퇴직금 등으로 1976. 5.경 별지 제1목록 제1항 기재 토지(이하 '역삼동 토지'라고 한다)와 별지 제2목록 제1항 기재 건물(이하 '신당동 점포'라고 한다)을 취득하고, 1990. 4.경 당시 설계전문회사에서 일하고 있던 청구인으로부터 건축설계 및 시공에 관한 도움을 받아 역삼동 토지 위에 별지 제1목록 제2항 기재 건물(이하 '역삼동 건물'이라고 한다)을 신축하여 1991. 2. 2. 역삼동 건물 중 각 1/2 지분에 관하여 피상속인과 청구인 명의의 소유권보존등기를 마쳤다.

라. 피상속인은 역삼동 건물과 신당동 점포에서 얻은 월세 수입으로 많은 재산을 형성하여, 1998. 7.경 신당동 점포를 상대방에게 증여하고, 청구인 및 그 가족들 명의로 별지 제2목록 제2항 기재 각 예금을, 상대방 및 그 가족들 명의로

같은 목록 제3항 기재 각 예금 및 보험을 예치 또는 가입해 주었다.

마. 한편, 청구인은 2004. 1.경 역삼동 토지 및 역삼동 건물을 담보로 주식회사 국민은행으로부터 60,000,000원을 대출받아 이를 개인 용도로 소비하였다.

바. 피상속인은 청구인 가족과 함께 역삼동 건물에서 생활하다가 2004. 7. 22. 사망하였는데, 사망 당시 별지 제1목록 제3항 기재 각 예금을 자신 명의로 예치해 두고 있었다.

사. 한편, 역삼동 토지와 역삼동 건물 중 1/2 지분 가액은 피상속인 사망 당시 2,039,958,240원이었다가 현재 2,285,371,200원으로 앙등하였고, 신당동 점포의 피상속인사망 당시 가액은 200,000,000원이었다.

[인정근거 : 갑 제1 내지 6호증, 갑 제10호증, 갑 제12호증, 을 제1, 2호증의 각 기재(각가지번호 포함), 증인 함○○의 증언, 감정인 ○○○의 각 시가감정결과, 심문 전체의 취지]

2. 기여분결정청구에 대한 판단

청구인은, 자신이 건설회사 등에 근무하면서 받은 급여로 1975. 11.경부터 피상속인이 사망할 때까지 생활비를 조달하며 피상속인을 부양하고, 역삼동 건물신축공사비용과 그 유지보수비용도 모두 부담하였을 뿐만 아니라, 상대방의 교육비와 결혼비용까지 부담하여 피상속인의 재산의 유지 또는 증가에 특별히 기여하였으므로, 상속재산인 역삼동 토지, 역삼동 건물 중 1/2 지분, 별지 제1목록 제3항 기재 각 예금채권 전부가 자신의 기여분으로 인정되어야 한다고 주장한다.

살피건대, 민법 제1008조의2가 정한 기여분제도는 공동상속인 중에 피상속인을 특별히 부양하였거나 피상속인의 재산의 유지 또는 증가에 관하여 특별히 기여하였을 경우 이를 상속분 산정에 있어 고려함으로써 공동상속인 사이의 실질적 공평을 도모하고자 하는 것이므로, 이 사건에서 청구인의 기여분이 인정되기 위해서는 공동상속인인 상대방과의 공평을 위하여 상속분을 조정하여야 할 필요가 있을 만큼 청구인이 피상속인을특별히 부양하였다거나 피상속인의 상속재산의 유지 또는 증가에 특별히 기여하였다는사실이 인정되어야 할 것이다.

그런데, 위 주장사실에 부합하는 듯한 갑 제20호증, 갑 제35호증의 각 기재와 증인 함○○의 증언은 을 제1, 2호증의 각 기재와 증인 함○○의 증언에 비추어 믿을 수 없고, 갑 제11호증, 갑 제17, 18, 19호증, 갑 제21 내지 31호증의 각 기재(각 가지번호 포함)만으로는 위 주장사실을 인정하기에 부족하며, 달리 이를 인정할 증거가 없고, 다만 앞서 본 바와 같이 청구인이 역삼동 건물 신축 당시 피상속인에게 어느 정도 도움을 준 사실은 인정되나, 이미 청구인은 그에 대한 대가로 역삼동 건물 중 1/2 지분을 취득한 것으로 보이고, 그 이후에 청구인이 역삼동 건물의 유지보수를 위한 일부 비용을 지출하고 역삼동 건물에서 청구인과 함께 거주한 것은 역삼동 건물의 공유자로서 자신의 재산을 유지하기 위한 행위로 봄이 상당하며, 나아가 본래 피상속인 소유로 볼 수있는 상당한 가치의 역삼동 건물 중 1/2 지분을 이미 취득한 청구인에게 위와 같은 사정만으로 기여분을 인정해 주는 것은 오히려 공동상속인인 상대방과의 공평을 해하는 것이 되어 기여분제도의 취지에도 매우 어긋난다고 할 것이므로, 어느 모로 보나 청구인의 기여분결정청구는 이유 없다.

3. 상속재산분할청구에 대한 판단

가. 상속인 및 법정상속분의 확정

위 인정사실에 의하면, 청구인은 위 입양신고로 인하여 피상속인과 사이에 양친자관계가 성립하였고, 상대방은 비록 피상속인의 친생자가 아니나 피상속인이 친생자로 출생신고하고 성년이 되기까지 양육함으로써 역시 양친자관계가 성립하였으므로, 청구인과 상대방은 피상속인의 법률상 자녀로서 피상속인의 재산을 공동상속하였다고 할것이고, 그 법정상속분은 각 1/2 지분이다.

나. 분할대상 재산의 확정

위 인정사실에 의하면, 피상속인이 사망 당시 소유하고 있던 역삼동 토지, 역삼동건물 중 1/2 지분과 피상속인 명의로 잔존하고 있는 별지 제1목록 제3항 기재 각 예금채권이 이 사건 분할대상 재산에 해당한다.

청구인은, 이에 더하여 별지 제2목록 기재 각 재산과 역삼동 건물의 임대보증금반환채무에 대한 분할도 구하고 있으나, 위 각 재산 중 적극재산은 피상속인 사망 이전에 청구인과 상대방에게 증여된 재산으로서 그와 같은 수증재산은 이른바 특별수익으로 구체적 상속분을 산정함에 있어 고려요소가 될 뿐 상속재산분할의 대상이 되는 것이 아니고, 또한 상속채무는 본래 민법이 예정하고 있는 상속재산분할의 대상에 해당한다고 볼 수 없을 뿐만 아니라 이를 분할하더라도 분할의 내용으로 채권자에게 대항할 수 없다는 점에서 분할로 인한 실익이 없다고 할 것이므로, 위 각 재산에 대한 분할청구는 모두 이유 없다.

다. 구체적 상속분의 확정

(1) 특별수익

㈎ 위 인정사실에 의하면, 피상속인으로부터 청구인이 별지 제2목록 제2항 기재 각 예금채권과 역삼동 토지 및 역삼동 건물을 담보로 대출받은 60,000,000원을, 상

대방이 신당동 점포와 별지 제2목록 제3항 기재 각 예금채권 및 보험금청구권을 각 증여받았다고 봄이 상당하므로, 위 각 분할대상 재산에 대한 구체적 상속분을 산정함에 있어 청구인과 상대방의 위 각 수증재산을 특별수익으로 고려하기로 한다.

(나) 이에 대하여 청구인은, 상대방이 1998. 10.경부터 역삼동 건물 중 2층 점포를 무상사용한 데 따른 이익과 피상속인이 상대방의 남편 조○○에게 대여한 40,000,000원도 상대방의 특별수익으로 고려되어야 한다고 주장하고, 한편 상대방은, 역삼동 건물중 청구인 명의의 1/2 지분과 청구인이 역삼동 건물 4층에 무상으로 거주한 데 따른 이익도 청구인의 특별수익으로 고려되어야 한다고 주장한다.

살피건대, 민법 제1008조가 특별수익으로 인해 법정상속분이 조정되도록 규정한 것은 수증재산을 상속분의 선급으로 취급하고 법정상속분에서 이를 공제한 부분만을 특별수익자의 최종적인 상속분으로 인정함으로써 공동상속인 간의 실질적 형평을 확보하려는데 그 취지가 있으므로, 어떠한 생전 증여가 특별수익에 해당하는지는 피상속인의 생전의 자산, 수입, 생활수준, 가정상황 등을 참작하고 공동상속인들 사이의 형평을 고려하여 당해 생전 증여가 장차 상속인으로 될 자에게 돌아갈 상속재산 중의 그의 몫의 일부를 미리 주는 것이라고 볼 수 있는지에 의하여 결정된다고 할 것이다.

이에 비추어 보면, 청구인과 상대방이 각 역삼동 건물 중 일부를 무상으로 사용하여 얻게 된 이익은 우선 쌍방의 사용이익이 엇비슷할 것으로 보이는데다가 피상속인의 자산이나 수입 등을 참작할 때 상속재산 중 청구인과 상대방의 몫의 일부를 미리준 것으로 보기는 어렵고, 또한 위 조○○에 대한 대여금은 그와 같은 대여사실을 인정할 수 있다 하더라도 그로 인하여 상속재산인 대여금채권이 발생하였다고 인정될 뿐 그것이 특별수익이 되는 것은 아니며, 청구인이 취득한 역삼동 건물 중 1/2 지분은 앞서 본 바와 같이 청구인이 역삼동 건물 신축에 기여한 대가로 취득한 청구인의 고유재산으로 봄이 상당하므로, 청구인과 상대방의 위 각 주장은 모두 이유 없다.

(2) 구체적 상속분 산정

(가) 간주상속재산

가액 합계 2,549,995,830원{= 역삼동 토지와 역삼동 건물 중 1/2 지분의 상속개시당시 가액 합계 2,039,958,240원 + 별지 제1목록 제3항 기재 각 예금채권 합계 26,037,590원 + 청구인의 특별수익 합계 130,000,000원(= 별지 제2목록 제2항 기재 각예금채권 합계 70,000,000원 + 역삼동 토지 및 역삼동 건물을 담보로 한 대출금 60,000,000원) + 상대방의 특별수익 합계 354,000,000원(= 신당동 점포 200,000,000원 +별지 제2목록 제3항 기재 각 예금채권 및 보험금청구권 합계 154,000,000원) }

(나) 법정상속분액

청구인, 상대방 : 각 1,274,997,915원(= 간주상속재산 2,549,995,830원 × 법정상속지분 1/2)

(다) 구체적 상속분

① 청구인 : 1,144,997,915원(= 법정상속분액 1,274,997,915원 - 청구인의 특별수익합계 130,000,000원)

② 상대방 : 920,997,915원(= 법정상속분액 1,274,997,915원 - 상대방의 특별수익 합계 354,000,000원)

(라) 최종 상속분

분할대상 재산의 현재 가액 합계 2,311,408,790원(= 역삼동 토지와 역삼동 건물 중1/2 지분의 현재 가액 합계 2,285,371,200원 + 별지 제1목록 제3항 기재 각 예금채권합계 26,037,590원)

① 청구인 : 1,281,008,512원(= 위 2,311,408,790원 × 청구인의 구체적 상속분1,144,997,915원/구체적 상속분 합계 2,065,995,830원, 원 미만 버림, 이하 같음)

② 상대방 : 1,030,400,277원(= 위 2,311,408,790원 × 상대방의 구체적 상속분 920,997,915원/구체적 상속분 합계 2,065,995,830원)

(3) 분할방법

청구인이 역삼동 건물 중 1/2 지분을 소유하면서 역삼동 건물에 거주하고 있는 점, 청구인과 상대방 모두 상속재산인 역삼동 토지와 역삼동 건물의 1/2 지분을 청구인이 취득하고 상대방에게 그 상속분에 상응하는 정산금을 지급하는 방식으로의 분할을 원하고 있는 점 등 이 사건 심문에 나타난 제반 사정을 종합적으로 고려하면, 역삼동 토지와 역삼동 건물의 1/2 지분은 청구인의 소유로, 별지 제1목록 제3항 기재 각 예금채권은 상대방의 소유로 각 분할하는 대신, 청구인으로 하여금 상대방에게 상대방의 위 최종 상속분 1,030,400,277원에서 상대방에게 귀속되는 위 각 예금채권 합계 26,037,590원을 공제한 나머지 정산금 1,004,362,687원을 지급하도록 명하되, 청구인과 상대방이 동등한 조건 아래 이 사건 상속으로 인한 이익을 실현할 수 있도록 위 각 부동산의 취득은 위 정산금지급의 조건에 걸리도록 명함이 상당하다.

4. 결 론

그렇다면, 청구인의 기여분결정청구는 이유 없어 이를 기각하고, 상속재산분할청구에 관하여는 위와 같이 정하기로 하여 주문과 같이 심판한다.

타. 1,2순위 상속인의 동시 한정승인 가능여부

서울가법 2007. 4. 3. 심판 (사건번호 : 2007느단 0000, 상속한정승인)

□ 판결 요지

ㅇ 사안의 개요

김00이 사망하여 김00의 1순위 상속인인 형제들과 2순위 상속인인 김00의 조카들(위 형제들의 자녀들이다)이 동시에 상속한정승인신고를 하였다.

ㅇ 쟁 점

상속인이 될 자격이 있는 사람은 상속이 개시된 이후에는 선순위 상속인이 상속포기신고를 하지 아니한 경우라도 선순위 상속인보다 먼저 또는 선순위 상속인과 동시에 상속포기의 신고를 할 수 있는데(상속포기의 신고에 관한 예규), 상속한정승인의 경우에도 선순위 상속인과 동시에 상속한정승인의 신고를 할 수 있는지 여부가 쟁점이다.

ㅇ 법원의 판단

1순위 상속인이 상속한정승인을 하면, 2순위 상속인은 피상속인의 재신상속인이 아니어서 청구인적격이 없으므로, 상속한정승인 심판청구는 부적법하여 각하하여야 한다.

□ 심판의 의미

선순위상속인이 상속한정승인신고를 하면 후순위 상속인은 피상속인의 재산상속인이 아니므로 **선순위자만 상속한정승인신고를 하면 된다**는 점을 명확히 하였다.

□ 서울가정법원 2007. 4. 3.심판문 전문 (사건번호 :2007느단 0000)

【주 문】

1. 청구인 김00, 김00이 피상속인 망 김00의 재산상속을 함에 있어 상속 재산목록을 첨부하여서 한 2007. 00. 00.자 한정승인신고를 수리한다.
2. 청구인 김00, 김00, 김00의 심판청구는 각하한다.

【청구취지】

청구인들이 피상속인 망 김00의 재산상속을 함에 있어 별지 상속재산목록을 첨부하여서 한 2007. 00. 00.자 한정승인 신고를 수리한다.

【이 유】

청구인 김00, 김00의 이 사건 한정승인 신고는 이유 있으므로 이를 인용하고, 나머지 청구인들은 피상속인의 재산상속인이 아니어서 청구인적격이 없으므로 부적법하여 주문과 같이 심판한다.

파. 재산분할산정의 기준시점(변론종결시) 및 상속재산을 재산분할대상으로 볼 것인지 여부에 관한 사례

부산가법 2011. 6. 21.판결선고 2010드단16355(본소) 이혼 등

【주 문】

1. 본소에 의하여, 원고(반소피고)와 피고(반소원고)는 이혼한다.
2. 피고(반소원고)는 원고(반소피고)에게 위자료로 5,000만원 및 이에 대하여 2011. 6.22.부터 다 갚는 날까지 연 20%의 비율에 의한 돈을 지급하라.
3. 피고(반소원고)의 반소 이혼 및 위자료 청구를 각 기각한다.
4. 원고(반소피고)는 피고(반소원고)에게 재산분할로 2,800만원 및 이에 대하여 이 판결확정일 다음날부터 다 갚는 날까지 연 5%의 비율로 계산한 돈을 지급하라.
5. 소송비용은 본소와 반소를 합하여 그 중 1/4은 원고(반소피고)가, 나머지는 피고(반소원고)가 각 부담한다.
6. 제2항은 가집행할 수 있다.

【청 구 취 지】

본소

주문 제1, 2항 및 피고(반소원고, 이하 '피고'라 한다)는 원고(반소피고, 이하 '원고'라 한다)에게 재산분할로 30,771,300원 및 이에 대하여 이 사건 판결 확정일 다음날부터 다 갚는 날까지 연 5%의 비율로 계산한 돈을 지급하라.

반소

반소에 의하여, 원고와 피고는 이혼한다.

원고는 피고에게 위자료로 1,000만원 및 이에 대하여 이 사건 반소장 부본 송달 다음날부터 다 갚는 날까지 연 20%의 비율에 의한 돈을 지급하라.

원고는 피고에게 재산분할로 68,632,788원 및 이에 대하여 이 사건 판결 선고일 다음날부터 다 갚는 날까지 연 20%의 비율에 의한 돈을 지급하라.

【이 유】

1. 본소 및 반소 각 이혼 및 위자료 청구에 대한 판단

가. 인정사실

⑴ 원고와 피고는 1984. 12. 7. 혼인신고를 마친 법률상 부부로 그 사이에 이미 성년이 된 두 자녀를 두고 있다.

⑵ 원고가 2006년부터 건강상의 이유로 배드민턴 동호회 활동을 시작하자, 피고는 이를 문제 삼으면서 원고의 외도를 의심하였고, 이로 인하여 원.피고 사이의 갈등은 깊어 갔다(피고는 의처증 때문에 정신과 치료를 받기도 하였으나 1개월 만에 임의로 그만 두었다).

(3) 이런 가운데 피고는 2010. 4. 26. 원고에게 상악 우측 중절치 및 측절치가 완전히 탈구될 정도의 폭력을 가하였고(예상 치료기간 4주), 결국 이 무렵 원고는 피고의 폭행을 피해 집을 나오게 되었다.
(4) 그 후 원고와 피고가 2010. 5. 25. 저녁 8시경 만나 재결합 내지 이혼 문제에 관하여 의논하게 되었는데, 피고는 이때 또 다시 원고에게 약 2주간의 치료를 요하는 좌 흉부 타박상과 좌 대퇴부 타박상 등을 가하였다.
(5) 피고는 2011. 3. 4. 재판을 위하여 소송대리인의 사무실을 방문한 원고 및 원고의 언니 김♣♣, 원고의 오빠 김♣♣에게 황산을 뿌려 원고에게 9주간의 치료를 요하는 3도 화상을, 위 ♣♣♣, 김◈♡에게 각 6주간의 치료를 요하는 2도 화상을 입혔다 (이로 인하여 피고는 현재 부산지방법원에서 형사재판을 받고 있다).

[인정근거] 갑1, 2, 3, 4, 5, 6, 9, 10, 11호증(가지번호 포함)의 각 기재 및 영상, 변론 전체의 취지

나. 각 이혼 및 위자료 청구에 대한 판단

(1) **판단**

위 인정사실에 의하면, 원고와 피고의 혼인관계는 이미 돌이킬 수 없을 정도로 파탄되었다고 할 것이고, 그 파탄의 주된 원인은 피고의 의처증과 폭행 등으로 인하여 부부 사이의 갈등이 심해졌음에도 불구하고 계속하여 원고에게 폭행을 가하고, 더욱이 이 사건 이혼 소송 중에도 원고 및 원고의 가족에게 심각한 폭행을 가한 피고의 잘못에 있다.

따라서, 이와 같은 피고의 행위는 민법 제840조 제3호, 제6호 소정의 재판상 이혼 사유에 해당하므로, 이를 원인으로 한 원고의 본소 이혼 청구는 이유 있다.

나아가, 위에서 본 바와 같은 피고의 유책행위로 말미암아 원고와 피고의 혼인관계가 파탄됨으로써 원고가 심한 정신적 고통을 받았을 것임은 경험칙상 명백하므로 피고는 원고에게 이를 금전으로나마 위로하여 줄 의무가 있다고 할 것인데, 이 사건 변론에 나타난 원고와 피고의 나이, 직업, 재산정도, 혼인생활의 과정, 계속기간, 파탄경위 등 여러 사정을 참작하여 보면, 피고가 원고에게 지급하여야 할 위자료의 액수는5,000만원으로 정함이 상당하다.

(2) **피고의 반소 이혼 및 위자료 청구에 대한 판단**

이에 대하여 피고는 반소로서, 원고가 배드민턴 동호회 활동을 하면서부터 다른남자와 만나는 등 가정을 내 팽개쳤을 뿐 아니라 습관적으로 가출함으로 인하여 원고와 피고의 혼인관계가 파탄에 이르게 되었다고 주장하면서, 원고에 대하여 이혼 및 위자료 1,000만원을 청구를 하고 있다.

그러나, 피고의 주장을 인정할 만한 아무런 증거가 없으므로, 피고의 이 사건 반소 이혼 및 위자료 청구는 이유 없다.

(3) 소결론

본소에 의하여, 원고와 피고는 이혼하고, 피고는 원고에게 위자료로 5,000만원 및 이에 대하여 원고가 구하는 바에 따라 이 사건 판결 선고일 다음날인 2011. 6. 22.부터 다 갚는 날까지 소송촉진 등에 관한 특례법에 정한 연 20%의 비율에 의한 지연 손해금을 지급할 의무가 있다.

2. 본소 및 반소 각 재산분할 청구에 대한 판단

가. 재산형성 경위

(1) 원고는 결혼 후 가사를 도맡아 하는 이외에 통닭집을 운영하는 등으로 경제활동을 하기도 하였다. 피고는 결혼 후 외항선을 타다가 건축설비 일을 하였다.

(2) 원고와 피고는 2008. 10. 10. 그동안 모은 돈과 ○♣♣♣보험 주식회사로부터 빌린 5,000만원을 보태어 부산 연제구 OO동 ___-_ OO아파트 OOO동 ____호(이하 '이사건 아파트'라 한다)를 1억 1,900만원에 매수하여 2008. 11. 17. 원고 앞으로 소유권이전등기를 마쳤다.

(3) 한편, 피고는 2000. 12. 17. 부산 부산진구 OO동 ___-__ 대 92.2㎡ 및 그 지상 조표 제58226호 ◈♡♡♡♡♡♡□스라브즙 _층 주택(이하 '이 사건 대지 및 주택'이라 한다)과 선산인 경남 남해군 OO면 OO리 산 __-_ 임야 4259㎡(이하 '이 사건 임야'라 한다)를 각 상속받아 이 사건 대지 및 주택에 관하여는 2002. 2. 2., 이 사건 임야에 관하여는 2002. 4. 6. 각 소유권이전등기를 마쳤다.

[인정근거] 갑7, 8호증(가지번호 포함), 을2호증의 각 기재, 변론 전체의 취지

나. 재산분할대상 재산 및 가액

(1) 분할대상 재산

(가) 위 인정사실에 의하면, 별지 분할재산명세표 기재 각 재산은 원고와 피고가 혼인생활 중에 공동의 노력으로 형성.유지한 재산으로 원고와 피고의 공동재산에 속하므로, 재산분할의 대상이 된다

(나) 재산분할 여부 및 그 가액에 대하여 다툼 있는 재산에 대한 판단

1) 원고 명의의 ○♣♣♣ ♤♤보험(가족만기환급) 및 피고 명의의 ♤☆은행 예금채권

재판상 이혼시의 재산분할에 있어 분할의 대상이 되는 재산과 그 액수는 이혼소송의 사실심 변론종결일을 기준으로 하여 정하여야 하나, 예외적으로 별거시 또는 그 직전까지 보유한 재산을 별거 이후 일방 당사자가 처분한 경우에는 그 매각대금의 사용용도 등에 대하여 구체적으로 입증하지 못하거나 자신의 생활비로 사용한 경우 일응 그 재산 그대로 보유한 것으로 봄이 상당하다.

이 사건으로 돌아와 살피건대, 원고 명의의 ○♣♣♣ ▷♤♤♤♤♤♤♤(가족만기환급)의 경우 이 사건 변론종결시는 물론이고 원고와 피고의 별거 무렵(앞서 본바와 같이 2010. 4. 26.경이다) 훨씬 전인 2008. 11. 13.경 해지되어(○♣♣♣주식회사에 대한 사실조회결과 참고) 이 사건 변론 종결시 또는 원고와 피고의 별거 무렵에는 이미 잔고가 없으므로 앞서 본 법리에 비추어 볼 때, 이를 재산분할 대상으로 삼을 수 없다.

그리고 피고 명의의 ♤☆은행 예금채권의 경우, 위 법리에 비추어 볼 때, 원고와 피고의 별거시인 2010. 4. 26. 직전인 2010. 4. 21.경의 예금 잔고인 21,001,353원을 그 가액으로 함이 상당하다.

2) 피고 명의의 이 사건 대지 및 주택

부부의 일방이 증여, 상속 등을 원인으로 취득한 재산은 그의 특유재산에 해당하여 원칙적으로 분할의 대상이 되지 아니하나, 특유재산일지라도 다른 일방이 적극적으로 그 특유재산의 유지에 협력하여 그 감소를 방지하였거나 그 증식에 협력하였다고 인정되는 경우에는 분할의 대상이 될 수 있다.

이 사건 대지 및 주택은 비록 피고의 상속재산으로 특유재산이기는 하나, 피고가 이를 상속받아 이를 임대하는 등의 방법으로 관리한 지 8년 이상 경과한 점, 원고가 피고와 25년 이상 혼인생활을 유지하는 동안 자녀들을 양육하면서 가사에 전념하였고 일부 기간 동안은 맞벌이를 하기도 한 점 및 이 사건 대지 및 주택의 이용형태, 소재지 등을 종합하면, 원고가 이 사건 대지 및 주택의 유지에 협력하여 감소를 방지하였다고 인정할 수 있으므로 이는 재산분할대상에 포함된다고 할 것이다.

3) 피고 명의의 이 사건 임야

앞서 본 바와 같이 이 사건 임야는 상속재산으로 선산으로 사용되고 있다. 사정이 이와 같다는 이 사건 임야는 피고의 특유재산이라고 할 것인데, 원고가 적극적으로 위 특유재산의 유지에 협력하여 그 감소를 방지하였다고 인정하기에 충분한 증거가 없다(이 사건 임야의 이용형태에 비추어 볼 때, 원고가 그 유지에 협력하여 그 감소를 방지하였다고 보기는 더더욱 어렵다).

따라서, 이 사건 임야는 재산분할 대상으로 삼지 않기로 한다.

(2) 분할대상 재산의 가액

(가) 원고의 순재산 : 102,583,891원

(나) 피고의 순재산 : 46,439,804원

(다) 원고와 피고의 순재산 합계 : 149,023,695원

다. 재산분할의 비율과 방법

(1) 재산분할의 비율

위에서 본 분할대상 재산의 취득경위 및 형성과 유지에 대한 원고와 피고의 기여 정도, 혼인생활의 과정과 기간 및 파탄경위, 원고와 피고의 나이.직업.소득.생활능력 등 이 사건 변론에 나타난 제반사정을 고려하면, 이 사건 재산분할의 비율은 원고 50%, 피고 50%로 정함이 상당하다.

(2) 재산분할 방법

분할대상 재산의 소유명의와 형태, 이용 상황, 분할의 편의성 등 이 사건 변론에 나타난 제반사정을 종합하면, 분할대상 재산을 현재 보유하고 있는 명의대로 원.피고에게 각자 귀속시키기로 하되, 재산분할비율에 따라 원고에게 궁극적으로 귀속될 액수에 부족한 부분만큼의 차액을 정산하여 피고가 원고에게 돈으로 지급하는 방식으로 분할함이 상당하다.

(3) 재산분할금 계산식

(가) 원.피고의 순재산 중 재산분할비율에 따른 원고와 피고의 몫
원.피고의 순재산 합계 149,023,695원 × 50% = 74,511,847원(원 미만 버림)

(나) 위 돈에서 피고의 순재산을 공제한 금액
74,511,847원 - 46,439,804원 = 28,072,043원

(다) 원고가 피고에게 지급할 재산분할금 : 위 금액을 약간 하회하는 2,800만원

라. 소결론

원고는 피고에게 재산분할로 2,800만원 및 이에 대하여 이 사건 판결 확정일 다음날부터 다 갚는 날까지 민법이 정한 연 5%의 비율로 계산한 지연손해금을 지급할 의무가 있다.

3. 결론

원고의 피고에 대한 본소 이혼 및 위자료 청구는 이유 있어 각 인용하고, 피고의 반소 이혼 및 위자료 청구는 이유 없어 각 기각하며, 원고와 피고의 본소 및 반소 각 재산분할 청구에 대하여는 위와 같이 정하기로 하여 주문과 같이 판결한다.

판사 ◎ ◎ ◎

사항색인

사 항 색 인

【 ㄱ 】

【 ㄴ 】

【 ㄷ 】

【 ㅁ 】

【 ㅂ 】

【 ㅅ 】

【 ㅇ 】

【 ㅈ 】

【 ㅊ 】

【 ㅌ 】

【 ㅍ 】

【 ㅎ 】

【 기타 】

❑ 편저자 약력

법무부 사무관, 서기관
법무연수원 과장
법무부 과장
법무부 기획관 (부이사관)
법무사 (2012 현재)

유언부터 상속의 마무리까지

2012年 1月 2日 初 版 印刷
2012年 1月 5日 初 版 發行

著 : 헌 준 섭
發行處 : 법률정보센터

136-052 서울 성북구 동선동2가 62번지
전화 (02) 953-2112
등록 1993.7.26. NO.1-1554
www.lawbookcenter.co.kr

定價 : 45,000원